A

HIER IS MIJN HAND

dagboek bij het kerkelijk jaar

Elfde druk

Uitgeverij Boekencentrum, Zoetermeer

Omslagontwerp: Mulder van Meurs

Elfde druk 2011

NUR 707
ISBN 978 90 239 2596 5

Ik ben het, zegt Gij dan.
Kom maar met Mij
mee naar de overkant.
Wees maar niet bang, zegt Gij,
hier is mijn hand.

Muus Jacobse
gezang 56:6

TER INLEIDING

'Hier is mijn hand' – dit dagboek wil een handreiking zijn voor mensen die wandelen over de golven van elke dag, van tijd tot tijd bang voor water en wind.

Het eerder verschenen dagboek *Gaandeweg Hem tegemoet* werd vooral geschreven 'met het oog op hen die staan aan het begin van de weg'. Dit dagboek is vooral voor hen die al enige tijd op de weg wandelen.

Anders dan 'Gaandeweg Hem tegemoet' wijst dit boek geen Schriftgedeelten te lezen aan in de volgorde van de bijbelboeken. Dit dagboek sluit nauw aan bij de gang van het kerkelijk jaar. Bepaald door de opeenvolging van de christelijke feestdagen heeft elke week een eigen thema. Bij de keuze van de Schriftgedeelten maakte ik dankbaar gebruik van de 'Ordnung der Lesungen und Predigttexte nach der Revision 1977' voor de Evangelische Kirche in Duitsland. Voor de zondagen koos ik telkens een psalmlezing.

Voor hen die moeite hebben met de aanduidingen volgens het kerkelijk jaar, is een korte uiteenzetting opgenomen, die bij het gebruik van dit boek behulpzaam wil zijn.
De teksten van de psalm- en gezangcoupletten zijn ontleend aan het Liedboek voor de Kerken; ze staan genoteerd om gezongen te worden, maar natuurlijk kunnen ze ook worden gelezen.

Hartelijk dank ik mijn vrouw en onze kinderen; dagelijks lazen wij met elkaar wat werd geschreven. Ook dank ik drs. J. Scholte, jeugdouderling in onze Westerwijkgemeente en leraar godsdienst aan het Chr. College Groevenbeek te Ermelo. Samen met zijn vrouw en kinderen las ook hij één jaar lang dit dagboek-in-ontwerp. Voor alle opmerkingen die in de loop van dat jaar gemaakt werden, ben ik erg dankbaar.

Ook dank ik prof.dr. J.P. Boendermaker voor zijn stimulerende opmerkingen. De heren C.G. van Baak en A. Kroon dank ik voor hun bijdrage aan de correctie van de drukproeven.

Van harte hoop ik dat dit dagboek bruikbaar zal blijken in de huiselijke eredienst, het dagelijks moment van Schriftlezing, meditatie en gebed.

Ermelo, Pastorie 'De Schutse' A.F. Troost

DE GANG VAN HET KERKELIJK JAAR

In dit dagboek ontbreekt een vermelding van data. Waarom? Omdat bij de keuze van de Schriftgedeelten rekening is gehouden met het kerkelijk jaar. Daardoor is het onmogelijk om voor Pasen en Pinksteren bepaalde data aan te wijzen; deze feestdagen vieren wij immers in jaarlijks wisselende weken.

Om het gebruik van dit dagboek niet nodeloos moeilijk te maken, is elke zondag zó aangeduid dat iedereen die Kerst, 6 januari (Epifanie), Pasen en Pinksteren op de kalender vinden kan, dit dagboek gemakkelijk kan hanteren. Men lette steeds op de aanduidingen van de zondagen en volge dan de hier en daar genoteerde aanwijzingen.

Dit dagboek begint bij de eerste zondag van Advent, het begin van het kerkelijk jaar. Enkele weken na Kerst beginnen de weken van de Verschijningstijd; deze weken volgen op het oude feest van Epifanie, het feest van de Verschijning des Heren. Vanouds wordt dit feest op 6 januari gevierd. De doop van Christus en de tekenen die Hij daarna deed, vragen dan onze aandacht.

Al naar gelang Pasen vroeg of laat valt, wisselt het aantal weken na Epifanie van één tot zes. In deze tijd staat de verschijning van Christus onder de mensen centraal. De schriftlezingen die, bij een vroege Pasen, ongelezen blijven, worden later in het jaar gelezen, vóór de laatste week van het kerkelijk jaar.

Hierna breekt de voorbereidingstijd op het Paasfeest aan. Sinds het midden van de derde eeuw kent de kerk een veertigdaagse tijd van vasten als voorbereiding op de doop met Pasen. De Aswoensdag is dan het begin van deze vastentijd, veertig dagen lang, de zondagen (waarop niet wordt gevast) niet meegerekend. Omdat ná Pasen vijftig dagen tot Pinksteren worden geteld, betrok men de vijftigste dag (en later ook de zestigste en zeventigste) vóór Pasen bij deze tijd van voorbereiding. De zondagen in deze periode worden in dit dagboek aangeduid als de negen zondagen vóór Pasen.

Nà Pinksteren tellen we, afhankelijk van de Paasdatum, minimaal drieëntwintig en maximaal achtentwintig zondagen tot de Adventstijd. Zijn er meer dan drieëntwintig weken, dan wordt in de tijd vóór de laatste zondag van het kerkelijk jaar gelezen wat in de tijd na 6 januari (Epifanie) ongelezen bleef vanwege de vroege Paasdatum.

Zodoende sluit de lezing elk jaar zoveel mogelijk aan bij de gang van het kerkelijk jaar. Om dit boek niet uitgebreider te maken dan strikt nodig is, werden voor niet meer dan tweeënvijftig weken Schriftgedeelten uitgekozen.

Wie zich éénmaal de moeite getroost om met behulp van de kalender de juiste week van het kerkelijk jaar te vinden, zal bij doorgaande lezing geen enkel probleem meer ondervinden, mede dank zij de aanwijzingen die zijn opgenomen voor de tweede tot en met de vijfde zondag na 6 januari en vóór de laatste zondag na Pinksteren.

Denkend aan Luther, die tot het eind van zijn leven goede woorden over de gang van het kerkelijk jaar gesproken heeft, brengen wij op deze wijze een vaste lijn aan in onze omgang met de Schrift en in de viering van de christelijke feesten, ook in de huiselijke eredienst.

'Heft, poorten, uw hoofden omhoog,
en verheft ze, gij aloude ingangen,
opdat de Koning der ere inga'. – *Ps. 24:9*

Vandaag begint een nieuwe tijd: een nieuw kerkelijk jaar. En dat nieuwe kerkelijk jaar begint met vier adventsweken, dat wil zeggen, met vier zondagen die staan in het teken van Advent. 'Komst', betekent dat woord. Vol is deze tijd van de komst van Christus, de Zoon van David. In de vierde week gedenken wij zijn geboorte, de komst van het Licht der wereld, de intocht van de grote Koning.

Vandaag beginnen wij die tijd van verwachting met een woord uit een oude koningspsalm. Israël is altijd omringd geweest door volken die koningen als goden vereerden. Maar in Israël is dat anders. In Israël is dat juist omgekeerd. Daar is niet de koning god, maar daar is God de Koning! En in deze psalm wordt dat nog weer eens met zoveel woorden gezegd. Heel de aarde is Gods domein. De wereld en zij die daar op wonen, de zeeën en de rivieren, het is allemaal van Hem. Nee, je kunt tot deze Koning niet naderen met vuile handen. Je zult je moeten wassen, je zult je moeten reinigen wanneer je voor zijn aangezicht wilt komen. Maar wie zo leeft mag dan ook rekenen op zijn zegen. Zijn heil strekt zich uit over een volk dat naar Hem vraagt.

En daarom: doe de deuren open, poorten, heft uw hoofd omhoog! Maakt wijd open de aloude ingangen! De Koning komt! Maakt ruim baan voor Hem! Alles dient gereed te zijn; zijn komst is aanstaande. Wast uw handen en zuivert uw hart. Maakt u gereed om uw Koning te ontmoeten.

Gij poorten, heft uw hoofd omhoog,
aloude deur, maak wijd uw boog,
ruim baan voor de verheven koning.
Wie is die vorst zo groot in kracht?
Het hoofd van 's hemels legermacht!
Hij komt, Hij maakt bij ons zijn woning.

psalm 24:5

Koning van alle koningen, wij danken U voor uw komst. Open zelf de deuren van ons leven, de poorten van ons hart. Maak ons bereid om U te ontmoeten. Wij zijn niet waard dat U tot ons komt. Wij verdienen niet dat U bij ons komt wonen. Maar ondanks onze weerstand bent U gekomen en zult U komen, in Jezus Christus, die de Zoon van David is. Geef ons wat nodig is om Hem met eerbied en vreugde te ontvangen.

'En dit is zijn naam, waarmee men hem zal noemen: De Here onze gerechtigheid'. *–Jer. 23:6*

De profeet Jeremia is vernietigend in zijn kritiek op de herders die Israël weiden. De politieke en geestelijke leidslieden van het volk zijn slechte herders, valse herders die alleen zichzelf weiden. Ze eten en drinken op kosten van de armen, ze zoeken de zieke schapen niet op, ze laten het volk verhongeren en verkommeren. Weg met die herders! Door hun toedoen wordt de kudde verstrooid over de bergen. Israël gaat in ballingschap. De kudde van de Goede Herder raakt verspreid over vele landen – maar, er zullen andere tijden komen! God laat zijn schapen niet in de steek. Hij zal ze uiteindelijk verzamelen uit al die landen en ze terugbrengen naar het vanouds beloofde land. En daar zullen andere, betere herders hen weiden – totdat de dag aanbreekt waarop er een nieuwe David zal verschijnen, een Goede Herder die koning zal zijn. Met verstand zal hij regeren, recht en gerechtigheid zal hij brengen. Hoe men hem noemen zal? De Here onze gerechtigheid, zo zal hij heten. Door zijn koningschap zal Israël eindelijk vrede hebben.

Wel, wie Jezus kent, weet wie met deze koninklijke herder wordt bedoeld. Is Hij, de Zoon van David, niet de Goede Herder? In Hem woont God bij de mensen. In Hem wordt Gods gerechtigheid openbaar. En van deze Herder geloven wij dat Hij uiteindelijk vrede zal geven. Aan Israël allereerst. Hij zal het volk verzamelen, van de einden der aarde. Uit alle landen zullen ze gaan naar Jeruzalem. Maar niet alleen aan Israël schenkt deze Koning vrede. Alle volken zullen delen in het heil. God zal uit de hemel komen. God zal op de aarde wonen.

Gij, Here, die de glans van onze sterkte zijt,
geeft luister aan uw volk, en hoge heerlijkheid.
Uw welgevallen doet ons grote dingen wagen
en met geheven hoofd de kroon der ere dragen.
Gij Heilige Israëls, Gij zelf hebt ons ten leven
een koning naar uw wil, een schild van heil gegeven.

psalm 89:8

Eeuwige Vader, wij danken U voor Jezus, de Goede Herder, de Grote Koning. Wij zien uit met groot verlangen naar de dag waarop Hij onder ons wonen zal, als de Vredevorst, die Israël zal verzamelen en alle volken in vrede zal doen wonen. Wij bidden U, kom, Here Jezus, ja kom haastig!

'Zie, uw Koning komt tot u, zachtmoedig en rijdend op een ezel'. – *Matth. 21:5*

Een koning op een ezel! Geen paard, geen wagen, geen gouden koets; een ezel is voor Jezus voldoende. Niet met veel pracht en praal rijdt Hij deze wereld binnen. Niet met veel vertoon van wapens, van stokken en speren en zwaarden, maar met zachtmoedigheid rijdt Jezus Jeruzalem in. Zo maakt God bij ons zijn woning.

Wat dit alles ons te zeggen heeft? Dit: het Koninkrijk van God komt niet met kracht en met geweld tot ons. Zeker, soms kun je niet om kracht en geweld heen, soms moet bij voorbeeld de overheid met harde hand ingrijpen, wanneer de samenleving ontwricht dreigt te worden. Maar de overheid van het Koninkrijk der hemelen stelt zich anders op. Geen ruiters, hoog te paard, om de Romeinen te verjagen. Zelfs geen mobiele eenheid om de tempel schoon te vegen. Zeker, Jezus stelt orde op zaken in het huis van zijn Vader. Maar meer dan wat omgekeerde tafeltjes en stoelen kan ik aan schade in de tempel niet ontdekken. Zo groot is Gods geduld met mensen. 'Zie, uw Koning komt tot u, zachtmoedig en rijdend op een ezel'. Jezus is niet gekomen om weg te jagen, af te zetten, uit te bannen. Jezus is gekomen om met de kracht van zijn Geest de wereld te winnen voor zijn liefde.

Verheug u, gij dochter van Sion,
en jonkvrouw Jeruzalem, juich!
Uw koning rijdt binnen,
het rijk gaat beginnen,
de zalige tijden,
Hij komt ons bevrijden
rechtvaardig, zachtmoedig,
de aarde zal spoedig
een bloeiende tuin zijn van vrede en recht,
de Heer heeft het heden gezegd.

gezang 42:1

Hemelse Vader, laat de zachtmoedigheid die in Jezus was, ook heersen in ons leven. Niet door kracht, niet door geweld, maar door uw Geest alleen zal uw Koninkrijk komen. Maak ons daarom vol van uw liefde, zodat ook door onze woorden en werken Jezus in deze wereld wonen kan.

'Geloofd zij de Here, de God van Israël, want Hij heeft omgezien naar zijn volk en heeft het verlossing gebracht'. – *Lukas 1:68*

Zodra Johannes de Doper geboren is, zingt zijn vader een lied. Maandenlang heeft Zacharias, de oude priester, gezwegen. Ongeloof maakt sprakeloos. Maar nu Gods belofte in vervulling is gegaan, wordt de zwijgzaamheid doorbroken en klinkt er een loflied in het huis van Zacharias en Elisabeth. 'Geloofd zij de Here, de God van Israël, want Hij heeft omgezien naar zijn volk en heeft het verlossing gebracht'.

Nu, Zacharias, is dat niet een beetje hoogdravend allemaal? Wat is er nu goedbeschouwd van die verlossing te zien? Ja, er ligt een baby in de wieg, de kleine Johannes. Maar is dat nu alles? Wat stelt die verlossing dan voor? De Romeinen paraderen nog net als vroeger door de straten van Jeruzalem, er is niets veranderd, niets.

Dat alles mag waar zijn, toch zingt Zacharias zijn lied. Waarom? Omdat hij weet dat met de komst van dit kind de tijd van de Messias is aangebroken. Johannes zal zijn wegbereider zijn, de heraut van de Koning. Johannes zal het Israël niet gemakkelijk maken. Hij zal het volk oproepen tot berouw, tot boete en bekering. Maar juist over die weg komt de Messias! De verlossing begint daar waar mensen zich buigen, waar mensen hun zonden belijden en tot bekering komen. Ook al zou Israël worden bevrijd van alle Romeinen, dan nog zou het de vraag zijn of het werkelijk was verlost. De waarachtige bevrijding is tot stand gebracht op het slagveld dat Golgotha heet. God zij geloofd uit alle macht! Hij maakt bij ons zijn woning. Zie het Lam Gods dat de zonde der wereld wegdraagt!

God zij geloofd uit alle macht,
Hij komt zijn volk bevrijden
en heeft aan Israël gebracht
verlossing in zijn lijden.
Hij heeft zijn teken opgericht:
verheffing van het aangezicht
voor heel het huis van David,
zoals voorlang geschreven stond
heeft Hij gedacht aan zijn verbond,
zo doet Hij ons herleven.

gezang 67:1

Trouwe God, uit alle macht willen wij uw Naam loven! Voor de bevrijding die in Christus gekomen is, danken wij U met heel ons hart.

> 'Laten wij, als bij lichte dag, eerbaar wandelen, niet in brasserijen en drinkgelagen, niet in wellust en losbandigheid, niet in twist en nijd!' – *Rom. 13:13*

Paulus is ervan overtuigd dat de nacht haast ten einde is en de morgen niet meer ver. En daarom wekt hij de christenen in Rome op uit de slaap. Het is de hoogste tijd om op te staan. Nog even en Christus zal komen om voor altijd woning te maken bij wie Hem verwachten. En daarom is het goed om Hem als kinderen van het licht te ontvangen en niet als werkers der duisternis.

Drie dingen noemt de apostel concreet. Je gaat gegarandeerd de duisternis in wanneer je mateloos veel eet en drinkt, wanneer je geen grenzen stelt aan je seksuele gevoelens en wanneer je maar met zoveel woorden uit wat er aan woede en agressie in je boven komt. Brasserijen en drinkgelagen, wellust en losbandigheid, twist en nijd – die staan het Licht der wereld in de weg.

Wat dat betreft is er nog niet veel veranderd sinds de dagen van Paulus. Op de televisie kun je het allemaal dagelijks bekijken en als je niet oppast word je zelf langzaam maar zeker meegezogen in die duistere sfeer. In reclame en journaal, in actualiteitenprogramma's en nachtfilms kom je het allemaal tegen: eten en drinken, van alles veel te veel, sex en agressie. Laten wij dat nu niet doen, zo zegt de apostel. Zorg ervoor dat Jezus een woning bij je vindt als Hij komt. Zeker, er is verdriet en pijn in het leven, zodat je de neiging hebt om te vluchten in de roes. Maar het is veel beter om 'eerbaar te wandelen'. Nog even en de nieuwe dag begint!

De nacht is haast ten einde,
de morgen niet meer ver.
Bezing nu met verblijden
de heldre morgenster.
Wie schreide in het duister
begroet zijn klare schijn
als hij met al zijn luister
straalt over angst en pijn.

gezang 130:1

Trouwe God, bewaar ons voor de roes, voor de vlucht langs een doodlopende weg. Help ons om U te ontvangen zoals U wilt dat wij U ontmoeten zullen: als kinderen van het licht.

'Laten wij op elkaar acht geven om elkaar aan te vuren tot liefde en goede werken'. – *Hebr. 10:24*

Nee, wij worden niet opgeroepen om elkaar te bespioneren en te controleren. Wij worden opgeroepen om op elkaar acht te geven – en dat is iets anders. Wie op een ander acht geeft, doet er goed aan voor die ander achting te hebben. Onderlinge zorg en aandacht beginnen altijd met respect en eerbied, met liefde. Liefde geeft acht. Liefde zegt niet: wat kan die ander mij schelen, ze zoeken het maar uit... Liefde heeft de ander op het oog, zijn heil, zijn ontplooiing. En vandaar het apostolisch vermaan: 'Laten wij op elkaar acht geven om elkaar aan te vuren...' Elkaar aanvuren, jazeker, dat willen we wel doen. Maar waartoe moeten we elkaar dan aanvuren? Tot fellere kritiek? Tot versterking van het groepsdenken? Tot grotere pressie om onze eigen zin door te drukken? Nee, geen sprake van. We worden geroepen elkaar aan te vuren tot liefde.

Nu is 'liefde' een mooi woord. Maar wee ons wanneer liefde bij mooie woorden ophoudt. Geen wonder dat de tekst verder gaat: 'Laten wij op elkaar acht geven om elkaar aan te vuren tot liefde en goede werken'. Liefde moet duidelijk worden in ons doen en laten, in 'goede werken'. Wie werkelijk uit Gods vergeving leeft, wie ontdekt heeft dat wij door Jezus Christus vrijmoedig tot God mogen gaan, wie bij God wil wonen en weet dat Hij wil wonen bij ons, die kan toch niet anders dan het goede zoeken voor alle mensen? Daartoe worden wij geroepen, juist ook in de adventstijd. Laten we elkaar aanvuren tot liefde en goede werken – én: laten we daarbij niet vergeten naar de kerk te gaan (zoals ons in het volgende vers op het hart gebonden wordt). Want als er één plaats is waar wij keer op keer worden aangevuurd tot liefde en goede werken, als er één plaats is waar God wil wonen, dan toch wel daar waar zijn kinderen samen zijn.

Looft God, want Hij spreekt onze taal,
Hij troont op onze lof.
In woord en doop en avondmaal
houdt Hij bij ons zijn hof.

gezang 319:4

Hemelse Vader, wij danken U dat U onder ons wilt wonen. Waar twee of drie in uw Naam samen zijn, daar bent U in het midden. Geef ons een open oor voor elke stem die ons aanvuurt tot liefde en goede werken. Laat ook door ons doen en laten Jezus mogen komen in deze wereldtijd.

> 'En een uit de oudsten zei tot mij: Ween niet; zie, de leeuw uit de stam van Juda, de wortel Davids, heeft overwonnen om de boekrol en haar zeven zegels te openen'. – *Openb. 5:5*

Johannes op Patmos ziet de hemel geopend. En in de hemel ziet hij een troon. En op die troon: God. In zijn rechterhand houdt God een boekrol. Die boekrol is verzegeld. Zeven zegels zorgen ervoor dat niet iedereen zo maar die boekrol lezen kan. Johannes ziet nog meer. Hij ziet een engel. Die engel roept met luider stem: Wie is waard de boekrol te openen en haar zegels te verbreken? En dan blijkt dat geen mens en geen engel waardig is om dat te doen. Stel je voor: het boek van de geschiedenis open te maken, Gods plannen en gedachten te lezen! Wie is waard om dat te doen? Geen sterveling, zelfs geen engel!

Als Johannes dat ziet, moet hij huilen. Niemand mag de boekrol openen. Maar dan zegt één van de ouderlingen die naast de troon zitten, tot Johannes: Huil nu maar niet, want kijk, de leeuw uit de stam van Juda, de wortel van David, die heeft overwonnen! Die is waard de rol te openen!

Wie is die leeuw uit de stam van Juda? Wie is die uitloper, die worteltak uit de stam van David? Die leeuw, die wortel, is Jezus. Het lam dat op Golgotha werd geslacht, bleek een leeuw te zijn. En de tak die in Jeruzalem werd afgebroken, bleek een wortel te zijn die onuitroeibaar de aarde is ingegroeid. Jezus heeft de anti-machten overwonnen en Hij is waard om Gods plannen en gedachten te lezen. De overwinnaar heeft onze toekomst in handen!

> Hoort toe, gij zwaarbeproefden,
> uw Koning is niet ver!
> Voor wie in 't duister toefden,
> rijst nu de morgenster.
> De Heer geeft in de nood
> zijn wonderbare bijstand;
> Hij slaat de laatste vijand,
> Hij overwint de dood.
>
> *gezang 127:3*

Vader, wij danken U dat de toekomst in handen is van deze Overwinnaar, de leeuw van Juda, de wortel van David. Laat door Hem uw Rijk spoedig komen. Maak woning bij ons, o God. Troost allen die huilen om zoveel onrecht, wereldwijd. Zeg ook tot hen: Ween niet, want Jezus is Overwinnaar, in hemel en op aarde.

'O God, herstel ons,
doe uw aanschijn lichten, opdat wij verlost worden'. –
Ps. 80:4

Deze woorden vormen het refrein van de psalm. Tot drie keer toe keert dit gebed terug. 'Doe uw aanschijn lichten, opdat wij verlost worden'. Israël, het volk van God, is in het nauw gedreven. Aan alle kant wordt het door vijanden bedreigd. God heeft het overgegeven in de handen van spotters. Verstrooid is de kudde, ontworteld de wijnstok die God had uitgegraven uit Egypte en overgeplant in een land van melk en honing. Nog maar één kant kan Israël uit: naar boven, naar de Herder Israëls, naar de Heer van de hemelse legermachten. 'O God, herstel ons, doe uw aanschijn lichten, opdat wij verlost worden'.

Is het met de kerk, de gemeente van Jezus Christus, anders? Ook wij hebben ons ingelaten met de goden van deze eeuw. Ook wij hebben vreemde machten gediend, de goden van goud en geweld. Ook wij hebben de zwakken vertrapt en de armen uitgebuit. Is het een wonder dat we in de duisternis zijn terechtgekomen, in een bedreigende nacht die vol gevaren is? Aan alle kanten ligt het opgetast: dodelijk gif en vernietigende straling. We kunnen geen kant meer uit, dan alleen dezelfde kant die Israël nog zag: de weg naar boven. En daarom roepen wij met Israël mee en smeken we: 'O God, herstel ons, doe uw aanschijn lichten, opdat wij verlost worden'. Nee, dat betekent niet dat we daar nu verder maar passief op gaan wachten, op die verlossing van God. We worden wel degelijk geroepen om zelf te doen wat we doen kunnen. Maar bij alles wat we doen zijn we hiervan diep doordrongen: de uiteindelijke, de definitieve verlossing verwachten we alleen van Hem die in Jezus Christus onze Goede Herder is.

O God van Jozef, leid ons verder,
hoor ons en wees weer onze herder;
gij vuurkolom, straal gij ons toe.
Waak op, o Held, wij worden moe;
laat lichten ons uw aanschijn, Heer,
doe ons opstaan en help ons weer.

psalm 80:1

God van Israël, Goede Herder, wees in de nacht ons licht. Als alles om ons donker is, verschijn dan reddend in ons midden. Wij zijn zo moe van alle pogingen om onszelf te verlossen. Kom, Here Jezus, en maak alle dingen volkomen nieuw.

'In de woestijn zullen wateren ontspringen en beken in de steppe'. *–Jes. 35:6*

In opgetogen bewoordingen schildert Jesaja de terugkeer van het volk Israël uit de ballingschap. God zal komen en zijn volk verlossen! De duisternis zal veranderen in overvloedig licht. De blinden zullen zien, de doven weer horen, de lamme zal springen als een hert en wie stom is zal jubelend God loven. Er zal een weg zijn waar geen terugweg was: dwars door de woestijn gaat Gods volk op weg, naar huis, naar Jeruzalem, een nieuwe tijd tegemoet. 'In de woestijn zullen wateren ontspringen en beken in de steppe'.

Sterk zijn de tegenstellingen in deze tweede week van advent. We horen in de lezingen van ongehoorzaamheid en ontrouw, van oordeel en gericht. Maar telkens horen we ook van vergeving en verzoening, van verlossing en bevrijding. God laat zijn volk niet voorgoed in de steek. Hij zoekt het op, als een Goede Herder. Hij leidt het dwars door de woestijn. Sterker, Hij maakt van de woestijn een bloeiende tuin. Hij maakt het kwade goed. Hij maakt duisternis tot licht.

Zo is Gods volk op weg. Israël en de gemeente van Jezus Christus, we trekken door woestijn en zand, langs diepe ravijnen en door dorre dalen. Bevrijd mogen we verder gaan, verlost uit het diensthuis van duivel en dood. Het beloofde land is in zicht. Nog zijn we in de woestijn, dat is zeker. Maar zie, in die woestijn ontspringen wateren, in de steppe vloeit een beek! Hoe dat water heet? Jezus zei: Ik ben het water des levens. In de woestijn van ons aards bestaan stroomt een rivier van genade. In de steppe van alledag ontspringt een fontein van eeuwig leven. In de duisternis van deze wereld straalt een lichte wolk, een vuurkolom!

Welzalig die uit uw kracht leeft,
die naar uw tempel zich begeeft,
zijn hart wijst hem de rechte wegen.
Zij trekken op van overal
en, gaat het door het dorre dal,
dan valt op hen een milde regen.
Ja, in het hart van de woestijn
ontspringt een heldere fontein.

psalm 84:3

Trouwe God, ook in de woestijn bent U bij ons. Ook onderweg, naar huis, laat U ons niet alleen. Wij danken U voor Jezus, ons licht, ons leven.

'Och, dat Gij de hemel scheurde, dat Gij nederdaalde, dat voor uw aangezicht de bergen wankelden...' – *Jes. 64:1*

Soms is de hemel potdicht. Je roept, je schreeuwt, je bidt zonder ophouden, je smeekt om ontferming – maar het lijkt wel alsof alle smeekbeden tegen het plafond van de hemel terugketsen. Taal noch teken krijg je van Gods kant.

Zo vergaat het de schrijver van het bijbelgedeelte dat we lazen. Ja zeker, God heeft zijn volk Israël uit Egypte geleid. Maar al met al heeft het niet lang in het beloofde land gewoond. Het is weggevoerd, de ballingschap in, naar Babel. En waarom? De profeet weet het wel: 'Zij waren weerspannig en bedroefden de Heilige Geest; daarom veranderde Hij voor hen in een vijand. Hij zelf streed tegen hen'. Kan dat dan? Kan God veranderen? Kan Hij van een vriend een vijand worden? Is Hij dan niet altijd 'onze lieve Heer'? Blijkbaar niet. Althans, de profeet kent God ook anders, als een tegenstander, als een rechter, als een aanklager.

En wat doet de profeet nu in deze situatie? Geeft hij de moed op? Nee, geen sprake van. Hij houdt vol. Hij blijft roepen om genade. Hij zegt: 'Uw innerlijke bewogenheid en uw ontferming hebben zich jegens mij niet laten gelden'. Hij zegt: 'Waarom liet Gij ons afdwalen?' Het lijkt er warempel op alsof hij God de schuld geeft van Israëls ongeluk. Toch is dat niet het geval. Als je goed leest, dan lees je één grote schreeuw om genade. 'Och, dat Gij de hemel scheurde, dat Gij nederdaalde'. O God, kom toch uit uw hoge hemel en geef uw volk ruimte, verlossing uit de ellende; laat de volken zien dat U niet los laat wat uw hand begon!
Nog een paar weken, dan is het Kerstfeest. De hemel ís gescheurd!

Kom tot ons, scheur de heemlen, Heer,
daal, Heiland, uit uw hemel neer.
Ruk open, rijt ze uit het slot,
de hemeldeuren, Zoon van God.

gezang 128:1

Barmhartige Vader, soms is uw hemel potdicht en lijkt het erop dat U onze gebeden niet eens hoort. Wij verdienen het, wij zijn niet waard dat U naar ons omziet. Maar desondanks hebt U de hemel geopend en bent U neergedaald tot ons, in Jezus, het Kind van Bethlehem. Geprezen zijt Gij om Hem, die onze duisternis verandert in licht.

'Maar wie volhardt tot het einde, die zal behouden worden'. – *Matth. 24:13*

Een erg opwekkend bijbelgedeelte is dit nu bepaald niet. Jezus spreekt over de voleinding van de wereld. Er komt een keer een eind aan dit aards bestaan. De maat komt een keer vol. En in die voleinding zal het voor een christenmens niet erg gemakkelijk leven zijn. Jezus vergelijkt die periode met de weeën van een barende vrouw. Pijnlijk zal dat zijn, vermoeiend, vol van onrust en ontzetting. En toch: niet onrustbarend! Want er zal geen onrust worden gebaard, maar een nieuwe aarde, waarop gerechtigheid woont. De weeën mogen dan ellendig zijn, uiteindelijk zal het kind worden geboren; de kinderen van God zullen worden geopenbaard. Eindelijk zal aan het daglicht komen wat goed is en wat kwaad.

Jezus schetst in grove lijnen de eindtijd. Er zullen religieuze verleiders verschijnen. Er zullen oorlogen ontstaan, volken zullen tegen elkaar in het geweer komen, er zullen aardbevingen zijn en hongersnoden. Er zal vervolging zijn en er zullen mensen worden gemarteld en gedood terwille van het evangelie. De liefde zal verkillen op aarde. Steeds meer zullen de mensen hun schouders ophalen wanneer ze horen van Gods goede geboden. Men zal Gods wet verachten, men zal spugen op die 'ouderwetse' bijbel. Weg ermee! Maar: 'Wie volhardt tot het einde, die zal behouden worden'. Het is alsof de hemelse Bruidegom tegen zijn aardse bruid zegt: Volhouden, het duurt nu niet lang meer, die weeën zijn ellendig en misschien denk je dat je het niet haalt, maar het komt goed, nog even en het kind wordt geboren: het Koninkrijk waarin voor eeuwig vrede is.

Bazuingeschal verkondigt blij:
– 't wordt overal vernomen –
reeds komt de Heiland naderbij,
zijn rijk zal weldra komen!
Blijft tot het laatste toe bijeen,
tezamen sterk en met Hem één:
zo zult gij overwinnen.

gezang 298:2

Trouwe Vader, wij zijn bang voor de duisternis, voor die allerlaatste nacht die komen zal. Maar als U bij ons bent, als U ons niet loslaat, dan zal toch de duisternis als licht om ons zijn? Help ons om te volharden, opdat wij niet verloren gaan maar het eeuwige leven hebben.

'Dan zullen zij de Zoon des mensen zien komen op een wolk, met grote macht en heerlijkheid'. – *Luk. 21:27*

Goed, dat Jezus komt, dat weten we, dat geloven we. Maar hóe zal Hij komen? Op een ezel, zoals op die dag waarop Hij Jeruzalem binnenreed? Nee, Jezus komt op een wolk.

Is dat niet wat vreemd? Jezus op een wolk. Het lijkt allemaal zo sprookjesachtig, een beetje zweverig klinkt het in onze oren. Is Jezus dan een soort dondergod met bliksempijlen? Nee, bij deze wolk moeten we aan iets heel anders denken. Wie een beetje thuis is in de bijbel herinnert zich hoe 'de wolk' een belangrijke rol speelde in de woestijnreis van het volk Israël. De wolk wees het volk de weg. En die wolk, die overdag de weg wees, deed 's nachts dienst als lichtdrager. De vuurkolom zorgde ervoor dat Israël nooit helemaal in het duister zat.

Wel, als Jezus zegt dat Hij zal komen op een wolk, dan mag je gerust denken aan die wolk in de woestijn. Overdag een wegwijzer, 's nachts een licht in het donker. Zo zal de komst van Jezus zijn. Als een nieuwe wolk zal Hij zijn volk uitleiden uit een wereld van ellende, uit een wereld van onrecht, van slavernij en vijandschap. Met grote macht en heerlijkheid zal Hij, meer nog dan Mozes, al Gods kinderen bevrijden uit de hand van de duivel en de dood. Richt je dan maar op, als het zover is, zegt Jezus, en hef je hoofd dan maar omhoog, want dan is je verlossing dichtbij! Jezus op een wolk – een vuur voor zijn vijanden, een licht in de duisternis voor allen die Hem liefhebben.

God lijkt wel diep verborgen
in onze duisternis
maar schenkt ons toch een morgen
die vol van luister is.
Hij komt ons toch te stade
ook in het strengst gericht.
Zijn oordeel is genade,
zijn duisternis is licht.

gezang 130:4

God, enkel licht bent U, ook al zien wij soms geen hand voor ogen. Wij danken U voor Jezus, die komen zal op de wolken. De hemel zal vol zijn van wegwijzers, vol van licht in een donkere nacht. Kom dan, Here Jezus, kom haastig en breng ons thuis in Kanaän.

'Zie, de Rechter staat voor de deur'. – *Jac. 5:9*

Jacobus, de apostel, heeft eerst een hartig woordje gewisseld met de rijken. Dat wil zeggen, er zijn rijke mensen die hun rijkdom niet eerlijk verdiend hebben. Ze hebben hun rijkdom te danken aan arbeiders die onbehoorlijk zijn gekort in hun loon. Deze rijken hebben hun bezit verkregen door arbeiders minder te betalen dan waarop zij recht hadden. Deze rijken zijn eigenlijk ordinaire dieven. Ze waren er toen, ze zijn er nu nog. En misschien moet je wel zeggen, denkend aan Derde-Wereld-landen: die rijken, dat zijn wij en die arme arbeiders, dat zijn onze zwarte broeders en zusters, de plukkers in de plantages, de zwoegers aan de lopende band, de mijnwerkers, de gouddelvers. Dank zij het hongerloontje dat zij verdienen, kunnen wij het ons permitteren lekker lui te leven. Maar, zo zegt de apostel, reken erop dat God het geroep van deze arbeiders hoort! En, zo zegt hij tegen de rijken, reken erop dat jullie rijkdom nu al verrot is en dat jullie goud en zilver is verroest.

Dat is dus inderdaad een scherpe veroordeling aan het adres van de rijken. En wat is nu Jacobus' oproep aan het adres van de armen? Moeten zij de barricade op? Moeten zij opstaan tegen het gezag? Een revolutie beginnen? Nee, daar schrijft Jacobus met geen woord over. De armen moeten geduldig zijn. Geduldig? Moet je dan over je heen laten lopen? Nee, maar je moet ervan doordrongen zijn dat de Rechter voor de deur staat. Jezus zal komen en korte metten maken met alle onrechtvaardigen. Ga dus niet tegen elkaar te keer, broeders. God is Rechter, die beslist! Dat wordt ons allen gezegd. Ter waarschuwing. En ter bemoediging.

Nog eens zal Hij verschijnen
als richter van 't heelal,
die 't hoofd van al de zijnen
voor eeuwig kronen zal.
Nog is die dag verborgen,
wacht hem gelovig af,
terwijl de grote morgen
reeds schemert boven 't graf.

gezang 117:7

Eeuwige Vader, die rijken, zijn wij dat? Bewaar ons voor uw vernietigend oordeel! Verdrijf de duisternis van onrecht en hebzucht in ons leven. Laat het licht van uw rechtvaardigheid ons doen en laten bepalen. Help ons om recht te spreken en recht te doen, voordat de grote rechter komt.

> 'Wees wakker en versterk het overige, dat dreigde te sterven, want Ik heb geen van uw werken vol bevonden voor mijn God'. – *Openb. 3:2*

Jezus zelf dicteert aan de oude apostel Johannes een brief. Deze brief is bestemd voor één van de gemeenten in Klein-Azië, Sardes. De brief begint met een scherpe veroordeling. Maar in de duisternis van dat veroordelende woord, glanst het licht van Jezus' liefde. Zijn duisternis is licht!

Wat heeft Jezus dan op de gemeente van Sardes aan te merken? Zitten die broeders en zusters daar elke dag in hun luie stoel? Is er niemand te vinden om ouderling of diaken te worden? Is er geen zendingscommissie? Doen ze niets aan evangelisatiewerk? O nee, wees gerust, dat is in Sardes allemaal prima voor elkaar. De gemeente 'draait' goed. Ja, zo noemen wij dat tegenwoordig. Alles 'draait'. Maar toch zit er geen voortgang in. De gemeente van Sardes draait als een wiel van een auto die in de sneeuw is vastgelopen. 'Ik weet uw werken, dat gij de naam hebt, dat gij leeft, maar gij zijt dood'. Ziedaar het oordeel van Jezus over deze gemeente. En wie weet, misschien lijkt deze gemeente wel op de onze...

Voor het helemaal te laat is, laat Jezus zijn oproep horen. 'Wees wakker en versterk het overige dat dreigde te sterven'. Daar komt het op aan: wakker te zijn. Je kunt heel veel doen voor God en ondertussen toch slapen. Misschien heb je een lamp, misschien heb je ook nog extra olie in de kruik, en toch lig je te slapen in plaats van wakker op je post te staan. Misschien moesten we in onze gemeenten eens wat minder doen en wat meer láten...

Een hart dat wacht in ootmoed
is lieflijk voor de Heer,
maar op een hart vol hoogmoed
ziet Hij in gramschap neer.
Wie vraagt naar zijn gebod
en bidden blijft en waken,
in hem wil woning maken
het heil, de Zoon van God.

gezang 126:3

Trouwe God, vergeef ons dat we wel hard lopen voor U, maar soms zó dat we U voor de voeten lopen. Wij danken U voor uw oordeel over ons leven. Ook in uw duisternis schijnt het licht. Help ons om wakker te zijn en om in te zien waar het werkelijk op aan komt.

'Gij hebt de ongerechtigheid van uw volk vergeven, al hun zonden bedekt'. – *Ps. 85:3*

'Bereidt de weg des Heren' – die woorden zullen we in deze derde adventsweek nog wel eens meer horen. De Heer komt! Maar zorg er dan voor dat Hij komen kán, zorg er dan voor dat de weg recht is en glad.

De tijd van advent is zogezien een tijd van inkeer. 'Hoe zal ik U ontvangen, hoe wilt Gij zijn ontmoet?' De adventstijd roept ons op tot omkeer, tot bekering. Maar toch, hoe goed dit alles ook wezen mag, de grootste omkeer is die van God zelf. God heeft naar ons omgezien. God zelf heeft zich naar ons toegekeerd. Dat is het wonder van het Kerstfeest. Niet om ónze bekering gaat het, maar om het wonder van Gods bekering. Hij heeft zich afgewend van zijn plan om een eind te maken aan zijn zorg voor ons. Hij heeft zich bekeerd tot vergeving en verzoening van onze zonden. Met die verwondering begint ook de psalm die we lazen: 'Gij hebt de ongerechtigheid van uw volk vergeven, al hun zonden bedekt'.

In deze psalm wordt gebeden om herstel, om herleving van Israël, om gerechtigheid en vrede. Maar helemaal aan het begin van de psalm staat al die geloofsbelijdenis, die vreugdevolle uitroep: God heeft ons vergeven, Hij heeft zich in genade naar ons toegewend!

Het is vandaag de derde adventszondag. We worden opgeroepen de weg des Heren te bereiden. Maar voorop staat dit: God heeft zichzelf een weg bereid. Hij heeft de grootste drempels verwijderd, de hoogste obstakels uit de weg geruimd, Hij heeft de ongerechtigheid vergeven en de schuld bedekt! Wie dat bedenkt, haast zich om voor Hem een weg te bereiden.

Gij waart goedgunstig voor uw land, o Heer,
in Jakobs harde lot bracht Gij een keer.
De schuld uws volks wilt Gij niet gadeslaan.
Gij hebt hun zonden uit uw boek gedaan.
Gij die de vlammen van uw toorn bezweert,
Gij hebt U van uw gramschap afgekeerd.
God van ons heil, herstel ons, neem ons aan
en doe uw toorn niet over ons bestaan.

psalm 85:1

Trouwe God, in uw vergeving wonen wij. U zelf hebt al een weg bereid, in Christus, die de weg is. Help ons om vandaag uw weg te gaan.

'Hoor, iemand roept: Bereidt in de woestijn de weg des Heren, effent in de wildernis een baan voor onze God'. – *Jes. 40:3*

Het volk Israël is in Babel, gevangen, verbannen. In het hart van elke balling brandt het verlangen naar huis, naar Jeruzalem, naar het land dat God aan Israël beloofde. Maar de kans lijkt verkeken, een terugweg schijnt er niet te zijn. Israël heeft de harpen aan de wilgen gehangen; triest en troosteloos scholen ze samen om klaagliederen te zingen, de mannen en de vrouwen en de kinderen – alle hoop is vervlogen, alle kracht is vergaan.

Maar dan: een stem. God spreekt. 'Troost, troost mijn volk'. De lijdenstijd is volbracht, de ongerechtigheid is geboet. Hoor, daar klinkt geroep: 'Bereidt in de woestijn de weg des Heren, effent in de wildernis een baan voor onze God'. Israël, vat moed, God zelf doet u wederkeren. Hij zal ervoor zorgen dat er een terugweg komt. Hij komt u halen, Hij brengt u thuis. Maar zorg er dan voor dat Hij komen kan. Zorg er voor dat niets Hem in de weg staat. Vul de diepe kuilen, haal alle drempels weg, de bulten en de bergen, ze moeten worden geëffend, er moet een vlakke weg worden aangelegd, want God zelf komt om u te halen!

Zo wordt ook ons in deze tijd gevraagd een weg te bereiden voor God. Híj komt ons bevrijden. Híj brengt ons thuis. Maar wij worden geroepen ons voor te bereiden op zijn komst, om gereed te zijn, om alles in orde te brengen. God komt, maar Hij kan niet door dalen van wantrouwen en Hij kan niet over bergen van hoogmoed. En daarom: bereidt de weg!

Verwacht de komst des Heren,
o mens, bereid u voor:
reeds breekt in deze wereld
het licht des hemels door.
Nu komt de Vorst op aard,
die God zijn volk zou geven;
ons heil, ons eigen leven
vraagt toegang tot ons hart.

gezang 126:1

Trouwe God, U komt om ons thuis te brengen, naar Kanaän – en daarvoor danken wij U. Maak ons vol van uw Geest, opdat aan onze kant niets uw komst zal hinderen.

'Wat moeten wij dan doen?' – *Luk. 3:10*

Dat is een vraag die allicht bij je boven komt, wanneer je telkens maar weer die stem hoort die zegt: 'Bereidt de weg des Heren!' Alles goed en wel, de weg des Heren bereiden, jazeker, dat willen we wel doen, het is advent en nog een paar dagen en het Kerstfeest wordt gevierd. Maar 'wat moeten wij dan doen?'

Dat is ook de vraag van de mensen die rondom Johannes de Doper staan, aan de oever van de Jordaan. Johannes is de heraut van de Messias, de wegbereider. Hij is de stem in de woestijn, de profeet die het volk oproept om alle hinderpalen uit de weg te ruimen. Bekeert u! – dat is zijn boodschap. Maar dan komt onvermijdelijk die vraag op: 'Wat moeten wij dan doen?'

Johannes geeft op die vraag een zeer concreet antwoord. Wie twee jassen rijk is, moet er één weggeven aan wie er helemaal geen heeft; wie tollenaar is moet niet meer vragen van de mensen dan in de tabellen staat aangegeven en wie soldaat is moet niet plunderen maar tevreden zijn met zijn soldij.

Nu, wij zouden zeggen: is dat alles? Gaat 'bekering' niet veel dieper, heeft dat niet meer te maken met een geestelijke omzwaai, een omkeer in je denken? Jazeker, zou Johannes zeggen, maar het moet in de praktijk ook blijken dat je die omzwaai hebt gemaakt. Als geld recht kan maken wat krom is, nu, vraag je dan maar eens af wat er zo al krom is in de wereld om je heen en geef daar je geld dan aan! Vraag je niet langer af: 'Wat moeten wij dan doen?' Het antwoord ligt voor de hand: laat alle hoogmoed varen en wees eens tevreden met wat je ontvangen hebt!

Een hart dat wacht in ootmoed
is lieflijk voor de Heer,
maar op een hart vol hoogmoed
ziet Hij in gramschap neer.
Wie vraagt naar zijn gebod
en bidden blijft en waken,
in hem wil woning maken
het heil, de Zoon van God.

gezang 126:3

Barmhartige Vader, wij weten best wat wij moeten doen, maar wij zijn te hoogmoedig, te gierig. Verlos ons van de boze en bevrijd ons van onze ontevredenheid.

'Zijt Gij het, die komen zou, of hebben wij een ander te verwachten?' – *Matth. 11:3*

Dat is een zeer begrijpelijke vraag van Johannes de Doper. Johannes zou de wegbereider van de Messias zijn, heraut, voorloper van de Heiland. Maar wat is nu al met al het resultaat van zijn komst? Wat is er nu, alles bij elkaar opgeteld, te zien van Gods bevrijdend handelen in deze wereld? Johannes zit in de gevangenis. Hij heeft voor Herodes de waarheid niet verzwegen. Een goede getuige is hij geweest, vooruitgezonden door de komende Messias. Maar wat is er te zien van de beloofde bevrijding? Johannes zit muurvast. Zal dit zijn dood betekenen? In de gevangenis hoort hij wat Jezus doet en zegt. En langzaam maar zeker groeit in hem de twijfel: Is deze Jezus nu wel de beloofde Messias? Is Hij wel degene die komen zou of hebben wij een ander te verwachten?

Johannes' discipelen brengen aan Jezus de vraag van hun meester over. En wat is Jezus' antwoord? Zegt hem wat geschiedt: blinden zien, lammen wandelen, doden worden opgewekt en armen ontvangen het evangelie. En zalig wie aan Mij geen aanstoot neemt.

Waarom zou je aan Jezus aanstoot kunnen nemen? Wel, bij voorbeeld omdat Hij wel lammen laat lopen, maar geen gevangenen bevrijdt. Althans, Johannes merkt daar niets van. De bevrijding gaat aan hem voorbij. Is dat niet ergerniswekkend? Is dat niet hoogst irriterend? Blinden krijgen licht, maar wie terwille van Jezus gevangen zit, wordt onthoofd. Hier zien we scherp de voorlopigheid van Christus' komst. Niet als een keizer is Hij gekomen, maar als een Knecht, die zelf gevangen is. Zalig wie zich aan die zwakheid niet ergert. Wij verwachten geen ander. Wij verwachten een Koning die Knecht is geweest!

Kom Heer, op wie de wereld wacht,
wij wachten op geen ander.
O kom, een zwakke zonder macht,
als koning heersen in Gods kracht
en leid ons tot elkander.

gezang 53:5

Sterke God, wij danken U voor Jezus, in wie U hebt getoond zwak te willen zijn voor ons. Vergeef ons dat wij soms twijfelen, driftig als we zijn. Help ons om te wachten op de tijd waarin U komen zult in alle kracht en heerlijkheid.

> 'De God nu der volharding en der vertroosting geve u eensgezind van hetzelfde gevoelen te zijn naar het voorbeeld van Christus Jezus, opdat gij ééndrachtig uit één mond de God en Vader van onze Here Jezus Christus moogt verheerlijken'. – *Rom. 15:5, 6*

Er zijn in de gemeente van Rome twee groepen, twee partijen – twee modaliteiten, zo u wilt. Paulus noemt ze niet 'licht' en 'zwaar' of 'links' en 'rechts'. Paulus spreekt over 'sterken' en over 'zwakken'. Het meningsverschil gaat voornamelijk over de betekenis van de wetten van Mozes voor de christelijke gemeente. Daarover gaan de meningen nog al uiteen. De reinigingswetten, de spijswetten, de sabbatswetten, ze vormen een diepe bron van kerkelijke discussie. En wat zegt Paulus nu in dit verband? Hij zegt: 'Aanvaardt elkander, zoals ook Christus ons aanvaard heeft'. Daar komt het op aan: niet dat de ene groep zich gewonnen geeft en van mening verandert, maar dat beide groepen elkaar accepteren. En in dat licht staat ook het woord voor deze dag: 'De God nu der volharding en der vertroosting geve u eensgezind van hetzelfde gevoelen te zijn naar het voorbeeld van Christus Jezus, opdat gij eendrachtig uit één mond de God en Vader van onze Here Jezus Christus moogt verheerlijken'.

Ook zo bereiden we de weg des Heren: niet door oeverloze discussies en eindeloze debatten, maar door eendrachtige verheerlijking van Gods grote Naam. Je zou dat als kerk gewoon eens moeten doen, een jaar lang op z'n minst: geen vergaderingen meer, geen nota's en gesprekspapieren, geen langdradige discussie met standpunten zus en visies zo. Maar zangdiensten, veel zangdiensten; en samen doen wat je zonder veel bezwaar samen doen kunt. Alles op alles zetten om eendrachtig God te verheerlijken. En waarom? Om de wereld ervan te overtuigen dat God waard is geprezen te worden om zijn grote barmhartigheid in Jezus Christus. Misschien breken wij met al onze dogmatische en kerkpolitieke discussies juist de weg des Heren óp. God geve ons volharding en vertroosting om eensgezind zijn komend Rijk te verwachten.

> Reeds daagt het in het oosten,
> het licht schijnt overal:
> Hij komt de volken troosten,
> die eeuwig heersen zal.
>
> *gezang 124:5*

Trouwe Vader, voor dat licht, dat de volken zal troosten, danken wij U! Wij bidden U: breek door muren van discussie heen, geef ons eensgezindheid, om samen te zoeken naar wat heilzaam is voor deze wereld. Help ons om niet met alle geweld alleen onze eigen weg te gaan.

'Velt geen oordeel vóór de tijd, dat de Here komt, die ook hetgeen in de duisternis verborgen is, aan het licht zal brengen...' – *1 Cor. 4:5*

Wie aan de weg werkt, moet rekenen op kritiek. Wegwerkers worden altijd op de vingers gekeken. Zo is het ook met hen die Gods weg bereiden. Wat je ook doet, gekletst wordt er altijd. Wie ernst maakt met de bijbelse boodschap, moet er maar van uitgaan dat er weerstand komen zal. Voor links ben je te rechts en voor rechts ben je te links en als je probeert een evenwichtig midden te zoeken, dan ben je in de ogen van velen een compromisfiguur, een zwalker, vlees noch vis.

Zo is het ook met de apostel Paulus gegaan. Hij was ook zo'n wegbereider. In de Rechte Straat te Damascus is hij op de goede weg gezet. Hij is de wereld door gegaan om een weg te bereiden voor het evangelie. Zo is hij ook in de havenstad Corinthe gekomen. En reken maar dat ze daar gewend waren om de dingen recht op de man af te zeggen! Zodoende heeft Paulus ook het nodige aan kritiek te verstouwen gekregen. Hij was te dit en hij was te dat. En hoe reageert Paulus daar nu op? Is hij daar ongevoelig voor? Zeker niet. Wie kan kritiek zo maar naast zich neerleggen? En toch, toch staat Paulus boven al die visies. En dat schrijft hij dan ook aan de gemeente: 'Nu raakt het mij zeer weinig of ik al door u of door enig menselijk gericht beoordeeld word. Ja, ook mijzelf beoordeel ik niet'. Nu, dat klinkt nogal zelfverzekerd. Paulus laat zich door niemand op z'n kop zitten en zelfs voor eigen hoogmoed en minderwaardigheidsgevoel blijft hij doof. Trekt hij zich dan van niemand iets aan? 'Hij, die mij beoordeelt is de Here'. Daar heb je het geheim van Paulus' vastberadenheid. God alleen, de zon van liefde, die weet wat er leeft, diep in ons hart.

Op U, mijn Heiland, blijf ik hopen.
Verlos mij van mijn bange pijn!
Zie, heel mijn hart staat voor U open
en wil, o Heer, uw tempel zijn.
O Gij, wien aard' en hemel zingen,
verkwik mij met uw heilge gloed.
Kom met uw zachte glans doordringen,
o zon van liefde, mijn gemoed!

gezang 118:1

Trouwe Vader, wij willen uw weg bereiden, help ons dan om daarbij alleen te luisteren naar wat uw Geest tot ons te zeggen heeft.

> 'Ik weet uw werken: zie, Ik heb een geopende deur voor uw aangezicht gegeven, die niemand kan sluiten; want gij hebt kleine kracht, maar gij hebt mijn woord bewaard en mijn naam niet verloochend'. – *Openb. 3:8*

Zoals er in de tempel een sleuteldrager was, die de deur moest openen en sluiten op z'n tijd, zo is er ook in Gods heiligdom een sleuteldrager: Jezus. Hij draagt de sleutel van David, sterker: Hij is de sleutel zelf. Hij is de weg, de waarheid, het leven. Hij is de deur. En als Jezus je toegang geeft, dan kan geen mens die meer blokkeren. Als Hij een deur opent, doet niemand die weer dicht.

Zo wordt de gemeente in Filadelfia bemoedigd. In deze brief van Jezus wordt geen wanklank gehoord. Niets is er op deze gemeente aan te merken. De broeders en zusters doen hun naam eer aan: Filadelfia – broederliefde, betekent dat. Jezus weet hun werken: ze hebben God en elkaar van harte lief. En liefde opent deuren! Liefde maakt een weg waar geen wegen zijn. Zo wordt in Filadelfia de weg des Heren bereid. Mensen worden gewonnen voor het evangelie door de liefde. Zeker, er is tegenstand, er zijn dwaalgeesten die het de gemeente moeilijk maken, maar dank zij de liefde houden Gods kinderen stand. Die liefde houdt de deur naar Gods heiligdom open. Al hebben ze dan niet veel in de melk te brokkelen, al hebben ze maar weinig invloed en niet veel kracht, ze hebben toch in Filadelfia Gods woord bewaard en zijn naam niet verloochend. En daar komt het op aan: vast te houden aan Gods liefde voor deze wereld. Het is advent. Jezus komt. Zijn liefde opent deuren!

> O kom, Gij sleutel Davids, kom
> en open ons het heiligdom;
> dat wij betreden uwe poort,
> Jeruzalem, o vredesoord!
> Weest blij, weest blij, o Israël!
> Hij is nabij, Immanuël!
>
> *gezang 125:4*

Barmhartige Vader, wij danken U voor deze dagen van advent. Met vreugde verwachten wij de komst van onze Heiland. Zijn liefde opent de deuren van uw Rijk. Vervul ons met zijn aanwezigheid en maak ook ons trouw in liefde voor U en de naaste. Laat ook ons mogen binnengaan in de stad waarin uw vrede eeuwig zal wonen.

'Hij zal de wereld richten in gerechtigheid en de volken in zijn trouw'. – *Ps. 96:13*

In deze week vieren wij het Christusfeest: Jezus is geboren! De kerstfeestvieringen rijgen zich aan één als kralen aan een ketting. Koren zingen het hoogste lied, overal hoor je 'Stille nacht' en 'Nu zijt wellekome'. De etalages zijn verlicht en de kerstbomen bijna uitverkocht. Alles is klaar voor het Kerstfeest van dit jaar. Alleen... waar doen we het nu eigenlijk allemaal voor? Ja, we doen het vanwege Jezus, vanwege dat kindje in de kribbe, de Messias, de Zoon van God. Hij die het licht is in de nacht, Hij is gekomen om de wereld te verlossen, Hij is de Heiland, de Redder. Ja, dat zeggen wij en daarover zingen onze liederen – maar wat is daar nu allemaal goedbeschouwd van waar? Is de wereld dan sinds zijn komst verlost? Wat is er sinds Bethlehem nu eigenlijk op aarde veranderd? Waar kun je nu werkelijk iets van die vrede op aarde zien? Is heel dat Kerstfeest niet één groot volksbedrog?

Ja zeker, dat zou het zijn, als Jezus niet opnieuw zou komen! Als Hij alleen maar gekomen was om een paar jaar op aarde rond te wandelen, ja, dan zou het hele christelijk geloof niet zo veel voorstellen. Maar er is over Jezus méér te zeggen. Hij is gekomen om zijn tweede komst aan te kondigen. Hij is gekomen om ons op te roepen gereed te zijn voor die dag waarop Hij de wereld zal richten in gerechtigheid en de volken in zijn trouw. Kerstfeest. Wat we dan vieren? Dat er een Knecht is gekomen die beloofd heeft Koning te zijn. Dat er een Lam is geboren dat de Leeuw van Juda zal zijn. Kerstfeest, dat vieren we omdat de allergrootste Verliezer uiteindelijk zal blijken te zijn: de Overwinnaar, de Eerste en de Laatste, de Allerhoogste. Kerstfeest, dat vieren we omdat je God alleen kunt begrijpen als je kijkt naar dit onooglijk kleine Kind.

Zo zal zijn koninkrijk beginnen.
De Rechter rijdt de wereld binnen,
Hij richt de aarde naar zijn recht,
het pleit der volken wordt beslecht.
Zijn trouw en waarheid overwinnen.

psalm 96:7

Trouwe God, wij danken U dat U niet zomaar als Rechter de wereld binnenrijdt. Wij danken U dat U allereerst ons laat zien wat recht en wat onrecht is – in Jezus, die om ons een Knecht is geworden, een Knecht en een Kind. Leer ons nu al te buigen, voor Hem en voor elkaar.

'En er zal een rijsje voortkomen uit de tronk van Isaï en een scheut uit zijn wortelen zal vrucht dragen'. – *Jes. 11:1*

Veel was er niet meer over van het oude koningshuis. Verdwenen was de glorie van David, de zoon van Isaï. De Romeinen hadden het voor het zeggen in het beloofde land. En op de troon in Jeruzalem zat Herodes, die niets met het koninklijk huis van David te maken had. De boom van Davids geslacht was gekapt. Een tronk was er over, een afgehouwen stam. Maar zie: uit die tronk komt een rijsje voort, een twijgje, een takje. Een scheut uit de wortelen draagt vrucht: Jezus, de zoon van David.

Het lijkt erop dat God daar aardigheid in heeft. Als alles hopeloos lijkt, als Abraham en Sara maar geen kind hebben, als Rachel onvruchtbaar blijkt en Zacharias en Elisabeth al lang de moed hebben opgegeven nog ooit een kind te krijgen, als alles één grote teleurstelling is geworden, politiek en geestelijk gezien, dan is Gods tijd gekomen. Dan wordt er een kind geboren, een nieuwe toekomst voor Israël. Als alles lijkt afgekapt en afgehouwen, dan is God bij machte om toch nog een twijgje te laten uitlopen. Zo is Jezus gekomen. Een koning-van-niks, een koning als een takje, zo klein, zo weerloos en breekbaar. Maar uit dat takje is een boom gegroeid, een bos, zo groot als de wereld. En alle volken kunnen in zijn schaduw nestelen!

Denk nooit: alles is voorgoed voorbij. Bij God bloeien rozen, zelfs in de woestijn.

Er is een roos ontloken
uit barre wintergrond,
zoals er was gesproken
door der profeten mond.
En Davids oud geslacht
is weer opnieuw gaan bloeien
in 't midden van de nacht.

gezang 132:1

Trouwe God, midden in de nacht verschijnt uw licht. Midden in de hopeloosheid van ons menselijk bestaan komt Jezus, als een roos in de woestijn, als een takje aan een afgehouwen stam. Voor Hem danken wij U. In zijn aanwezigheid schuilt onze toekomst.

'Het licht schijnt in de duisternis en de duisternis heeft het niet gegrepen'. –*Joh. 1:5*

Kerstfeest: het licht schijnt in de duisternis. Midden in de nacht gaat de hemel open. Dwars door wolken van schade en schande, van nood en dood, breekt het licht der gerechtigheid: Jezus, die het licht is in onze nacht.

En de duisternis? De duisternis heeft het licht niet gegrepen, zo zegt Johannes aan het begin van zijn evangelie. Wat bedoelt hij daarmee te zeggen? Wil hij daarmee beweren dat de duisternis het licht niet begrepen heeft? Dat zou kunnen. Zo is het inderdaad gegaan met het licht. De Schriftgeleerden in Jeruzalem hebben van dit licht weinig opgestoken. Ze hebben de klok van het Kerstfeest horen luiden, maar ze deden geen moeite om te ontdekken waar het Kind geboren was. Nee, de duisternis heeft het licht niet begrepen. De duisternis heeft niet voor niets een hekel aan het licht. De duisternis komt niet graag aan het licht. De duisternis blijft liever wroeten in het donker van eigen inzichten en uitvluchten. De duisternis – en je hebt heel wat vormen van duisternis: goddeloze vormen en vrome vormen! –, de duisternis heeft dit licht niet verstaan, niet in zich op willen nemen.

Of zou Johannes nog iets anders willen zeggen? Ja, dat denk ik. Dit: Het licht schijnt in de duisternis en de duisternis heeft het niet kunnen grijpen, niet kunnen pakken. Ziedaar, de triomf van Kerst: het licht overwint!

Komt, verwondert u hier, mensen,
ziet, hoe dat u God bemint,
ziet vervuld der zielen wensen,
ziet dit nieuwgeboren kind!
Ziet, die 't woord is, zonder spreken,
ziet, die vorst is, zonder pracht,
ziet, die 't al is, in gebreken,
ziet, die 't licht is, in de nacht,
ziet, die 't goed is, dat zo zoet is,
wordt verstoten, wordt veracht.

gezang 139:

Trouwe God, wij danken U voor het licht in onze nacht. Het is verstoten en veracht, maar het heeft overwonnen! Wij danken U voor Jezus, die eenmaal alle duisternis verdrijven zal.

'Ik ben het licht der wereld; wie Mij volgt, zal nimmer in de duisternis wandelen, maar hij zal het licht des levens hebben'. –*Joh. 8:12*

Je kunt natuurlijk over al dat licht met Kerst je schouders ophalen en zeggen dat het allemaal show is, feestverlichting, valse romantiek. En je kunt met recht vasthouden dat er zakelijke belangen in het spel zijn en dat fabrikanten van kerstboomverlichting en handelaars in kaarsen en aanverwante artikelen het van deze tijd moeten hebben. En je kunt zelfs beweren dat ons Kerstfeest eigenlijk alleen maar een oud-heidens zonnefeest is in een christelijk jasje. Dat is allemaal helemaal waar en toch klopt het niet. Want diep in ons menselijk hart sluimert de wetenschap dat wij leven in een donkere wereld. Wie zichzelf een beetje kent en wie de wereld een beetje kent, die weet hoe duister het in ons hart wezen kan. Ik denk dat we daarom met Kerst ons op de een of andere manier toch allemaal wel aangesproken voelen. Donker is de wereld, zo donker als deze donkere tijd van het jaar.

Maar zie: in deze donkere wereld straalt een licht! Jezus. En wie Hem volgt, die zal nooit meer in het duister wandelen. Het ellendige is dat lang niet alle Kerstfeestvierders Jezus willen volgen. Zeker, een aandoenlijk versje zingen op het Kerstfeest, dat willen wij allemaal. Een kaarsje ontsteken, een takje groen ophangen, dat is best. Maar Jezus volgen, je doen en laten door Hem laten bepalen – dat is zo vanzelfsprekend nog niet. Zalig de mens die het Licht der wereld blijft volgen. Altijd zal het Kerstfeest zijn...

Temidden van de nacht des doods
zijt Gij, mijn zon, verrezen.
O zonlicht, mild en mateloos,
uw gloed heeft mij genezen.
O zon die door het donker breekt
en 't ware licht in mij ontsteekt,
hoe heerlijk zijn uw stralen.

gezang 141:3

Hemelse Vader, wij danken U voor het licht der wereld, voor de zon die is opgegaan. Wek in ons het verlangen om dat licht te volgen, alle dagen van ons leven. Behoed ons voor de duisternis, voor de eeuwige nacht en leid ons in dit donker bestaan door het licht des levens.

'Maar toen de goedertierenheid en mensenliefde van onze Heiland en God verscheen...' – *Titus 3:4*

Daar gaat het om, op het Kerstfeest: om Gods goedertierenheid en om zijn mensenliefde. In de Kerstnacht is Gods goedertierenheid aan het licht gekomen. Goedertierenheid – dat is een oud woord, dat we nauwelijks nog gebruiken in onze alledaagse taal. Goedheid, zo zou je het korter kunnen zeggen; 'goedertierenheid' is langer, uitgebreider – en dat geldt ook voor Gods goedheid. God is niet alleen maar goed, Hij is ook goedertieren, Hij is zó goed, dat Hij genadig is. Goedertieren is zo iets als 'barmhartig, genadig, lankmoedig'. In de Kerstnacht is Gods vergeving aan het licht gekomen! God verzoent der mensen schuld! Het Kind van Bethlehem zet een streep door ons tekort: Betaald. Vereffend. Verzoend.

Dat alles zit ook in dat tweede woord: mensenliefde. 'Toen de goedertierenheid en mensenliefde van onze Heiland verscheen...' God is de grootste Filantroop die was en is en wezen zal. God houdt van mensen. God houdt zelfs van mensen die van Hem niet houden. Zo lief heeft God de wereld gehad, dat Hij zijn goedertierenheid en mensenliefde heeft geopenbaard. Want, laten we eerlijk zijn, wat heeft Jezus anders gedaan dan tot mensen van Gods liefde gesproken? Wat heeft Hij anders gedaan dan goeds, in daden van genezing en heling?

Kerstfeest is het feest van Gods mensenliefde. Nee, het zal niet de bedoeling zijn dat wij ter gelegenheid van Kerst nu eens flink de filantroop gaan uithangen. Het zal de bedoeling van Christus zijn dat wij álle dagen van ons leven God en elkaar zullen liefhebben, met alles wat in ons is.

Hoor, de englen zingen de eer
van de nieuwgeboren Heer!
Vrede op aarde, 't is vervuld:
God verzoent der mensen schuld.
Voegt u, volken, in het koor,
dat weerklinkt de hemel door,
zingt met algemene stem
voor het kind van Bethlehem!
Hoor, de englen zingen de eer
van de nieuwgeboren Heer!

gezang 135:1

O God, wij danken U voor uw liefde voor ons, zondige mensen. Wij danken U voor Jezus, uw goedertierenheid in vlees en bloed.

'Deze, de afstraling van zijn heerlijkheid en de afdruk van zijn wezen...' – *Hebr. 1:3*

Zo wordt aan het begin van het Hebreeënboek over Jezus gesproken: Hij is de afstraling van Gods heerlijkheid en de afdruk van zijn wezen. Zoals wij tegenwoordig bij de boekhandel een kopie maken van een diploma, zo heeft God van zichzelf een afdruk laten maken, een levende kopie: Jezus, de Zoon van God, sprekend zijn Vader. Jezus lijkt op God, zoals een afdruk op het origineel.

Betekent dat nu dat Jezus en de Vader precies gelijk zijn? Nee, dat kun je zo niet zeggen. Een afdruk is toch iets anders dan het origineel. Zeker, Jezus heeft gezegd: De Vader en Ik zijn één. Maar Jezus zei ook dat Hij niet alles wist wat de Vader had bepaald; denk maar aan de grote dag die komt. Daarvan weet Jezus niet het uur. Dat is alleen aan de Vader bekend. Er is en blijft verschil tussen de Vader en de Zoon, tussen het origineel en de afdruk. Maar is het daarmee niet zoals met een kopie? Een kniesoor die daar een probleem van maakt! Voor het leven van elke dag heb ik aan een kopie genoeg. Ik kan aan Jezus zien hoe God is. In het Kind van Bethlehem zie ik de afstraling van Gods heerlijkheid en een kopie van zijn wezen. Zeker, God is nog groter dan Jezus, nog heerlijker in zijn majesteit en kracht, maar aan Jezus heb ik voldoende om te kunnen leven en sterven in vrede.

Kerstfeest. De hemel heeft zichzelf gekopieerd. In het Kind van Kerst zie ik de liefde van de Vader, de lijnen van zijn vriendelijk gezicht – haarscherp.

In Hem is al het zijnde
geroepen uit het niet.
Hij is begin en einde
van al wat er geschiedt.
Hijzelf, het stralend teken
van 's Vaders majesteit,
wil heden tot ons spreken
van Gods barmhartigheid.

gezang 102:3

Vader, voor de afstraling van uw heerlijkheid, voor de afdruk van uw wezen, danken wij U! Om Jezus, die zo sprekend op U lijkt, prijzen wij uw naam. Zegen ons, opdat ook wij mogen gelijken op uw beeld, zolang als wij leven.

'De zaligheid is van onze God, die op de troon gezeten is, en van het Lam!' – *Openb. 7:10*

Het grote Kerstfeest, dat moet nog komen: het hemelse Christusfeest. Johannes, de oude apostel op Patmos, heeft er bij voorbaat al iets van gezien. Even mocht hij om de hoek van de hemeldeur kijken en wat zag hij? Een schare die niemand tellen kon. De grootste volkskerstzang die ooit gehouden is. Een hemel boordevol mensen. Hollanders en Duitsers en Belgen en Russen en Amerikanen. Blanken en zwarten, Turken en Marokkanen, Joden en Arabieren, uit alle volken en stammen stonden ze daar. Wat er te zien was? Een troon. Ja zeker, niet in Rome zag Johannes een troon, maar in de hemel. Niet in het centrum van de politieke macht van zijn dagen, maar hoog daarboven, daar ziet Johannes een troon. En in het midden van die troon: het Lam! Jezus.

Jezus, het Lam. Zo kennen we Hem, het Kind van Bethlehem. Niet voor niets waren het herders die Hem als eersten bezochten. De fokkers van kleinvee, bestemd als offerlammeren in de tempel, niet ver van de velden van Efratha, in Jeruzalem. Herders aanbidden het Lam, het grote Offer voor onze zonden! Maar uitgerekend dit Lam heeft nu alle macht gekregen. De zachte kracht van het evangelie zal eindelijk overwinnen! En daarom zingen al die bruine en blanke kinderen Gods, die duizenden, die miljoenen voor de troon: 'De zaligheid is van onze God, die op de troon gezeten is, en van het Lam'.

Kerstfeest. We vieren het, voor de zoveelste keer in ons leven. Soms is er vreugde. Soms valt het tegen. Vergeet niet: het grote Kerstfeest moet nog komen – de aanbidding van het Lam.

Nu knielen herders, wijzen,
rondom de kribbe neer.
Straks zal Hem alles prijzen
als Heiland en als Heer.
Dan vallen alle volken
de Mensenzoon te voet,
dan komt Hij op de wolken,
in majesteit begroet.

gezang 136:3

Wij danken U, hemelse Vader, voor het Lam, dat onze zonde gedragen heeft. Wij danken U voor het grote feest dat nog komen moet. Laat ook ons mogen binnengaan op uw dag om mee te zingen: het loflied voor U en voor het Lam.

'Wil mij dan ook tot mijn ouderdom en grijsheid,
o God, niet verlaten,
totdat ik aan dit geslacht uw arm verkondig,
aan ieder die komt, uw sterkte'. – *Ps. 71:18*

De dagen van Kerst behoren tot de laatste dagen van het jaar. Het jaar is oud geworden. En juist in deze tijd, nu alles zo op een einde loopt en de dagen kort zijn en de nachten zo lang, juist in deze tijd overvalt ons wellicht de gedachte: ook wij, wijzelf, wij worden oud. Je kunt daar natuurlijk een beetje om lachen en zulke gedachten afwimpelen onder het motto 'Men is zo oud als men zich voelt' – maar de werkelijkheid is anders: we zijn weer een jaar ouder.

Is dat een probleem? Voor de dichter van de psalm die we lazen in elk geval niet. Hij weet bij wie hij schuilen kan, ook op zijn oude dag. God is zijn rots, zijn woning. Vanaf zijn jeugd aan heeft hij op God vertrouwd. Vanaf de moederschoot aan heeft hij geweten: God laat mij niet alleen. En nu hij een dagje ouder is geworden, nu is zijn gebed dat God hem ook in de ouderdom zal bijstaan. En waarom? Om nog een gezellige oude dag te hebben? Nee, dat is niet direct het eerste waar de dichter aan denkt. Dat mag een mens zeker hopen en gezegend ben je als de zon nog laat in de avond schijnt... maar het is de dichter van deze psalm om iets anders te doen. 'Wil mij tot mijn ouderdom en grijsheid niet verlaten, totdat ik aan dit geslacht uw arm verkondig, aan ieder die komt, uw sterkte'. Ziedaar wat de dichter verlangt: aan een nieuw geslacht Gods grote daden te verkondigen! Kerstfeest is het feest van het Kind! Onze toekomst ligt in zijn handen.

Maak m'in mijn grijsheid niet onmondig.
Verlaat mij niet te zeer,
maar gun mij stem, o Heer,
dat ik een nieuw geslacht verkondig
uw grootheid en uw sterkte,
al wat uw arm bewerkte.

psalm 71:10

Trouwe God, in de laatste dagen van dit jaar bidden wij U: geef ons een vrolijk hart, vol van verlangen om de vreugde van het Christusfeest te verkondigen aan een nieuw geslacht. U hebt ons gedragen, van kindsbeen aan; draag ons ook nu, bij het wisselen van de tijden, uw toekomst tegemoet.

'Kan ook een vrouw haar zuigeling vergeten, dat zij zich niet ontfermen zou over het kind van haar schoot?' – *Jes 49:15*

Goed, het zal in de praktijk wel eens voorkomen, een enkele keer zal het hier of daar wel eens gebeuren, dat een moeder zich niet meer bekommert om haar kind. Maar dat is dan toch wel een grote uitzondering op de regel. Zo iets doet een moeder niet. Als je aan een kind komt, dan kom je aan zijn moeder. Stel je voor: een moeder die vergeten zou dat ze negen maanden zwanger was, dat ze een kind ter wereld bracht. Zo iets kan een mens toch niet vergeten?

Wel, zo is het ook ondenkbaar dat God zijn volk vergeet. Zeker, er zijn momenten geweest waarop Israël in ballingschap zich afvroeg of God zijn volk niet volledig was vergeten. 'De Here heeft mij verlaten en de Here heeft mij vergeten', zo kon je Israël horen klagen in Babel. Maar dwars door dat geweeklaag heen klinkt nu de stem van de profeet. Denk je nu echt dat God jullie vergeten kan? Dat een moeder haar kind kan vergeten, je kunt je het nauwelijks voorstellen; maar dat God zijn volk vergeet, dat God jullie aan je lot over zou laten, hier, in de ballingschap van Babel, nee, dat is werkelijk volslagen ondenkbaar. Israël staat in Gods hand gegraveerd. Hij heeft de naam van zijn geliefde in zijn hand geschreven. Hij zal zijn volk ophalen uit de ellende van de ballingschap. Hij brengt u zeker thuis!

Zo wordt Israël getroost, ver van huis en haard. En in die vertroosting mogen ook wij delen. God laat zijn gemeente niet los. In zijn hand zijn wij geschreven.

Zou ooit een vrouw vergeten
't kind dat zij in zich droeg,
er niet van willen weten,
wanneer het naar haar vroeg?
Al zou u ook begeven
uw moeder vroeg of laat,
de Heer zweert bij zijn leven,
dat Hij u niet verlaat.

gezang 409:3

Trouwe God, in het Kind van Bethlehem hebt U zich over ons ontfermd. Daarom kunnen wij heengaan in vrede, een oud jaar uit, een nieuw jaar in. Wie ons ook vergeten mogen, U vergeet ons niet. Geef dat wij in dat vertrouwen leven zullen, alle dagen van ons menselijk bestaan.

'En toen de ouders het kind Jezus binnenbrachten om met Hem te doen overeenkomstig de gewoonte der wet, nam ook hij het in zijn armen en hij loofde God'. – *Luk. 2:27, 28*

Simeon en Anna. Anna was zeker een oude vrouw. Of Simeon ook oud was, is nog maar de vraag. De traditie heeft van hem wel een oude man gemaakt, maar dat was alleen vanwege zijn loflied: 'Nu laat Gij, Heer, uw dienstknecht gaan in vrede, naar uw woord'. Dat zegt Simeon, maar wat bedoelt hij met die woorden? Is 'heengaan in vrede' zoiets als 'sterven'? Of is het 'verder leven', misschien nog wel twintig of veertig jaar? Wie weet, misschien is Simeon wel in vrede heengegaan, niet naar zijn sterfbed, maar naar zijn familie en buren en bekenden, om hun het blijde nieuws van Jezus' geboorte te vertellen!

Simeon en Anna. Jong en oud, wij mogen heengaan in vrede. Vanwaar die vrede? Wie dat wil weten, moet maar eens in de armen van Simeon kijken. Daar ligt het Kind. Simeon neemt Jezus over en even later komt Anna er bij staan. Dat is geloven: Jezus in de armen nemen. Geloven, dat is: het Kind koesteren, het Kind dat ons wordt aangereikt, dat ontwapenende Kind, dat povere Kind, dat Kind dat ontdaan is van elke vorm van pracht en praal, dat Kind zonder enige trots en verbeelding. Geloven, dat is: het Leven omarmen, ja-zeggen tegen de genade die van elders komt. Geloven, dat is: Jezus aannemen, om zelf door Hem aangenomen te zijn; want zovelen Hem aangenomen hebben, die heeft Hij macht gegeven om kinderen Gods te worden.

Gij laat U door ons vinden,
o Heer, in ieder oord.
Gij zijt bij uw beminden
aanwezig naar uw woord.
Geef dat ook hier en heden
't geloof uw heil aanschouwt,
uw tempel in mag treden,
U in de armen houdt.

gezang 167:2

Barmhartige Vader, wij danken U voor uw Kind. Met Simeon en Anna mogen wij het aanvaarden, het in de armen nemen, het koesteren. Hij is ons heil, Hij is onze toekomst, vast en zeker. Wij bidden U: laat ons trouw in uw huis mogen zijn, waar uw lof geofferd wordt, daar waar U zelf Jezus in onze armen legt. Met Hem gaan wij heen – in vrede.

'Uit Egypte heb Ik mijn Zoon geroepen'. – *Matth. 2:15*

Jozef droomt en door die droom gedreven gaat hij, samen met Maria en het kind Jezus, naar Egypte. Jozef in Egypte. Dat is wat je noemt: een bekend verhaal. Al eerder is er een Jozef vanwege zijn dromen in Egypte terecht gekomen: Jozef, de zoon van Jacob, die ook wel Israël werd genoemd, de aartsvader. Jozef, de zoon van Israël, hij kwam door zijn dromen in Egypte. Lang is het volk Israël daar gebleven, totdat uiteindelijk God zijn volk uit Egypte heeft bevrijd en het weg heeft gehaald uit dat diensthuis van duivel en dood.

Zou dat alles iets te maken hebben met de reis van de kleine Jezus naar Egypte? Ik denk het. Hier gaat een tweede Jozef op weg, hier gaat Jezus, die de ware Israëliet is, naar Egypte, zoals eens zijn voorgeslacht. En vanuit dit Egypte, dat symbool van alles wat kwaad kan en kwaad doet, vanuit de duisternis van het diensthuis, roept God opnieuw zijn kind, zijn Zoon, Jezus, het ware Israël.

En wat dat alles nu voor ons betekent? Dit: in Jezus begint God zijn geschiedenis met Israël opnieuw. In Jezus schept God iets nieuws. In Jezus begint God helemaal van voren af aan. In Jezus begint God weer met een schone lei. Jezus zal overdoen wat Israël verkeerd heeft gedaan. Jezus zal, komend vanuit Egypte, niet murmureren in de woestijn, maar gehoorzaam de wil van zijn Vader doen. Jezus gaat nu de weg die Israël ging, maar hoe anders zijn zijn woorden en zijn daden! 'Uit Egypte heb Ik mijn Zoon geroepen'. God dank: wij mogen achter Jezus aan op weg naar het beloofde land!

Wij trekken door woestijn en zand,
verlosten uit Egypteland.
Geen vijand die ons tegenstreeft,
waar ons de Heer zijn zegen geeft.
Wij trekken op de einder aan,
waar al Gods poorten openstaan.
Want God heeft ons een land beloofd:
de naam des Heren zij geloofd!

gezang 5:2

Trouwe God, in Jezus bent U ook met ons opnieuw begonnen – en daarvoor danken wij U. Wij zouden het beloofde land nooit bereiken, als Hij ons niet voorging en als Hij voor óns niet alles had volbracht. Voor zijn gehoorzaamheid danken wij U. Door zijn trouw tot in de dood mogen wij heengaan in vrede.

> 'Ik ben als een licht in de wereld gekomen, opdat een ieder, die in Mij gelooft, niet in de duisternis blijve'. – *Joh. 12:46*

De duisternis – daarover spreekt Jezus nog al eens. Wat bedoelt Hij daar toch mee? Wat is dat eigenlijk: de duisternis? Zeker, daar zal de zonde mee zijn bedoeld, de ontrouw aan Gods geboden, de overtreding, het overspel en de overdaad. Dat is allemaal duisternis, nachtwerk, dat de dag niet kan zien. Maar ik denk dat Jezus met dat woord 'duisternis' ook nog een andere dimensie op het oog heeft, namelijk die van de uitzichtsloosheid. Wie in het duister gaat, ziet geen hand voor ogen. Dat lijkt spannend en avontuurlijk en voor een korte tijd is dat misschien ook wel plezierig, maar op den duur werkt het beklemmend, verstikkend. Stel je voor: alles is donker om je heen, niemand te zien die richting kan wijzen, niets dan duisternis en donkerheid. Is dat niet om tegen de muur op te vliegen? Is dat niet om een eind te maken aan je leven? En ze zijn er: de mensen die absoluut niet meer verder kunnen, die vallen in één groot, diep gat.

Wel, in die uitzichtsloosheid van teleurstelling en machteloosheid, in die nacht van angst en dood, van schuld en schande, in die duisternis is Jezus binnen gegaan. Hij is het licht der wereld. Waar wanhoop is, brengt Hij hoop. Waar twijfel de kop op steekt, schenkt Hij vertrouwen. Waar haat heerst, zaait Hij liefde. Waar angst rondwaart, brengt Hij stilte en diepe vrede.

Hoe je in dit licht kunt wandelen? Het antwoord op die vraag is bijna vanzelfsprekend: door dit licht achterna te gaan. Nee, wie het voorbij laat lopen, die blijft in de duisternis. Het is ontstellend om te bemerken hoezeer wij aan de duisternis zijn gehecht!

Maar God heeft naar ons omgezien!
Wij, in de nacht verdwaalden, –
hoe zou het ons vergaan, indien
Hij ons niet achterhaalde,
indien niet in de duisternis
het licht dat Jezus Christus is
gelijk de morgen straalde.

gezang 168:4

Grote God, help ons om Jezus dan ook waarlijk te volgen, om niet rond te blijven dwalen in het donker, maar Hem achterna te gaan, luisterend naar zijn geboden en beloften, nu en morgen en altijd.

donderdag

'Hetgeen wij aanschouwd hebben en onze handen getast hebben van het Woord des levens...' – *1 Joh. 1:1*

De apostel Johannes is zeker van zijn zaak. Wat hij te verkondigen heeft is maar niet een verzinsel, een theologische theorie, nee, Johannes heeft met eigen ogen het heil gezien en met eigen handen Gods Woord aangeraakt.

Wie deze woorden leest, denkt onwillekeurig terug aan Simeon in de tempel. Ook hij heeft het Woord des levens aanschouwd, ook zijn handen hebben het heil aangeraakt. Zo lijfelijk, tastbaar en voelbaar, is het Woord van God geworden. Dat Woord is vlees geworden, vlees en bloed in dat Kind van Bethlehem, Jezus. En het hele evangelie is daarom één groot ooggetuigeverslag: wij hebben het heil gezien, gevoeld, aangeraakt!

Zo kunnen wij heengaan in vrede. Het leven ingaan, ons werk ingaan, een nieuw jaar ingaan, een onbekende toekomst ingaan en uiteindelijk de tunnel van de dood ingaan – in vrede. Want wij hebben Gods heil gezien! God heeft zijn toekomst in onze handen gelegd: vergeving en verzoening en eeuwige vrede.

Zeker, ik weet best dat al deze dingen lang niet altijd ons klaar en helder voor ogen staan. Soms twijfel je, soms zegt het je niets, soms lijkt God mijlenver weg. Maar Johannes komt ons vandaag bemoedigen. Kijk maar naar Jezus: dan weet je wie God is. Van hoofd tot voeten is God mens geworden, zichtbaar en tastbaar voor ieder die knielen wil.

O Christus, woord der eeuwigheid,
dat naar ons uitging in de tijd
en daad werd, mens van hoofd tot voeten,
wij danken U, God die Gij zijt,
dat Gij ons menslijk wilt ontmoeten.

gezang 151:1

Eeuwig trouwe God, zo kunnen wij heengaan, in vrede. Met de apostelen en alle heiligen hebben wij uw heil gezien. Help ons om dat te blijven geloven, ook al worden onze ogen donker en onze handen koud. Help ons om als Simeon te blijven wachten totdat wij U zullen zien, van aangezicht tot aangezicht.

'En dit is de belofte, die Hij zelf ons beloofd heeft: het eeuwige leven'. – *1 Joh. 2:25*

Als we daar toch eens wat meer bij stilstonden! Het eeuwige leven is ons beloofd! Als we daar toch eens wat meer aan dachten, wij mensen, met onze overvolle agenda's, met onze comité's en commissies, met onze stoplichten en files, met onze drukdoenerige politici en haastige managers, als we daar toch eens bij stilstonden: ons is het eeuwige leven beloofd!

Ziedaar het geheim van het heengaan in vrede. Je kunt alleen in vrede een nieuw jaar ingaan, een onbekende toekomst, wanneer je verder kijkt dan dat ene jaar lang is. Je kunt alleen in vrede de dood ingaan, wanneer je dwars door die donkere tunnel heenkijkt en aan de andere kant het licht al ziet – of in elk geval gelóóft dat aan die andere kant het daglicht zal stralen. Nee, de gedachte aan het eeuwige leven is geen zoethoudertje, zoals wel wordt beweerd, maar de gedachte aan het eeuwige leven geeft juist ons menselijk bestaan een enorme spankracht en tegelijkertijd een broodnodige ontspanning. Want aan mensen die menen dat na ons de zondvloed zal komen, hebben we niets. Maar mensen die denken dat zij in eigen persoon nog bij hun leven het Koninkrijk Gods dienen te organiseren, zitten ook binnen de kortste keren langs de kant van de weg, moe, uitgeput, dodelijk vermoeid. Daar gaat het om, dat je gelooft in wat ons is beloofd: het eeuwige leven. Dat te weten geeft rust en goede moed.

Wat wij gelovend hopen
wordt eindlijk toch vervuld,
dan gaan de deuren open
en wordt het rijk onthuld.
God komt de Zoon verhogen,
zijn scepter reikt zeer wijd.
Dan schouwen onze ogen
zijn komst in heerlijkheid.

gezang 136:4

Barmhartige Vader, zo zien wij uit naar uw komend Koninkrijk, naar het eeuwige leven dat U ons hebt beloofd. Bewaar ons voor alle wegen die niet leiden naar dat eeuwige leven maar veeleer naar een eeuwige dood. Doe ons, met Simeon, heengaan in vrede; wij dragen uw heil op handen!

'Ik zal mij nederbuigen naar uw heilige tempel
en uw naam prijzen om uw goedertierenheid en trouw' – *Ps. 138:2*

Je ziet het voor je: de dichter van de psalm buigt zich voorover, hij knielt in de richting van de tempel, zoals Daniël voor zijn open venster bad in de richting van Jeruzalem. En waarom buigt deze dichter zich? Om Gods naam te prijzen, vanwege zijn goedertierenheid en trouw. Blijkbaar heeft hij Gods goedheid ervaren. Blijkbaar heeft God hem aangeraakt, blijkbaar heeft God gesproken tot zijn hart, vertroostend, bemoedigend. En daarom wil deze Israëliet zijn God nu danken, Hem aanbidden, zijn naam prijzen om zoveel goedheid en trouw.

In die aanbidding is ook Jezus ons voorgegaan. Steeds weer was Hij te vinden in de tempel en in de synagoge. Hij was er kind aan huis. En waarom? Ja, om daar zijn broeders te ontmoeten, zeker. Om te vragen en om te antwoorden, om te spreken over zijn hemelse Vader. Maar vooral was Hij in het heiligdom om zijn God te aanbidden, om Hem te prijzen vanwege zijn goedertierenheid en trouw. Daarom ergerde Jezus zich ook zo aan al dat gesjacher in de tempel, aan de markt die er gehouden werd; de tempel diende een plaats van gebed en aanbidding te zijn en niet van gesjacher en gesjoemel!

Vandaag is het zondag. Ook wij mogen ons nederbuigen naar de plaats waar Gods volk samenkomt. Waarom? Om samen met onze broeders en zusters Gods naam te prijzen vanwege zijn goedheid en trouw. God spreekt ons hart aan, heden. En zouden wij dan niet luisteren en Hem prijzen om zoveel ontferming en barmhartigheid?

U loof ik, Heer, met hart en ziel,
in eerbied kniel ik voor U neder.
Ja, in de tegenwoordigheid
der goden wijd ik U mijn beden.
Naar 't heiligdom waar Gij vertoeft
hef ik het hoofd, ik zal U prijzen.
Gij zult, o Here, wijd en zijd
uw heerlijkheid en trouw bewijzen.

psalm 138:1

Trouwe Vader, wij danken U dat wij ons mogen neerbuigen naar de plaats waar uw heil is geopenbaard, om U te prijzen vanwege uw goedheid en trouw. Geef ons een open oor om uw woord te horen en een open mond om uw lof te zingen, nu en alle dagen van ons leven.

'Hij heeft mij gezonden om een blijde boodschap te brengen aan ootmoedigen'. – *Jes. 61:1*

In deze woorden van de profeet Jesaja heeft Jezus zich herkend. Hij is door de Geest gezalfd, koning, priester, profeet geworden, om aan het volk van God het nieuwe Koninkrijk te proclameren. 'Hij heeft mij geroepen om een blijde boodschap te brengen aan ootmoedigen'.

Een blijde boodschap. Het woord zegt het al: evangelie, goede tijding, betekent dat. Het is het bericht van een geboren koningskind. Het is het bericht van een overwinning, een triomf van de keizer. In zulke gevallen gingen de herauten de landen door, de dorpen en de steden. Overal werd het getrompetter gehoord, het bazuingeschal. Wereldwijd klonk het goede nieuws. Zo is het nu ook met het evangelie van Jezus Christus. Als een voorbode van het hemelrijk gaat zijn boodschap de wereld door, als een signaal van de komende vrede. Nee, het evangelie is geen somber relaas, geen ontmoedigend verslag van de stand van zaken in deze boze wereld. Het evangelie is een blijde boodschap! Het heil is op handen! De overwinning is in zicht!

En voor wie is dan die blijde boodschap? Wie mogen zich die goede woorden laten gezeggen? Geldt het evangelie ons allen? Nee, daar is geen sprake van. De Knecht des Heren krijgt de opdracht om een blijde boodschap te brengen aan ootmoedigen. Niet aan de hoogmoedigen. Niet aan de brute beulen. Niet aan de goddeloze lachebekken. Maar aan de ootmoedigen, de stillen in den lande, de armen en verdrukten, de gebeukten en gebukten. Het evangelie is voor hén!

Gij armen en verdrukten,
wáár gij op aarde zijt,
gebeukten en gebukten
in deze boze tijd, –
houdt moed, Hij nadert al!
Gij moogt uw Held ontvangen,
de Vorst van uw verlangen,
met liedren zonder tal!

gezang 121:4

Trouwe Vader, Gij laat een blijde boodschap brengen aan ootmoedigen. Wij bidden U: bevrijd ons van alle hoogmoed, opdat ook wij mogen delen in de vreugdevolle overwinning van onze Here Jezus Christus, die met U en de Heilige Geest leven zal tot in eeuwigheid.

'Allen nu, die Hem hoorden, waren verbaasd over zijn verstand en zijn antwoorden'. – *Luk. 2:47*

Vandaag treffen we Jezus aan in Jeruzalem. Met Jozef en Maria is Hij meegegaan. Twaalf jaar is Hij nu en Hij mag mee naar het Paasfeest. Ze hebben er een lange reis voor over, vanuit Nazareth in Galilea, naar Jeruzalem, waar de tempel is, waar de pelgrims samen komen, van heinde en ver. En daar, in Jeruzalem, daar is Jezus thuis. Daar vindt Hij zijn moederstad, zijn vaderhuis. In de tempel is Hij te vinden, te midden van de Schriftgeleerden. Hij luistert aandachtig naar hen, Hij vraagt hun honderduit. Maar Hij vraagt niet alleen, Hij geeft ook antwoord op hún vragen. En ze staan verbaasd over zijn verstand en inzicht.

Later zal blijken waar Jezus dat verstand vandaan heeft. Inderdaad, Hij spreekt niet zoals de Schriftgeleerden doen. Hij gaat niet op de weg van de eindeloze discussie, Hij stapelt niet de ene tekst op de andere – Jezus spreekt met gezág. Niet van zichzelf heeft Hij die wijsheid en ook niet van welke Schriftgeleerde dan ook, al heeft Jezus vast en zeker in Nazareth hard gestudeerd in de heilige rollen. Ten diepste heeft Jezus zijn wijsheid van boven, van zijn hemelse Vader. De Geest zelf doet Hem spreken. En zo reiken zijn woorden verder dan die van de Schriftgeleerden. Hij spreekt ons hárt aan.

Je zou willen dat we in de kerk wat beter naar Jezus zouden luisteren. Wat wordt er veel gediscussieerd, getheologiseerd, geëxegetiseerd! Maar lang niet overal is er een open hart voor wat Jezus ons ten diepste zeggen wil. Wij openen wel onze oren en wij openen ons verstand, maar hoe vaak blijft ons hart niet gesloten voor de wijsheid van het evangelie! Zeker, wij kunnen heel verstandig redeneren over de bijbel, over Israël en over de kerk. Maar Jezus spreekt ons hárt aan. Hij wil dat wij liefhebben, Hij wil dat wij verlangen naar het vaderhuis, Hij wil dat wij onze moederstad beminnen. Misschien moet je een kind zijn, zoals Jezus was, om werkelijk zo lief te hebben...

O Zoon van God, ons aller hoofd,
gelijk een kind hebt Gij geloofd
en als een minnaar liefgehad
Jeruzalem uw moederstad.

gezang 164:4

Vader in de hemel, Gij die ons uw Kind gegeven hebt, wij bidden U: dat wij U mogen liefhebben, met ons verstand en met heel ons hart.

'En Jezus zei tot hem: Volg Mij'. –*Joh. 1:44*

Dat was toch niet gebruikelijk in Israël, dat een rabbi zijn leerlingen riep. Eigenlijk ging het altijd andersom: als je iets zag in een bepaalde rabbi, dan ging je naar hem toe en je vroeg hem of je zijn leerling mocht worden. Maar bij Jezus gaat het wel vaker anders, heel anders. Jezus wacht niet op ons. Jezus komt naar ons toe en Hij spreekt ons hart aan. Volg Mij! Keer op keer hoor je in het evangelie deze uitnodiging. Vriendelijk, maar dringend. Volg Mij! Laat je leven door Mij bepalen. Luister naar wat Ik te zeggen heb. Kom tot Mij en Ik zal je rust geven. Zo gaat Jezus de wereld door. Nodigend, lokkend en wervend. Hij is de Grote Visser die mensen in zijn liefde vangt.

Ook in onze dagen is er keus genoeg. De wereld is vol van leraars, rabbi's, predikers. Ze zijn er in het oosten, in India. Ze zijn er in het westen, in Amerika en Europa. Ze zijn er te kust en te keur. Er zijn er bij die erg interessant zijn. Er zijn er bij die je veel te bieden hebben: succes, invloed. Maar onder al die predikers is er één die zelf ons roept: Volg Mij! Hem volgen is beslist niet vanzelfsprekend. Je moet er toe geroepen worden, je moet op Hem worden geattendeerd. Vandaag horen wij zijn stem. Hij wenkt ons met zich mee. Volg Mij! Waarom zou je ronddwalen in de eigenwijsheden van ik-weet-niet-wat-voor-profeten? Waarom zou je je mee laten nemen door welke filosofie dan ook? Hier is iemand die van God komt, die de Vader kent zoals een kind. Nee, Hij vraagt niet van ons dat we folders verspreiden of pamfletten aan de man brengen. Hij vraagt van ons dat we God en elkaar liefhebben. Hij spreekt ons hart aan. Heden.

Christus die door de wereld gaat
verheft zijn stem niet op de straat,
Hij spreekt ons hart aan, heden,
en wenkt ons met zich mede.
En lokt ook nog zoveel ons aan,
tot wie zouden wij anders gaan?
Hij heeft en zal ons geven
alles, – het eeuwig leven.

gezang 47:3

Barmhartige Vader, U hebt ons niet een zwijgende meester gegeven, maar een roepende profeet, een herder die zijn schapen zoekt en roept om Hem te volgen. Wij bidden U: Maak ons gehoorzaam en geef ons een open oor voor de stem die spreekt tot ons hart.

'Mijn leer is niet van Mij, maar van Hem die Mij gezonden heeft'. – *Joh. 7:16*

Jezus is in Jeruzalem. Hij viert het Loofhuttenfeest. En dan, als het feest in volle gang is, dan gaat Jezus naar de tempel en Hij begint daar te leren, te spreken tot de menigte die er is samengestroomd. De Joden kennen Hem niet als één van hun beroemde rabbi's. Ze staan verbaasd over zijn wijsheid en ze vragen zich af: 'Hoe is deze zo geleerd zonder onderricht te hebben ontvangen?' Jezus staat niet op de lijst van officieel bevoegde Schriftgeleerden. Hij heeft natuurlijk als jongen in Nazareth goed zijn oren open gehad in de synagoge en bij de lessen van de rabbi, maar een algemeen erkende deskundige is Jezus toch niet. Hij is geen bevoegd theoloog. En toch, moet je eens horen, wat een inzicht, wat een wijsheid. Hoe komt Hij er aan?

Jezus' antwoord is kort en krachtig: 'Mijn leer is niet van Mij, maar van Hem die Mij gezonden heeft'. Wat Jezus te vertellen heeft, is niet door Hem zelf verzonnen. Hij heeft het van een Ander. Hij heeft het van zijn hemelse Vader, van God. Jezus is niet zo maar een leraar, niet één van vele rabbi's. Jezus spreekt namens God zelf. En Hij spreekt ons hart aan. Recht op mensen af, zo spreekt Jezus. Niet met veel omhaal van woorden, maar recht toe, recht aan. Jezus spreekt met gezag. Daarom is zijn onderwijs opvallend anders, indrukwekkend, maar ook aanstootgevend. Dat was toen zo, dat is nu nog zo. Waar het evangelie klinkt, daar gaan – helaas – de wegen uiteen. Vrome, religieuze praatjes willen we allemaal wel graag horen, op z'n tijd. Maar dat indringende woord van Jezus, dat ons onvoorwaardelijk roept tot liefde, voor God en de medemens, dat komt niet altijd in onze kraam te pas. Zalig wie zich aan Hem niet ergert – wie luistert naar wat Jezus zegt, staat al met één been op de nieuwe aarde.

Zo spreekt de Heer: 'Mijn weg zal Ik u wijzen,
u ziet mijn oog, waarheen gij ook zult reizen.
Wees niet een dier, dat koppig tegenstreeft,
zich slechts aan toom en bit gewonnen geeft.'
Wie God ontvliedt heeft ondergang te vrezen –
wie tot Hem komt, mag bij Hem veilig wezen.
Gij die oprecht van hart en wandel zijt,
verheugt u in de Heer te allen tijd!

psalm 32:4

Trouwe God, wij danken U voor Jezus. In wat Hij zegt horen wij uw eigen stem.

'...naar de openbaring van het geheimenis, eeuwenlang verzwegen, maar thans geopenbaard...'
– *Rom. 16:25, 26*

Paulus eindigt zijn brief aan de gemeente in Rome met een lofprijzing. 'De alleen wijze God zij, door Jezus Christus, de heerlijkheid in alle eeuwigheid'. Wie de brief van de apostel goed leest, komt onder de indruk van zijn verwondering. Paulus heeft een machtige ontdekking gedaan: God heeft in Jezus geopenbaard wat Hij eeuwenlang verborgen heeft gehouden. Paulus noemt dat het geheimenis. Niet omdat er aan Gods doen en laten iets geheimzinnigs zou zijn, iets griezeligs, maar omdat zijn wegen anders lopen dan de onze. Gods gedachten gaan verder dan ons diepste denken peilen kan. Een mens moet niet te gauw denken God wel te kunnen doorgronden. Zijn handelen blijft mysterieus. God bewaart een mysterie, een geheimenis. Hij gaat zijn ongekende gang, vol donkere majesteit. Je kunt over God boeken vol schrijven, dogmatieken en dagboeken, je kunt over Hem discussiëren en theologiseren, zoveel als je maar wilt, maar begrijpen zul je Hem nooit. Ondoorgrondelijk is Hij.

Maar zie, dat is nu de grote ontdekking van Paulus: God heeft zich eindelijk geopenbaard. God heeft zijn gezicht laten zien. Waar en hoe dan? In Jezus, zijn Zoon. In de gekruisigde en opgestane; in Hem is het geheimenis onthuld. Jezus is het levende standbeeld van God. Sprekend zijn Vader is Hij. En daarom: wie iets van God wil begrijpen, moet ervoor zorgen dicht in de buurt van Jezus te zijn.

Hem nu die in ons werkt en ons geleidt,
die verder gaat dan al ons bidden reikt
en meer is dan ons diepste denken peilt,
zij heerlijkheid en glorie
in de gemeente die Hij heeft verkoren,
in elk geslacht dat van zijn naam zal horen,
door Jezus Christus, nu gelijk tevoren
en tot in eeuwigheid.

gezang 95:3

Eeuwig trouwe God, voor Hem danken wij U, voor Jezus. Ondoorgrondelijk bent U, mysterieus in uw doen en laten, onnaspeurbaar in uw omgaan met mensen. Maar in Jezus zien wij hoe U bent: overstromend van liefde, vol ontferming en genade. Wij bidden U: laat de verwondering het in ons leven mogen winnen van de twijfel.

'God heeft ons eeuwig leven gegeven en dit leven is in zijn Zoon'. – *1 Joh. 5:11*

Je moet nooit denken dat je het eeuwige leven in jezelf hebt. Soms twijfel je daar aan en dat is maar goed ook. In ons is het eeuwige leven niet. In ons huizen hooguit wat religieuze gedachten, wat verheven ideeën over de hemelse heerlijkheid en wat brave opvattingen over de vraag hoe je wel en niet met elkaar moet omgaan. Maar het eeuwige leven, nee, dat huist niet in ons. In ons huist jaloezie en wraakzucht, in ons huizen concentratiekampen en terreuracties. In ons huist aderverkalking en niervergiftiging en longkanker – maar het eeuwige leven, nee, dat is in ons niet.

Waar is het dan wel? Hoor, het evangelie fluistert het ons in het oor: 'God heeft ons eeuwig leven gegeven en dit leven is in zijn Zoon'. In Christus is ons leven! Daarom moeten wij het niet in onszelf, maar buiten ons, in Christus Jezus zoeken. Jezus is niet in de eerste plaats gekomen om ons te zeggen hoe we dit moeten doen en dat zullen aanpakken. Hij is niet een soort all-round wereldverbeteraar. Hij is het Lam van God, dat de zonde der wereld wegdraagt. Hij spreekt ons hart aan en zegt: Het is volbracht! Mijn kind, uw zonden zijn u vergeven!

God heeft ons eeuwig leven gegeven en dit leven is in zijn Zoon. God dank: ik behoef mijzelf niet op te werken om goed en vroom te leven, zodat ik het eeuwige leven verdienen kan. Het wordt mij gegeven, geschonken, gratis en voor niets. Het eeuwige leven kun je alleen maar ontvangen, dankbaar, met een gelovig hart.

Ja, ja, ik mag geloven:
ik heb U zelf aanschouwd.
Dat kan geen vijand roven,
hoezeer hij mij benauwt.
Ik ben in U geborgen,
niets is er dat ons scheidt,
geen bitterheid, geen zorgen,
nu Gij de mijne zijt.

gezang 167:5

Vader, het eeuwige leven is niet in ons. In ons woont de dood. Maar in Jezus is het leven. En daarom prijzen wij uw naam om Hem, in wie onze toekomst veilig is.

'Hij zal tot Mij zeggen: Gij zijt mijn Vader,
mijn God en de rots van mijn heil'. – *Ps. 89:27*

Vanouds heet deze tijd van het kerkelijk jaar de tijd van de Epifanie, de tijd van Christus' Verschijning. In deze dagen gedenken wij hoe het Licht der wereld is gaan schijnen onder de mensen. We gedenken de grote daden van Jezus, zijn verschijning met wonderen en tekenen, de signalen van het Koninkrijk der hemelen.

De psalm die we lazen bezingt de komst van een koningszoon die verschijnt tot heil van de mensen. Een zoon van David wordt met de Geest gezalfd. Hij zal in Gods naam alle tegenkrachten bezweren, de tegenstand verbreken. God zal op aarde koning zijn. Wel, in deze psalm heeft de kerk Jezus herkend. Hij is die Gezalfde. Bij zijn doop in de Jordaan is Hij aangewezen als die voorzegde zoon van David, de Koning in wie God een welbehagen heeft.

Nu worden aan deze koning in de psalm allerlei schitterende eigenschappen toegeschreven, maar de meest vertederende is toch wel die van de woorden hierboven: 'Hij zal tot Mij zeggen: Gij zijt mijn Vader, mijn God en de rots van mijn heil'. En inderdaad, die woorden zijn in Jezus in vervulling gegaan. Want als er één vastgehouden heeft aan zijn geloof in God, de Vader, dan toch wel deze Zoon! Waar was Hij liever dan in het huis van zijn Vader? En wat zei Hij uiteindelijk, vlak voor zijn bittere dood? Mijn Vader, in uw handen beveel Ik mijn geest! Zo heeft Hij zijn Vader hooggehouden, door alles heen. Gij zijt mijn Vader, heeft Hij gezegd, mijn God en de rots van mijn heil. Ja, zelfs op het kruis heeft Jezus in de verlatenheid van dat moment nog gezegd: Míjn God! Door die vasthoudendheid, door die trouw, door zijn volstrekte eerbied tot in de dood, is Jezus gebleken een waarachtig kind van God te zijn, de zoon van David, onze Koning.

Hij prijst mijn hoge gunst met namen menigvoud:
Mijn Vader en mijn God, o rots van mijn behoud.
Ik antwoord hem: Mijn zoon, de vorsten zullen beven,
mijn eerstgeboren zoon, voor u, zo hoog verheven.
Voor altijd rust op hem mijn trouw, mijn welbehagen,
Ik houd het vast verbond, Ik zal zijn zetel schragen.

psalm 89:11

Hemelse Vader, wij zeggen het Jezus na: onze God, de rots van ons heil zijt Gij! Geef ons de kracht om Hem in dat geloof te volgen, elke dag.

'Het geknakte riet zal hij niet verbreken en de kwijnende vlaspit zal hij niet uitdoven'. – *Jes. 42:3*

Daar heb je Jezus nu ten voeten uit! Door Jesaja was al de komst voorzegd, de komst van een Knecht des Heren, een Dienaar van God, die niet zou schreeuwen over de pleinen en zijn stem op de straten niet zou verheffen. Deze Dienaar zou niet komen met veel kabaal en geweld om af te rukken en weg te maaien. Deze Dienaar zou niet komen om het geknakte riet te verbreken en de kwijnende vlaspit uit te doven. Integendeel: deze Dienaar zou juist komen om de hand te houden boven het hoofd van de arme en de geringe, om het heil te brengen aan de ootmoedigen en de stillen in den lande.

In Jezus zijn ook deze woorden vervuld. Zeker, Hij heeft zijn stem laten horen op de pleinen van Jeruzalem en in de nauwe straatjes van Kapernaüm en Jericho. Maar niet om met veel rumoer op te roepen tot oorlog en tot afrekening met wie dan ook. Nee, Hij heeft hooguit zijn stem laten horen om mensen te zegenen, om mensen op te roepen tot liefde en barmhartigheid. Zo was Jezus onder de mensen. Hij is gekomen om kreupelen te doen lopen, om blinden het licht te geven, om een vrouw, op overspel betrapt, ruimte van leven te schenken, om een klein tollenaartje, ergens verstopt in een boom, naar beneden te roepen, erbij te roepen, zodat hij weer een kind van God kon zijn. Zo heeft God zijn liefde geopenbaard. Niet in dikke boeken. Niet in lange preken. Maar in de liefde van Jezus, mens van vlees en bloed. Geen ander teken heeft God ons gegeven, dan het signaal van zijn menslievendheid in Christus, onze Heiland.

Geen ander teken ons gegeven
geen licht in onze duisternis
dan deze mens om mee te leven
een God die onze broeder is.
Zingt voor uw God, Hij openbaarde
in Jezus zijn menslievendheid.
Zo wordt de wereld nieuwe aarde
en alle vlees aanschouwt het heil.

gezang 160:2

Trouwe God, voor de verschijning van uw menslievendheid danken wij U. Voor Hem die gekomen is, niet om te verbreken wat al geknakt is, niet om uit te doven wat al verkwijnt, voor Hem die kwam om te helen en te genezen, danken wij U, ons leven lang.

'Deze is mijn Zoon, de geliefde, in wie Ik mijn welbehagen heb'. – *Matth. 3:17*

Je kunt het zo gek niet bedenken of je vindt ze onder de mensen rondom Johannes bij de Jordaan. Soldaten en tollenaren, boeren, burgers en buitenlui, keurige, fatsoenlijke zakenmensen en gemene oplichters, ordentelijke huisvrouwen en hoeren, ze zijn er allemaal. Jeruzalem is uitgelopen, het lijkt er wel op alsof alle dorpen in het Judese bergland naar de Jordaan zijn verhuisd. Het ziet er zwart van de mensen. Ja, zwart. Want ze komen er allemaal met hun zonden. Daar staan ze, de mensen van toen en van nu, de keurige mensen en de onfatsoenlijke mensen, de brave Hendrikken, maar ook de sletten en de sloeries. Niemand van ons ontkomt eraan: zwart is ons hart, al leven we ogenschijnlijk nog zo netjes.

Laten ze zich allemaal dopen? Nee, niet allemaal. De Farizeeërs komen alleen maar kijken. En de Sadduceeërs idem dito. De orthodoxe theologen blijven aan de kant staan. En de wat ruimer denkenden net zo. Zij hebben die doop niet nodig. Zij zijn al rechtvaardig, vroom in eigen oog.

Blijft Jezus ook aan de kant staan? Als er één is die de doop niet nodig heeft, dan is Hij het toch wel! Maar nee, Jezus blijft niet terzijde staan. Jezus deelt in onze schuld. Het badwater van onze zonden gaat Hij in. Is het een wonder, dat er op Hem een duif daalt en dat er een stem uit de hemel klinkt: 'Deze is mijn Zoon, de geliefde, in wie Ik mijn welbehagen heb'?

Toen Jezus bij het water kwam,
waar Hem Johannes wachtte,
werd Hij gedoopt, het zuiver lam,
de volheid der geslachten.
Hij daalde neer in de Jordaan,
badwater onzer zonden.
Zijn leven neemt ons sterven aan,
zijn bloed heelt onze wonden.
Zijn sterven is ons leven.

gezang 165:1

Barmhartige Vader, voor dit Lam, dat onze zonde gedragen heeft, danken wij U. Schuldeloos heeft Hij onze schuld gedragen. Voor zijn doop danken wij U – én voor onze eigen doop, het teken van uw grondeloze barmhartigheid.

> 'Zie, het lam Gods, dat de zonde der wereld wegneemt'. – *Joh. 1:29*

Kan het weerlozer? Een duif daalt op een lam. Zo gaat God met mensen om. Hij stuurt geen havik die neerdaalt op een leeuw. Nee, niets daarvan. Hij stuurt een duif die daalt op een lam.

Zeker, aan het kruis op Golgotha wordt het straks allemaal veel pijnlijker openbaar. Daar hangt Jezus als een lam, geslacht, tot bloedens toe geslagen. Het ware Paaslam. Maar hier, bij de Jordaan, bij die oude grensrivier, waardoor Israël het beloofde land binnenkwam, hier zie je al een begin van Jezus' verschijning als het Lam van God. Hier gaat Hij al kopje onder in onze zonden. Hier wordt Hij al ondergedompeld in onze lasten en in ons leed. Hier wordt Hij al begraven onder onze schulden. Hier gaan de golven van onze ellende al over Hem heen.

Het menselijk leven is als het water van de Jordaan. Komend vanuit het noorden stroomt het door het Meer van Galilea uiteindelijk naar de Dode Zee. En daar loopt het dood, daar verzandt het, daar verzout het, daar wordt het tot één grote levenloze doodsoceaan. Zo is ons leven. Maar God dank, midden in die zinloze stroom is Hij gaan staan, Jezus, het Lam van God. Hij heeft de dood een halt toegeroepen, Hij heeft het levenslot gekeerd, de zonden verzoend en het leven aan het licht gebracht. Geen ander teken is ons gegeven, geen ander signaal van Gods toekomst, dan dit Lam, waarop de Duif is neergedaald. Gods vrede rust op dit offer voor onze zonden!

Hij daalt ootmoedig in het water,
de vogel Geest komt aangesneld,
God heeft in Hem zijn welbehagen
en alle zaligheid gesteld:
tegen de stroom staat Hij ten teken,
hier wordt des levens loop gewend,
het blinde lot gestuwd tot zegen,
wij zijn tot in de dood gekend.

gezang 166:2

Eeuwige Vader, voor dit Lam en voor deze Duif danken wij U, voor het offer dat in uw ogen voldoende is. Help ons om daarom zelf volgelingen van het Lam te zijn, mensen achter het offer aan, duifdragers, gezalfden door uw Geest van vrede; in Jezus' naam.

'Toen Hij vernam dat Johannes was overgeleverd, trok Hij zich terug naar Galilea'. – *Matth. 4:12*

Jezus trekt zich terug. Is Hij bang? Johannes is gevangen gezet. Verwacht Jezus dat er iets dergelijks met Hem gebeuren zal? Deinst Hij terug voor het gevaar?

Dat Jezus bang was, is op zichzelf niet onmogelijk. Hoe bekroop Hem niet de angst in Gethsemané! Maar toch ligt een andere gedachte meer voor de hand. Het is Jezus' tijd nog niet! Zijn werk is nog nauwelijks begonnen. Onvoldoende is Hij verschenen onder de mensen. En daarom trekt Hij zich terug. Vanuit de omgeving van Jeruzalem gaat Hij het achterland in, naar Galilea, die achteraf-provincie, waar de schare woont die de wet niet kent. Jezus gaat naar wat genoemd werd 'het Galilea der heidenen'. Hij gaat wonen in Kapernaüm, in die uithoek van het beloofde land; Hij gaat wonen bij mensen die in duisternis gezeten zijn, in de schaduw van de dood. Nee, niet om te vluchten gaat Jezus daarheen, maar om duidelijk te maken waartoe Hij gekomen is: om licht te brengen aan mensen die aan Gods licht voorbij leven, om verloren schapen terug te brengen tot de kudde van zijn Vader. Vandaar zijn oproep: 'Bekeert u, want het Koninkrijk der hemelen is nabij gekomen'.

Jezus trekt zich terug. Zou Hij dat nog doen? Is het mogelijk dat Hij ook in onze tijd niet zozeer te vinden is daar waar wij mensen het allemaal wel weten en hebben en kunnen en geloven? Is het mogelijk dat Jezus bij uitstek daar wil zijn waar mensen rondtasten in het donker, wonen in de schaduw van de dood? Is het mogelijk dat je Jezus vooral daar kunt vinden waar mensen leven aan de rand van het bestaan, in een uithoek van de samenleving? Is het mogelijk dat Jezus langzaam maar zeker wegtrekt uit ons zogenaamde christelijke Europa en verhuist naar de uithoeken der aarde? Is het mogelijk dat Jezus vertrekt daar waar wij de waarachtige profetie gevangen zetten en de stem die ons oproept tot bekering en geloof in de kiem smoren? Wie Johannes de Doper niet wenst, krijgt ook Jezus niet te zien.

O Jezus Christus, licht ze bij
die leven aan uw licht voorbij.
Voeg ze met uwe kudde saam,
opdat zij niet verloren gaan.

gezang 168:1

Vader, laat ons niet alleen, vertrek niet uit ons midden, blijf bij ons met het Licht der wereld, Jezus, uw Zoon.

'Wordt niet gelijkvormig aan deze wereld, maar wordt hervormd door de vernieuwing van uw denken, opdat gij moogt erkennen wat de wil van God is, het goede, welgevallige en volkomene'. – *Rom 12:2*

Niet voor niets is Jezus ons verschenen. Niet voor niets is het Licht in de wereld gekomen. Het Licht wil het donker verdrijven. Het Licht doet een aanval op de nacht. Het Licht roept ons op om de schema's van de wereld te doorbreken, om aardse vormen te veranderen, om het leven te hervormen door een andere manier van denken en doen.

Jezus zelf is ons daarin voorgegaan. Jezus zelf is de Grote Hervormer. Alles is in Hem nieuw geworden. Hij zelf is de nieuwe schepping, Adam her-vormd. En wij worden geroepen om in zijn voetsporen te treden. Nee, geen fotokopie van Jezus zullen wij zijn. Maar wel: beelddragers, leerlingen, navolgers, kinderen van het licht. Vandaar die oproep van de apostel. Zeker, Paulus weet heel goed dat wij uit genade leven en niet gerechtvaardigd worden door onze vrome werken der wet. Maar dat betekent nog niet dat we dus nu maar in onze luie stoel voor de televisie kunnen gaan zitten om af te wachten wat het leven ons te bieden heeft. Nee, wij worden achter Jezus aan geroepen om in zijn spoor de schema's van de wereld te doorkruisen, om andere wegen te zoeken en te vinden, om nieuwe vormen te geven aan het leven en de liefde. We worden geroepen om de wil van God te doen: het goede, het welgevallige, het volkomene.

Hoe dat moet? Kijk maar naar Jezus. Hervormend ging Hij met mensen om. Heilige huisjes brak Hij af en onheilige huisjes heeft Hij radicaal vernieuwd. Met de schema's en schisma's van deze wereld hield Hij geen rekening; de vormen van Gods Koninkrijk, die heeft Hij ons geleerd. Wat een zegen, Hem te mogen volgen!

Heer Jezus, die ons hebt bezocht,
Gij Opgang uit den hoge,
die onze ziel hebt vrijgekocht,
dat zij U dienen moge, –
Gij herder die 't verloorne zoekt,
de hemel heeft ons niet vervloekt:
God is om ons bewogen.

gezang 169:5

Trouwe God, help ons om uw wil te doen, om nieuwe vormen te vinden waarin uw liefde wonen kan.

'Wat voor de wereld dwaas is, heeft God uitverkoren om de wijzen te beschamen'. – *1 Cor. 1:27*

Nee, de christelijke gemeente in de havenstad Corinthe bestaat nu niet bepaald uit deftige lui en chique lieden. De gemeente van Corinthe moet het voornamelijk hebben van wat bekeerde bootwerkers en ex-prostituees. Het is maar een wonderlijk samengeraapt stelletje mensen. De upperten van de stad, de bovenlaag van de samenleving, is maar slecht vertegenwoordigd.

Geen nood, zo schrijft nu de apostel Paulus. Zit daar maar niet over in. Zo is nu eenmaal Gods gang met mensen. Hij heeft een vreemde voorkeur voor het dwaze en het zwakke, voor de onderkant van de maatschappij, voor wat gering is in ogen van mensen. 'Wat voor de wereld dwaas is, heeft God uitverkoren om de wijzen te beschamen'. Met die wijsheid kunnen ze het in Corinthe doen...

Met die wijsheid kunnen ook wij verder. God heeft een voorkeur voor de dwaasheid. Neem nu alleen al Jezus zelf. Wat een dwaasheid: een kind in een kribbe, een rondreizende rabbi, een koning zonder leger, een vorst zonder pracht en praal, een slaaf die de voeten wast, een herder die gekruisigd wordt. Het is één groot dwaas verhaal, het hele evangelie. Maar juist in die dwaasheid schittert de wijsheid van God. Zijn Koninkrijk rekent met andere schema's. Zijn heerschappij hanteert nieuwe vormen. Wat bij ons groot is en sterk, is bij Hem klein en zwak. En wat dwaas en onzinnig is in onze ogen, dat is bij God juist wijs en waardevol. Dat is nog eens een omkering van waarden! God zet ons leven radicaal op de kop.

Gij werd een mens, maar zonder eer,
die in de wereld geen verweer,
niets heerlijks had voor mensenogen.
Gij woord dat antwoord vraagt, o Heer,
geef dat wij U herkennen mogen.

gezang 151:3

Ja, hemelse Vader, geef dat wij U herkennen mogen, dat wij uw sterkte zien in Jezus' zwakte; uw wijsheid in de dwaasheid van het kruis. En geef dat wij zo ook naar elkaar zullen kijken, met andere ogen, die de zin zullen zien van wat in deze wereld zinloos lijkt. Help ons om niet krampachtig te streven naar kracht en naar wijsheid, maar liever te zoeken naar wat in uw ogen werkelijk van waarde is.

'Hij gedenkt voor eeuwig aan zijn verbond,
– het woord dat Hij gebood aan duizend geslachten'. –
Ps. 105:8

Deze psalm wordt nog wel eens gezongen bij de doop van een kind. ''t Verbond met Abraham zijn vrind, bevestigt Hij van kind tot kind'. Dat klinkt plechtig en zeer aandoenlijk en ik wil helemaal niet beweren dat je deze psalm niet kunt zingen bij de doop, maar we lopen wel het gevaar Abraham over het hoofd te zien. Zeker, allen die geloven zijn van Abrahams geslacht; maar het gaat in deze psalm toch allereerst over het volk van Abraham en Izak en Jacob, over Israël. God heeft een verbond met Israël. God heeft zich aan dat ene volk verbonden, voor eeuwig. God heeft zijn trouw gezworen: Ik ben met u. En wie de geschiedenis kent, kan deze trouw van God ontdekken in de loop der dingen. Zeker, Israël is in ballingschap gegaan. Israël is in de diaspora terechtgekomen, in de verstrooiing onder alle volken der aarde. Steeds weer leek alles afgelopen, wat Israël betrof: geen stad, geen land, geen tempel meer. En toch: God gedenkt voor eeuwig zijn verbond – het woord dat Hij gebood aan duizend geslachten. Uit de ballingschap is Israël terug gekomen. Uit de diaspora, uit de gaskamers, uit de concentratiekampen, is Israël, hoezeer gehavend en uitgedund, terug gekomen. En ga nu eens kijken in dat kleine landje aan de Middellandse Zee. Ga eens kijken hoe steden zijn herbouwd en hoe de rozen bloeien in de woestijn! God gedenkt voor eeuwig aan zijn verbond. Hij maakt van water wijn.

God, die aan ons zich openbaarde,
regeert en oordeelt heel de aarde.
Zijn woord wordt altoos trouw volbracht
tot in het duizendste geslacht.
't Verbond met Abraham zijn vrind
bevestigt Hij van kind tot kind.

psalm 105:3

Eeuwig trouwe God, wij prijzen U om uw verbond met Israël, het volk dat U verkoren hebt om uw woord te horen en uw lof te zingen. Wij prijzen uw naam vanwege uw trouw en uw geduld. Wij bidden U: bescherm uw volk in de bange tijden waarin het wordt bedreigd. Geef het ruimte om te leven, land om te wonen. Bewaar uw volk voor de dag van de Messias. Bevestig uw verbond met Israël en laat het in Jezus uw liefde zien.

2de zondag na 6 januari (Epifanie) – indien deze zondag de 9de zondag voor Pasen is, leze men dáár verder.

'Wanneer mijn heerlijkheid voorbijgaat, zal Ik u in de rotsholte zetten en u met mijn hand bedekken, totdat Ik ben voorbijgegaan'. – *Ex. 33:22*

Hier is mijn hand! Gods hand zal Mozes bedekken. Mozes moet in een rotsholte gaan staan. God zal aan hem voorbijgaan. Nee, van aangezicht tot aangezicht zal Mozes God niet kunnen zien. Niemand kan God zien en blijven leven. Te sterk voor onze aardse ogen is Gods stralende majesteit. Maar een glimp van God zal Mozes te zien krijgen. God zal hem bedekken met zijn hand en als Hij dan voorbij zal zijn gegaan, dan mag Mozes even kijken, dan zal hij God zien op zijn rug, van achteren.

Waarom toch dit alles? Omdat Mozes God heeft gesmeekt genadig te zijn. Eigenlijk heeft Israël het verbond met God verbroken. Israël heeft een gouden kalf gemaakt, een afgodsbeeld. En nu pleit Mozes bij God voor Israël. Hij smeekt God om toch verder mee te gaan met zijn volk, de woestijn door, Kanaän tegemoet. En God laat zich overhalen. Hij zal genadig zijn en van die genade zelfs nog een bewijs geven: God zal iets van zijn heerlijkheid aan Mozes laten zien.

Ook ons heeft God in een rotskloof geplaatst. Ook ons heeft God met zijn hand bedekt. Ook wij mogen iets van zijn liefde zien. In Jezus gaat God aan ons voorbij. In Jezus zien wij God op de rug. Maar als Jezus nog maar Gods achterkant is, als we in Jezus hooguit de vage gelaatstrekken van God kunnen zien, hoe majesteitelijk zal Gods verschijning in volle heerlijkheid dan zijn! Eens haalt God ons uit de aardse kloof en mogen wij Hem zien: van aangezicht tot aangezicht. Voorlopig hebben wij aan Jezus genoeg.

Heer Jezus, o Gij dageraad,
wend naar ons toe uw licht gelaat.
Uw Geest die in de waarheid leidt
zij onze gids in déze tijd.

gezang 327:1

Trouwe God, in Jezus hebben wij al iets van uw gelaat gezien. Meer dan Mozes hebben wij van uw heerlijkheid aanschouwd. Meer dan Israël in de woestijn hebben wij in Jezus het brood uit de hemel ontvangen. Wij danken U voor het verbond dat in Jezus bevestigd is, uw trouw aan mensen. Help ons om, achter uw hand verborgen, te wachten op de dag waarop wij U mogen zien van aangezicht tot aangezicht.

'Gij echter hebt de goede wijn tot dit ogenblik bewaard'. –*Joh. 2:10*

De wijn is op, in Kana in Galilea. De wijn op de bruiloft! De wijn die de vreugde verbeeldt, bij uitstek het teken van het verbond. Weg is de vreugde, verbroken het verbond. Afgelopen is het feest, stukgelopen de liefde.

Zo droevig staat het er bij in Kana. De wijn is op. Een domper op de feestvreugde. Maar wanneer de evangelist Johannes dit alles ons vertelt, heeft hij meer in de zin dan uitsluitend verslag te geven van een betreurenswaardig incident op een receptie. Het is alsof je hier de stem van de hemelse Bruidegom hoort: verbroken hebben jullie mijn verbond! Israël, je bent me ontrouw geworden. Je hebt niet geluisterd naar mijn geboden, je hebt andere goden nagelopen, je hebt echtbreuk gepleegd! De wijn is op.

Maar zie, wie gaat daar in Kana naar de keuken? Is dat Jezus niet? Van water maakt Hij wijn. Het feest moet doorgaan. De vreugde kan weer verder stromen. Het verbond is hersteld, vernieuwd, bevestigd. Jezus zorgt ervoor. Zijn bloed maakt alles goed. Zijn bloed wordt tot wijn, een nieuw verbond. Waar aan onze kant alles is vastgelopen in ontrouw en overspel, in ongehoorzaamheid en onmacht, daar verandert Jezus ons onvermogen in tintelende levenskracht. Water wordt wijn.

De reactie van de ceremoniemeester is veelzeggend: Gij hebt de goede wijn tot dit ogenblik bewaard. Bij God komt meestal het beste het laatste.

Wij mogen met Jezus gezeten zijn
te Kana tussen de gasten.
Een ander schenkt eerst de goede wijn
en drinkt de mindere op het eind.
Hier komt het beste het laatste.

gezang 74:4

Liefdevolle Vader, wij danken U voor Jezus. Zijn bloed is rood als de liefde, zijn leven is sprankelend als de allerbeste wijn. Wij zien geen kans om de liefde in stand te houden. Wij trekken telkens over de grenzen van uw verbond. Vergeef ons onze zonden, o God en bewaar de wijn die Jezus geeft tot het laatst, tot de grote dag waarop het feestmaal zal zijn aangericht.

'Kunnen bruiloftsgasten dan vasten, terwijl de bruidegom bij hen is?' – *Mark. 2:19*

Nee, natuurlijk niet, zolang de bruidegom op het feest aanwezig is, laat niemand aan zijn neus voorbijgaan wat er te eten en te drinken is. Dan vast je niet, integendeel, dan eet en drink je naar hartelust! Ja, als de bruidegom er niet zou zijn, dan zou het anders zijn, dan zou er reden zijn om te treuren, dan zou je niet te kust en te keur eten en drinken en vrolijk zijn. Maar zolang de bruidegom er is...

Men neemt het Jezus kwalijk dat Hij zijn discipelen niet laat vasten. Men vraagt Hem om een verklaring. En Jezus geeft die prompt: wie vast er nu zolang de bruidegom er is? Met deze woorden dient Jezus zichzelf aan als de bruidegom. Reden voldoende voor vrolijkheid! Overal waar Jezus komt, wordt er gegeten en gedronken. Water wordt tot wijn en een paar broden en vissen worden vermenigvuldigd zodat duizenden er genoeg aan hebben. Jezus neemt deel aan de feestmalen bij Farizeeërs, maar net zo goed bij tollenaren. Hij is de bruidegom. Hij houdt in Gods Naam van mensen, van kleinen en groten, van armen en rijken. In Hem bevestigt God zijn verbond met mensen. In Jezus verklaart God de wereld zijn liefde. Daar past geen vasten bij, net zo min als een nieuw stuk goed past op een oud kledingstuk, net zo min als jonge wijn hoort in oude wijnzakken; het zou gaan trekken en scheuren – vreugde en vasten horen niet bij elkaar.

De vraag is alleen: nu Jezus niet meer bij ons is, zou het nu niet zinvol zijn om van tijd tot tijd te vasten, om minder te feesten en in plaats daarvan te zoeken naar een grotere toewijding aan God en de wereld dichtbij en ver weg? Met de biecht en de beelden hebben we als Protestanten ook het vasten afgeschaft, maar je vraagt je wel eens af of dat terecht is. Nóg heeft de wijn de kleur van bloed...

Wij zijn op het bruiloftsfeest genood
met Jezus en met Maria.
Hij draagt ons over de watervloed
en laaft ons hart met zijn hartebloed
te Kana in Galilea.

gezang 74:5

Kom, Here Jezus, kom haastig! Laat het feest nu spoedig beginnen, de maaltijd waar U de Gastheer, de Bruidegom bent.

'De liefde zij ongeveinsd'. – *Rom. 12:9*

Wat houdt dat verbond van God met ons nu eigenlijk in? We horen dat woord van tijd tot tijd klinken in de kerk, het komt ons tegen vanuit de Schriften: het verbond. God hééft wat met ons, mensen. God heeft een oog op ons. Hij heeft zijn volk Israël het een en ander beloofd. Hij heeft mensen, uit alle volken, die Jezus volgen, heil beloofd. Dat is zijn verbond, zijn betrouwbare belofte. Maar, bij een verbond is altijd een ander, een partner, in het spel. Wij zijn er ook nog. God neemt ons serieus en Hij vraagt van onze kant evengoed liefde. Wederliefde. Ongeveinsde liefde. Daartoe roept de apostel de gemeente in Rome op. 'De liefde zij ongeveinsd'.

Misschien is dat wel het moeilijkste van heel het verbond met God. Het gaat je aan je hart! Je kunt je er niet met je portemonnee van af maken. En ook niet met een paar mooie preken. Het gaat in Gods verbond om ongeveinsde liefde. God neemt geen genoegen met een brede glimlach, met liefde-ter-gelegenheid-van. God vraagt van ons een liefde die opkomt uit bewogenheid, uit meeleven en meelijden, een liefde van binnen uit, een liefde die is zoals zijn eigen liefde: ongeveinsd, eerlijk, oprecht.

Die liefde heeft Jezus ons getoond. Hij had niet lief om van de mensen iets gedaan te krijgen. Hij had niet lief om er beter van te worden of om daardoor populair bij de mensen te zijn. Hij had lief omdat Hij niet anders kon dan mensen te beminnen, lief te hebben en goed te doen. Tot zulke liefde worden ook wij geroepen. En als je die liefde niet bezit? Wie bidt, ontvangt.

Maak ons volbrengers van dat woord,
getuigen van uw vrede,
dan gaat wie aarzelt met ons voort,
wie afdwaalt met ons mede.
Laat ons getrouw de weg begaan
tot allen die ons verre staan
en laat ons zonder vrezen
de minste willen wezen.

gezang 481:2

Barmhartige Vader, geef ons wat wij niet bezitten: ongeveinsde liefde. Help ons om de ander te zien in uw licht, om liever te beminnen dan bemind te worden. Schenk ons uw Geest, opdat wij niet door liefdeloosheid uw verbond verbreken.

'Toch spreken wij wijsheid bij hen, die daarvoor rijp zijn, een wijsheid echter niet van deze eeuw'. – *1 Cor. 2:6*

God sluit een verbond. Met wie? Met machtige volken? Met de groten der aarde? Met de wijzen en de edelen? Nee, geen sprake van. God heeft een vreemde voorkeur voor het kleine en het zwakke en het dwaze. Hij kiest een onnozel klein volkje uit als zijn bruid: Israël. Hij kiest een wonderlijk stelletje vissers uit om getuigen te zijn van het evangelie. Hij stuurt een kind in een kribbe, een rondreizende rabbi zonder ene cent op zak, een arrestant, een mens die sterft als een misdadiger. En wanneer de apostelen door de wereld gaan om van Pasen te vertellen, dan ontstaan er overal gemeenten die voornamelijk worden gevormd door sociaal zwakken en andere figuren uit de onderste laag van de maatschappij. En Paulus, de apostel, hij mag dan wel zeer geleerd heten en de nodige boeken hebben bestudeerd, erg goed praten kan hij niet; hij is een spreker-van-niks. Geen meeslepende woorden, geen indrukwekkende preken vol wijsheden. Niets van dat alles. Zomaar heel gewoontjes is aan de mensen van Corinthe het evangelie verkondigd. En toch – 'toch spreken wij wijsheid bij hen, die daarvoor rijp zijn, een wijsheid echter niet van deze eeuw'.

Wie er rijp voor is om dit woord te verstaan, die zal het begrijpen. De dwaasheid van het evangelie is juist de wijsheid van God. In zwakheid wordt zijn kracht openbaar. Niet door geweld, maar door de Geest zal Gods Koninkrijk komen. Niet door schijn en show, niet door het mooiste van het mooiste en het grootste van het grootste, maar door de allesdoordringende liefde van Jezus zal het gebeuren. Het evangelie? Ja, op het eerste gezicht: een waardeloos boek, ongeschikt voor maatschappelijk gebruik. Maar wie er rijp voor is, weet wel beter...

Een rijke schat van wijsheid
schonk God ons in zijn woord,
Hebt moed, gij die op reis zijt,
want daarmee kunt gij voort.
Gods woord is ons een licht,
en elk die in vertrouwen
daarnaar zijn leven richt,
die zal erin aanschouwen
des Heren aangezicht.

gezang 326:1

Doe ons groeien in het geloof, o God, opdat wij in de dwaasheid van het evangelie uw wijsheid zien.

'Ziet dan toe, dat gij Hem, die spreekt, niet afwijst'. – *Hebr. 12:25*

Een week lang dachten we na over Gods verbond. God houdt van mensen. God verklaart ons zijn liefde. Maar voor deze week om is, klinkt tot slot nog een waarschuwing. Pas op, dat je de God van dit verbond niet afwijst! God kan het niet hebben dat zijn liefde wordt genegeerd. God kan het niet hebben dat wij er andere goden op na houden. Zo jaloers is Hij! En waarom? Omdat zijn liefde de enige is die werkelijk liefde kan heten. Met de liefde van de afgoden kom je bedrogen uit! Daarom: 'Ziet dan toe, dat gij Hem, die spreekt, niet afwijst'.

Zo heeft het volk Israël wel met God gedaan. Direct al bij de berg Horeb, waar God zijn verbond met het volk sloot, waar Hij de woorden sprak, de Tien Woorden, waarmee Israël kon leven, toen al heeft het volk God afgewezen. Toen al maakte het een gouden kalf, terwijl Mozes, de middelaar, op de berg verbleef.

De schrijver aan de Hebreeën wil ons voor een dergelijke misstap behoeden. Wij zijn genaderd, nee, niet tot de berg Horeb, maar tot de berg Sion, de berg waarop het nieuwe Jeruzalem ligt. Jezus, de middelaar, groter dan Mozes, Jezus is de berg opgegaan, opgevaren ten hemel. Wanneer de tijd is vervuld, zal Hij wederkomen en God zal bij de mensen zijn. Wat doen wij in deze tussentijd? Mopperen? Joelen en schreeuwen dat we niets van God zien en dat we een beeld willen maken van een god die je voelen, tasten kunt, een gouden kalf? 'Ziet toe, dat gij Hem, die spreekt, niet afwijst'. Het bloed van Jezus is het teken van een nieuw verbond. Laat je niet verblinden door welk gouden kalf dan ook. Jezus zal van boven komen en de woestijn zal vol van vrede zijn!

In de woestenij,
Heer, blijf ons nabij
met uw troost en met uw zegen
tot aan 't eind van onze wegen.
Leid ons op uw tijd
in uw heerlijkheid.

gezang 442:4

Trouwe God, bewaar ons voor de dienst aan vreemde goden. Help ons uw verbond trouw te zijn, ons leven lang, opdat wij in de woestijn niet verloren gaan, maar het eeuwige leven hebben in het land dat U beloofde.

> 'Alle volken, die Gij gemaakt hebt, zullen komen en zich voor U nederbuigen, o Here, en uw naam eren'. – *Ps. 86:9*

De dichter van deze psalm is omsingeld. Aan het slot van zijn lied spreekt hij over een bende van geweldenaars. Het zijn 'overmoedigen', mensen die met God geen rekening houden en zijn volk haten. Zulke mensen zijn er de eeuwen door geweest. Egyptenaren en Syriërs, Romeinen en Duitsers. Maar ook wij Hollanders gaan niet vrij uit. Door alle eeuwen heen hebben de Joden verschrikkelijk veel te verduren gekregen. Niet alleen de Joden overigens. Iets soortgelijks kun je ook zeggen van de kerk, de gemeente van die ene Jood, Jezus. Ook de kerk heeft te lijden gehad, de eeuwen door. En nu nog hoor je van vervolging, van martelingen en concentratiekampen.

Hoe houdt een mens het uit, in zo'n situatie van spanning? De dichter van de psalm gaat er mee tot God. 'Ten dage mijner benauwdheid roep ik U aan, want Gij antwoordt mij'. En wat is dan zijn perspectief? Dit: 'Alle volken, die Gij gemaakt hebt, zullen komen en zich voor U nederbuigen, o Here, en uw naam eren'. In dat geloof kan een mens verder, dwars door de ellende heen. Er komt een tijd waarin de volken, de geweldenaars, de overmoedigen, de brallende beulen tot God zullen gaan om zich voor Hem te buigen. Wat je ook van de volken zeggen kunt, hoezeer je ze ook kunt bekritiseren vanwege hun onrecht en gewelddadigheid, ze zijn en blijven volken die door God in het leven zijn geroepen! En daarom alleen al zal God ze zover krijgen, dat ze komen zullen, bukken en buigen. En waarom? Om zijn naam te eren! Eens zal heel de aarde vol zijn van Gods lof.

Allen die als goden blonken
zijn bij U in het niet gezonken.
Niets kan bij uw werk bestaan.
Heel de wereld roept U aan.
Alle volken komen samen,
die Gij schept en roept bij name,
buigen voor uw zetel neer,
brengen uwen naam de eer.

psalm 86:3

Machtige God, Schepper van alle volken, wij danken U voor de toekomst die aanstaande is: alle volken zullen komen en zich buigen voor U. Maak ook ons bereid om uw naam te eren, allerwegen, wereldwijd.

3de zondag na 6 januari (Epifanie) – indien deze zondag de 9de zondag voor Pasen is, leze men daar verder.

'Zie, nu weet ik dat er op de gehele aarde geen God is behalve in Israël'. – *2 Kon. 5:15*

Dat is me nogal een uitspraak! Nota bene: een generaal van de Arameeërs, een heiden, een afgodendienaar, een buitenstaander, komt tot de overtuiging dat er op heel de wereld geen God bestaat, dan alleen in Israël. Hoe komt hij tot dat inzicht? Dat is allemaal vanwege zijn doop in de Jordaan. Zevenmaal is hij ondergegaan in het water, op last van de profeet Elisa. Veel heil zag hij er aanvankelijk niet in. Stel je voor: hij, een generaal, zeven keer kopje onder in zo'n stinksloot! Wat een afgang! Wat een vernedering! Dan had hij beter thuis kunnen blijven om zich te baden in de Abana en de Parpar, de rivieren van Damascus.

Maar zijn dienaren houden vol en dringen aan en zo ondergaat Naäman deze ondergang, zevenmaal in de Jordaan. En dan is daar de volkomen genezing van zijn melaatsheid! Geen wonder dat Naäman in de wolken is en geen oog voor de afgoden heeft. Onomstotelijk is komen vast te staan: er is geen God dan alleen in Israël.

Wat is er nu al met al zo wonderlijk aan deze geschiedenis? Is dat de genezing van melaatsheid? Nee, dat is, dunkt me, het grootste wonder niet. Zulke wonderen doet God veel vaker. Het grootste wonder lijkt mij dat God dit doen wil aan een buitenstaander, een heiden, een dienaar van de afgoden. Sterker: een aartsvijand van Israël! Thuis heeft Naäman een meisje in dienst dat ooit door vijandelijke troepen uit Israël is meegenomen naar Damascus! Maar ondanks dat alles strekt Gods barmhartigheid zich ook uit over deze heiden. God rekent met hen die niet in tel zijn.

Naäman, nu niet meer onrein,
mag onder uw beminden zijn.
Ja, alle volken zijn in tel
bij U, o God van Israël!

gezang 337:6

Vader, wij danken U dat heidenen worden gedoopt, nog altijd, mensen zoals wij, vijanden-van-huis-uit, buitenstaanders, niet in tel. Wij danken U voor Hem die het water van de Jordaan is ingegaan, Jezus, die onze ziekten gedragen heeft en onze zonde verzoend. Wij bidden U: geef ons veel van uw barmhartigheid voor de volken, voor mensen die niet onze vrienden zijn.

'Voorwaar, zeg Ik u, bij niemand in Israël heb Ik een zó groot geloof gevonden!' – *Matth. 8:10*

Wat is er dan zo groot aan het geloof van deze Romeinse hoofdman in Kapernaüm? Hoeveel mensen zijn er niet die om genezing bidden, voor een zieke man of vrouw, voor een ziek kind of een zieke knecht? Wat is er nu zo groot aan dit geloof?

Mij dunkt: twee dingen. Het eerste is dit: deze heidense hoofdman belijdt dat hij Jezus' hulp niet waard is. 'Heer, ik ben niet waard, dat Gij onder mijn dak komt'. Hij weet zich een buitenstaander, een heiden. Deze hoofdman commandeert niet: Rabbi Jezus, meekomen en direct! Genees mijn knecht en wel onmiddellijk! O nee, daar is geen sprake van. Deze man, die gewend is om commando's te geven, bedelt hier om hulp. En dát is groot, dat is pas werkelijk geloven – als een bedelaar gaan tot God.

Het tweede is dit: deze hoofdman commandeert zelf niets, maar als commandant weet hij heel goed dat wie macht heeft maar één woord behoeft te zeggen of de zaak wordt geregeld. En in Jezus ziet hij nu zo'n commandant, een Heer over leven en dood. Jezus hoeft maar één woord te zeggen of zijn knecht zal worden genezen. En om dat ene woord bedelt deze commandant. Zie, dat is het grote in zijn geloof. En om dit grote geloof, om dit bescheiden vertrouwen, spreekt Jezus zijn genezend bevel. Ook deze buitenstaander wordt getrokken binnen de lichtkring van het heil.

Lieve Heer, Gij zegt 'kom' en ik kom, –
want mijn leven is onder de macht gesteld
van de Heer die mijn dagen en nachten telt
en de Heer zegt 'kom' en ik kom.

gezang 51:1

Grote God, U behoeft maar te zeggen 'kom' en wij komen. U behoeft tegen de boze machten in ons leven maar te zeggen 'ga' en ze gaan. Wij bidden U, wij bedelen U: spreek dan één woord en wij zullen zijn genezen. Wij zijn het niet waard dat U in ons midden bent, wij zijn het niet waard dat U naar ons omziet. Wij zijn zo hoogmoedig, wij commanderen U en elkaar, wij hebben het bedelen verleerd. Vergeef het ons, o God, en beveel uw Geest in onze harten.

'Jezus zei tot haar: Geef Mij te drinken'. – *Joh. 4:7*

Een niet alledaags tafereel: een Joodse man die een Samaritaanse vrouw aanspreekt. Zo iets doe je niet, als Jood. Je praat op straat niet met een vrouw en al helemaal niet met een Samaritaanse vrouw, zo'n halve heidin. En als je dan ook nog weet dat deze Samaritaanse vrouw samenleeft met de zoveelste man, dan wordt het natuurlijk al helemaal onbegrijpelijk. Hoe haalt Jezus het in zijn hoofd? Met zo'n vrouw spreek je niet en aan zo'n vrouw vraag je zeker niet om een gunst, om een beetje water.

Toch raakt Jezus in gesprek, midden op de dag, bij de bron van Sichar. Hij kent de regels wel, ja zeker, maar één regel gaat bij Hem boven alle regels van mensen: de regel van de liefde. Hij voelt zich niet te verheven om van deze half-heidense vrouw een gunst te vragen. Jezus is gekomen om de minste te zijn. 'Geef Mij te drinken'. Maar wat is dat nu? Is Jezus dan niet mans genoeg om zelf voor water te zorgen? Vast wel. Maar door te vragen om water wil Hij deze vrouw water schenken: levend water, waarachtige liefde. Al vragend ontdekt Jezus een bron van ellende in het leven van deze vrouw. Al vragend wordt een put geopend, een diepe put vol teleurstelling en eenzaamheid. Al vragend biedt Jezus deze vrouw een antwoord: water des levens, zichzelf, vrede met God en de mensen. Al vragend haalt Jezus halve en hele heidenen binnen de muren van zijn koninkrijk. Nog altijd.

Gij zijt het water ons ten leven;
de bronnen van de eeuwigheid
zijn ons ter lafenis gegeven,
zijn doorgebroken in de tijd.
O Gij, die als een bron ontspringt
in elk die tot U komt en drinkt.

gezang 75:5

Trouwe Vader, tot uw Zoon willen wij komen, om te drinken. Wij, heidenen die wij zijn, buitenstaanders, wij komen tot U, de bron van ons leven en vragen U: geef ons te drinken van het heil, geef ons te proeven uw goedheid en genade. U kent ons leven, door en door; U weet wat daarin huist aan ontrouw, aan teleurstelling, aan eenzaamheid. Wij danken U voor Jezus, die ook bij onze put spreekt tot ons hart.

'Hij kwam dan weder te Kana in Galilea, waar Hij het water tot wijn gemaakt had'. –*Joh. 4:46*

Twee tekenen heeft Jezus in Kana gedaan. Het eerste teken waarover de evangelist Johannes ons vertelt, is het meest bekende. Water maakt Jezus tot wijn. Het feest gaat door, het verbond wordt vernieuwd, wat dood leek te lopen, wordt tot nieuw leven gewekt.

Het tweede teken is veel minder bekend. Zeker, het verhaal kennen we wel, het verhaal van die hoveling uit Kapernaüm, die naar Kana in Galilea gaat om bij Jezus te pleiten voor zijn zieke zoon. Het verhaal is niet onbekend, maar op die woorden van Johannes aan het eind van zijn vertelling, letten we nauwelijks: 'Dit deed Jezus als tweede teken...' Met twee tekenen begint de Heiland zijn rondgang. En die twee tekenen doet Hij allebei in Kana. Eerst wordt water veranderd in wijn. Het verbond met Israël wordt vernieuwd. En daarna verandert Jezus ziekte in gezondheid – en dan nog wel in het geval van een heidense hoveling uit de garnizoensplaats Kapernaüm. Dat zijn twee verhalen, maar goedbeschouwd klinkt daar in Kana maar één boodschap: Jezus is gekomen om met Israël én de heidenen een verbond te sluiten. Jezus is gekomen om water te veranderen in wijn, haat in liefde, ziekte in gezondheid, dood in leven. En dat niet alleen voor Gods-volk-vanouds, voor Israël, maar net zo goed voor halve en hele heidenen, voor Samaritanen en Romeinen, voor alle volken.

In Kana was de gloed geweken,
het vuur bedolven onder as;
toen zei de vlam in ieders beker
wie er de ware wijnstok was;
laat het nu uit de kruiken stromen,
de vreugde ga van mond tot mond,
omdat Hij, in zijn uur gekomen,
de aarde aan zijn zijde vond!

gezang 166:3

Hemelse Vader, wij danken U voor Jezus, die onze Bruidegom is. Niet alleen om Israël is Hij gekomen, ook om ons, heidenen, hovelingen, Romeinen, Hollanders. Wij danken U dat heel de aarde zijn bruid mag zijn, dat alle volken komen mogen om zich voor Hem te buigen, uit oost en west, uit noord en zuid. Laat ook ons binnen, o God, als de bruiloft begint en de wijn geschonken wordt.

'Doch mij heeft God doen zien, dat ik niemand onheilig of onrein mag noemen'. – *Hand. 10:28*

Dat is nog al een uitspraak voor een volbloed Jood! Niemand meer onheilig of onrein noemen. Maar daar staan de boeken van Mozes toch vol van? Hoeveel wetten zijn er niet die precies de scheiding aangeven tussen rein en onrein, tussen heilig en onheilig, tussen Jood en heiden. En is dat alles nu zomaar overboord gezet? Lapt Petrus nu de Thora zonder blikken of blozen aan zijn laars?

Nee, daar is geen sprake van. Het heeft God heel wat moeite gekost om Petrus tot dit inzicht te brengen. Petrus had helemaal geen behoefte om iets overboord te zetten, integendeel, Petrus wilde graag vasthouden aan de aloude scheiding tussen heilig en onheilig, rein en onrein, Jood en heiden. God zelf bracht hem tot een omkeer in zijn denken. En daarom gaat hij het huis van een heidense officier binnen, zonder protest. Ook Cornelius, ook de Romeinen, ook de heidenen mogen delen in Gods barmhartigheid.

Maar betekent dit dan dat alles voortaan heilig en rein is? Nee, dat is de bedoeling van dit woord niet. Nog altijd is er een grens tussen heilig en onheilig, rein en onrein. Maar die grens valt niet meer samen met de grens tussen Joden en heidenen. Waar die grens dan wel te vinden is? Daar waar mensen ja of nee zeggen tegen de liefde die in Jezus Christus is. Onheilig en onrein – dat bén ik en dat zal ik wel blijven ook. Maar dank zij dat ene Lam dat de zonde der wereld draagt, dank zij dat ene offer, gaaf en zonder enig gebrek, dank zij Jezus, onze Heiland, ben ik heilig en rein. Zijn koninkrijk gaat over onze grenzen.

Jezus zal heersen waar de zon
gaat om de grote aarde om,
de maan zijn lichte banen trekt,
zover het verste land zich strekt.

gezang 281:1

Trouwe God, nooit zullen wij heilig zijn en rein, dan alleen dank zij het offer van uw heilig Kind Jezus. Wij danken U voor Hem, die de verzoening is van al onze zonden. Wij danken U voor het nieuwe verbond, waarin alle volken besloten zijn. Help ons om uw Woord vast te houden; geef ons daarbij uw Geest, om te onderscheiden waar het op aankomt: de liefde van Christus, die zonder grenzen is.

'De rechtvaardige zal uit geloof leven'. – *Rom 1:17*

Dat is, heel in het kort, de boodschap die Paulus heeft voor Joden én heidenen. Paulus heeft niet een aparte preek voor de Joden en weer een andere voor de heidenen, nee, hij heeft, net als Petrus, ingezien dat Gods grenzen anders zijn gelegd. De kring wordt wijder getrokken, het heil vanuit Jeruzalem blijft niet stil staan bij Israëls grenzen, het gaat er overheen, het heil gaat de wereld in, de volken door. En wat moeten de heidenen dan doen om zalig te worden? Ze moeten hetzelfde doen als dat wat de Joden moeten doen. En wat moeten de Joden dan doen? Moeten ze zich houden aan duizend-en-één geboden en verboden? Komt het aan op een stipte onderhouding van de wet? Nee, die weg is een doodlopende weg gebleken. Niemand kan die weg tot het eind toe gaan; onze machteloosheid staat als een muur dwars op deze weg gebouwd. Het lukt je niet om Gods geboden ten einde toe te bewaren.

Maar wat dan? Wel, dat is nu precies de kern van Paulus' boodschap. De rechtvaardige zal uit geloof leven. De rechtvaardige is niet een rechtvaardige omdat hij zo 'recht vaart', zich zo stipt aan Gods regels houdt. Nee, de rechtvaardige is een rechtvaardige omdat hij een on-waardige is die zich door het geloof alleen aan Gods barmhartigheid toevertrouwt! Met die boodschap gaat Paulus de wereld in en hij schaamt zich niet – voor Jood en Griek is dit evangelie een goede boodschap. Dank zij die ene Rechtvaardige, Jezus Christus, is er behoud voor iedereen, Jood en heiden, die gelóóft. Wat dat is, geloven? Nee, geloven is niet 'dat je het wel gelooft'. Geloven is: je ziel en zaligheid ootmoedig toevertrouwen aan Hem die onze ziekten gedragen en onze zonden heeft verzoend. Geloven is: reikhalzend verlangen naar de stad die komt, het nieuwe Jeruzalem, waarin voor Joden én heidenen plaats voldoende is.

Rahab en Babel zullen u behoren.
Ja volk na volk buigt eenmaal voor Hem neer
en ieder land erkent Hem als de Heer.
O moederstad, uit u is elk geboren!

psalm 87:2

Eeuwige God, alle volken zullen komen en zich buigen voor U. Uit dat geloof willen wij leven, uit het geloof in Jezus, uw zoon. Niet om onze goede daden, niet om onze vrome woorden, maar alleen vanwege zijn genade en rechtvaardigheid zullen wij leven, nu en tot in eeuwigheid.

'Hij sprak en deed een stormwind opsteken,
die haar golven omhoog hief'. – *Ps. 107:25*

'De golven maakt Hij stil' – dat is het thema voor de week die met deze zondag begint. Over Gods macht zal het gaan, over zijn reddende hand. Maar vandaag komt eerst de vraag op ons af: waar komen die golven vandaan? Die tegenslagen, die huizenhoge tegenwerking, waaronder een mens verpletterd dreigt te worden, waaraan hebben wij dat alles te danken?

De psalm die we lazen doet daar een boekje over open. Het is een psalm die de macht van God bezingt. Hij is het die mensen uit de meest miserabele levensomstandigheden bevrijdt. Maar wie de psalm goed leest, ontdekt dat menigeen die miserabele levensomstandigheden aan zichzelf te wijten heeft, aan eigen ontrouw, aan eigen onwijsheid.

Nu worden in de psalm dergelijke dingen niet direct gezegd over hen die met schepen de zeeën bevaren. Maar wel worden de golven met God in verband gebracht. 'Hij sprak en deed een stormwind opsteken'. Hebben we dan al die ellende aan God te danken? Is Hij dan zo? Wie diep over dit alles nadenkt, wordt stil. Op z'n minst moet je toch zeggen wat ook in het boek Job gezegd wordt: dat God er van weet, dat God de golven ruimte geeft, vrij spel. Nu ja, vrij spel – een tijdje dan, een ogenblik. Want waar mensen in benauwdheid roepen tot de levende God, daar bestraft Hij de storm en maakt Hij golven stil.

Hun vege levens spaart Hij,
de golven maakt Hij stil.
Het stormgeweld bedaart Hij,
het voegt zich naar zijn wil.
Scheepsvolk, heradem weer,
gij kunt aan rust u laven
en dankt nu God de Heer,
Hij leidt u naar de haven.

psalm 107:13

Machtige God, de golven en de wind zijn in uw hand. Lang niet altijd is het voor óns duidelijk waarom U ze laat gaan, waarom U ze de kans geeft hun brekend werk te doen. Maar wij blijven geloven dat het U niet uit de hand loopt. U hebt toch alle macht, in hemel en op aarde?

4de zondag na 6 januari (Epifanie) – indien deze zondag de 9de zondag voor Pasen is, leze men dáár verder.

DE GOLVEN MAAKT HIJ STIL

lezen: *Genesis 8:1-12*

'En zij keerde niet weer tot hem terug'. – *Gen. 8:12*

Eindelijk is het dan zo ver: de duif die Noach uit het venster van de ark heeft losgelaten, keert niet weer terug. Eerst was ze nog met een olijftak teruggekomen. Blijkbaar was het water zover gezakt dat er weer een boom zichtbaar was. Maar rust vond de duif nog niet, een plaats om te nestelen was nog niet te vinden. Na zeven dagen echter is dat wel het geval. Noach wacht en wacht – maar de duif komt niet terug. Ergens, wie weet hoever, heeft ze een plekje gevonden, takken, bomen, hoog genoeg boven het dalende water om te aarden, om te nestelen. Het eind van de zondvloed is in zicht! De golven maakt God stil en het land maakt Hij weer droog.

Is dat niet: genade? God had spijt dat Hij de schepping schiep. Ontrouw waren de mensen, brutaal en gewelddadig. Toch is Gods oordeel niet radicaal, niet alles-vernietigend. Met Noach en de zijnen maakt God een nieuw begin. Hij haalt ze door het water heen, zoals Christus zijn kerk haalt door het water van de doop. In het graf van de zondvloed laat God de zijnen niet verdrinken. Er is een ark, een schip, de kruisvlag hoog in top. En er is een duif, een bode van de vrede, een brengster van goede boodschap. De Geest, de Heilige Geest, die van Christus is uitgegaan, die is gekomen om het ons aan te zeggen: zie, de nieuwe aarde is in zicht! En zo is de Geest vanuit Jeruzalem de wereld overgegaan, haar grote zendingsreis is begonnen, ze nestelt hier en daar en overal, ze vliegt van land tot land en van stad tot stad. Heel de wereld moet het weten: God maakt de golven stil. Zijn heil is nabij. De nieuwe aarde is aanstaande!

Want al het water wast niet af,
dat wij verzinken in dit graf,
tenzij de duif die nederdaalt
ons uit den hoge vrede haalt.

gezang 337:2

Trouwe God, wij danken U voor de duif, voor de vogel van de Geest. Wij danken U dat Hij is neergestreken op uw Zoon, Jezus, toen Hij uit het water van de Jordaan was opgekomen. Wij danken U dat Hij is neergestreken op uw kerk, op de dag van het Pinksterfeest, toen uw gemeente met Christus was opgestaan uit de diepte van de dood. Wij danken U voor al uw beloften, voor een nieuwe hemel en een nieuwe aarde, voor uw rijk dat komt. Laat uw Geest ook vandaag over de wereld gaan en met uw vrede nederdalen, ook op onze hoofden.

'Zijt gij het niet, die de zee hebt drooggelegd, de wateren van de grote diepte; die de diepte der zee hebt gemaakt tot een weg, een doortocht voor verlosten?' – *Jes. 51:10*

Vandaag zijn we getuigen van een gesprek tussen God en zijn volk Israël. We horen de stemmen van de ballingen in Babel. 'Waak op, waak op, bekleed u met sterkte, gij arm des Heren!' De ballingen in Babel roepen Gods sterke rechterhand ter hulp. Machteloos verkeren zij in ballingschap. Hoe komen ze ooit uit deze gevangenis, uit de zondvloed van de deportatie, uit de diepten van de dood, ver van Jeruzalem? Door hun eigen ontrouw is het zo ver gekomen, aan hun ongehoorzaamheid hebben ze dit alles te danken. De zwakken hebben ze uitgebuit, de armen vertrapt, Gods geboden veracht, de afgoden gediend. En nu is daar een nieuw diensthuis, Egypte-voor-de-tweede-keer, Babel, de ballingschap.

Wat kan Israël nog doen? Niets, dan alleen dit: bidden om Gods sterke rechterhand. En dat doet Israël – het smeekt om ontferming, het doet een beroep op Gods arm. 'Zijt gij het niet, die de zee hebt drooggelegd, de wateren van de grote diepte; die de diepte der zee hebt gemaakt tot een weg, een doortocht voor verlosten?' Zo herinnert Israël God aan zijn eigen daden. Hij heeft toch vaker in de geschiedenis wegen gemaakt waar geen wegen waren? Hij blies het water van de Rode Zee aan de kant. Hij maakte een pad door de Jordaan. Israëls God laat zich toch door geen onmogelijkheid tegenhouden? Hij is toch de God van de doortocht? Hij maakt immers de golven stil!

Zo doet Israël een beroep op Gods barmhartigheid in het verleden. En wij roepen met Israël mee. Zou die God, die zijn volk heeft bevrijd en wegen wees waar geen wegen waren, zou die God ook ons niet verlossen en ons leiden door het water van duisternis en dood?

Geweldiger dan water en dan wind
is in de hoogte God die overwint.
Geweldig is de Here die zijn voet
plant op de nek van deze watervloed.

psalm 93:3

Machtige God, ook wij doen een beroep op uw sterke arm, uw uitgestoken rechterhand. Geef ons niet prijs aan de machten van duisternis en dood, geef ons niet over aan het woeden van de volken, vergeef ons onze zonden en maak ook voor ons een weg waar geen weg is – door Jezus Christus, die de weg en de waarheid en het leven is.

dinsdag

'Terstond stak Jezus hem de hand toe en greep hem'. – *Matth. 14:31*

Petrus is overboord gestapt. Nee, niet zomaar, roekeloos, overmoedig, ondoordacht. Zeker, Petrus is spontaan genoeg om direct naar Jezus toe te willen, nu hij ontdekt dat die vage verschijning op het water geen spook is, maar de Heiland zelf. Maar zonder toestemming gaat Petrus niet van boord. 'Here, als Gij het zijt, beveel mij dan tot U te komen over het water'. Petrus wil niets ondernemen dan alleen met speciale toestemming van zijn Meester. En wat zegt Jezus? Zegt Hij: Nou, Petrus, dat lijkt me wel wat overmoedig... dat zou ik nu maar niet doen, Ik kom wel naar jou toe? Nee, dat zegt Jezus niet. Jezus geeft de gevraagde toestemming. Kort en duidelijk is zijn bevel: 'Kom!' En dan gaat Petrus, vol vertrouwen, niet schoorvoetend maar resoluut, over de golven heen, naar Jezus toe. Even gaat het goed. Maar dan: moet je nu toch eens kijken, wat een wind, wat een huizenhoge golven! Heb ik niet teveel gevraagd, heeft Jezus werkelijk gezegd dat ik komen kon, heb ik het wel goed gehoord, is het niet mijn overmoed die mij hoogmoedig maakt? En op het moment waarop al die vragen als golven over Petrus heenslaan, begint hij te zinken, dieper en dieper. Daar gaat de visser, Petrus, hij zakt als een steen het water in!

Maar dan: een hand. Jezus' hand. Terstond. En aan die hand heeft Petrus genoeg. Liet Jezus hem komen om hem deze les te leren? Wist de Heiland dat zijn vertrouwen niet sterk genoeg zou zijn? Laat God zijn discipelen zo af en toe maar eens een tijdje rondtobben op de levenszee, midden tussen de woedende machten, opdat wij sterker onder de indruk zouden komen van eigen begrensdheid en tegelijkertijd van zijn reddende overmacht?

Ik ben het, zegt Gij dan.
Kom maar met Mij
mee naar de overkant.
Wees maar niet bang, zegt Gij,
hier is mijn hand.

gezang 56:6

Vader, dat kennen wij, dat gevoel van machteloosheid. Vaak zinken ook wij weg in duisternis en verlorenheid. Soms denken we dat we heel wat aankunnen en dat we vol vertrouwen leven. Maar telkens moeten we ontdekken dat U alleen alle macht hebt in hemel en op aarde. Wij bidden U om een sterk vertrouwen, maar ook om bescheidenheid en om diepe dankbaarheid voor uw reddende hand.

'Maar Hij zelf lag op het achterschip tegen het kussen te slapen'. – *Mark. 4:38*

Waar heb ik dat verhaal meer gehoord? Het verhaal van een slapende knecht van Israëls God, midden in de storm? Waar heb ik dat beeld meer voor ogen gekregen: angstig schreeuwende scheepslui, een bulderende wind, aanrollende golven, een krakend schip en één slaper? Precies: lees het boek van de profeet Jona! Daar lees je dit verhaal voor het eerst. Het is de ongehoorzame profeet Jona, die niet naar Ninevé wil en zich te slapen legt aan boord van een schip dat hem brengen moet ver bij Ninevé vandaan. Het is Jona, die door een storm wordt overvallen, Gods hand haalt hem terug, wind en water komen er aan te pas. Jona zal en moet naar Ninevé!

Is Jezus ook zo'n ongehoorzame profeet? Geen sprake van! Gaat in deze storm Gods oordeel over Hem heen? Ik denk het niet. Hier zijn andere machten in het spel, hier woedt de anti-Christ, hier blazen boze geesten, tegenmachten die Jezus het liefst zouden meesleuren, de diepte in – en Jezus slaapt.

Hoe is dat mogelijk: Jezus slaapt! Is dat de slaap der ongehoorzaamheid? Nee, dit is de slaap van het vertrouwen. Jezus weet: Mijn hemelse Vader is wakker, Hij waakt over Mij, Hij houdt de wereld in zijn hand. Hier ligt de gehoorzaamheid zelve, Jezus, de betere Jona, de Grote Profeet – en Hij slaapt: toonbeeld van vertrouwen. Je kunt je geweten in slaap sussen, als Jona. Wie zó slaapt, wordt eenmaal overboord gezet. Alleen wie in vrede leeft, met God en met de mensen, die kan slapen, slapen in de storm, slapen omdat God wakker is.

Uw wank'le voeten zet Hij vast,
als gij geen uitkomst ziet:
uw wachter sluimert niet!
Zijn oog wordt door geen slaap verrast,
Hij wil, als steeds voor dezen,
Israëls wachter wezen.

psalm 121:2

Trouwe God, laat ons zo mogen slapen, zoals Jezus sliep: vol vertrouwen op U. Vergeef ons dat wij vaak slapen zoals Jona sliep, met een belast geweten. Help ons om alle ongehoorzaamheid overboord te zetten. Alleen uw wil doen geeft ons rust.

'...opdat wij niet op onszelf vertrouwen zouden stellen, maar op God, die de doden opwekt'. – *2 Cor. 1:9*

De apostel beschrijft in het begin van zijn brief aan de gemeente van Corinthe de tegenwerking die hij in Klein-Azië ondervonden heeft. Er waren momenten waarin hij vreesde voor zijn leven. Wanhoop en verbijstering, pijn en verdriet, het was er allemaal en de apostel komt er eerlijk voor uit dat het soms een last was die niet te dragen scheen. En dan komt natuurlijk ogenblikkelijk die oeroude vraag naar boven: waarom? Waarom moet een mens toch al die verschrikkelijke dingen meemaken? Goed, je kunt zeggen: daar heb je toch zelf voor gekozen, je wist toch welke ontberingen vast zaten aan het apostelschap? Maar dan nog: had God dan niet de harten van mensen kunnen neigen, zodat er een open oor was voor de verkondiging en dankbaarheid in plaats van stokslagen, zweepslagen, eenzame opsluiting, honger en dorst? Had God dat niet alles kunnen verhoeden? Waarom toch laat hij die golven van geweld toe?

De apostel heeft voor zichzelf daarop een antwoord gevonden. Nee, hij praat dat antwoord niet zomaar een ander aan; het is een zeer persoonlijk antwoord op de vraag naar het waarom. En dat zeer persoonlijke antwoord van de apostel luidt: 'Opdat wij niet op onszelf vertrouwen zouden stellen, maar op God, die de doden opwekt'. De apostel weet hoezeer hij het gevaar loopt op zichzelf te bouwen. Hij zal wel eventjes het evangelie bekend maken aan de heidenen... Hij zal de waarheid aan de man brengen, reken maar! Maar elk hoogmoedig zelfvertrouwen wordt hem steeds weer uit handen geslagen. Het lijkt erop alsof God juist zo mensen het best gebruiken kan: zonder verwachting van zichzelf, enkel en alleen vertrouwend op zijn kracht, die doden doet leven.

Laat Hem besturen, waken,
't is wijsheid wat Hij doet!
Zo zal Hij alles maken,
dat g'u verwond'ren moet,
als Hij, die alle macht heeft,
met wonderbaar beleid
geheel het werk volbracht heeft,
waarom gij thans nog schreit.

gezang 427:5

Heer onze God, als wij door de golven gaan, wekt uw hand ons tot leven. Maak ons zó klein, dat anderen in ons des te beter uw grootheid kunnen zien.

'...boven alle overheid en macht en kracht en heerschappij en alle naam die genoemd wordt niet alleen in deze, maar ook in de toekomende eeuw'. – *Ef. 1:21*

Dat belijdt de kerk van Jezus, de eeuwen door: dat Hij zit aan de rechterhand van de Vader. En in de brief aan de gemeente in Efeze wordt met zoveel woorden gezegd wat dat inhoudt. Jezus is opgewekt uit de dood om als koning te heersen boven alle overheid en macht en kracht en heerschappij en alle naam die genoemd wordt en genoemd worden zal. Hij is de Koning van alle koningen en de Heer van alle heren. Hoogverheven is zijn heerlijke Naam! Hij maakt de golven stil. Hij heeft het woeden van de volken in zijn hand. Hij legt de grote monden het zwijgen op en alle grote namen vallen in het niet vergeleken bij zijn Naam die eenmaal wereldwijd zal klinken.

Nu, dat is hooggestemde taal. Veel is daarvan nu nog niet te zien. De wind wakkert aan en de golven slaan over onze wankele scheepjes. De volken gaan tegen elkaar te keer. Machten en krachten hebben schijnbaar vrij spel. Heerschappijen komen en gaan, koningen, presidenten, dictators, ministers en staatssecretarissen. De wapenwedloop gaat door, vredesbesprekingen stranden. De zee vervuilt, de aarde wordt vergiftigd. Zeker, het is allemaal waar en even afschuwelijk en wee degene die het water van de duivel over Gods aarde laat lopen! Maar – wij weten wat ons wacht! De bemanning van Gods kerke-schip heeft een goede haven voor ogen. Zijn beloften schitteren als bakens in de nacht. Eens zal de wind gaan liggen. Eens maakt Hij de golven stil. Vast en zeker.

Als gij zijt aangekomen
en 't anker vallen laat,
zingt mee het lied der vromen,
hoort hun beproefde raad:
God die de wereld schiep
gaf u de goede rede,
looft Hem die 't water riep
en op de zee kan treden.

psalm 107:14

Eeuwige Vader, als U spreekt zwijgt de wind en worden de golven stil. Spreek dan uw bestraffend woord, roep de wind en het water tot de orde, maak het stil in ons leven, maak het stil op deze aarde – opdat wij leven mogen voor uw aangezicht, in vrede, naar uw woord.

> 'Here, Gij zijt ons een toevlucht geweest van geslacht tot geslacht'. – *Ps. 90:1*

'In leven en in sterven' – dat is het thema van deze week. Daarover gaat het ook in psalm 90, de psalm die door menigeen wordt gelezen of gezongen op de Oudejaarsavond. Het is een psalm over de kortstondigheid van het leven. Een mens is als het gras, 's morgens schiet het op en 's avonds is het al verdord. Zeventig, tachtig jaren, het leven vliegt voorbij.

Dat klinkt allemaal nog al somber en het lijkt alsof je rondloopt op een begraafplaats, wanneer je deze gedachten zo op je af hoort komen. Is dat de bedoeling van deze psalm? Zeker niet. De diepste bedoeling van deze psalm is de aanbidding, de lofprijzing. Want over de schaduw van het menselijk bestaan valt het licht van Gods eeuwigheid. 'Here, Gij zijt ons een toevlucht geweest van geslacht tot geslacht'. Daar begint de psalm mee. En met deze geloofsbelijdenis beginnen wij een nieuwe week.

Het is waar: de dagen vliegen voorbij, het leven is een schaduw. Mensen die je lief zijn worden ziek en sterven. Elke dag is er in de krant weer die pagina met zwartomrande advertenties. Maar heel dat vluchtige, voorbijvliegende bestaan van ons, mensenkinderen, wordt overkoepeld door de trouw van die God die een toevlucht is geweest, een toevlucht voor vaders en moeders, grootouders en overgrootouders, een toevlucht voor al die geslachten die ons zijn voorgegaan. Wel, zou die God ook niet een toevlucht zijn voor ons en voor onze kinderen en voor alle geslachten die na ons nog zullen komen?

> Gij zijt geweest, o Heer, en Gij zult wezen
> de zekerheid van allen die U vrezen.
> Geslachten gaan, geslachten zullen komen:
> wij zijn in uw ontferming opgenomen.
> Wij mogen bouwen op de vaste grond
> van uw beloften en van uw verbond.
>
> *psalm 90:1*

Eeuwig trouwe God, Gij zijt ons een toevlucht geweest van geslacht tot geslacht; van eeuwigheid tot eeuwigheid zijt Gij God. En daarom vertrouwen wij ons leven, ook dat van deze nieuwe week, aan U toe.

5de zondag na 6 januari (Epifanie) – indien deze zondag de 9de zondag voor Pasen is, leze men dáár verder.

 lezen: *Job 14:1-6*

'En op zulk een vestigt Gij nog uw oog'. – *Job 14:3*

Job. Hij heeft alles verloren. Zijn vee, zijn huis, zijn kinderen, zijn gezondheid en eigenlijk ook zijn vrouw – want die geeft hem het advies om God vaarwel te zeggen. Maar wat Job verloren heeft – zijn geloof niet. Dat wil zeggen: Job blijft in gesprek met God. Geloven is niet dat je altijd maar vroom ja en amen zegt. Geloven is soms ook: roepen tot God, schreeuwen en klagen dat je het allemaal niet begrijpt. Geloven is soms: God smeken om een antwoord in het diepste donker van je ziel. Zo vergaat het Job. Job begrijpt helemaal niet waarom hem al die ellende is overkomen. Zijn vrienden menen het heel goed te begrijpen: Job heeft natuurlijk een grote zonde begaan; anders zou hij niet zo bijzonder hard worden gestraft. Maar Job bezweert dat hij trouw is gebleven aan God en zijn geboden. En daarom voert hij een gesprek met zijn vrienden, maar vooral met zijn God. Een twistgesprek, een duel is het, een tweestrijd, een gevecht tussen God en zijn kind.

Wel, tijdens dit gesprek schildert Job het menselijk leven: het is kort van dagen en boordevol onrust. Als een bloem is het, prachtig bloeiend, maar zo weer verdwenen. Als een schaduw is het, die verdwijnt. Job kan er over mee praten. Heeft hij niet al zijn kinderen verloren? Zo is de mens: een stofje, een grasprietje, een ééndagsvlieg. Maar dan zegt Job ook: 'En op zulk een vestigt Gij nog uw oog'. Wat bedoelt hij daarmee? Ik denk dit: Job vraagt zich af waarom God zo'n klein mensenkind nu niet met rust laat. Waarom laat God Job niet gelukkig leven? Maar op die vraag krijgt Job geen antwoord. En als God uiteindelijk Job toch een 'antwoord' geeft, dan wordt voor Job de vraag radicaal omgekeerd: Hoe is het mogelijk dat die grote God nog oog heeft voor mij?

> Aanschouw ik 's nachts het kunstwerk van uw handen,
> de maan, de duizend sterren die daar branden,
> wat is de mens, dat Gij aan hem gedenkt,
> het mensenkind, dat Gij hem aandacht schenkt?
>
> *psalm 8:3*

Grote God, wij worden er stil van – dat U ons kent, ons ziet, uw oog op ons vestigt, dat U ons vasthoudt, zelfs in het diepste dal, daar danken wij U voor. U weet hoe vertwijfeld wij kunnen leven, hoezeer de vragen ons naar de keel grijpen, hoe ziekte en dood, pijn en verdriet de hemel verdonkeren, maar met Christus' ogen kijkt U naar ons en in zijn ogen aanschouwen wij uw liefde.

'Maar indien Ik door de vinger Gods de boze geesten uitdrijf, dan is het Koninkrijk Gods over u gekomen'. – *Luk. 11:20*

Dat is toch wel wat je noemt grof: Jezus drijft boze geesten uit en krijgt dan van omstanders te horen dat Hij dat wel doen zal omdat Hijzelf door een boze geest bezeten is! Beëlzebul, het opperhoofd van de boze geesten, is in Jezus gevaren! Jezus is een bezetene, een duivelskunstenaar!

Maar Jezus laat met een paar woorden de dwaasheid van die redenering zien. Er is iets anders aan de hand. Hier is de vinger van God in het spel. Gods hand jaagt de boze geesten op de vlucht. En reken er maar op, zo bedoelt Jezus te zeggen, dat, wanneer door Gods vinger de boze geesten verdreven worden, het Koninkrijk der hemelen gekomen is.

De vinger van God. Die uitdrukking kom je ook tegen in de geschiedenis van Israël in Egypte. Wanneer de tovenaars van de Farao de plagen zien die over Egypte gaan, moeten ze hun onmacht belijden en zeggen ze: 'Dit is de vinger van God!' Heeft Jezus aan deze woorden gedacht? Ik denk het. Is Hijzelf niet de grote Mozes, de Bevrijder? Hij is gekomen om zijn volk te halen uit het donkere land van de dood, uit een land van boze geesten, verslavende machten en opzwepende beulen. Hij kan het niet aanzien dat mensen worden opgejaagd, voortgedreven door angst en benauwdheid. En zie, nu Hij zijn reddend werk begonnen is, kun je de komst van Gods Koninkrijk al zien! Nog is het donker. Maar de horizon licht op, de dageraad is gekomen.

Zij, die gebonden zaten
in schaduw van de dood,
van God en mens verlaten
begroeten 't morgenrood.

gezang 124:3

Hemelse Vader, uw Koninkrijk komt, in Christus is het al aangebroken. De eerste stralen ervan hebben wij in Hem reeds gezien. Wij danken U voor zijn bevrijdend werk, voor de kracht waarmee Hij ook in onze dagen, boze geesten verjaagt. Kom met uw Geest ook in ons leven en maak ons vrij van alles wat ons belaagt en benauwt, opjaagt en voortdrijft, de duisternis, de dood in. Wij danken U, dat wij in leven en in sterven het eigendom van Christus mogen zijn!

'Want zie: het Koninkrijk Gods is bij u'. – *Luk. 17:21*

Altijd zijn er mensen die graag willen uitrekenen wanneer het Koninkrijk van God komen zal. Jehovah's Getuigen bij voorbeeld zijn daar sterk in. Maar ook in andere kringen wordt druk gerekend en voorspeld. en dat alles terwijl Jezus ons leert: 'Het Koninkrijk Gods komt niet zó, dat het te berekenen is'. Hoe zit dat dan met de komst van dat Koninkrijk? Wel, Jezus zegt daarover een wonderlijk woord: 'Het Koninkrijk Gods is bij u'.

Het Koninkrijk Gods is bij u. Maar natuurlijk: in Jezus zelf is toch het Koninkrijk van God geopenbaard! Je kunt in zijn doen en laten, in zijn bevrijdend handelen en in zijn genezend spreken al de contouren van het Koninkrijk zien. Het Koninkrijk van God, dat ís: Jezus! Hij is de Koning van het Rijk en waar de Koning is, daar is het Koninkrijk present. Zie, het Koninkrijk Gods is bij u!

Zeker, ik weet wel, het Koninkrijk van God is méér dan Jezus alleen. Wat Hij gezaaid heeft, moet nog tot volle ontplooiing komen; het gist is nog verborgen in het meel. Daarom zien we uit, met groot verlangen, naar de dag die komt. Maar in principe is het Koninkrijk van God al bij ons. Ook al is Jezus heengegaan, zijn Geest zorgt ervoor dat we niet als wezen, moederziel alleen achterblijven. Zie, het Koninkrijk Gods is bij u! In leven en in sterven zijn wij omringd door Gods vertroostende aanwezigheid. Niets kan ons scheiden van de liefde van Christus. In Hem is het Rijk al gekomen.

Heer, open ons genadig de ogen
en doe ons door uw Geest
het licht zien en uw naam verhogen,
voor 't oordeel onbevreesd.
Ten troon verheven, ons nabij,
staat Gij ons in de strijd terzij.
Mijn kracht zijt Gij.

gezang 232:4

Barmhartige Vader, wij danken U voor het Rijk dat reeds gekomen is. In leven en in sterven zijn wij in Christus omsloten door uw barmhartigheid. Niet ver van ons is uw Rijk, niet hemelhoog verheven is uw toekomst, maar in ons hart geschreven is uw aanwezigheid.

'Doch, als de Zoon des mensen komt, zal Hij dan het geloof vinden op aarde?' – *Luk. 18:8*

Ja, dat is een boeiende vraag: wat zal de Zoon des mensen op aarde vinden, als Hij komt? Een kapotgebombardeerde aarde? Allerwegen radioactieve straling? Een reddeloos vervuilde oceaan? Wat zal de Messias vinden, als Hij komt?

Jezus vertelt een gelijkenis. Hij vertelt een verhaal om duidelijk te maken dat wij moeten blijven bidden om de doorbraak van de gerechtigheid, om de komst van het Rijk van God. Het is een eenvoudig verhaal. Het gaat over een weduwe die zolang aanhoudt bij een ongelovige rechter, dat hij uiteindelijk de vrouw geeft waar ze recht op heeft. Nu, als een heidense rechter al zo reageert op het aanhoudend gebed van een cliënt, zou de hemelse Vader dan zijn kinderen op aarde eindeloos laten roepen? Nee toch? Spoedig verschaft Hij hun recht! Maar, als de Zoon des mensen komt, zal Hij dan het geloof vinden op aarde?

Zie, dat is de vraag. Zullen er wel roepers zijn, tot het laatste toe? Weduwen en weduwnaars, armen van geest en reinen van hart, bedelaars om recht, roepers om hulp, bidders om het Rijk van God? Zal de kerk er nog wel zijn? Want de kerk, dat is toch de verzameling van roepers, van bidders; de kerk, dat is de gemeenschap van de aanhouders, die winnen zullen! Dat staat ons te doen, in leven en in sterven: te roepen om de openbaring van het récht. Zal de Zoon des mensen zo'n kerk vinden, als Hij komt? Of zal zijn Rijk komen zelfs door muren van ongeloof heen?

Want ook als niemand naar Hem vraagt
noch in zijn dag gelooft,
zijn komst wordt door geen macht vertraagd:
Hij heeft het zelf beloofd.

gezang 63:2

Trouwe God, zo blijven wij roepen, in leven en in sterven, om uw gerechtigheid voor deze wereld. Uw Koninkrijk kome! Uw wil geschiede, gelijk in de hemel alzo ook op de aarde. Wij bidden U om dagelijks brood, voor allen die honger lijden; om vrijheid voor gevangenen, om licht voor blinden. Wij bidden U: Kom, Here Jezus, ja, kom haastig! Uw Rijk alleen maakt alle dingen nieuw.

> 'Niemand onzer leeft voor zichzelf en niemand sterft voor zichzelf; want als wij leven, het is voor de Here en als wij sterven, het is voor de Here'. – *Rom. 14:7, 8*

In de gemeente van Rome zijn de gemeenteleden het er niet over eens of je nu wel of juist niet mag eten van vlees dat aan de afgoden is gewijd. Daarover hebben zij een nog al ingrijpend meningsverschil. De gemeenteleden die van joodse afkomst zijn, denken daar in het algemeen anders over dan hun broeders en zusters die vanuit het heidendom tot geloof zijn gekomen. Bovendien is er een meningsverschil over het al dan niet houden van bepaalde feestdagen. De Joden houden graag vast aan diverse gedenkdagen, terwijl de van-huis-uit-heidense gemeenteleden daar het nut niet van in zien. Wel, met het oog op al deze meningsverschillen schrijft Paulus een brief. Hij heeft een woordje voor de zwakken, die maar moeilijk hun oude gewoonten loslaten, en een woordje voor de sterken, die zich door allerlei tradities niet willen laten leiden. En wat heeft Paulus dan voor een zienswijze? 'Niemand onzer leeft voor zichzelf en niemand sterft voor zichzelf; want als wij leven, het is voor de Here en als wij sterven, het is voor de Here'. Een merkwaardig woord, in dit verband! Je zou verwachten dat de apostel zou zeggen: Ik vind dat die hardlopers een beetje rekening moeten houden met de achteraankomers – of iets dergelijks. Maar nee, niets daarvan, Paulus doet iets anders. Paulus zegt tegen de twee partijen: 'Ieder zij voor zijn eigen besef ten volle overtuigd'. Je behoeft aan elkaar geen verantwoording af te leggen. Verantwoording leg je alleen af aan God. Je bent van Hem. Dat te weten, bemoedigt ons. Maar het roept ons ook des te meer op om te leven en te sterven onder zijn heerschappij.

> Niemand van ons leeft voor zichzelf alleen,
> of sterft zichzelf, wij zijn met Christus één.
> Wanneer wij leven leven wij voor Hem,
> wanneer wij sterven horen wij zijn stem.
> In leven en in sterven weten wij:
> wij zijn geborgen in zijn heerschappij.
>
> *gezang 91:1*

Trouwe Vader, hetzij dan dat wij leven, hetzij wij sterven, wij zijn van U. Vergeef ons dat wij ons dat soms nauwelijks realiseren. Vergeef ons dat wij elkaar nauwlettend en krampachtig naar de ogen zien, elkaar dwarsbomen en bekritiseren. Help ons om zo te leven dat wij ons doen en laten kunnen verantwoorden voor U.

'Gij zijt niet in de duisternis, zodat die dag u als een dief overvallen zou'. – *1 Thess. 5:4*

Jezus komt als een dief in de nacht. Dat is nu niet zo'n aantrekkelijk voorbeeld, dat de apostel hier gebruikt. Is Jezus dan een soort overvaller, een inbreker, een figuur uit de onderwereld? Nee, Jezus komt van de andere kant, Hij komt uit de boven-wereld. Hij is niet de vorst van de duisternis, maar de koning van het licht. Alleen voor hen die slapen in de nacht, zal zijn komst zijn als die van een dief.

Slapen in de nacht. Wie doen dat dan? Dat doen zij die de duisternis verkiezen boven het licht en daarvan niet eens wakker liggen. Slapen in de nacht, dat doen degenen die zonder enig schuldbesef de waarheid verdraaien in een leugen, wit noemen wat zwart is en voor recht verslijten wat zo krom is als een hoepel. Wie zo leeft zal schrikken als Jezus komt.

Maar, zo zegt de apostel, gij zijt niet in de duisternis, zodat die dag u als een dief overvallen zou. Jullie zijn kinderen van het licht en kinderen van de dag! Wij behoren niet toe aan de nacht en de duisternis. Daarom moeten wij ook niet slapen, maar wakker en nuchter zijn. Zie, dat is de taal van het geloof. Wij zijn kinderen van het licht! Zeker, ook wij weten van de duisternis. Wie zijn eigen hart een beetje kent, kan daarover meepraten. Maar toch, een kind van het licht! Hoe dat mogelijk is? Dat is mogelijk dank zij die andere nacht, de nacht om Jezus heen, de nacht in Gethsemané, de nacht op Golgotha. Omdat Hij in de duisternis wilde verkeren, daarom mag ik zijn: een kind van de dag. Wie zo leeft behoeft voor Jezus' komst niet bang te zijn. Wanneer Hij zal komen? Niemand die het weet. Maar als Hij komt, zal Hij voor al Gods kinderen komen: niet als een dief, maar als een bruidegom!

Van die dag kan niemand weten,
maar het woord drijft aan tot spoed,
zouden wij niet haastig eten,
gaandeweg Hem tegemoet,
Jezus Christus, gist'ren, heden,
komt voor eens en komt voor goed!

gezang 300:6

Barmhartige Vader, in het licht van Pasen mogen wij zijn: kinderen van de dag. Help ons om in leven en in sterven Jezus' komst tegemoet te zien, het feestmaal, de eeuwige vreugde.

'Het licht is voor de rechtvaardige gezaaid,
en vreugde voor de oprechten van hart'. – *Ps. 97:6*

Dat zijn prachtige woorden, gekozen uit het slot van de psalm. Ze tintelen van licht en vreugde. Als zaad wordt het licht uitgezaaid, het licht – en de vreugde. God heeft een vriendelijk gezicht!

Ondertussen is over Gods gezicht in diezelfde psalm nog wel iets meer gezegd. Iets anders. Dit: 'Rondom Hem zijn wolken en donkerheid, gerechtigheid en recht zijn de grondslag van zijn troon. Vuur gaat voor zijn aangezicht uit, het zet zijn tegenstanders rondom in vlam'. Dat is andere taal! Zo is God óók. Israël weet ervan mee te praten. Hoorde het niet de donder op de berg Horeb, in de woestijn? Zag het niet de bliksem?

Zeker, zo is God. Voor zijn vijanden is Hij zelfs een verterend vuur. Hij zal het kwade radicaal doen verdwijnen. Hij zal het verbranden, het eens en voorgoed vernietigen. Maar voor de rechtvaardigen is Hij anders. Voor de rechtvaardigen zaait Hij geen vuur, maar licht. Geen vrees, maar vreugde.

Wie dat zijn, die rechtvaardigen? Zijn dat de mensen die geen fouten maken, de heilige boontjes, de super-gelovigen? Nee, geen sprake van! Rechtvaardigen, dat zijn degenen die het kwade haten. Rechtvaardigen, dat zijn degenen die, met vallen en opstaan, zoeken naar Gods Koninkrijk. Rechtvaardigen, dat zijn degenen die er diep van overtuigd zijn dat er maar één Rechtvaardige is: Jezus Christus, onze Heiland.

Gods heil, Gods glorie staat
licht als de dageraad
reeds voor het oog te gloren
van wie Hem toebehoren.
Een vreugde van de Heer
stroomt in hun harten neer.
Gij die rechtvaardig zijt,
weest in de Heer verblijd.
Zijn naam zij lof en eer!

psalm 97:6

Trouwe God, voor dé Rechtvaardige danken wij U: Jezus, de Morgenster die is opgegaan, het Licht der wereld. Hem te zien geeft ons een diepe vreugde. Geef ons uw Geest, opdat wij wandelen zullen achter Hem aan.

6de zondag na 6 januari (Epifanie) – indien deze zondag de 9de zondag voor Pasen is, leze men dáár verder.

'Hij keek toe en zie, de braamstruik stond in brand, maar werd niet verteerd'. – *Ex. 3:2*

Zo is God voor zijn volk: een vuur dat brandt maar niet verteert. Voordat God zijn naam onthult aan Mozes, openbaart Hij zichzelf in dit wonderlijke vuur. Vol van majesteit is zijn verschijning, een ster aan de hemel, een stem in de nacht, een vuur in de woestijn. Zo is Ik-ben-die-Ik-ben, de God van Abraham, Izaäk en Jacob. Kijk goed, Mozes, doe je schoenen van je voeten en kom dichterbij. Hier zie je hoe God is. Een vuur is Hij. Met Hem valt niet te spotten. Stralend in zijn majesteit, ontzagwekkend in zijn gloed, zo is God onder de mensen. In Hem is kracht om te louteren. In Hem is kracht om te vernietigen. Hij kan de volken der aarde maken en breken. Hij is in staat om te planten, maar ook om uit te rukken. Hij is de God van hemel en aarde, de Schepper, de Almachtige. Maar zie, Mozes, het vuur dat deze braamstruik doorgloeit, verteert geen enkel blad, geen enkele tak. Dit vuur spaart, dit vuur bewaart. Dit vuur is slechts ten leven!

Zo is God voor zijn volk, voor Mozes, voor zijn broeders en zusters in Egypte. Nee, niet voor de slavendrijvers, de brute beulen. Van tijd tot tijd doet dit vuur vernietigend werk. Maar voor zijn volk is God een vuur dat wel brandt maar niet verteert. Eerbiedig staat Mozes erbij en eerbiedig dienen ook wij voor Gods aangezicht te verkeren. Wie God vreest, behoeft voor Hem niet bang te zijn.

God is tegenwoordig, God is in ons midden,
laat ons diep in 't stof aanbidden.
God is in ons midden, laat nu alles zwijgen,
alles in ons voor Hem neigen.
Wie de stem heft tot Hem
sla de ogen neder,
geve 't hart Hem weder.

gezang 323:1

Grote God, vol van majesteit bent U, ontzagwekkend verschijnt U onder de mensen. Wij aanbidden U, wij knielen voor U, wij prijzen uw grote naam. U bent als een vuur in deze wereld, als een ster aan een donkere hemel. Wij danken U voor Jezus Christus, wiens licht over ons is opgegaan. Voor zijn eeuwigbrandend vuur prijzen wij U zolang wij leven.

> 'En zijn gedaante veranderde voor hun ogen en zijn gelaat straalde gelijk de zon en zijn klederen werden wit als het licht'. – *Matth. 17:2*

Op de berg van de verheerlijking raken de hemel en de aarde elkaar. Jezus is met drie van zijn discipelen een hoge berg opgegaan, de eenzaamheid in. En daar, op die hoge berg, in die eenzaamheid, daar verandert Jezus. Zijn gelaat straalt als de zon. Zijn klederen worden witter dan sneeuw. Het is een hemels gezicht, vol van licht en majesteit. Hier staat niet meer de arme rabbi van Nazareth. Hier staat een engel, dé engel, de Zoon van God. Hij staat daar niet alleen. Hij wordt geflankeerd door Mozes en Elia. Zij zijn teruggekomen om Jezus te bemoedigen op zijn lijdensweg. Mozes, de Wetgever, en Elia, de Profeet – wet en profeten ondersteunen Jezus op zijn tocht naar Jeruzalem. Hij is in vlees en bloed de vervulling van al Gods geboden en beloften. Hier is de nieuwe Adam, de mens naar Gods beeld en gelijkenis! Stralend gelijk de zon, helder als het licht, zo staat Hij daar, verheerlijkt, in bovenaardse glans.

Wat dit alles ons te zeggen heeft? Dit: Jezus wordt hier overduidelijk van Godswege aangewezen als de Messias. Jezus is niet zo maar een wonderlijke genezer, een opzienbarende prediker, een vrome goochelaar op bruiloften en partijen – nee, niets daarvan, Hij is de hemel op aarde, Hij is Beeld van Gods wezen, Hij is God zelf ten voeten uit. Zeker, dat is en blijft een geheimenis. Wie dit ziet kan alleen maar neervallen in eerbied en verwondering.

> Koning in de hemel, kon ik U maar prijzen,
> U volkomen eer bewijzen.
> Kon ik als een engel eeuwig opgetogen
> naar U zien met eigen ogen.
> Laat mij nu reeds aan U
> alles mogen geven,
> lieve God, mijn leven.
>
> *gezang 323:4*

Hemelse Vader, door de ogen van de discipelen heen hebben wij Hem gezien: Jezus, de Messias, schitterend als een ster, licht als de zon. Voor Hem kunnen wij niet bestaan, tenzij U ons aanraakt en ons vergeeft al wat wij misdeden. Wij danken U dat zijn komst de dag aanduidt, een nieuwe morgen, vol van uw genade.

'Gelooft in het licht, zolang gij het licht hebt, opdat gij kinderen des licht moogt zijn'. – *Joh. 12:36*

Dat zijn woorden die er niet om liegen. Jezus kondigt zijn afscheid aan. Er zal een dag komen waarop het licht niet langer onder de mensen zal zijn. Het licht zal worden gedoofd, de morgenster zal van de hemel worden afgerukt, de zon der gerechtigheid wordt aan de schandpaal genageld. En daarom roept Jezus zijn volk op om te geloven in het licht, zolang het licht er nog is.

Daar komt het ook wat ons betreft op aan. Zeker, je kunt daar overheen praten en preken en zeggen dat het toch Pasen is geworden en dat het licht weer is opgegaan over de wereld en dat het eenmaal in volle heerlijkheid schijnen zal – en dat is dan allemaal nog waar ook... maar toch: 'Gelooft in het licht, zolang gij het licht hebt!' Het licht kan uit je leven verdwijnen. Je kunt het licht zo onder de korenmaat zetten, je kunt het licht zo dimmen, dat het op den duur niet meer te zien is, uitgaat, dooft. We zien dat in onze maatschappij dagelijks gebeuren. Het evangelie wordt naar de marge verdrongen, zozeer tot een randverschijnsel gemaakt, dat we moeten vrezen dat na verloop van niet zo heel veel tijd van dat evangelie helemaal niets meer is te zien. En vandaar die oproep, ook in onze dagen: Gelooft in het licht! Geloof toch dat het evangelie een kracht is in de samenleving van mensen. Geloof toch dat de volstrekte duisternis opdoemt wanneer dit licht niet meer stralen kan. Geloof toch dat alleen in het licht heil bestaat voor de wereld. Geloof het toch en vertrouw u toe aan Hem die het Licht der wereld is!

Komt ons in diepe nacht ter ore:
de morgenster is opgegaan,
een mensenkind voor ons geboren,
'God zal ons redden' is zijn naam.
Opent uw hart, gelooft uw ogen,
vertrouwt u toe aan wat gij ziet:
hoe 't woord van God van alzo hoge
hier menselijk aan ons geschiedt.

gezang 160:1

Trouwe God, heb geduld met ons, laat het licht van de morgenster niet worden verduisterd door ons ongeloof. Breek door onze nacht heen en laat het licht van uw Geest ons geleiden, zodat wij wandelen zullen als kinderen van de dageraad.

'De God, die gesproken heeft: Licht schijne uit het duister, heeft het doen schijnen in onze harten, om ons te verlichten met de kennis der heerlijkheid Gods in het aangezicht van Christus'. – *2 Cor. 4:6*

In het begin van de Bijbel lezen wij over de aarde: de aarde nu was woest en ledig en duisternis lag op de vloed. Woest, leeg en donker – zo lag de aarde er bij. En zo is het ook gesteld met het menselijk hart. Ons hart is woest. Wat huist er niet aan driften en dromen, aan woede en wanhoop. En tegelijkertijd is dat hart zo leeg, zo leeg als een woestijn, zo kaal en onvruchtbaar, zo eindeloos triest en troosteloos. En bovendien is dat woeste, lege hart van ons zo duister. Soms heb je zelf geen zicht op wat er omgaat in je eigen hart. Waarom doe je dit en waarom doe je dat – je begrijpt soms je eigen daden niet. Duister is ons hart, duister en leeg en woest.

Maar zie, in dat duister klinkt een stem: Er zij licht! En er was licht. En zó klinkt nu ook in ons menselijk hart, in de duistere, lege woestheid van het menselijk bestaan, een stem van de andere kant, een stem van Godswege: Er zij licht! En zie, daar ís licht! Een morgenster, een man in een blinkend licht gewaad, de Opgestane, de Mensenzoon van Pasen – Jezus, onze Heiland. In zijn gezicht brandt het licht van Gods heerlijkheid. In zijn ogen glinstert de hemel. Als je wilt weten hoe God is, kun je naar Hem kijken. Als je wilt weten wie de grote strijd tussen dag en nacht winnen zal, kun je gaan naar de tuin met het open graf. Soms twijfel je eraan, soms denk je nog steeds: mijn hart is woest en leeg en donker. Maar geloof het evangelie: de woestijn van mijn bestaan zal bloeien als een roos!

Christus, met eer gekroonde,
Zoon Gods in eeuwigheid,
die bij en in God woonde
en uitging in de tijd,
Gij zijt de morgensterre
die opging van zeer verre,
uw licht straalt wijd en zijd.

gezang 158:1

Barmhartige Vader, voor Jezus danken wij U, voor de morgenster, voor het licht in ons duister bestaan. Met Hem is het niet donker meer. Met Hem is er al iets van de nieuwe aarde te ontwaren. Met Hem is uw toekomst aanstaande, een eeuwig nieuw begin.

'En gij doet wél, er acht op te geven als op een lamp, die schijnt in een duistere plaats, totdat de dag aanbreekt en de morgenster opgaat in uw harten'. – *2 Petr. 1:19*

Over het woord van God zegt de apostel in zijn brief twee dingen. Allereerst: je moet niet denken dat ik het verzonnen heb. Wij zijn er bij geweest, wij zijn ooggetuigen geweest van Christus' majesteit. Met Hem waren wij op de berg, toen Mozes en Elia Hem verschenen. Wij hebben met eigen ogen gezien hoe Hij daar stond, blinkend van licht. Wij hebben met eigen oren gehoord: een stem uit de hemel, de stem van God zelf. Voor ons is er geen twijfel mogelijk – deze Jezus is de Zoon van God!

Het tweede dat de apostel wil zeggen is dit: je doet er goed aan dit woord van God serieus te nemen in je leven. Je moet het beschouwen als een lamp in een duistere plaats. Daar kun je gerust de wereld mee vergelijken, de wereld van toen en de wereld van nu: een duistere plaats. Er gebeurt zoveel dat het daglicht niet kan verdragen, er gebeurt zoveel in het geheim, in het geniep. Maar volg nu maar het licht van Jezus Christus, volg Hem nu maar, die het Licht der wereld is! Zijn woord is een lamp in een donkere nacht. En reken er dan maar op, dat je dank zij deze lamp niet in een ravijn zult storten, waar je tegen de rotsen te pletter slaat. Dank zij het licht van het evangelie verdwaal je niet in de duisternis, maar zul je uiteindelijk de morgenster aan de hemel zien; je zult het licht zien dagen: de grote dag van Christus' wederkomst!

Hoe helder staat de morgenster,
en straalt mij tegen van zo ver,
de luister van mijn leven.
Kom tot mij, zoon van David, kom,
mijn Koning en mijn Bruidegom,
mijn hart wil ik U geven.
Lieflijk, vriendlijk,
schoon en heerlijk, zo begeerlijk,
mild in 't geven,
stralend, vorstelijk verheven.

gezang 157:1

O God, uw woord is als een lamp voor onze voet, een licht op ons pad. Wij zien het licht van de morgenster, wij zien de dageraad gloren. Kom, Here Jezus, kom haastig! Laat heel de aarde vol zijn van uw heerlijkheid.

'En zijn aanzien was gelijk de zon schijnt in haar kracht'. – *Openb. 1:16*

Johannes ziet Jezus. De oude apostel is verbannen naar het eiland Patmos. De gemeente van Christus wordt vervolgd. Johannes wordt zelfs gedeporteerd. De kerk beleeft donkere tijden. Maar midden in die duisternis schijnt op het eiland Patmos hemels licht. Johannes ziet een visioen. Hij ziet Jezus. Op de eerste dag der week hoort hij achter zich een luide stem. En als hij zich dan omkeert, ziet Johannes een indrukwekkend schouwspel. Zeven kandelaren. En tussen die zeven kandelaren: de Zoon des mensen in een majesteitelijke gedaante. Zo overweldigend is de aanblik, dat Johannes als dood voor zijn voeten valt. Geen wonder: Jezus' ogen zijn als een vuurvlam; zijn voeten zijn als gloeiend koper, zijn stem klinkt als het geluid van vele wateren. Het is alsof je de zon zelf recht in het gezicht ziet, zo stralend is Christus' gezicht!

Is dat nu Jezus? Ja, zo is Jezus ook. Hij is niet alleen de eenvoudige rabbi van Nazareth. Hij is ook de Koning van alle koningen, de Keizer van alle keizers. Ontzagwekkend is zijn heerlijkheid. Niet aan de keizer van Rome, maar aan Hem is alle macht, in hemel en op aarde. Zo ziet Johannes Hem: als de Overwinnaar, de Triomfator. De gemeente van Christus behoeft niet bang te zijn. In het duister van de tijden straalt het licht van Jezus Christus, als een ster, als de zon zelf. Keizers en koningen zullen als sterren van de hemel vallen. Deze Morgenster alleen, deze Zon der gerechtigheid, zal zegevieren! Met dat visioen voor ogen vat Johannes nieuwe moed. En Johannes is waarlijk niet de enige.

Christus, stille vaste ster,
o Gij licht der lichten,
waarnaar wij van her en der
onze schreden richten, –
geef ons moed;
't is ons goed
U te zien, Getrouwe,
uw hoog rijk te aanschouwen.

gezang 483:4

Trouwe Vader, uw Koninkrijk komt. Dat geloven wij en daarom houden wij goede moed, hoe donker het moge zijn op aarde. Voor Jezus danken wij U. Zijn ster is opgegaan, zijn licht schijnt als de zon. Wij bidden voor al uw verdrukte kinderen: dat zij in uw licht zullen wandelen en moed vatten tot uw Rijk gekomen is.

'De Here bewaart de getrouwen,
maar ruimschoots vergeldt Hij de trotsen'. – *Ps. 31:24*

Daarin gelooft de dichter van deze Psalm vast en zeker: dat God zijn tegenstanders een kopje kleiner zal maken. 'De Here bewaart de getrouwen, maar ruimschoots vergeldt Hij de trotsen'.

Ondertussen zegt de dichter niet: Ziezo, ik geloof in God, mij kan niets gebeuren. God zal voor mij zorgen en reken er maar op dat ik er zodoende zonder kleerscheuren vanaf kom...! Nee, dat hoor je de man die deze psalm geschreven heeft, niet zeggen. Integendeel. Hij vertelt heel eerlijk van de ellende die over hem gekomen is. Hij voelt zich alleen, hij voelt zich vergeten, door de mensen verlaten. Zijn buren lijken met de noorderzon vertrokken. Van zijn vrienden hoort hij niets meer. Ze beschouwen hem als een dode. Het lijkt erop dat niemand met hem nog iets te maken wil hebben.

Dergelijke dingen kunnen je gebeuren, ook al geloof je rotsvast in God. Maar ondanks alle ellende blijft er toch één lichtpunt: God vergeet hem niet. Daar is de dichter van overtuigd. De Here bewaart de getrouwen. God zelf zal zijn vijanden geven wat ze verdienen. Eens komt de dag waarop God met hen zal afrekenen. Daar behoeft hij zélf niet voor te zorgen. Dat kun je gerust aan God overlaten. Eens keert Hij de rollen om! En intussen bewaart deze God de getrouwen, degenen die, ondanks alles, zich vastklampen aan Hem. Zie, dat is de taal van het vertrouwen. Wie met God leeft, gelooft niet dat de hemel altijd zonder wolken is. Maar wel dat eenmaal de rollen worden omgedraaid. Wie nakomt, gaat voorop!

God slaat de trotsen die Hem griefden,
maar steunt met raad en daad
wie zich op Hem verlaat.
Hoopt op de Heer, gij zijn geliefden,
houdt moed, blijft Hem verwachten,
Hij schenkt u nieuwe krachten.

psalm 31:19

Trouwe God, in uw handen bevelen wij onze geest. Hoe groot is het goed dat Gij hebt weggelegd voor wie U vrezen. U bewaart het leven van wie U liefhebben, het is veilig bij U.

9de zondag voor Pasen – indien het voorafgaande gelezen werd in het najaar, leze men vanaf vandaag verder bij de laatste zondag van het kerkelijk jaar.

'Wie roemen wil, roeme hierin, dat hij verstand heeft en Mij kent'. –*Jer. 9:24*

Er wordt wat afgeroemd in de dagen van de profeet Jeremia! Het volk is zo wijs, het volk is zo sterk, het volk is zo rijk... Als je alle verhalen zou moeten geloven, dan zou Israël het beste volk ter wereld zijn!

In de naam van zijn God prikt de profeet met uitgestoken vinger de ballon van Israëls hoogmoed door. Ontrouw en onrecht, leugen en bedrog, dat is schering en inslag in de straten van Jeruzalem. Er is geen enkele reden tot zelfgenoegzaamheid en tevredenheid. Integendeel: Israël zou zich moeten schamen! In die situatie klinkt het advies: 'Wie roemen wil, roeme hierin, dat hij verstand heeft en Mij kent'. Met andere woorden: houdt nu maar op zo te pochen, houdt nu maar op je op de borst te kloppen; zorg er maar eens voor dat je Mij, de levende God, werkelijk kent!

Het is met ons niet anders dan met het volk Israël. Ook wij scheppen graag behoorlijk op, over het geld dat wij bijeenbrengen voor de zending, over onze aandacht voor het werelddiakonaat, over zoveel kerkgangers, veel meer nog dan in menige andere gemeente. En intussen gaan we voorbij aan het onrecht in onze eigen samenleving, aan de ontrouw in ons eigen hart. Het lijkt allemaal zo heel mooi, die kerkelijke buitenkant. Maar is de binnenkant niet door-en-door verrot? Als je nu werkelijk opscheppen wilt, zorg er dan maar voor dat je inzicht krijgt in Gods diepste bedoelingen met zijn kerk en met zijn wereld. Niet of je wel gedoopt bent, maar of je werkelijk als een gedoopte lééft – daar gaat het om.

Voor God is alle kracht van paarden
en macht van mensen zonder waarde.
Het snoeven van wie wapens dragen
is niet naar 's Heren welbehagen.
Zijn welbehagen zal slechts wezen
met allen die Hem needrig vrezen,
die met hun harten voor Hem open
op zijn genade en liefde hopen.

psalm 147:4

Vergeef ons, o God, dat ook wij soms zo hoogmoedig zijn en onszelf voorop stellen. Maak ons ootmoedig en nederig van hart en leer ons om U te kennen, zoals U bent: goedertieren en rechtvaardig.

'Ik ben niet gekomen om rechtvaardigen te roepen, maar zondaars'. – *Matth. 9:13*

Het is een schande, een ongehoord schandaal! Daar ligt me die Jezus samen met een stelletje tollenaren en andere zondaren aan tafel. Ze liggen daar gewoonweg met elkaar te eten en te drinken alsof er geen enkel onderscheid bestaat: Jezus, zijn discipelen en dat geboefte, die raddraaiers. Wat is me dat voor een rabbi? Ergerniswekkend, zo iets!

Ik ben bang dat wij net zo zouden reageren, wanneer onze 'rabbi's' iets dergelijks zouden doen. Stel je voor: de dominee die met zijn ouderlingen dineert bij een stel criminelen of NSB-ers. De kranten zouden er vol van staan en de kerkeraad zou op het matje moeten komen bij de een of andere commissie voor opzicht en tucht. Eten met zondaren, je zo intiem inlaten met mensen in de marge van de maatschappij, dat kan niet, dat is een doorn in het oog van de keurige kerkmens.

Nu, dat kan allemaal wel zo wezen, maar Jezus heeft daar geen boodschap aan. Jezus heeft juist een boodschap aan zulke ontspoorden. Volg Mij! Alleen op mijn weg ben je gelukkig, alleen achter Mij aan vind je waar je zo hartstochtelijk naar zoekt: vrede en intense vreugde. Dat moeten de hoge heren van de kerk goed weten: 'Ik ben niet gekomen om rechtvaardigen te roepen, maar zondaars'. Farizeeërs tot bekering roepen, dat heeft toch geen zin. Je kunt je tijd wel beter gebruiken. Alleen wie zich ziek voelt, ziek van ellende, die doet de deur voor de dokter open.

Komt gij allen, komt tot Hem.
Weest niet meer bedroefd, verslagen.
Jezus roept u, hoort zijn stem,
kind'ren van zijn welbehagen,
allen moogt gij tot Hem gaan,
Jezus neemt de zondaars aan.

gezang 436:4

Trouwe Vader, help ons om zo kerk te zijn, midden in deze wereld. Open ons de ogen voor mensen die U nodig hebben, juist vanwege hun ellendig bestaan. Ga ons niet voorbij, vergeef ons onze hoogmoed en roep ook ons aan uw bruiloftsmaal.

'Ik wil deze laatste hetzelfde geven als u'. –
Matth. 20:14

Dat is toch wel hard: je zult maar de hele dag gewerkt hebben, geploeterd hebben in de middagzon, en dan moet je meemaken dat een arbeider die te elfder ure pas begonnen is, net zoveel krijgt als jij. Dat is toch hoogst onrechtvaardig, onredelijk, gemeen! Niet dat er iets te klagen is, want jij krijgt weliswaar een afgesproken dagloon, maar dat nu die ander ook een compleet dagloon krijgt, het volle pond – terwijl hij daar bijna niets voor gepresteerd heeft, dat is onaanvaardbaar!

Jezus vertelt het verhaal van de arbeiders in de wijngaard aan zijn discipelen, omdat ze zojuist een hele discussie hebben opgezet over de vraag wat hun loon wel zal zijn voor het volgen van Jezus. Vele malen zullen ze terug ontvangen wat ze prijsgegeven hebben en bovendien krijgen ze nog het eeuwige leven. Dat is niet niks! Zo royaal is hun Heer! Maar: 'vele eersten zullen de laatsten zijn en vele laatsten de eersten'. Met die woorden geeft Jezus een inleiding tot het verhaal van de arbeiders in de wijngaard. De discipelen moeten nu niet denken dat zij per definitie vooraan zullen staan in het Koninkrijk der hemelen. Wellicht zijn er anderen die hoger staan op de eretribune: laatsten die eersten worden. Wie nakomt gaat voorop. Zo gaat dat nu eenmaal bij God. Mensen van het elfde uur krijgen het volle pond. Het kan zijn dat je je leven lang God hebt gediend en je het nodige hebt ontzegd om trouw te blijven aan zijn geboden. Maar kijk niet vreemd op, wanneer er vlak voor de hemelpoort nog net vóór je een dief, een moordenaar, een hoer, een dronkaard binnen wordt gehaald, met vlag en wimpel. Genade is niet uit te meten. Gods liefde kent geen loonlijst.

De eersten zijn de laatsten,
wie nakomt gaat voorop!
Kiest dan de goede plaatsen
en geeft uw hart aan God.

gezang 428:8

Barmhartige Vader, wij zijn soms zo jaloers op elkaar en gunnen elkaar nog niet het licht in de ogen. Vergeef ons dat we onszelf al gauw goede werknemers vinden in uw dienst en anderen minder en lager achten. Wij danken U voor wat U ons hebt toegezegd: alles, het eeuwige leven. Geef ons een ruim hart, om wat wij ontvangen ook te gunnen aan een ander, die het net zomin verdient.

'Wij hebben slechts gedaan wat wij moesten doen'. – *Luk. 17:10*

Een christenmens moet niet al te veel verbeelding hebben. Liever nog: helemaal geen verbeelding. Wie 'Heer' zegt tegen Christus, verklaart daarmee zelf niet meer dan een slaaf te zijn. Dienstknechten van God, dat zijn we. Boodschappenjongens en dienstmeisjes. Je moet niet verwachten dat God ons overlaadt met dankwoorden en andere tekenen van genegenheid, zodra wij weer een karweitje hebben opgeknapt. Je moet niet verwachten dat God ons aan tafel nodigt, zodra we van ons werk op het land thuis komen. Integendeel: het behoort bij ons werk om de tafel in gereedheid te brengen en om Gód uit te nodigen: Heer, kom, want alles is gereed – voor U!

Dat is wat je noemt: de omgekeerde wereld. Wie nakomt gaat voorop. Hoevaak komt God bij ons niet achterop! Hoevaak lopen wij een paar stappen voor Hem uit en denken wij dat Hij alles voor ons maar moet regelen. Maar zo is het niet. Wij zijn juist aangesteld om alles voor Hém te regelen. En aan het eind van het lied moeten wij niet verwachten dat Hij op zijn knieën valt voor ons. Geen sprake van. Hij verwacht dat wij ons werk doen en dan eenvoudig zeggen: Heer, wij hebben slechts gedaan wat wij moesten doen.

Dit woord van Jezus zet ons met twee benen op onze plaats. Slaven zijn we. Meer niet. Een mens moet zich niets verbeelden. Al wat wij doen, doen wij in zijn dienst. Al wat wij doen, doen wij om Hem te dienen. Dat te weten maakt ons ootmoedig en tegelijk onafhankelijk van de waardering van mensen. We zijn slaven. Maar je zult maar een slaaf zijn van zo'n genadige Heer!

God roept ons, broeders, tot de daad,
zijn werk wacht, treedt dan aan
en weest gereed om elke weg
die Hij u wijst, te gaan.
Wij weten dat, wat komen mag,
toch hij slechts wint die waagt,
en wie zichzelve geven wil
door 't donker vlammen draagt.

gezang 474:1

Heer, onze God, help ons te proberen U niet voor de voeten te lopen, maar U te volgen, zoals dienstknechten doen. Niet om er zelf beter van te worden, maar alleen om U te dienen willen wij doen wat U ons te doen geeft, vandaag en morgen, ons leven lang.

donderdag

'Hij ontfermt Zich dus over wie Hij wil en Hij verhardt wie Hij wil'. – *Rom. 9:18*

Dat is een moeilijk woord voor wie God alleen wil zien als een altijd-lieve-Heer. De waarheid moet worden gezegd: op menige bladzijde van de bijbel wordt God helemaal niet als een lieve-Heer afgeschilderd. Dat wil zeggen: aan zijn liefde is een grens. God laat niet met Zich spotten. Hij gaat een heel eind met ons mee, zeer geduldig en lankmoedig is Hij. Maar het houdt een keer op. Er kan een moment komen waarop God zijn zachtmoedigheid verliest en zijn tegenstander verhardt. Dat zie je bij voorbeeld bij de Farao in Egypte. Keer op keer krijgt hij de opdracht om Gods volk te laten gaan. Maar de Farao piekert er niet over. En als hij al even zwicht voor Gods straffende overmacht, dan is dat maar voor korte tijd. Steeds weer trekt hij zijn toestemming in. Wie is daarvan de dupe? Israël, geplaagd door de harde hand van Egypte's beulen. En dat kan God niet langer aanzien! Eén weg blijft open: die van de verharding. Nu moeten de standpunten op de spits worden gedreven. Keihard staan ze tegenover elkaar: Mozes en de Farao. Ja en nee. Gods wil en menselijke brutaliteit.

Zo is God. Hij ontfermt Zich dus over wie Hij wil en Hij verhardt wie Hij wil. Allemaal lopen wij die kans: verhard te worden. Vanwege onze eigenzinnigheid. Niet omdat God al lang heeft vastgelegd wie wel en wie niet in de hemel mogen komen, maar omdat Hij zijn kinderen niet de dupe wil laten worden van menselijke beestachtigheid. Wie zijn naaste dwingt stenen te bakken voor zijn eigen paleis, moet niet vreemd opkijken wanneer ook het eigen hart na enige tijd versteend blijkt te zijn. Alleen de armen en de geringen, die ervaren Gods ontferming en zijn lankmoedigheid.

Ik arme en geringe,
hoe zou ik voor uw troon
U lof en dank toezingen?
Gij zijt zo groot, zo schoon.
Maar omdat Gij mijn leven
duldt voor uw aangezicht,
mag ik, o Heer, u geven
de weerglans van uw licht.

gezang 20:7

Rechtvaardige God, geef Israël, geef ons, uw kerk, niet over aan verharding, aan verstening, aan de verstijving van de dood. Heb geduld met ons, wek ons tot een nieuw leven, tot dankbaarheid en gehoorzaamheid, opdat de wereld U zal prijzen.

'Ik tuchtig mijn lichaam en houd het in bedwang, om niet, na anderen gepredikt te hebben, wellicht zelf afgewezen te worden'. – *1 Cor. 9:27*

Dat zou inderdaad verschrikkelijk zijn: afgewezen te worden door God, terwijl je je leven lang het evangelie hebt verkondigd. Daar moet je als apostel, als prediker, als actief-gemeentelid toch niet aan denken. Of juist wel... want we lopen dat gevaar, blijkbaar. Eersten worden laatsten. Wie nakomt gaat voorop. Ook al loop je het vuur uit je sloffen voor God, het is nog maar de vraag of je ooit een plekje krijgt op het erepodium. Reken er maar niet al te vast op!

Paulus zet in elk geval alles op alles om de prijs niet te missen. Hij vergelijkt zichzelf met een renner in de renbaan. Eén kan er maar de prijs winnen, dus je loopt alsof je leven ervan afhangt. En als je dan als eerste wilt finishen, ja, dan moet je wel goed getraind zijn. En wie goed traint, ontzegt zich het een en ander. Je kunt niet vooraan in de rij staan wanneer het gaat om eten en drinken en vrolijk zijn tot in de kleine uurtjes en er dan tegelijkertijd op rekenen dat je vooraan zult staan in de rij van de atleten. Het is kiezen of delen, het een of het ander. Natuurlijk, je mag best eten en drinken en vrolijk zijn, maar met mate, beperkt. Je moet je laten begrenzen door de regels die daarvoor zijn. Zo is het in de sportwereld en in het Koninkrijk van God is het al niet anders. Heel het leven met Christus is een gevecht, een worsteling, een strijd tegen verslavende machten. Nee, je behoeft warempel geen kluizenaar te worden, geen magere woestijnheilige – maar wie de prijs niet wil missen, doet er wel goed aan om zijn lichaam in bedwang te houden en zijn geest niet minder. Zeker, wie zo leeft, zal in de ogen der mensen achterop raken en op den duur misschien zelfs niet eens meer meetellen. Maar wat zou dat? Wie nakomt gaat voorop...

Het leven is: geen vrede alhier,
geen wapenstilstand vragen.
Het leven is: de kruisbanier
tot in Gods handen dragen.

gezang 469:3

Barmhartige God, sterk ons in deze strijd, in dit gevecht om uw banier hoog te houden voor de mensen. Bewaar ons ervoor dat we anderen de weg wijzen en zelf die weg niet gaan. Vervul ons met uw Geest, opdat wij meer dan overwinnaars zijn, door Hem die ons heeft liefgehad.

'Aan alles, hoe volkomen ook, heb ik een einde gezien,
maar uw gebod is onbegrensd'. – *Ps. 119:96*

Het is met Gods geboden precies zoals met zaadkorrels: ze worden uitgestrooid, lange tijd zie je er niets meer van en misschien twijfel je er zelfs aan of het zin heeft gehad ze uit te strooien, maar dan, opeens, dan komen ze op, dan groeien ze met vaart en dragen goede vrucht.

Psalm 119 is een loflied op Gods goede geboden. De psalm staat er vol van, het is één lang lied over de Thora, over de regels van Gods wijsheid. De dichter van de psalm heeft ontdekt dat alles beperkt is, dat alles z'n grenzen heeft. Alles – behalve Gods gebod; dat is onbegrensd, dat laat zich door niemand tegenhouden. Het is ermee als met het zaad: dat ziet kans om dwars door struiken en langs stenen heen op te komen, aangetrokken door het zonlicht. Talloze regels van mensen komen op en verdwijnen ook weer; ze zijn beperkt en aan hun tijd gebonden. Maar met Gods gebod is dat anders. Gods geboden zijn goed voor alle tijden en voor alle plaatsen en je moet dan ook wel weten wat je doet wanneer je die geboden in de wind slaat en ze voor achterhaald en ouderwets verklaart! 'Aan alles, hoe volkomen ook, heb ik een einde gezien, maar uw gebod is onbegrensd'.

Vandaag is het zondag. Wereldwijd komen Gods kinderen samen om hun leven aan te bieden als een akker. Het zaad wordt gestrooid, de woorden van eeuwig leven vallen in harten van mensen. Hoeveel woorden worden er niet gesproken die de volgende dag al weer vergeten zijn, omdat ze geen waarde hebben! Het woord van onze God, dat blijft, de eeuwen door. Het Koninkrijk, waarin geloof, hoop en liefde worden uitgezaaid, dát Koninkrijk kent geen grenzen.

Ik ben de uwe, Heer, uw bondgenoot,
verlos mij toch, ik leef naar uw besluiten.
De goddelozen haken naar mijn dood,
maar uw verbondstrouw zal hun opzet stuiten.
Aan alles komt een eind, hoe schoon, hoe groot,
maar, Heer, uw wet gaat elke grens te buiten.

psalm 119:36

Trouwe God, zaai ook in ons opnieuw het zaad van uw geboden en beloften. Zaai het vandaag, zo wijd de wereld is. Beperkt is ons doen en denken, maar uw woord gaat zelfs door de grens van onze onmacht heen – en daarvoor danken we U, met alles wat in ons is.

'Zoals de regen en de sneeuw van de hemel neerdaalt en daarheen niet wederkeert, maar doorvochtigt eerst de aarde en maakt haar vruchtbaar en doet haar uitspruiten en geeft zaad aan de zaaier en brood aan de eter, zo zal mijn woord, dat uit mijn mond uitgaat, ook zijn'. – *Jes. 55:10, 11*

Gods woord doet altijd wat, het heeft altijd een bepaalde uitwerking. Het is ermee als met de regen en de sneeuw. Wanneer die eenmaal gevallen zijn, keren ze nooit onverrichter zake weer naar de hemel terug. De regen en de gesmolten sneeuw maken de aarde vochtig. En dat vocht kan de aarde goed gebruiken in het voorjaar; zo kan het zaad ontkiemen en groeien om goede vrucht te dragen.

Op deze manier wordt het volk Israël eraan herinnerd dat God niet voor niets zijn woord gegeven heeft. Het wordt opgeroepen tot omkeer, tot een radicale bekering. Dán zal Gods vergeving niet uitblijven. Sterker nog: dan zal God een weg maken door de woestijn, een terugweg, een weg van verzoening, een weg naar een nieuw begin. En in dat geval mag Israël erop rekenen dat ook werkelijk zal gebeuren wat God zegt! Als de regen en de sneeuw, zo zal Gods woord zijn. Het zal effect hebben, het zal niet in het luchtledige blijven hangen, maar vrucht dragen. Er zullen cypressen en mirten groeien in plaats van distels en doornstruiken. De aarde wordt weer paradijs!

Dat alles mogen wij van Gods woord verwachten. Langzaam maar zeker zal het ons hart beïnvloeden. Langzaam maar zeker zal het de aarde week maken, de wereld doortrekken als een levenwekkend vocht. Gezegend degene die daarnaar verlangt en daar hartstochtelijk om bidt.

O Gij die wilt ontmoeten
wie vragen naar uw wil,
zie hoe wij aan uw voeten
zitten en luist'ren stil.
Geef dat tot U, o Heer,
't woord van uw welbehagen
niet ledig wederkeer',
maar dat het vrucht mag dragen,
uw grote naam ter eer.

gezang 326:5

Barmhartige Vader, wij kunnen alleen maar wachten, hopen, bidden, ons keren tot U. Kom zelf met uw Geest en maak ons leven week, zaai uw liefde in ons hart en maak deze aarde tot uw woning.

'En het zaad komt op en groeit, zonder dat hij zelf weet hoe'. – *Mark. 4:27*

Wie is die slapende zaaier, waarover Jezus spreekt in deze gelijkenis? Het Koninkrijk van God lijkt op een mens die zaad zaait in zijn akker, slaapt en opstaat, wacht en wacht en eigenlijk niet eens precies weet hoe dat zaad ontkiemt, opkomt en vrucht draagt. Is die zaaier de discipel, de apostel, de evangelist? Bent u het? Ben ik het? Zaaien wij het zaad van het evangelie rond op de wereldakker, niet wetend hoe het ontkiemen zal en vrucht dragen?

Zeker, zaaiers, dat zijn wij. En je weet soms niet hoe een woord, dat je spreekt in Jezus' naam, opkomt en veel later vrucht draagt. Een christenmens moet zich niet al te veel verbeelden en zich aanpraten dat hij altijd maar bezig moet zijn. Een zaaier doet niet veel meer dan zaaien. De wacht-tijd is veel en veel langer dan de zaaitijd. Ongeduld belemmert de kiemkracht. Stel je voor dat je elk moment in de aarde zou gaan onderzoeken of er met het zaad al iets gebeurt...

Toch vraag ik me af of er met die zaaier niet een ander wordt bedoeld. God. Is Hij niet de grote zaaier, die zijn mensen uitzaait als zaad in de wereldakker? Hij zaait ons, Hij zaait zijn woord. En verder? God wacht. God slaapt. Slaapt God? Als ik naar Jezus kijk, kan ik dat geloven. Sliep Hij niet in de storm? Zo is God. Hij heeft de tijd. Hij wacht totdat de tijd daar is en de oogst rijp. God heeft geen haast. Hij wacht totdat zijn woord het werk heeft gedaan. Hij wacht totdat heel de aarde doortrokken is van zijn Koninkrijk. Ziedaar het geheim van het zaad. Gods werk gaat door, ook al lijkt het erop dat Hij zelf ligt te slapen.

Het graan slaapt in de aarde
en 't hemels koninkrijk,
verborgen in de wereld,
is aan het graan gelijk.

gezang 65:1

Trouwe God, soms lijkt het erop dat alles ligt te slapen: U zelf, uw werk in de wereld, uw kinderen en heel uw Koninkrijk. Help ons om te blijven geloven dat die slaap is als de slaap van het zaad: boordevol kiemkracht, een en al verwachting van leven. Laat de tijd van de oogst nu spoedig komen, o God en geef ons uw Geest om daarvoor gereed te zijn.

'Een zaaier ging uit om zijn zaad te zaaien'. – *Luk. 8:5*

Je ziet hem gaan, de zaaier. Hij zaait 'zo wijd als de wind'. Hij is niet kieskeurig, deze zaaier. Hij zaait met brede gebaren, links en rechts en overal. Kwistig is hij, royaal. Op de weg langs de akker, op de rotsen, tussen de dorens, overal komt het zaad terecht.

Zo is God. Wereldwijd zaait Hij zijn woord. Wereldwijd zaait Hij zijn mensen. Naar alle uithoeken worden ze gestrooid, uitgezaaid. Tussen de bergen, op de eilanden, in ons eigen kleine landje aan de zee, overal is het zaad terechtgekomen. De vraag is alleen: zijn wij goede grond, zijn wij moedergrond? Kan het zaad in ons leven opgroeien totdat het wordt geboren als een goede vrucht? Of valt het op platgetreden paden? Valt het dood op onze vooroordelen, op onze uitgewoonde tradities? Valt het op de rotsen misschien, op de keiharde, bikkelharde realiteit van onze business? Valt het tussen de dorens, tussen de verstikkende bedrijvigheid van elke dag, tussen de wirwar van onze vergaderingen en conferenties, cursussen en campagnes?

Een zaaier ging uit om zijn zaad te zaaien. Nee, aan God ligt het niet. Je kunt Hem niet verwijten dat Hij karig is. Het ligt aan óns, wanneer het zaad niet tot ontplooiing komt. Het ligt aan óns, wanneer het christelijk geloof geen zoden aan de dijk zet, kaal en schriel blijft, dor en doods. Het ligt niet aan het zaad. Het ligt aan de aarde, aan die zwarte aarde, die maar geen moedergrond wil zijn. Wij zijn liever vader-land, stug en stijf, mannelijk hard, onbuigzaam, niet open voor wat van boven, van elders komt. Wij willen wel geven, maar niet eerst ontvangen. Wij willen wel spreken, maar niet eerst luisteren.

Een zaaier ging uit om zijn zaad te zaaien. Misschien moet eerst het kruis als een ploeg door onze akker gaan, voordat de grote Zaaier ons gebruiken kan – als moedergrond.

O Zaaier, ga uit om te zaaien
de kiem waaruit leven ontstond,
zo wijd als de winden waaien
en maak ons tot moedergrond!

gezang 54:6

Grote God, wij bidden U: reinig ons hart, zuiver onze gedachten, maak ons open, ontvankelijk om uw woord waarachtig te verstaan. Maak ons tot goede aarde, waarin uw zaad ontkiemen kan.

'En de Here opende haar hart, zodat zij aandacht schonk aan wat door Paulus gezegd werd'. –
Hand. 16:14

Het geloof is en blijft een Gods-wonder. Je zou als prediker willen dat je mensen het geloof géven kon, dat je zelf harten kon openbreken. Maar daar is in Gods Koninkrijk geen sprake van. Zaaien – dat kun je. Meer niet. Tot die ontdekking kwam ook Paulus. Hij ziet in Klein-Azië een visioen: een man in Europa, in Macedonië, in Griekenland. Die man roept en Paulus gaat. En dan is daar in de stad Filippi een vrouw, een verkoopster van purperen stoffen, die tot geloof komt. 'De Heer opende haar hart'. Zo wordt haar bekering beschreven. Er staat niet: En toen besloot die vrouw om christen te worden. Er staat ook niet: En toen opende Lydia haar hart voor God. Niets daarvan. Het staat er bij wijze van een Godswonder. God zelf komt er aan te pas. God zelf grijpt in, klopt en opent de deur van Lydia's hart.

Nu betekent dit natuurlijk niet dat een mens maar moet afwachten of God misschien ooit eens de deur van zijn hart zal openen. Nergens in de boeken van de bijbel worden wij uitgenodigd om niets te doen. Aandachtig luisteren, horen, anders denken, anders leven, je overgeven aan God in gehoorzaamheid en vertrouwen – dat is de boodschap. Maar dat alles is en blijft tegelijkertijd een werk van God. Híj opent onze oren, Híj opent ons hart, Híj geeft ons gehoorzaamheid en Híj geeft ons dat vertrouwen. Je kunt nooit zeggen: Kijk mij eens, heb ik niet keurig mijn hart geopend voor de Heer? Nee, wie beleeft wat Lydia beleefde, wordt stil van verwondering. De Geest van Christus, die opent onze harten, die bevochtigt de bikkelharde aarde van ons versteend bestaan. De Geest, die maakt ons tot moedergrond: een vruchtbare akker. Dat moeten alle zendelingen weten. Je mag zaaien, meer niet. Het wachten is op de engelen, want díe zullen maaien: de vrucht van de Geest.

Geef geloof aan wie Gij zendt,
hoop en liefde, dat op 't eind
wat met tranen werd gezaaid
met gejuich mag zijn gemaaid.
Erbarm U, Heer.

gezang 313:5

Barmhartige Vader, open ook ons hart, elke dag opnieuw, om uw woord te horen, om aandacht te schenken aan de signalen van uw komend Koninkrijk. Geef ons goede moed om te zaaien én om te wachten op wat U zelf met mensen doet.

EEN ZAAIER GING UIT OM TE ZAAIEN lezen: *2 Corinthiërs 12:1-10*

'Mijn genade is u genoeg, want de kracht openbaart zich eerst ten volle in zwakheid'. – *2 Cor. 12:9*

De weg van het zaad is een weg van ondergang, van afbraak en duisternis. Het zaad valt in de aarde, wordt erin begraven, vervalt als in de dood. Maar het wonderlijke is dat juist in die afbraak kracht verborgen is. Juist in de zwakte van het vallend zaad ligt de kracht van het graan besloten.

Zo is het ook met het menselijk leven voor Gods aangezicht. Soms denk je, net als Paulus: het is met mij niets gedaan. Ik word aan alle kanten tegengewerkt, ik stuit op muren, ik struikel over stenen van tegenstand. Bovendien: ik draag een doorn in mijn vlees, een pijnlijke plek, een last in mijn lichaam, een kreukel in mijn karakter, een handicap. En dan kun je bidden wat je wilt, maar God neemt het niet weg, je blijft ermee zitten. Sterker: het wordt je langzaam maar zeker duidelijk dat God je die last te dragen geeft. Althans: Hij vindt het blijkbaar geen bezwaar. Zijn genade moet voldoende zijn om te leven met een handicap, een zwakke plek, een bron van irritatie. En waarom hanteert God niet zijn pincet om die doorn te verwijderen? Omdat juist in mijn zwakte zijn kracht wordt geopenbaard! De val van het zaad is de opstanding van het graan. De afbraak in de aarde is de opbouw van het nieuwe leven. 'Mijn genade is u genoeg, want de kracht openbaart zich eerst ten volle in zwakheid'.

Wie zo zijn last beleeft, is een gezegend mens. Zo alleen wordt de doorn uit de geest gehaald, wanneer die in het vlees dapper wordt gedragen. Want voordat je het weet zit er een doorn in je géést: een levenslange wrok, een constante aanklacht tegen God en mensen. Gods genade alleen maakt sterk om een last te dragen. Gods genade is voldoende om juist dank zij je zwakte, mensen ervan te overtuigen dat Gods liefde sterk en krachtig is. Zeg nu zelf: wat moet de Zaaier met bikkelhard zaad beginnen?

Vervul dan met uw zegen
onz' armoe, rijke Heer,
en zend op onze wegen
uw kracht en goedheid neer!

gezang 423:3

Hemelse Vader, voor de doorn in ons vlees kunnen wij U moeilijk danken, maar wel danken wij U daarvoor dat juist door onze zwakte uw kracht des te duidelijker wordt geopenbaard.

'Alle dingen liggen open en ontbloot voor de ogen van Hem, voor wie wij rekenschap hebben af te leggen'. – *Hebr. 4:13*

Gods kinderen zijn als het zaad. Verborgen liggen we in de aarde. Uitgestrooid zijn we over de wereldakker, zwak in onszelf, bestemd om afgebroken te worden, te sterven om vrucht te dragen. Zo diep zijn we gevallen in de duisternis van deze aarde, dat we soms twijfelen aan de zin van de dingen, aan goedheid en geluk, aan het bestaan van God, die Schepper en Vader is. Zozeer gaan we verloren in de wereldakker dat we soms onze hoge roeping vergeten en ons nestelen in de duisternis. Maar, zo verborgen is ons leven niet dat het God ontgaat wat wij doen en laten. 'Alle dingen liggen open en ontbloot voor de ogen van Hem, voor wie wij rekenschap hebben af te leggen'.

Dat is aan de ene kant een waarschuwend, een bijna bedreigend woord. Stel je voor: God ziet je, altijd en overal. Ook al lig je als zaad in de akker verborgen, ook al ben je geworteld in de wereld, God kent je, niets ontgaat Hem. Daarom: houd er rekening mee dat je rekenschap moet afleggen van je woorden en van je werken. Alles ligt open voor Hem!

Maar tegelijkertijd is dit woord een indrukwekkende bemoediging voor allen die zich soms zo alleen en verlaten voelen. Zeker, je bent gezaaid als een zaad in de akker, het is de bedoeling dat je zo maar stilletjes en onopgemerkt je weg door het leven gaat, maar – er is er Eén die je ziet, die je kent, die van je houdt! Al ben je nog zo introvert, heel je hart is als een open boek voor Hem.

Heer, die mij ziet zoals ik ben,
dieper dan ik mijzelf ooit ken,
kent Gij mij, Gij weet waar ik ga,
Gij volgt mij waar ik zit of sta.
Wat mij ten diepste houdt bewogen,
't ligt alles open voor uw ogen.

psalm 139:1

Heer, die ons ziet zoals wij zijn, wij danken U voor uw nabijheid. Ook al liggen wij verborgen, als zaad in de akker van dit menselijk bestaan, voor uw oog zijn wij niet te ver gevallen. Voor uw nabijheid danken wij U met heel ons hart. Help ons om daaraan te denken bij alles wat wij doen en laten, bij wat wij spreken en verzwijgen. Laat ons hart voor U mogen zijn als een open boek, waarin uw naam geschreven staat.

> 'Gij zult mij trekken uit het net dat men voor mij had verborgen, want Gij zijt mijn veste'. – *Ps. 31:5*

Soms zou je willen vliegen als een vlinder, maar heb je het gevoel dat je geen kant op kunt. Het is alsof er een net over je heen wordt gegooid, je raakt verstrikt, je bent gevangen.

Zo vergaat het de dichter van de psalm. Hij voelt zich aan alle kanten bedreigd. Niet alleen vanwege zijn vijanden is hij zo terneergeslagen, maar ook vanwege zijn eigen schuld. Verderop in de psalm spreekt hij daarover. Dan belijdt hij: 'Mijn kracht struikelt door mijn ongerechtigheid en mijn gebeente verkwijnt'. Soms gaat dat samen in een mensenleven: schuld en onschuld, onrecht dat je doet en onrecht dat je ondervindt, vijandschap van buitenaf en vijandschap van binnenuit. In het leven van de dichter van deze psalm is het er allebei.

Maar, ondanks zoveel tegenstand en verslagenheid zit de dichter niet bij de pakken neer. Er mag dan een net zijn, een vangnet, een vangkuil, een diep dal van ellende, God zal hem daaruit optrekken. God zal hem op de hoogte brengen, want God is een rots, een sterke vesting. Mensen mogen hem vernederen en kleineren, God zal hem verhogen en uitredden. Daar is de man van deze psalm heilig van overtuigd. 'Gij zult mij trekken uit het net dat men voor mij had verborgen, want Gij zijt mijn veste'.

In deze week begint de Veertigdagentijd, vanouds een tijd van inkeer en boete, een tijd van vasten en verootmoediging, een woestijntijd, waarin we gedenken hoe diep het dal was waardoor Jezus ging. Van alle kanten was het net over Hem heen geworpen, zodat Hij geen kant meer uit kon. Maar in dat alles bleef God zijn rots, zijn toevlucht en zijn tegenweer. Niet voor altijd laat God zijn vlinders vangen.

> Gij zijt mijn rots, Gij wilt mij wezen,
> om uwe naam, o Heer,
> toevlucht en tegenweer.
> Gij leidt mij uit, ik zal niet vrezen.
> Al spannen zij hun netten,
> Gij zelf zult mij ontzetten.
>
> *psalm 31:3*

Trouwe God, op U vertrouwen wij, onze rots, onze sterke vesting bent U. Wees bij ons, als wij moeten gaan door dalen van twijfel en verdriet. Wees bij ons als wij vallen in kuilen van zonde en schuld. Wees bij ons, vandaag en morgen en altijd.

'Is dit niet het vasten dat Ik verkies: de boeien der goddeloosheid los te maken, de banden van het juk te ontbinden, verdrukten vrij te laten en elk juk te verbreken?' – *Jes. 58:6*

Wie in de komende weken het woord 'vasten' in de mond neemt, moet wel weten waarover hij het heeft. Het kan geen kwaad om in de Veertigdagentijd te vasten. Het kan geen kwaad om in de 'Lijdenstijd' meer te doen dan alleen op zondag te luisteren naar preken over het lijden van Jezus. Maar, er is één groot gevaar. En dat is het gevaar waarover geschreven staat in het boek van de profeet Jesaja. Vasten kan een nietszeggende traditie worden, een uiterlijk vertoon van boete en berouw, zonder enige inhoud. En daar zit God absoluut niet op te wachten. Vasten? Prima – maar als dat niet méér inhoudt dan wat as op het hoofd en een somber gelaat, dan hoeft het voor God niet. 'Is dit niet het vasten dat Ik verkies: de boeien der goddeloosheid los te maken, de banden van het juk te ontbinden, verdrukten vrij te laten en elk juk te verbreken?' Het gaat bij God niet om mooie woorden en vrome gebaren; het gaat Hem om daadwerkelijke liefde voor mensen in nood, het gaat Hem om de komst van zijn Koninkrijk, waarin gevangenen vrijheid zullen hebben en aan verdrukten recht wordt gedaan.

Vasten. Wie werkelijk wil vasten, doet er goed aan méér te doen dan eten en drinken te laten staan. Vasten is losmaken, alle goddeloze bindingen verbreken. En hoeveel van die bindingen zijn er niet in ons leven? Je kunt aan duizend-en-één dingen vastzitten, je kunt in de loop van de tijd verstrikt zijn geraakt in allerhande zondige gewoonten, het kan koud en kil geworden zijn in ons hart. Vasten – dat is: losmaken de verkillende en verstikkende bindingen die ons eigen leven en dat van anderen stuk maken. Daarom bidden wij, voordat de Vastentijd begint, om de warmte van Gods Geest.

Laat uw heilge liefdegloed
onze koude werken doden
en versterk in ons de moed
om, de eeuwge nacht ontvloden,
voordat wij tenondergaan,
op te staan.

gezang 289:3

O God, kom met de warmte van uw Geest in onze harten, opdat wij breken zullen met alles wat uw Koninkrijk tegenhoudt. Help ons zo te vasten dat onze naaste daardoor iets van uw liefde zal zien.

'Laat het recht als water golven en rechtvaardigheid als een immer vloeiende beek'. – *Amos 5:24*

Zo langzamerhand zijn we er wel mee vertrouwd geraakt, dat voor de meeste mensen onze kerkdiensten niet de moeite van het meemaken waard zijn. De kerk? Mij niet gezien, ik slaap liever uit op zondag... Sterker: we zijn er aan gewend geraakt dat mensen onverholen kritiek leveren op alles wat met de kerk te maken heeft. Er zijn er die de spot drijven met 'al dat gezing en al dat gepreek'. En dat terwijl het voor ons, mensen van de kerk, juist zoveel betekent!

Maar nu klinkt er van een totaal onverwachte kant nog zo'n stem, zo'n tegenstem, zo'n kritisch geluid. Het is de stem van iemand die met zoveel woorden zegt onze feesten, onze vieringen, onze samenkomsten te haten. Hij kan ze niet luchten of zien! Wie spreekt daar zo oneerbiedig? Welke 'heiden' waagt het zich zo over de eredienst uit te laten? Die stem is de stem van God zelf. Hij loopt over van kritiek op al dat gedoe in de tempel. 'Doe weg van Mij het getier van uw liederen, het getokkel van uw harpen wil Ik niet horen'. Waarom is God zo bars, zo vernietigend in zijn oordeel? Omdat er wel prachtig gezóngen wordt, maar intussen het recht verdróngen wordt. Onrecht heerst in de stad, ongerechtigheid wandelt over de straten. Op grote schaal is er corruptie en onrechtvaardigheid in de samenleving. Gods geboden worden met voeten getreden. Iedereen zit wel heel vroom in de tempel en zingt het hoogste lied, psalmen en gezangen en geestelijke liederen, maar intussen neemt men het niet zo nauw met de wil van God. En daarom die stem, die schreeuw om recht, om gehoorzaamheid: 'Laat het recht als water golven en gerechtigheid als een immer vloeiende beek'. Waar Gods recht geen doorgang heeft, daar wordt het vroomste leven binnen de kortste keren zo droog als een woestijn.

Zo spreekt de Heer: al wie in dankbaarheid
aan Mij het offer van zijn leven wijdt,
houdt Mij in eer en heeft mijn wil verstaan.
Hij baant de weg, waarlangs mijn heil kan gaan.
Hij zal het zien, hij zal het zelf ervaren:
Ik zal mijn vrede aan hem openbaren.

psalm 50:11

Trouwe Vader, vergeef ons al onze mooie woorden, onze indrukwekkende liederen, onze schitterende kerkmuziek. Vergeef ons dat wij soms zo vroom in woorden zijn en zo heidens in onze daden. Schenk ons uw Geest, help ons om uw recht te laten zijn als een stromende beek.

'Uit de diepten roep ik tot U, o Here'. – *Ps. 130:1*

Wie Rooms-Katholiek is opgevoed, kent deze woensdag als de As-woensdag. Vandaag is het de eerste dag van de Veertigdagentijd, de tijd waarin we Jezus volgen op zijn weg door de woestijn van het leven, op zijn weg van smarten, de via dolorosa. Vanouds moest je op deze dag, op de As-woensdag, naar de kerk gaan, om op je voorhoofd het teken van boete te ontvangen. Dan werd je aangeraakt met as, bij uitstek een bijbels symbool van berouw. Vandaag is het de tijd om in zak en as te gaan, om je te verootmoedigen, om heel klein te worden voor God. 'Leer mij, o Heer, uw lijden recht betrachten'.

Van die ootmoed spreekt ook de psalm die we lazen, Psalm 130. De dichter roept uit de diepten. Hij is in een put van ellende terechtgekomen. Zijn eigen ongerechtigheden hebben hem doen struikelen en vallen – en nu kan hij geen kant meer op. Klem zit hij in zijn huizenhoge schuld. En wat doet hij nu? Scheldt hij iedereen de huid vol? Moppert hij op zijn eigen stommiteit? Nee, hij roept uit de diepten tòt God omhoog. Want één ding is zeker: bij God is vergeving. God ziet kans om hem uit de diepten omhoog te halen en hem op een muur te zetten. Wie zijn zonden belijdt wordt door God gepromoveerd: God trekt je tussen de muren vandaan en plaatst je er bovenop, zodat je een wachter bent, een uitkijkpost, reikhalzend verlangend naar de grote morgen.

Die weg gaat God met mensen. Wie zich zelf al direct boven op een muur zet, wordt er een keer afgeduwd – daar moet je maar op rekenen. Maar wie op eigen kracht niet omhoog klimmen kan, die wordt door God gered en op de hoogte van het heil gebracht. Je moet door de woestijn om in het beloofde land te komen...

Uit diepten van ellende roep ik tot U, o Heer.
Gij kunt verlossing zenden, ik werp voor U mij neer.
O laat uw oor zich neigen tot mij, tot mijn gebed.
Laat mij gehoor verkrijgen, red mij, o Here, red!

psalm 130:1

Barmhartige God, wij roepen U aan, wij smeken U om ontferming. Wij gaan in zak en as, vanwege onze schuld, vanwege onze grote schuld. Om ons en om onze zonden is uw Zoon de weg van het lijden gegaan. Wij danken U, o God – bij U is vergeving. Wij hopen op uw woord.

> 'Maar gij, zalf uw hoofd als gij vast en was uw gelaat, om u niet bij uw vasten aan de mensen te vertonen, maar aan uw Vader, die in het Verborgene is'. –
> *Matth. 6:17, 18*

Over vasten horen we van Jezus geen kwaad woord. Hij zegt niet: Onzin, dat vasten, vroom gedoe waar je niets aan hebt, overdreven traditie, weg er mee! Nee, daar is geen sprake van. Jezus heeft geen enkele reden om de gewoonte van het vasten af te schaffen. Maar áls je het doet, zo wil Hij zeggen, doe het dan goed. Dat betekent: doe het dan niet voor de mensen, om op te vallen, maar doe het verborgen, doe het voor God alleen. Loop niet somber te kijken, laat niet voor je uit bazuinen dat je een grote gift hebt gedaan, stel je niet aan in zak en as, zodat iedereen overtuigd raakt van je diepe vroomheid – was je gezicht, zorg dat je er goed uitziet, zalf je hoofd – als God er maar van weet, dat je vast en bidt, dat is meer dan voldoende!

Wie nooit vast, zit natuurlijk niet met dat probleem. Maar wie wel rekening houdt met Gods opdracht om sober en verantwoord te leven, denkend aan God en de naaste langs onze weg, die krijgt met dit probleem wel degelijk te maken. Voor je het weet lees je anderen de les. Voor je het weet suggereer je de buren of je familie dat zij eigenlijk net zo zouden moeten leven als jij doet, willen ze er ook voor in aanmerking komen goede christenen te zijn. Zonder dat we het ons bewust zijn, lopen we te koop met onze vroomheid. Kijk eens hoeveel ik mij ontzeg terwille van God en de naaste! Wat ben ik toch een goed mens...

Voor zulke vromen heeft Jezus maar één woord over: huichelaars! Rust van binnen ontvang je alleen, wanneer je Gods geboden doet zonder te hopen op applaus.

> O mensen, woudt gij leren,
> waarin uw heil bestaat?
> 't Is hierin, dat gij weelde
> en aardse rijkdom haat,
> en dat gij tracht te winnen
> rust van binnen.
>
> *gezang 433:4*

Grote God, houd ons toch tegen wanneer wij schatten verzamelen op aarde. Doe ons vinden de rust van binnen, de schat die bij U is weggelegd voor allen die U liefhebben. Help ons om genoeg te hebben aan uw instemming bij alles wat wij laten en doen.

'Niet een ieder, die tot Mij zegt: Here, Here, zal het Koninkrijk der hemelen binnengaan, maar wie doet de wil van mijn Vader, die in de hemelen is'. – *Matth. 7:21*

Daar heb je weer zo'n kritisch woord van Jezus. Het schudt ons door elkaar, het zet ons aan het denken, het maakt ons onrustig. En dat is, denk ik, nu juist de bedoeling van Jezus. Telkens is daar weer het gevaar van de gerustheid en de gezapigheid, het gevaar van de vanzelfsprekendheid. O, natuurlijk zijn wij kinderen van God, natuurlijk gaan wij naar de hemel, natuurlijk is God vol van genade en barmhartigheid, zeker, zeker...

Zo zeker en zo natuurlijk is dat allemaal nog niet, als ik Jezus goed begrijp. Er zullen straks ik-weet-niet-hoeveel kerkmensen bij de ingang van Gods Koninkrijk op hun neus kijken. Het zal je toch gebeuren: dan heb je je leven lang je mond vol gehad van God, je hebt zelfs in Gods naam wonderen gedaan – en dan zul je te horen krijgen dat God je niet kent! Hoe is dat mogelijk!

Hoe dat mogelijk is? Zulke dingen kunnen gebeuren als de liefde ontbreekt. Al loop je voor God het vuur uit je sloffen, al ben je de vroomste van de hele familie en de trouwste van de hele kerk, als de liefde ontbreekt, stelt al dat vrome gedoe niets, maar dan ook helemaal niets voor. Diep ellendig ben je, wanneer je zo door het leven gaat. Het kan geen kwaad om in deze dagen van inkeer je eens af te vragen of je werkelijk wel de wil van onze hemelse Vader doet. Wie niet liefheeft, heeft God nog nooit gezien...

Schep, God, een nieuwe geest in mij,
een geest van licht, zo klaar als Gij;
dan doe ik vrolijk wat Gij vraagt
en ga de weg die U behaagt.

gezang 437:2

Barmhartige Vader, wij bidden U om een nieuwe geest, een nieuwe gezindheid. Wij bidden U om bereidheid werkelijk uw wil te doen, om lief te hebben: U en de naaste. Bewaar ons voor de hoogmoed, waardoor we denken grote dingen te doen voor U, terwijl we in werkelijkheid alleen onszelf op het oog hebben. Geef ons wat wij zovaak missen: intense liefde voor alles wat U geschapen hebt.

'De droefheid naar Gods wil brengt onberouwelijke inkeer tot heil, maar de droefheid der wereld brengt de dood'. – *2 Cor. 7:10*

Paulus heeft aan de gemeente van Corinthe een brief geschreven, waarin hij behoorlijk te keer is gegaan tegen allerlei wantoestanden in de gemeente. Die brief heeft het nodige stof doen opwaaien. Niet iedereen was er gelukkig mee, integendeel. Toch heeft Paulus er geen spijt van dat hij die brief geschreven heeft. Want uiteindelijk heeft zijn brief toch een zeer positieve uitwerking gehad. De gemeente in Corinthe is erdoor tot inkeer gekomen. Opnieuw ging men zich afvragen wat Gods wil zou zijn en zo heeft de kritiek van Paulus geleid tot bekering, tot een nieuw begin.

Hoe ga je om met kritiek? Dat is nog altijd een grote vraag, in de kerk en daarbuiten. Natuurlijk, soms wordt er onredelijke kritiek geuit. Daar moet je boven staan, die kun je het beste maar van je afschudden, zoals een hond de regendruppels. Maar heel vaak zit er op z'n minst een kern van waarheid in kritiek. En dan komt het er op aan hoe je daarmee omgaat. De droefheid der wereld brengt de dood. Wie alleen maar gaat zitten kniezen, wie zich beklaagt over zoveel onbegrip en weerstand, die gaat zijn eigen ondergang tegemoet. De droefheid naar Gods wil brengt onberouwelijke inkeer tot heil. Kritiek kan je ook tot zelfonderzoek leiden, tot inkeer, tot schuldbelijdenis, tot berouw, tot bekering. Wie op die manier in de put komt te zitten, kent weliswaar voor een tijd de diepte van de ellende, maar wordt er uiteindelijk beter van. Het kan in je leven een zegen zijn om voor God en de mensen schuld te belijden. Wie bedroefd is over zijn eigen zonden, ontdekt pas goed hoe groot Gods genade is.

Ons gevoel en ons verstand
zijn, o Heer, zo zonder klaarheid,
als uw Geest de nacht niet bant,
ons niet stelt in 't licht der waarheid.
't Goede denken, doen en dichten
moet Gij zelf in ons verrichten.

gezang 328:2

Trouwe Vader, vergeef ons onze zonden, ons botweg weigeren te luisteren naar kritiek. Breek met uw Geest ons harde hart, opdat wij steeds opnieuw bereid zullen zijn te gaan op de weg die U wijst. Bewaar ons voor eigenwijsheid en koppigheid en laat ons niet door hoogmoed verloren gaan.

'Ik zal hem beschutten, omdat hij mijn naam kent.
Roept hij Mij aan, Ik zal hem antwoorden.' –
Ps. 91:14,15

De zondagen in deze lijdenstijd dragen vanouds latijnse namen. Het zijn woorden, gekozen uit de Psalmen. Die Psalmen horen bij die bepaalde zondag in deze tijd van het kerkelijk jaar. Zo hoorde Psalm 91 bij de eerste zondag in de Veertigdagentijd. En dat is niet zo'n wonder, want Psalm 91 hoort bij het evangeliegedeelte dat in deze week onze aandacht in het bijzonder vraagt: dat van de verzoeking in de woestijn. Aan het begin van de Vastentijd, de tijd van veertig dagen voor Pasen, worden we herinnerd aan de veertig dagen van Jezus in de woestijn. Dat was bij uitstek de tijd waarin Hij streed tegen de machten van de satan. En als die strijd gestreden is en Jezus de overwinning heeft behaald, dan komen de engelen en zij dienen Hem. En dat is nu juist een gedachte die we tegen komen in Psalm 91. 'Hij zal aangaande u zijn engelen gebieden'. Nee, niet bij de een of andere stuntsprong vanaf het dak van de tempel, maar wel in de strijd tegen de boze macht van de duivel.

Uit deze psalm is het woord gekozen dat op deze zondag ons richting geeft. 'Roept hij Mij aan, Ik zal hem antwoorden'. Dat is Gods belofte aan degene die Hem waarachtig dient. Wie de naam van God kent, wie Gods naam liefheeft, die zal worden beschut. God zal je antwoorden, als je Hem roept.

Ook wij mogen op die belofte bouwen. Zelfs al zwijgt God voor een tijd, zelfs al is er drie uur lang duisternis en verlatenheid, God laat niet voor altijd staan wie roepen tot Hem. Hij zal antwoorden – op zijn tijd.

Omdat hij Mij zijn hart toewendt,
spreekt God, zal Ik hem leiden;
omdat hij Mij bij name kent,
hem dekken en bevrijden.
Roept hij Mij aan, dan antwoord Ik,
is hij in angst en vreze,
dan kom Ik nog dat ogenblik
om hem nabij te wezen.

psalm 91:7

Trouwe Vader, als wij U roepen, zult U antwoorden. Dat hebt U ons beloofd, en daarop vertrouwen wij. Help ons dan om werkelijk uw naam lief te hebben. Help ons om op uw antwoord te wachten, ook als uw antwoord niet komt op onze tijd.

6de zondag voor Pasen

'En de Here God riep de mens tot Zich en zei tot hem: Waar zijt gij?' – *Gen. 3:9*

Waarom verbergt zich de mens? Omdat de mens zich schaamt. Adam en Eva, zij kruipen weg voor God. En waarom schamen zij zich? Omdat zij niet gehoorzaam zijn geweest, maar gehoor hebben gegeven aan de roep van de tegenstander. De mens heeft geluisterd naar de influisteringen van de slang. Eten van de verboden boom, worden als God – dat leek een goede gedachte, een aanlokkelijk plan. Goed en kwaad te kennen, deel te hebben aan alles wat bestaat onder de zon, heer en meester te zijn over heel de schepping, God-zijn, niet alleen in het diepst van je gedachten, maar in werkelijkheid: alles in je vingers te hebben, alle macht te hebben, in hemel en op aarde – wie zou dat niet willen?

Nog altijd vallen wij in deze kuil. Gevallen zijn wij, gevallen in zonde, gevallen in de valkuil van de duivel. Onze dromen zijn bedrog. Uiteindelijk zijn wij niet als God. Wij zijn geworden als de duivel. Bang schuifelen wij over de bospaden en verbergen we ons in de struiken, wanneer God ons aanroept en om antwoord vraagt. Waar zijt gij? Mens, waar ben je? Waarom verberg jij je voor Mij?

Eén had niets te verbergen. Eén Mens zei radicaal nee, daar waar wij ja zeiden: Jezus. Hij wenste van de duivel geen macht te ontvangen. Hij vastte liever dan dat Hij at van een verboden vrucht. En aan Hem alleen hebben wij het te danken, dat God zich niet verbergt, wanneer wij ons verbergen voor Hem.

O Heer, verberg U niet voor mij,
wanneer ik mij verberg voor U.
Gij weet het, ik ben bang voor U,
ontwijk U en verlang naar U.
O ga niet aan mijn hart voorbij.

gezang 395:1

Vergeef ons, o God – ook wij verbergen ons voor U. Ook wij moeten ons schamen vanwege zoveel ongehoorzaamheid. Vergeef ons dat wij verlangen naar macht, hunkeren naar heerschappij. Vergeef ons dat wij niet tevreden zijn met de kleine plaats die U ons hebt aangewezen. Help ons om te gaan achter Jezus aan, de nieuwe Mens die in de woestijn de boze heeft overwonnen.

ROEPT HIJ MIJ AAN, DAN ANTWOORD IK lezen: *Mattheüs 4:1-11*

'Toen liet de duivel Hem met rust'. – *Matth. 4:11*

Die mogelijkheid mag je nooit helemaal uitsluiten: dat de duivel je met rust laat. Nu weet ik wel: wij zijn Jezus niet. En bovendien: dat de duivel Jezus met rust laat, betekent nog niet dat hij nooit meer een nieuwe aanval zal doen. Maar voorlopig is het welletjes. Voorlopig is de duivel uitgeschakeld. Hij verlaat het strijdveld als een hond met de staart tussen de poten. Jezus heeft overwonnen. Tot drie keer toe heeft Hij bedankt voor de eer om God te spelen. Tot drie keer toe heeft Hij nee gezegd. Geen brood, geen eer, geen aardse macht begeerde Hij. Jezus is gekomen om Gods wil te doen, niet om te dansen naar de pijpen van de duivel.

Maar wat was nu eigenlijk zo verkeerd aan die voorstellen van de satan? Jezus had toch recht op voedsel, recht op eer en macht? Wat was daar nu eigenlijk op tegen? Ik denk dat het antwoord moet luiden: God wil op aarde geen goden. God wil op aarde mensen. Mensen die hun grenzen weten. Mensen die niet proberen om zo'n beetje god te zijn. Mensen die niet alle vruchten willen plukken die groeien in het paradijs. Mensen die ook eens ergens afblijven, nee-zeggen, zich beheersen, iets over laten voor een volgend geslacht. En dat betekent een gevecht. Een gevecht met jezelf, een gevecht tegen idealen en luchtkastelen, een gevecht om vrede te vinden met het begrensde geluk van elke dag. Maar wie dat gevecht niet uit de weg gaat, wie Jezus volgen wil in zijn strijd tegen de satan, die zal ook van tijd tot tijd ervaren dat de duivel je met rust laat. Een mens moet niet te gauw denken dat de satan altijd sterker is. Met Jezus in de woestijn is de overwinning niet ondenkbaar.

Een mens te zijn op aarde
in deze wereldtijd,
dat is de Geest aanvaarden
die naar het leven leidt;
de mensen niet verlaten,
Gods woord zijn toegedaan,
dat is op deze aarde
de duivel wederstaan.

gezang 172:4

Sterke God, wij danken U voor die ene Mens, de nieuwe Adam, Jezus. Hij is ons voorgegaan in de strijd tegen de satan en in zijn overwinning mogen wij delen. Doe ons dat geloven met alles wat in ons is, om zo mens te kunnen zijn in Jezus' naam.

dinsdag

'Ik heb voor u gebeden, dat uw geloof niet zou bezwijken'. – *Luk. 22:32*

Petrus – in hem is de oude Adam weer opgestaan, de mens, zoals die was in den beginne, de mens zoals die is, gisteren, morgen en vandaag. Petrus, dat ben ik, dat zijn wij. Petrus is de mens die driemaal de verkeerde keuze doet. Petrus is de mens die als God wil zijn en daarom niets met Jezus te maken wil hebben. Petrus wil blijven leven, Petrus wil wel minister worden in het Koninkrijk van God, maar hij wil niet de minste zijn, geen dienaar, geen arrestant, geen slachtoffer. Petrus zegt nee, nee en nog eens nee. Maar zijn nee is geen nee tegen de satan; zijn nee is een nee tegen Jezus, tegen God. Daarin is hij Jezus' tegenspeler, Jezus' tegenstander. Niet voor niets noemt Jezus hem: Satan.

Satan – én Rots. Petrus, rotsman. Hoe is die tegenstelling mogelijk? Hoe haalt Jezus het in zijn hoofd om Petrus Petrus te noemen, Rots? Omdat Jezus voor Petrus gebeden heeft. 'Ik heb voor u gebeden, dat uw geloof niet zou bezwijken'. Jezus weet hoe zwak wij zijn, hoezeer wij geneigd zijn om ons eigen hachje te redden, desnoods ten koste van anderen. Jezus weet hoe onze rotsen balanceren op de rand van een ravijn vol twijfel en wanhoop. En daarom: 'Ik heb voor u gebeden, dat uw geloof niet zou bezwijken'. In de woestijn van de vertwijfeling en de aanvechting is Jezus biddend bij ons. Als wij roepen, blijkt dat Hij al lang heeft geantwoord. Hij heeft al voor ons gebeden toen wij Hem nog niet eens verloochend hadden. De Goede Herder heeft zijn schapen al gevonden, voordat ze goed en wel verloren zijn.

Geef leven aan mijn ziel, wees Gij mijn lied,
geef dat ik eeuwig U mag toebehoren.
Onthoud mij uw getuigenissen niet.
Ik was een schaap en had de weg verloren.
Zoek, Heer, uw knecht, Ik hoor wat Gij gebiedt.
Gij hebt mij immers tot uw dienst verkoren.

psalm 119:66

Trouwe Vader, Goede Herder, wij danken U voor het gebed van Jezus, die onze Hogepriester is. Wij houden de strijd niet vol, wij verliezen het telkens weer, wij verraden en verloochenen, wij doen soms net alsof wij van het evangelie nog nooit hebben gehoord – vergeef het ons, o God en verhoor het gebed dat uw Zoon voor ons bidt. Bewaar ons ervoor dat wij grote woorden spreken en dingen beloven die we niet kunnen volbrengen. Maak ons sterk voor de strijd, ook tegen onszelf.

ROEPT HIJ MIJ AAN, DAN ANTWOORD IK

lezen: *2 Corinthiërs 6:1-10*

'Als niets hebbend en toch alles bezittend'. –
2 Cor. 6:10

We krijgen van de apostel een aardig beeld van zijn woestijnbestaan. Het is een zaak van dulden en dragen, van moeite en zorg, van smaad en schande, honger en dorst, vragen en angsten, kommer en koorts. Nee, je behoeft er niet direct naar te verlangen zo door de woestijn te moeten gaan. Het is een barre tocht, afzien van jezelf en opzien naar een strakke hemel. 'Als niets hebbend en toch alles bezittend'.

Dat laatste woord is opvallend. De apostel klaagt niet zomaar een eind weg. Hij somt niet op wat hij allemaal missen moet, om daarmee zijn brief te besluiten. Nee, overwegend is zijn dankbaarheid. Niets heeft hij en alles bezit hij. En laat nu niemand zeggen dat dat volgens de logica niet kan. In Gods Koninkrijk is alles mogelijk. Je kunt niets hebben en ondanks dat alles bezitten.

Goedbeschouwd hebben wij, gegoede burgers in het rijke westen, eigenlijk geen enkel recht om over deze dingen te spreken. We geven hooguit des zondags in een warme kerk een tientje in de collectezak voor zending en evangelisatie, maar daar houdt het dan ook wel mee op. Honger en dorst, kommer en koorts gaan onze deur voorbij. Misschien geldt voor ons het omgekeerde: 'Alles hebbend en niets bezittend'. Je kunt er warmpjes bij zitten, je kunt geld en goed hebben in overvloed en desondanks – niets bezitten. Dat wil zeggen: de waarachtige rijkdom missen, de schat van vrede en vreugde, die alleen te vinden is in het evangelie van onze Here Jezus Christus. Alleen wie die rijkdom gevonden heeft, is in staat om de pijn te aanvaarden, om mens te zijn op aarde.

Een mens te zijn op aarde
in deze wereldtijd,
dat is de dood aanvaarden,
de vrede en de strijd,
de dagen en de nachten,
de honger en de dorst,
de vragen en de angsten,
de kommer en de koorts.

gezang 172:3

Trouwe God, vergeef ons onze armoede en maak ons bereid om weg te geven van wat in ons leven over is. Geef ons er oog voor dat soms juist in de woestijn van de armoede uw rijkdom te vinden is.

> 'Wij hebben geen hogepriester, die niet kan meevoelen met onze zwakheden, maar een, die in alle dingen op gelijke wijze is verzocht geweest, doch zonder te zondigen'. – *Hebr. 4:15*

Wij hebben een hogepriester! Triomfantelijk klinkt de stem van de schrijver aan de Hebreeën. Laat niemand beweren dat alleen de Joden een tempel hebben. Ook de kerk heeft er één. Onze tempel is de hemel. En laat niemand beweren dat alleen Israël een hogepriester heeft. Ook Gods kinderen uit de heidenen hebben een hogepriester: Jezus. Hij is de hemel doorgegaan, zoals de hogepriester het heilige doorging op de Grote Verzoendag. Jezus is het heilige der heiligen binnengegaan; Hij heeft zijn eigen bloed gesprenkeld voor Gods aangezicht, ons ten goede. Daar mogen wij op vertrouwen, dat is de kern van ons geloof.

En laat nu niemand beweren dat die hogepriester geen begrip heeft voor ons tasten en falen; integendeel. Hij weet wat het is om verzocht te worden. Hij voelt mee met onze zwakheden. Zo'n hogepriester hebben wij. Hij zelf is net zo goed als wij uitgedaagd door de duivel, verleid, verlokt om ja te zeggen tegen zoveel aantrekkelijks. Jezus weet wat het betekent om honger te lijden in de woestijn. Jezus weet wat het betekent om nooit eens aandacht en eer te krijgen van mensen. Jezus weet wat het betekent om als een volslagen machteloze door het leven te gaan. Maar voor de verleiding om welvaart, eer en macht van de duivel te krijgen, is Hij niet bezweken. Wij hebben een hogepriester die net zo is als wij – behalve de zonde! Die hogepriester heeft beloofd ons terzijde te staan, in de woestijn van het leven en in het uur van onze dood.

> Wanneer ik eens moet heengaan
> ga Gij niet van mij heen,
> laat mij dan niet alleen gaan
> niet in de dood alleen.
> Wees in mijn laatste lijden,
> mijn doodsangst, mij nabij.
> O God, sta mij terzijde,
> die lijdt en sterft voor mij.
>
> *gezang 183:6*

Wij danken U, hemelse Vader, voor Jezus, die onze hogepriester is. Zijn zwakheid is onze kracht, zijn lijden is ons leven, zijn dood is ons behoud.

'Zalig de man, die in verzoeking volhardt, want, wanneer hij de proef heeft doorstaan, zal hij de kroon des levens ontvangen, die Hij beloofd heeft aan wie Hem liefhebben'. – *Jak. 1:12*

Dat is de boodschap: volhouden! Met Jezus waren wij in deze week in de woestijn. Veertig dagen, veertig jaren, een woestijntijd lang. Leven, dat is gaan door de woestijn, uitgeleid uit het slavenhuis, op weg zijn naar het beloofde land. Zeker, er is manna, er is levend water, er is een wolk, er is licht en vuur – maar het blijft behelpen, het leven is en blijft een doortocht, een reis met een uiteindelijke bestemming: Kanaän. En nu komt het er op aan dat we het in deze veertig of vijftig of tachtig jaar mensenleven volhouden. Ja, je moet hard zijn om te volharden, je moet een beetje eelt hebben op je ziel, je moet je niet door de eerste de beste tegenslag uit de woestijn laten slaan. Het leven is een tentamen, een beproeving, een test.

Jakobus, de apostel, denkt in dit verband aan een wedstrijd. Volhouden is de boodschap. Want aan het eind der baan, daar wacht de krans, de kroon des levens, Kanaän. Een mens behoeft niet voor niets een leven lang te vechten tegen de duivel en zijn ganse rijk. God zet daar iets tegenover. Omdat Jezus de kroon van de dood wilde dragen, wacht ons de kroon des levens. Slechts één voorwaarde stelt Jakobus. De kroon is beloofd aan wie God liefhebben. Is dat alles? Moet je dan niet ik-weet-niet-wat-allemaal doen om het eeuwige leven te erven? Nee – dit ene is genoeg. God lief te hebben. Maar daar heb je dan ook minstens veertig dagen voor nodig, een woestijn, een leven lang. Zalig de mens die volhardt – de engelen zullen komen en je op de handen dragen.

Ik kom met haast, roept Jezus' stem.
Hij heeft de dood verslagen.
Nu zal al wie gelooft in Hem
de kroon des levens dragen.
Wijk niet van Hem.
Hoor naar zijn stem.
Reeds wenken ons van boven
de scharen, die Hem loven.

gezang 296:1

Barmhartige God, help ons om vol te houden. De woestijn is dor en de weg is zo lang, maar als U ons voorgaat, zullen wij Jeruzalem bereiken.

'Gij aanschouwt moeite en verdriet, om het in uw hand te leggen'. – *Ps. 10:14*

'Gedenk uw barmhartigheid', dat is het woord, uit een andere psalm, dat deze tweede week in de lijdenstijd kleurt. Wij bidden God om ontferming, om barmhartigheid. Wij roepen Hem op onze ellende niet te vergeten. En dat gebeurt ook in de psalm die we lazen, psalm 10. 'Sta op, Here! o God, hef uw hand op, vergeet de ellendigen niet'.

En áls God dan onze gebeden hoort en áls Hij dan opstaat en de ellendigen niet vergeet, wat doet Hij dan precies? Maakt Hij er dan à la minute een eind aan, radicaal? Nee, dat is ons nooit beloofd. Zo werkt God niet. De woestijn blijft een woestijn. Maar God aanschouwt onze moeite en ons verdriet en legt het in zijn hand. Dat wel. God legt onze ellende in zijn hand.

Is dat alles? Ja, dat is alles. Maar dat is in de woestijntijd dan ook genoeg. We zijn nog niet toe aan Kanaän. Hier en nu stellen we ons er tevreden mee dat God onze pijn in zijn hand legt. Dat is al heel wat! God wimpelt ons verfomfaaid bestaan niet weg, zoals wij een besmeurd stuk papier verfrommelen en in de prullenbak deponeren. Nee, God bewaart ons verkreukelde leven en vouwt het open. Hij legt het voorzichtig in zijn hand. Hij gooit ons niet weg; Hij bewaart ons, tot de grote dag van het herstel! Daarom blijven wij bidden om Gods barmhartigheid. In zijn hand is ons leed te dragen.

Heer God, sta op! Vergeet de armen niet!
Maak de hoogmoedigen voorgoed te schand!
Gij zijt de Heer, o God die alles ziet
en alle moeiten opneemt in uw hand!
U smeekt de wees om hulp en onderstand.
O steun de zwakken, breek de macht der bozen
en doe te niet de kracht der goddelozen!

psalm 10:5

O God, wij bidden U: vergeet de armen niet, de ellendigen, de weduwen en de wezen, de daklozen en de sociaal zwakken, de zieken en de stervenden, de gehandicapten, de beschadigden, de hulpelozen. Denk toch aan uw barmhartigheid en neem heel ons kwetsbare leven in uw hand.

'En hij verwachtte, dat de wijngaard goede druiven zou voortbrengen, maar hij bracht wilde druiven voort'. – *Jes. 5:2*

Wanneer wij een beroep doen op Gods barmhartigheid, belijden wij daarin direct ook onze eigen schuld. Juist in deze lijdenstijd, in deze dagen van bezinning, van boete en berouw, stellen wij ons onze zonden voor ogen. Alles heeft God eraan gedaan om zijn volk te doen zijn: een vruchtbare tuin, een overvloedige wijngaard, een paradijs. Maar zoals het gegaan is met Israël, zo is het ook met de kerk van Jezus Christus gegaan. Wilde druiven hebben wij voortgebracht. Bloedbestuur in plaats van goed bestuur. Rechtsverkrachting in plaats van rechtsbetrachting. Elke dag staat de krant er weer vol van. Elke avond schamen wij ons voor de wanbeelden op de buis. Terreur en corruptie, moord en doodslag, het is aan de orde van de dag. Zo was het en zo is het en het lijkt erop dat het altijd zo zal blijven. 'Hij verwachtte, dat de wijngaard goede druiven zou voortbrengen, maar hij bracht wilde druiven voort'.

Is het een wonder dat we zelf de zure vruchten plukken van onze onverschilligheid? Aan wie danken we de zure regen? Wie is er verantwoordelijk voor het gif in de Rijn, voor de vervuiling van de oceaan? Wie beginnen er oorlogen, wie voeden het racisme? Zijn wij het niet, wij mensen, wij volken op deze aarde? Is heel deze wereldbol niet één grote, wrange vrucht, rottend in het heelal? Is het tranenbrood waarmee God ons spijzigt, niet in onze eigen oven gebakken? Hebben wij de bittere spot en nood die we te drinken krijgen, niet zelf gebotteld?

God der heerscharen, Here, Here!
Hoe lang zult Gij uw volk verteren?
Gij spijzigt ons met tranenbrood,
Gij drenkt ons hart met spot en nood;
laat lichten ons uw aanschijn, Heer,
doe ons opstaan en help ons weer.

psalm 80:3

Doe ons opstaan, o God, doe ons opstaan uit onze ongehoorzaamheid! Help ons om radicaal te breken met de vernietigende machten die deze schepping verzuren en verzieken. Help ons om eerlijk te zijn en oprecht, om goede vruchten voort te brengen. Denk, o God, aan uw barmhartigheid!

'Zie, meer dan Jona is hier'. – *Matth. 12:41*

Jezus is Jona, Jona de Grote. Meer dan Jona is Hij. Jezus is niet weggevaren, de andere kant op. Jezus was de gehoorzaamheid zelve. Weliswaar sliep ook Hij aan boord, maar Hij behoefde niet prijs gegeven te worden aan de golven; zijn machtswoord was voldoende om de golven het zwijgen op te leggen. Eén en al gehoorzaamheid was Hij, deze Jona, deze Profeet. Was de duif, de Heilige Geest niet op Hem neergestreken?

En toch, toch is Hij de weg van Jona gegaan. De diepte in. Drie dagen is Hij in de buik van het monster geweest, drie dagen is Hij begraven in de oerzee van de dood; totdat de dood Hem niet meer houden kon en het Paaslicht Hem opnieuw geboren deed worden. 'Zie, meer dan Jona is hier'.

Waarom zegt Jezus dit? Omdat de Joden een teken van Hem willen. Maar zij zullen geen ander teken krijgen dan dat van zijn dood. Nota bene: de goddeloze burgers van Ninevé bekeerden zich tenminste nog toen Jona hun de ondergang aankondigde; maar de vrome Schriftgeleerden blijven volharden in hun liefdeloosheid, ze laten Jezus maar praten en preken, ze willen eerst eens een teken zien. Geen ander teken is ons gegeven dan dat van Jezus' gehoorzaamheid tot in de dood. Meer dan Jona is Hij. Wij worden door Hem geroepen om onze ontrouw te belijden, de zonden van onze onbedachte jaren. En zou de Zoon van Hem, die Ninevé spaarde, dan ook ons niet genadig zijn?

Denk aan 't vaderlijk meedogen,
Heer, waarop ik biddend pleit:
milde handen, vriendlijk' ogen
zijn bij U van eeuwigheid.
Denk toch aan de zonde niet
van mijn onbedachte jaren!
Heer, die al mijn ontrouw ziet,
wil mij in uw goedheid sparen.

psalm 25:3

Wees ons genadig, o God. Denk toch aan uw barmhartigheid! Wij hebben tegen U gezondigd, niet minder dan de inwoners van Ninevé. Vergeef ons al wat wij misdeden, in de naam van Jezus, de Profeet, die meer dan Jona is.

'Hij zal komen en de pachters ombrengen en de wijngaard aan anderen geven'. – *Mark. 12:9*

Pachters – dat zijn we. Wij hebben de pacht van Israël overgenomen. Dat wil zeggen: God heeft het heil in handen van de kerk gelegd. Lang heeft Hij Israëls wanbestuur verdragen: de uitbuiting, de corruptie, het dienen van vreemde goden. Toen was het afgelopen met Gods geduld. Er waren voldoende profeten geweest die het volk opriepen tot een nieuwe gehoorzaamheid; ze werden geslagen, ze werden gestenigd. En ten laatste zond God zijn Zoon. Maar de pachters grepen Hem en brachten Hem om het leven. Toen heeft de Heer van de wijngaard óns de pacht gegund.

De vraag is: hebben wij het er beter afgebracht dan Israël? Hoe is de stand van zaken in ons 'christelijke Europa'? Hoe is de kwaliteit van onze vruchten? Laten we het maar eerlijk bekennen: het lukt ons niet betere pachters te zijn. Wij hebben geen enkele reden ons boven Israël te verheffen, laat staan een goed argument om Israël te verwijten Jezus te hebben vermoord. Wij zelf doden Hem nog elke dag, door ons wangedrag, door onze zure druiven en wrange vruchten van liefdeloosheid en uitbuiting. Dienen wij geen vreemde goden? Hebben wij soms de armoede uitgebannen? Kan ieder van ons God recht in de ogen zien? God zal nogmaals komen en opnieuw zijn wijngaard aan anderen geven. Ja, maar aan wie? Niemand blijkt in staat zijn wijngaard te beheren. Er is maar één oplossing: dat Hij opnieuw zijn Zoon laat komen, opdat Hij zal doen wat geen mens vermag. Zijn liefde alleen draagt goede vrucht.

Wij hebben Gods natuur gepacht
en nooit meer om de huur gedacht,
hebben gegrepen en geslagen
die om de vruchten durfden vragen,
hebben gestenigd en gedood
die deden wat hen God gebood.
Maar niets is ons nog overkomen,
de wijngaard is ons niet ontnomen.

gezang 61:2

Help ons, o God, nog is het niet te laat. Help ons goede pachters te zijn in uw wijngaard. Vergeef ons onze hoogmoed, geef ons nog een kans; maar laat in elk geval uw Zoon weer komen, opdat uw wijngaard voor eeuwig bloeien zal.

'Hij heeft Mij niet alleen gelaten, want Ik doe altijd wat Hem behaagt'. –*Joh. 8:29*

Alwie doet wat God wil, is nooit alleen. Zo is Jezus nooit alleen geweest. Altijd was zijn hemelse Vader bij Hem. Jezus kende de verborgen omgang met God. Voortdurend was Hij met zijn Vader in gesprek. Steeds stortte Jezus zijn hart uit voor Gods aangezicht. Steeds was de Vader zijn Kind vertroostend nabij. En waarom? Omdat Jezus het Kind was naar zijn hart. Jezus deed wat Hem behaagde. Jezus was zijn liefde in eigen persoon, de afstraling van zijn wezen, het beeld van zijn heerlijkheid. Zo is Jezus voortdurend met zijn Vader samen geweest. En vandaar zijn uitroep: 'Hij heeft Mij niet alleen gelaten, want Ik doe altijd wat Hem behaagt'.

Toch klinkt hier een tegenstem. Een vraag, kort maar krachtig: En op Golgotha dan? Daar was Jezus dan toch maar volstrekt alleen. 'Mijn God, mijn God, waarom hebt Gij Mij verlaten?' Ja, in dat dodelijke uur was Jezus inderdaad voor het eerst volstrekt alleen. Daarom was dat voor Hem ook een hel, een ongekende schrik. Niet alleen door mensen, maar ook door God, door zijn Vader verlaten. Duisternis, niets dan duisternis, drie uur lang om Hem heen – en waarom? Waarom? Juist omdat Hij altijd deed wat God behaagde. Nooit werd dat duidelijker dan juist in dit laatste ogenblik. Hoezeer door God verlaten, Jezus vloekt niet. Jezus zegt niet: O God! Jezus zegt: Mijn God! En in dat ene woordje 'Mijn' ligt zijn gehoorzaamheid besloten.

Het is geen offervuur wat U behaagt,
Gij wilt, Heer, dat ik naar U hoor
en zelf ontsluit Gij mij het oor:
Gij hebt alleen gehoorzaamheid gevraagd.
Mijn God, ik draag uw wetten,
om op uw wil te letten,
gedurig bij mij om.
Het boek schrijft over mij.
Gij hoordet hoe ik zei:
'O Here, zie, ik kom!'

psalm 40:3

Vader, voor deze gehoorzaamheid van uw heilig Kind Jezus danken wij U. Hij hield aan U vast, zelfs toen U Hem alleen liet. In zijn trouw ligt onze redding, in zijn eenzaamheid onze gemeenschap met U.

'Wij dan, gerechtvaardigd uit het geloof, hebben vrede met God door onze Here Jezus Christus'. – *Rom. 5:1*

Vrede met God – wie zou dat niet willen? Zeker te weten dat alles goed is tussen God en jou, in leven en sterven, voor tijd en eeuwigheid – wie verlangt daar niet naar? Ten volle overtuigd te zijn van Gods barmhartigheid – wie zou dat niet willen? Maar hoe kom je aan die overtuiging, wie geeft je die zekerheid? Wat moet je daar allemaal voor doen of laten?

Paulus geeft antwoord op die vraag. En zijn antwoord is: Niets. Je behoeft niets te doen. Helemaal niets. Wij worden niet gerechtvaardigd door onze vrome prestaties. Wij staan niet bij God in een goed blaadje vanwege onze uitnemende vruchten. God neemt ons aan zoals wij zijn: verrot, beschimmeld, verzuurd. 'Wij dan, gerechtvaardigd uit het geloof, hebben vrede met God door onze Here Jezus Christus'. Het geloof, het geloof alleen, dat is de weg waarover een mens tot vrede komt. Liever gezegd: Jezus is de weg. Ik ben zelf de weg niet. Ik behoef ook zelf geen weg te leggen. De weg ligt er al. Wij mogen over Jezus lopen.

In dat geloof mag een mens leven. In dat geloof kan een mens sterven. God gedenkt zijn barmhartigheid. In deze tijd van het jaar wordt ons dat met kracht gezegd. Jezus' dood is ons leven!

Wanneer ik zondaar sterven moet,
en heengaan uit dit leven,
vertrouw ik Hem, Hij maakt het goed,
ik kan het overgeven.
Ja ik beveel
mij Hem geheel
die met mij is begonnen.
Die mij geleidt
door dood en strijd,
Hij heeft al overwonnen.

gezang 403:3

Trouwe Vader, barmhartige God, wij danken U voor Jezus, die onze Heiland is. Op Hem vestigen wij ons vertrouwen. In ons woont geen mogelijkheid om onberispelijk te leven; op zijn genade bouwen wij. In leven en in sterven is zijn liefde voor ons voldoende.

 lezen: *Hebreeën 11:8-10*

> 'Hij verwachtte de stad met fundamenten, waarvan God de ontwerper en bouwmeester is'. – *Hebr. 11:10*

Abraham woonde in het beloofde land. Hoe? In tenten. De schrijver aan de Hebreeën ziet daarin een signaal van Abrahams geloof. Het is net alsof Abraham, zelfs in het beloofde land, bleef wachten op een andere, een uiteindelijke bestemming. Waarom bouwde hij geen huizen, geen dorp, geen stad? Waarom bleef hij wonen in tenten, met Izak en Jakob? Omdat hij een stad van God verwachtte, een nieuw Jeruzalem, de stad waarvan God zelf ontwerper en bouwmeester is, aannemer en architect.

Hoe kwam Abraham daartoe? Abraham hoorde een stem. En Abraham was aan die stem gehoorzaam. Zonder te weten waar hij kwam, ging Abraham op reis, overtuigd van Gods barmhartigheid. Zo is het leven van de aartsvader geweest: één grote pelgrimsreis, één langdurig verwachten, hoopvol uitzien naar Gods toekomst, een woestijnbestaan, een tentenleven.

Daarmee is het leven van al Gods kinderen getekend. Wij zijn op doorreis, wij trekken door woestijn en zand. Waarom? Omdat wij een stem hebben gehoord, een woord uit de hemel. Gods barmhartigheid belooft ons een huis, een stad, een woonplaats op vaste fundamenten. In dat geloof is Jezus zijn weg gegaan, de via dolorosa, de weg van het lijden. Op die weg volgen wij Hem, in de richting van Jeruzalem, de stad waarvan alleen God de maten weet.

Uit Oer is hij getogen
ten antwoord op een stem,
die riep hem uit den hoge
op naar Jeruzalem.
En allen die geloven
zijn Abrahams geslacht,
geboren uit den hoge,
getogen uit de nacht.

gezang 3:2

Heer, hoe groot is uw barmhartigheid! Ook ons roept U, om als Abraham op weg te gaan, verder, steeds verder. Bewaar ons voor eigen steden en paleizen, houd ons gereed voor de stad die komt.

'De ogen des Heren zijn op de rechtvaardigen,
en zijn oren tot hun hulpgeroep'. – *Ps. 34:16*

In deze psalm heeft Jezus zich herkend. Hij wist zich de ware Rechtvaardige, de Zoon van Gods welbehagen. Gods oog was op Hem. Gods oor neigde zich tot zijn hulpgeroep.

Opnieuw klinkt een protest: Heeft God zijn Rechtvaardige dan niet lelijk in de steek gelaten, op Golgotha? Waarom deed God daar dan zijn ogen dicht voor het afschuwelijke lijden van zijn Kind? Waarom stopte God op Golgotha zijn oren dicht om maar niet te horen wat zijn Zoon in doodsangst riep?

Wie deze vragen zo stelt, moet wel weten wat hij zegt. Wie beweert dat eigenlijk? Wie zegt dat God het niet zag en niet hoorde? Ik denk dat God wel degelijk het lijden van zijn Zoon heeft gezien en gehoord. Ik denk dat er op dat moment een zwaard door zijn eigen ziel ging, zoals er een zwaard gaat door het hart van een vader of moeder die een kind verliest aan de dood. Waarom God dat dan allemaal toeliet? Omdat Hij zijn absolute liefde wilde bewijzen. En omdat Jezus zelf zijn volstrekte gehoorzaamheid, zijn rechtvaardigheid tot in de dood, wilde bewijzen. Je kunt nu wel zeggen, dat je veel van mensen houdt, maar als dat de dood betekent van je eigen vlees en bloed, ben je dan nog zo liefdevol? Ja, van God geldt dat. Zie maar naar wat er op Golgotha gebeurt. Daar hoort God de stem van zijn Kind, daar ziet Gods oog dé Rechtvaardige, gehoorzaam tot het bittere einde. En het licht van Pasen is het grote bewijs dat God zijn Kind niet uit het oog verliest...

Wie houdt het rechte spoor,
Gods oog is hem een vriendlijk licht,
en wie zich smekend tot Hem richt,
vindt bij Hem open oor.
Maar Gods geducht gelaat
treft alle bozen met zijn vloek.
Hij delgt hun namen uit zijn boek,
hun heugenis vergaat.

psalm 34:6

Trouwe Vader, laat ons niet bij de bozen horen, houd onze namen in uw boek. Houd uw ogen open over ons en richt uw oren tot ons hulpgeroep; blijf bij ons, zo bidden wij U, in de naam van Jezus, de Rechtvaardige.

'Doch zie, daar raakte een engel hem aan en zei tot hem: Sta op, eet'. – *1 Kon. 19:5*

Elia is aan het eind van alles. Voor hem hoeft het niet meer. Op de Karmel vierde hij zijn triomf. Ten aanschouwen van heel het volk en honderden priesters van Baäl toonde Jahwe door zijn dienst de enige God te zijn. Iedereen was ervan overtuigd: De Heer was God en Elia zijn profeet. Maar van die triomf is nu weinig over. Koningin Izebel heeft zijn dood aangekondigd. Elia heeft geen toekomst meer. Moedeloos is hij naar de woestijn gevlucht; helemaal alleen is hij een dagreis ver de wildernis ingegaan en nu heeft hij zich te slapen gelegd onder een bremstruik. Niemand ziet hem. Niemand – behalve zijn Opdrachtgever. Niemand – behalve God. En wat doet God? God stuurt er een engel op af. Ter bemoediging. Kort klinkt zijn boodschap: Sta op, eet. Met andere woorden: God heeft nog wat voor je te doen. Je ontslag wordt niet verleend. Elia, jouw weg is weliswaar nu een terugweg, een omweg, een woestijnweg – maar Gods wegen lopen nu eenmaal anders dan die van mensen. Sta op, eet!

Zo zijn Gods ogen open over ons. Soms zijn we het leven moe. Soms geloven we niet meer in Gods zaak. Soms verwachten we te veel van eigen inzet en worden we doodmoe zodra ons ideaal een luchtkasteel blijkt te zijn. Maar zie, Gods ogen zijn open over ons. Zelfs in de eenzaamheid zijn wij voor Hem niet verborgen. Sta op, eet. Hier is brood, hier is wijn. Je moet verder. Je kúnt verder. De Grote Profeet is ook veertig dagen en veertig nachten in de woestijn geweest. Van Gods woord alleen kon Hij leven. Sta op, eet! De woestijnweg is in Gods oog de slechtste weg nog niet…

Elia was, tot de dood beducht,
een dagreis in de woestijn gevlucht.
Hij wilde wel slapen, hij was moe:
'Neem mij maar weg, waar moet ik naar toe?'
Neem van de spijs, drink van de drank,
eet voor de reis, want de weg is lang!

gezang 11:1

O God, ook ons duurt de reis soms te lang. Ook wij zijn soms zo moe, zo mateloos moe. Verwachten wij te veel van onszelf en te weinig van U? Wij danken U, o God: uw ogen zijn open over ons – ook in de woestijn. Help ons om dat van dag tot dag van harte te geloven.

'De Here der heerscharen is een rechtvaardige toetser, die nieren en hart doorziet'. –*Jer. 20:12*

De profeet Jeremia voelt zich aan alle kanten bedreigd. Menigeen heeft het op zijn leven voorzien. Jeremia voelt zich beklemd en bang. Hij heeft zich door God laten overhalen om zijn woord onder de mensen te spreken. God is hem te sterk geworden. Jeremia kan eigenlijk niet anders meer dan spreken wat God hem te zeggen geeft. Het brandt als een vuur in zijn binnenste. Telkens wanneer Jeremia besluit om nu voorlopig maar eens te zwijgen, dan begint binnen in hem het vuur weer te branden. Jeremia moet gewoon, hij kan niet anders. En laat dan de mensen maar zeggen wat ze menen te moeten zeggen, laat de vijandschap dan maar losbarsten – voor Jeremia telt maar één ding: de Heer is mijn held. Gods ogen zijn open, God ziet wat de mensen hem aandoen. Daarvan is de profeet ten volle overtuigd. En dat geeft hem rust en durf om door te gaan. 'De Here der heerscharen is een rechtvaardig toetser, die nieren en hart doorziet'.

Een toetser. Een rechtvaardige toetser – zo is God. Eerlijk wikt en weegt Hij ieders gedachten en daden. Ons binnenste, onze nieren, ons hart, ziet Hij. Geen donker hoekje van ons leven is voor Hem verborgen. Nee, dat behoeft ons geen schrik aan te jagen – tenzij daarvoor een bijzondere reden bestaat. Dat Gods ogen open zijn over ons, dat wordt gezegd tot vertroosting van allen die, net als de profeet Jeremia, het vuur van het evangelie misschien wel willen, maar niet kúnnen blussen. God heeft een oog op ons.

Wees mij genadig, Heer, want een geweld
van vijanden staat rondom opgesteld
om, als ik machteloos lig neergeveld,
over mij heen te lopen.
Maar altoos als de angst mij heeft bekropen,
geprezen zij Gods woord dat mij doet hopen!
Wat zou een mens mij doen als ik kan roepen:
de Here is mijn held!

psalm 56:1

Machtige God, U die alle mensen toetst als een rechtvaardige rechter, U die hart en nieren doorziet, U die ons doorgrondt tot in het diepst van ons bestaan, wij danken U dat uw ogen ook over ons open zijn.

'En Hij ging tegenover de offerkist zitten en zag met aandacht hoe de schare kopergeld wierp in de offerkist'. – *Mark. 12:41*

Dat hadden we van Jezus toch niet gedacht: dat Hij zo'n belangstelling zou hebben voor de collecte. Jezus is in de tempel en in zijn preek heeft Hij zojuist de mensen gewaarschuwd voor de schriftgeleerden, die erg gesteld zijn op uiterlijk vertoon. Zij bidden langdurig en zitten graag met hun vrome neus hier en overal op de eerste rij, maar ondertussen eten ze de huizen van de weduwen op, ze profiteren van de goedgeefsheid van alleenstaande vrouwen, die het financieel toch al moeilijk te verduren hebben. Nu, ze zullen er in het laatste oordeel voor moeten boeten!

Als Jezus dat gezegd heeft, gaat Hij zitten. Hij gaat tegenover de offerkist zitten en kijkt aandachtig naar de mensen die hun giften in de kist werpen. De ogen van de Heer... jazeker, die zien wat wij geven, die zien wat wij overhebben voor zijn zaak. En wat zien de ogen van de Heer? Zij zien hoe rijken veel geld in die offerkist laten vallen, veel geld, dat moet worden gezegd. Alleen, vergelijkenderwijs is het maar een schijntje, een kleinigheid. Nee, dan die weduwe – als het erop aan komt geeft zij nog het meest, al zijn het dan maar twee koperstukjes. Deze vrouw geeft niet van haar rijkdom, maar van haar armoede!

De ogen van de Heer. Nog steeds zien Christus' ogen wat wij geven. Geven wij van onze rijkdom? Of brengen wij werkelijk een offer, een rib uit ons lijf? Laten we dat misschien aan de armen over, die toch al zo weinig hebben? Zijn wij eigenlijk wel een haar beter dan die schriftgeleerden over wie Jezus sprak? Kan, wat ons betreft, de collecte op zondag in de kerk met recht worden genoemd 'de dienst der offerande' of kunnen we beter, eerlijker, spreken over het ophalen van de fooien?

Hoor Gij ons aan!
Wij heffen onze handen,
kom Gij tot ons, neem onze offeranden,
waarmee wij dankbaar voor U staan.

gezang 322:1

Trouwe Vader, soms moeten wij ons schamen, wanneer wij bedenken dat uw ogen onze gaven zien. Vergeef ons onze hebzucht. Vergeef ons onze ondankbaarheid en maak ons bereid om ook met ons geld te geloven.

'Niemand, die de hand aan de ploeg slaat en ziet naar hetgeen achter hem ligt, is geschikt voor het Koninkrijk van God'. – Luk. 9:62

Waarop zijn de ogen van de Heer gericht? Niet op hetgeen achter Hem ligt. Steeds heeft Jezus het grote doel voor ogen: zijn Vader te dienen in woord en werk. Nooit ziet Hij achterom, wikkend en wegend, zich beklagend over de dingen die voorbij zijn gegaan. Altijd is Hij op weg, steeds verder trekt Hij, als een heilige zwerver, zonder vaste woon- en verblijfplaats. Hij is als een boer die de ploeg hanteert: een vast punt aan de horizon voor ogen. Niet omkijken – dat is de boodschap. Wie omziet, is niet meer in staat een rechte lijn te trekken. Wie omziet versteent, zoals de vrouw van Lot. 'Niemand, die de hand aan de ploeg slaat en ziet naar hetgeen achter hem ligt, is geschikt voor het Koninkrijk van God'.

Met andere woorden: ook onze ogen worden bekeerd, wanneer wij Christus volgen. Waren ze vroeger wellicht sterk op het verleden gericht, op bereikte resultaten, op succesvolle perioden in je leven of op mensen die je lief waren, maar door de dood je ontvallen zijn – nu zijn onze ogen tot omkeer gekomen: op de toekomst zijn ze gericht. Dat is menigmaal een moeizaam proces. Handen laten zich gemakkelijker omkeren dan ogen. Een dief wordt sneller een goede gever dan een 'omkijker' ertoe gebracht wordt de blik te vestigen op wat komt. Jezus volgen, dat betekent steeds weer: loslaten. Loslaten wat je hebt opgebouwd. Loslaten wat je aan zekerheden in het leven hebt verworven. Loslaten, je idealen, je kinderdromen. Loslaten, de mensen aan wie je zo was gehecht, je vader, je moeder, een goede vriend, je kind misschien. Jezus volgen is gaan op de weg van Abraham en Lot: niet achterom kijken, maar vooruitzien. De rust is elders.

O God, wij bouwen als ontheemden,
wij wonen en wij blijven vreemden,
bestemd voor hoger burgerrecht.
Wil ons, o Koning der getijden,
een woning in de stad bereiden
waar Gij het fundament van legt.

gezang 480:5

Trouwe Vader, help ons om steeds weer onze ogen te keren naar de toekomst die ook Jezus voor ogen had. Bewaar ons ervoor dat we het verleden overdreven koesteren zullen en krampachtig vasthouden dat waarvoor U een andere bestemming had. Geef ons geloof om, al ploegend, te letten op uw horizon.

donderdag

'Weest dan navolgers Gods, als geliefde kinderen'. – *Ef. 5:1*

Kinderen hebben er een handje van voor hun vader uit te lopen. Maar in Gods Koninkrijk worden we tot de orde geroepen. 'Weest dan navolgers van God, als geliefde kinderen'. Dat is onze bestemming: God te volgen. Hij houdt van ons, Hij heeft ons lief. Maar juist in zijn liefde vraagt onze hemelse Vader ons Hem te volgen in plaats van Hem eigenwijs voor de voeten te lopen.

Wat dat concreet betekent? Dat we zijn geboden in acht nemen. 'Van hoererij en allerlei onreinheid of hebzucht mag onder u zelfs geen sprake zijn... en evenmin van onwelvoegelijkheid en zotte of losse taal, die geen pas geven'. Heeft God zelf ons geen voorbeeld gegeven? De Vader heeft niet voor niets zijn Zoon gezonden. Kijk maar naar Hem, Hij weet hoe het moet. En zo volgen we de Vader, door scherp te letten op zijn Zoon, die onze Broeder wil zijn. Wie Gods geboden los laat, loopt Hem voor de voeten en voelt zijn ogen prikken in de rug. Zo moet het onder ons niet zijn; onze ogen dienen op Hem te zijn gericht, elke dag, bij alles wat wij doen.

Weest dan navolgers Gods, als geliefde kinderen. Wat dat, positief gezien, betekent? Ook daarover schrijft de apostel: laat er geen sprake zijn van goddeloosheid, maar veeleer van dankzegging! Daar heb je het geheim van de navolging: de dankzegging. Alleen wie leeft met een dankbaar hart, is een navolger van God. Alleen wie beseft, hoe groot Gods liefde is, die is in staat om, met vallen en opstaan, schoorvoetend misschien, Jezus te volgen, het oog gericht op Hem die voor ons gestorven is – én opgestaan.

Welzalig de vrome, die wandelt in 't licht,
door Christus de doodslaap ontrezen.
Hoe vaak hier de dag voor de duisternis zwicht,
't zal nimmermeer nacht voor hem wezen.
'Ontwaak, gij die slaapt en sta op uit de doôn!'
Zo spreekt van de hemel uw Heiland, Gods Zoon.

gezang 462:4

Barmhartige Vader, vergeef ons dat onze ogen lang niet altijd op U zijn gericht en wij U meer voor de voeten lopen dan dat wij U volgen. Vervul ons door uw Geest, opdat wij wandelen zullen in het licht van uw geboden. Wij danken U voor Hem die U trouw was tot in de dood; help ons om uit dankbaarheid in zijn liefde te leven.

'Indien gij Hem als Vader aanroept, die zonder aanzien des persoons naar ieders werk oordeelt, wandelt dan in vreze de tijd uwer vreemdelingschap...' – *1 Petr. 1:17*

Nog één ding moet over Gods ogen worden gezegd. Dit: Gods ogen zien wat wij doen. Gods ogen zien hoe wij zijn. Gods ogen zien niet wat wij hébben. Al heb je twintig onderscheidingen, al heb je honderd medailles, al heb je een diploma voor dit en een oorkonde voor dat, al heb je een benoeming als minister of president-commissaris, dat alles doet bij God niet ter zake, zijn ogen zien het niet eens. Niet wat wij hebben, uitsluitend wat wij zijn, wat wij doen en laten, dat is voor God van belang. Zonder aanzien des persoons oordeelt Hij naar ieders werk.

Wat dat inzicht voor ons hier en nu betekent? Twee dingen. Allereerst dit: het is niet zo belangrijk dat je veel 'hebt'. Er zijn mensen die jagen naar geld en goed, naar prachtige benoemingen en mooie benamingen, naar veel onderscheidingen en veel ondergeschikten. Maar wie ooit in de ogen van de Heer heeft gekeken, weet dat dat soort dingen Hem koud laat. Dat is het eerste. En het tweede is dit: wie weet dat het God alleen gaat om wat wij zíjn, die zal 'in vreze de tijd van zijn vreemdelingschap wandelen'. Wat de apostel daarmee bedoelt? Dit: leef als mens onderweg in eerbied voor God en de naaste! Je leeft maar een tijdje, ons aards bestaan is een doortocht, een woestijnreis naar Kanaän. Eerbiedig dan zolang Gods geboden en beloften, om niet te verdwalen en te verdrogen in de hitte van de wijde woestijn. God offerde zijn Zoon voor ons. Zouden wij Hem dan niet ons leven wijden?

Ik zal mij in uw lieflijkheid
bij dag en nacht verblijden;
ik wil mijzelf nu en altijd
U tot een offer wijden.
Ik wil voor U mijn hartebloed
uitstorten, Heer, want Gij zijt goed,
uw naam zij hooggeprezen.
Al wat Gij voor mij zijt geweest,
dat zal diep in mijn hart en geest
voorgoed besloten wezen.

gezang 187:3

Liefdevolle Vader, wij danken U dat uw ogen niet zien naar wat wij hebben, maar naar wat wij zijn in Jezus Christus, onze Heiland.

'Zij gaan voort van kracht tot kracht en verschijnen voor God in Sion'. – *Ps. 84:8*

Midden in de lijdenstijd klinkt een oproep tot vreugde. Zondag Laetare, zo wordt deze zondag vanouds genoemd. Verheugt u met Jeruzalem! Vanwaar die oude traditie om zo midden in de tijd van het lijden, samen met de stad van God, Jeruzalem, blij te zijn? Is daar wel reden toe?

Jazeker, want de Messias die Jeruzalem nadert, betreedt de stad niet alleen om er te lijden en te sterven, maar ook om er op te staan in het morgenlicht van Pasen! In zijn dood verschuilt zich de vrede van Jeruzalem.

Vandaag lezen we uit een psalm die gezongen is op reis naar de tempel. Het is een pelgrimslied. En reken maar, dat ook Jezus deze psalm gezongen heeft. 'Zij gaan van kracht tot kracht en verschijnen voor God in Sion'. Zo is ook Hij, gaande naar Jeruzalem, bemoedigd, aangespoord door de psalmen en de profeten. Hij is de weg van de pelgrims gegaan, de weg door het dal van tranen, om uiteindelijk te verschijnen voor God in Sion. Sion, Jeruzalem, dat is de plaats van het offer, de plaats van de verzoening. Daarheen is Jezus op weg. Is Hij niet de Hogepriester? Is Hij niet het Lam dat de zonde der wereld wegdraagt? Zovaak is Hij, als jongen al, naar Jeruzalem gegaan op de grote feesten. Nu maakt Hij zijn laatste gang, nu zal Hij geen offer brengen, maar zelf een offer zijn. Is dat geen reden om verheugd te zijn? God zelf voorziet in een lam als brandoffer. En daarom: Verheugt u met Jeruzalem!

Van kracht tot kracht gaan zij steeds voort.
Hun lied weerklinkt van oord tot oord,
tot zij Jeruzalem betreden,
waar alle pelgrims binnengaan
om voor Gods aangezicht te staan.
Aanvaard, o Heer, ook mijn gebeden.
Verhoor mij, God van Israël,
die alles leidt naar uw bestel.

psalm 84:4

Vader, wij verheugen ons, met Jeruzalem, over die ene Pelgrim, die zichzelf als offer gegeven heeft voor onze zonden. Vergeef ons al wat wij misdeden, terwille van Hem. Achter Hem aan gaan ook wij op weg, uw stad van vrede tegemoet.

'Een kort ogenblik heb Ik u verlaten, maar met groot erbarmen zal Ik u tot Mij nemen'. –*Jes. 54:7*

Is het een wonder dat God Jeruzalem verlaten heeft? Welke man zou bij zo'n vrouw niet de neiging hebben om weg te lopen? Ontrouw was ze, de dochter van Sion. Andere goden liep ze achterna, ze gedroeg zich als een hoer. Ze liet zich door Gods geboden niet gezeggen en voor zijn smeekbeden bleef ze doof. Hoe God haar ook waarschuwde, bestrafte, lokte, tot het uiterste toe liefhad, ze ging haar eigen gang. Is het een wonder dat God het niet volhield en Jeruzalem verliet?

Je kunt er nooit zeker van zijn, dat God aan je kant staat. Je kunt nooit zeggen: Ziezo, ik ben gedoopt, ik ga naar de kerk, ik heb belijdenis gedaan, wie doet me wat – God laat mij nooit alleen. Al was er duizend keer een tempel in Jeruzalem, al zag het er zwart van de priesters, God verliet de stad, omdat geen mens meer naar Hem wilde horen. Het zegt nog niets of je lid bent van de kerk – de vraag is of wij levende leden van Christus zijn. De vraag is of wij bruiloftsgasten zijn, of liever nog: de bruid zelf, stralend, reikhalzend verlangend naar de komst van de Bruidegom.

Is God lang weggebleven, nadat Hij Jeruzalem verliet? Nee. Een ogenblik maar. God kon zijn bruid niet vergeten. Zo sterk was zijn liefde, zo bestendig zijn trouw. 'Een kort ogenblik heb Ik u verlaten, maar met groot erbarmen zal Ik u tot Mij nemen'. Op Golgotha is dat alles tentoongesteld. Drie uur lang, een kort ogenblik is Jezus door God verlaten. Maar met groot erbarmen heeft God in Hem zijn kerk tot zich genomen. Tussen de dorens van onze ellende groeit Gods liefde als een roos. Verheugt u met Jeruzalem!

Zingt nu de Heer! Hij is getrouw.
Ook als wij niet meer hopen,
bloeien aan dorens van de rouw
lachend de rozen open.

gezang 220:5

Trouwe God, wij zijn niet waard dat U naar ons om ziet, dat U terugkomt, dat U ons weer in de armen sluit. Wij zijn van U afgedwaald, wij hebben U niet liefgehad – maar uw trouw is sterker dan onze ontrouw, uw genade reikt verder dan onze wispelturigheid. Wij danken U voor Jezus, voor dat korte ogenblik waarin Hij verlaten werd, opdat wij nimmermeer door U verlaten zouden worden.

'Het brood, dat Ik geven zal, is mijn vlees, voor het leven der wereld'. – *Joh. 6:51*

Waarom verheugen wij ons, in het midden van de lijdenstijd? Omdat Jezus' dood ons leven is! Dat moeten de Joden in Jeruzalem weten. In Judea en in Galilea, in heel het heilige land klinkt het woord van Jezus: 'Ik ben het brood des levens'.

Natuurlijk hebben de Joden bij dit woord gedacht aan de woestijntijd. Manna kwam uit de hemel. Brood in de woestijn. Zo is nu Jezus neergedaald, bij God vandaan. Hij is het nieuwe manna, het brood des levens. Zij die in de woestijn van het manna aten, zijn uiteindelijk toch een keer gestorven, maar zij die van dit brood eten zullen leven tot in eeuwigheid. En wat dat brood dan precies is? 'Het brood, dat Ik geven zal, is mijn vlees, voor het leven der wereld'. Jezus geeft zichzelf. Jezus zal zichzelf vermenigvuldigen. Zoals het brood aan het avondmaal gebroken wordt en uitgedeeld aan allen die het willen ontvangen, zo is zijn leven vermenigvuldigd en uitgedeeld onder de mensen. Wereldwijd zijn de kruimeltjes uitgestrooid. Over alle grenzen is het brood heengedragen, naar Europa, naar Azië en Afrika, naar Amerika, van pool tot pool klinkt het evangelie, de proclamatie van Gods vergevende liefde. Midden in de lijdenstijd, midden in de tijd van het vasten, midden in de onherbergzaamheid van ons woestijnbestaan, klinkt een stem: 'Ik ben het brood des levens!' Niemand behoeft van honger om te komen. Niemand behoeft door een tekort aan liefde te sterven voorgoed. Niemand behoeft bang te zijn Kanaän nooit te bereiken. Hier is Brood! Hier is de verzoening van al onze zonden! Hier is Jezus, die zichzelf gegeven heeft voor het leven der wereld!

Gij zijt het brood van God gegeven,
de spijze van de eeuwigheid;
Gij zijt genoeg om van te leven
voor iedereen en voor altijd.
Gij voedt ons nog, o hemels brood,
met leven midden in de dood.

gezang 75:2

Trouwe God, wij verheugen ons in Jezus, die het brood des levens is. Wij danken U voor brood en wijn, voor zijn lichaam en bloed. Wat wij ook missen, uw liefde is voldoende voor elke dag in de woestijn.

'Mijn vlees is ware spijs en mijn bloed is ware drank'. – *Joh. 6:55*

Spijs en drank is er op aarde genoeg. Het leven is als een menukaart; er is te kust en te keur. Sommige mensen hongeren naar eer, andere mensen naar veel geld, naar een belangrijke positie in het maatschappelijk leven, naar de ideale baan, de ideale partner, het ideale huis. Sommigen denken vrede te kunnen vinden in de alcohol en grijpen bij elke kleine of grotere teleurstelling naar de fles. Anderen drinken met volle teugen van de liefdesdrank en verliezen zich in de roes van een aantrekkelijke relatie. Wat is er al niet te eten en te drinken in deze wereldtijd!

Ook religieus gesproken is er spijs en drank in overvloed. Kerken zijn er te kust en te keur. Richtingen en stromingen zijn er te over. Sekten zijn er bij de vleet. Links en rechts wordt heil geboden, vrede en overvloed.

Maar zie, midden op die drukke markt van spijs en drank, klinkt nu de stem van Eén die pretendeert ware spijs te zijn en ware drank. Dat woord betekent dus tegelijkertijd een vernietigend oordeel over al onze spijzen en drankjes. Even kan het lekker zijn, een tijdelijke bevrediging betekenen. Even lukt het je om je rond en dik te eten en te drinken, maar pas op, werkelijk voeding geeft het niet, voor je het weet heb je weer honger, zoek je iets nieuws, omdat het oude toch niet echt bevredigt. 'Mijn vlees is ware spijs en mijn bloed is ware drank'. Zalig zijn zij die hongeren en dorsten naar de gerechtigheid, want zij zullen verzadigd worden.

Wie geeft het brood, dat hongerigen voedt,
waar is de bron waaruit ik drinken moet?
Gij, Heer, alleen kunt mijn genezing zijn;
voed mij en drenk mij met uw brood en wijn.

gezang 358:4

Barmhartige Vader, wij bidden U voor alle mensen die verlangen naar liefde en geluk, die dag in dag uit op zoek zijn naar wat verzadigen kan. Wij bidden U: dat zij vrede mogen vinden in Jezus, onze Heiland. Zijn vlees is ware spijs en zijn bloed is ware drank. Maar niet alleen voor anderen bidden wij U; ook voor onszelf vragen wij U in brood en wijn te mogen vinden wat niets ter wereld ons geven kan – vrede met U en vrede met alle mensen.

> 'Voorwaar, voorwaar, Ik zeg u, indien de graankorrel niet in de aarde valt en sterft, blijft zij op zichzelf; maar indien zij sterft, brengt zij veel vrucht voort'. –
> *Joh. 12:24*

Verheugt u! Wij worden tot vreugde geroepen. Waarom? Omdat er een graankorrel is die in de aarde valt en sterft. Is dat dan een reden tot blijdschap? Ja, want in de afgang van het zaad is de opgang van het graan al besloten. Wie bij het zaaien goed luistert, hoort het geruis van het maaien al. Daarom zijn we blij, juist nu, midden in de tijd van het lijden. Gods Zoon, Gods zaad heeft zichzelf gegeven, Hij is voor ons ontkiemd.

Nu is er in het woord van Jezus één gedachte die onze bijzondere aandacht vraagt. Deze: wanneer de graankorrel op zichzelf blijft, draagt zij nooit enige vrucht. De weg naar de vruchtbaarheid gaat per definitie naar beneden, de aarde in, de verborgenheid in, de dood in. Dat inzicht heeft Jezus ertoe gebracht zijn dood niet af te weren. Juist in de totale overgave begint de overwinning.

Ook wij worden geroepen de weg van de graankorrel te gaan. Wie op zichzelf blijft, wie zijn ziel niet overgeeft, wie de afgang niet waagt, die zal nooit winnen, nooit opstaan en vruchtdragen. Wie werkelijk God wil dienen, moet er rekening mee houden minstens lange tijd onzichtbaar te zijn, onvindbaar voor de mensen, verborgen in een duister bestaan. Wie Jezus volgt, gaat altijd de diepte in.

> Gij hebt U zelf gegeven
> als zaad, voor ons ontkiemd,
> uw hart en ziel en zegen,
> Gij zijt het, die ons dient
> met vlees en bloed en leven –
> o God en Heer, groot is uw eer,
> halleluja!
>
> *gezang 348:7*

Trouwe Vader, wij verheugen ons over het zaad dat in de aarde viel: Jezus, het brood des levens. Wij danken U voor zijn overgave, voor zijn trouw tot in de dood. Wij bidden U: schenk ons uw Geest, opdat ook wij de weg van de graankorrel niet ontlopen, maar sterven zullen aan onszelf om in heerlijkheid op te staan en vrucht te dragen tot in het eeuwige leven.

'Gelijk het lijden van Christus overvloedig over ons komt, zo valt ons door Christus ook overvloedig vertroosting ten deel'. – *2 Cor. 1:5*

Het begin van de tweede brief aan de gemeente van Corinthe is vol van het woord 'vertroosting'. Het gaat over 'de God aller vertroosting, die ons troost in al onze druk, zodat wij hen, die in allerlei druk zijn, troosten kunnen met de troost, waarmee wijzelf door God vertroost worden'. Het is alsof de apostel twee dingen wil onderstrepen. Allereerst neemt hij het lijden serieus. Zelf heeft hij veel te verduren; maar ook de gemeente in Corinthe heeft te maken met verdrukking. In dat alles wordt het lijden van Christus duidelijk. Het lijden van de Heiland is op Golgotha niet tot een eind gekomen; het gaat door, het lijden zet zich voort in het lichaam van Christus: zijn gemeente.

Maar – en dat is de andere kant van de zaak – wij hebben niet alleen deel aan zijn lijden, wij delen ook in zijn opstanding. En dat betekent dat wij door Christus ook overvloedig worden vertroost. 'Gelijk het lijden van Christus overvloedig over ons komt, zo valt ons door Christus ook overvloedig vertroosting ten deel'.

Er zitten aan de navolging van Christus altijd twee kanten. Die van de dood en die van het leven. Die van het lijden en die van de vertroosting. Je gaat met Jezus door diepe dalen, maar ook over hoge heuvels. Je gaat met Hem door het Kedrondal, maar je staat met Hem ook op de Olijfberg. Nee, God heeft ons nooit een leven zonder lijden beloofd; maar op zijn vertroostende aanwezigheid mogen wij rekenen. Zelfs in het lijden blijft het vuur van zijn liefde branden.

Jezus, de haard van uw aanwezigheid
zal in ons hart een vreugdevuur ontsteken.
Gij gaat vooraan, Gij zult ons niet ontbreken,
Gij Hogepriester in der eeuwigheid.

gezang 173:3

Voor uw vertroosting danken wij U, o God. U weet van ons lijden, van ons lijden aan de tijd, van ons lijden aan een gebroken kerk, uw verscheurde lichaam, van ons lijden aan ongerechtigheid en onrechtvaardigheid, overal in de wereld. Uw belofte steunt ons, uw aanwezigheid vertroost ons. Op de komst van uw rijk blijven wij hopen.

'Het leven is mij Christus en het sterven gewin'. – *Fil. 1:21*

Paulus weet niet goed wat hij moet kiezen. Aan de ene kant verlangt hij ernaar zijn werk als apostel voort te zetten; aan de andere kant mag het wat hem betreft ook afgelopen zijn – de doodstraf zou voor hem het eeuwige leven betekenen, de voortdurende nabijheid van Christus, winst in plaats van verlies. Hoewel, te blijven leven zou niet minder de gemeenschap met Christus betekenen, want wat is zijn leven anders dan een leven met Hem? 'Het leven is mij Christus en het sterven gewin'. Zodoende is het Paulus eigenlijk om het even. Heengaan is beter, blijven is nuttiger.

Niet voor niets wordt de brief aan de Filippenzen de brief van de blijdschap genoemd. In geen ander bijbelboek klinkt zovaak de oproep tot vreugde als juist in deze brief. Geen wonder, als je ontdekt hoe Paulus aankijkt tegen het leven en tegen de dood. Het maakt niet uit, het is allebei goed. Leven doe je voor Christus en sterven betekent alleen maar promotie, vooruitgang, winst. Wat zou een mens zich dan druk maken over de dingen? Zo gezien is eigenlijk het eeuwige leven al begonnen!

Het leven is mij Christus. Ongelukkig de mens die dat niet zeggen kan. Ongelukkig de mens die alleen leeft voor zijn zaak, zijn inkomen, zijn vakantie, zijn promotie, zijn luchtkasteel. Zalig, dat ben je, nu al, wanneer je al die dingen kunt prijsgeven om Christus' wil. Dat mag somber en sober lijken, in werkelijkheid is dat pas echt léven, leven in overvloed. Wie zo leeft, zegt het Paulus na: 'Het leven is mij Christus en het sterven gewin'.

En door zijn dood en door zijn bloed
is nu de wereld dood voor mij.
Ik ben gestorven, maar voor goed
van heel de dode wereld vrij.

gezang 192:5

Grote God, wij danken U, wij verheugen ons in Jezus, onze Heiland. Zijn dood is ons leven, zijn verlies is onze winst. U weet hoe wij soms vast zitten aan de dingen die voorhanden zijn, aan de wereld rondom ons. Wij vragen U: help ons om niet ons leven te bouwen op wat vergaat. Laat ons leven Christus zijn en daarom ons sterven uiteindelijk winst.

DOE MIJ RECHT, O GOD

lezen: *Psalm 43*

> 'Doe mij recht, o God, en voer mijn rechtsgeding tegen een volk zonder godsvrucht'. – *Ps. 43:1*

De zondag van deze week, de vijfde lijdensweek, wordt vanouds gestempeld door Psalm 43. Deze zondag heeft de eerste woorden van de Psalm meegekregen: Doe mij recht, o God!

Ook in deze psalm heeft Jezus zichzelf herkend. Eigenlijk is de psalm het derde deel van één psalm, die wij als twee psalmen kennen: Psalm 42 en Psalm 43. Goedbeschouwd is het één lied, met drie delen, elk deel afgesloten door een refrein: 'Wat buigt gij u neder, o mijn ziel, en wat zijt gij onrustig in mij? Hoop op God, want ik zal Hem nog loven, mijn Verlosser en mijn God!'

In dit laatste deel van de psalm wordt God opgeroepen om recht te doen. De dichter vraagt God zijn advocaat te zijn, een rechtvaardige rechter. 'Voer mijn rechtsgeding tegen een volk zonder godsvrucht'. Met deze woorden in het hart is ook Jezus zijn dood tegemoet gegaan. Joden en Romeinen, vriend en vijand, alles spande tegen Hem samen. Wie heeft Hem niet verloochend, verraden, verlaten? Dat volk zonder godsvrucht, dat volk zijn wij, mensenkinderen. Het waren de Joden niet die Jezus kruisigden. Het waren de Romeinen niet, die Hem vastnagelden. Wij waren het, mensen zonder eerbied voor het leven.

Doe mij recht, o God. Heeft God het geding van zijn Zoon beslecht? Jazeker. Met Pasen is Jezus vrij-uit gegaan! En wie zijn er gestraft? Zijn wij veroordeeld tot de dood? Hoe is het mogelijk: de beklaagde zelf laat ons delen in zijn vrijspraak! Zouden wij dan ook niet het oordeel over hen die ons belagen, aan Hem overlaten?

> O God, kom mijn geding beslechten,
> verlos mij van wie U versmaadt.
> Boosdoeners willen met mij rechten,
> die niet aan trouw en waarheid hechten.
> Doe mij ontkomen aan hun haat,
> o Heer, mijn toeverlaat.
>
> *psalm 43:1*

Rechtvaardige God, wij hebben geen recht op uw bijstand, wij verdienen te worden gestraft. Wij hebben uw Zoon gedood, uw liefde vastgespijkerd. Voor uw genade danken wij U en voor allen die om Jezus' wil lijden bidden wij: doe hun recht, o God en laat het voor uw volk op aarde spoedig Pasen zijn.

2de zondag voor Pasen

'Nu weet Ik, dat gij godvrezend zijt, en uw zoon, uw enige, Mij niet hebt onthouden'. – *Gen. 22:12*

Het had niet veel gescheeld of Abraham had zijn zoon geofferd, zijn enige, Izaäk. Een engel voorkwam zijn dood. Abrahams overduidelijke bereidheid was voor God voldoende. Zelfs boven zijn kind had Abraham zijn God lief. Hij was bereid de weg van de gehoorzaamheid tot het einde toe te gaan. Abraham behoefde niet te doen wat zoveel vaders in zijn tijd verplicht waren te doen, volgens de wetten die de godsdienst hun oplegde. Allerwegen werden oudste zonen gedood, opgeofferd aan de goden. De God van Israël roept een halt toe aan die praktijk. Een offer brengen, dat is goed; een mens mag zeker zijn toewijding tonen in het afstaan van geld en goed. Maar een kind slachtoffer te laten zijn van je godsdienstige overtuiging, dat gaat God te ver.

En Hij zelf dan? Heeft de hemelse Vader zelf dan niet het offer van zijn Zoon gebracht, op Golgotha? Heeft Hij niet gedaan wat Hij Abraham verbood? Waarom is God dan zelf zo ver gegaan?

Het antwoord op die vraag moet wel zijn: omdat God ons meer liefde geven wil dan Hij aan liefde van ons vraagt. God neemt geen risico. God wil het gevaar niet lopen dat iemand Hem zeggen zal: Ja, Here God, U hebt het wel over liefde, maar wat is U die liefde nu waard? Laat ons eens zien hoeveel U voor deze wereld over hebt! Hebt U ons wel zo lief als Abraham U lief had?

Op die vraag komt een antwoord. Op Golgotha laat God zijn alles opofferende liefde zien. God heeft ons zijn Zoon niet onthouden.

Toen zag God in de eeuwigheid
mijn mateloze ellende
en haastte zich, te rechter tijd
mij, arme, hulp te zenden.
Mijn Vader, – want Hij wendde mij
zijn hart vol liefde toe, ja Hij
liet het zich 't liefste kosten.

gezang 402:4

Hemelse Vader, aan uw liefde valt niet te twijfelen. Meer dan Abraham U, hebt U óns liefgehad. Niet alleen Jezus' dood, maar ook zijn bitter lijden hebt U verdragen. Duizendmaal danken wij U voor Hem!

'En wie, wanneer een slang hem gebeten had, op de koperen slang de blik richtte, bleef in leven'. – *Num. 21:9*

In het oude Egypte had het volk Israël de slang leren kennen: symbool van Farao's macht, symbool van kracht, symbool van vernietiging en dood, maar tegelijkertijd ook symbool van genezing en leven.

Machtiger dan de Farao is Jahwe, de God van Israël. Hij leidt zijn volk uit het slavenhuis van Egypte. Maar dat betekent nog niet dat Israël nu vrij is om te doen en te laten wat het zelf verkiest. Niet voor niets geeft God het zijn geboden. Opdat Israël eindelijk waarachtig vrij zal zijn, legt God in de woestijn de wegen van zijn wet. Maar Israël wil niet. Israël moppert, murmureert. Israël wil geen omweg, Israël wordt ongeduldig, Israël wil weer terug, het diensthuis in, de aloude slavernij tegemoet. En dan laat God, daar in die woestijn, zijn volk even merken wat dat betekent. Israël roept de slangen op! Israël krijgt direct waar het om vraagt: overal krioelt Egypte, overal schuifelt de Farao over het zand – slangen, venijnige slangen, dood en verderf. Dat is toch waar Israël om vraagt?

Maar dan komt het volk tot bezinning, tot omkeer, tot berouw en bekering. En God hoort. Hij neemt het op voor zijn volk. Hij laat genade gelden voor recht. Hij zendt zijn licht en zijn waarheid. Hij laat een koperen slang oprichten, midden in de woestijn. Natuurlijk had Hij ook met woorden alleen het volk kunnen genezen. Maar het moest zichtbaar zijn, aanschouwelijk: Jahwe is groter dan Farao, Kanaän is meer dan Egypte. Hij die doden kan, wil ons genezen!

Midden in de woestijn van ons bestaan, staat een kruis. Dat beeld houd ik mij voor ogen, nu – en in het uur van mijn dood.

Wees Gij om mij bewogen
en troost mijn angstig hart.
Voer mij uw beeld voor ogen,
gekruisigde, uw smart.
Dan zal ik vol vertrouwen,
gelovig en bewust,
uw aangezicht aanschouwen.
Wie zo sterft, sterft gerust.

gezang 183:7

Trouwe God, wij danken U voor de Gekruisigde, in wie de duivel is gedood. In leven en in sterven vestigen wij onze hoop op Hem.

'Wie onder u de eerste wil zijn, zal aller slaaf zijn'. – *Mark. 10:44*

De eerste te zijn, dat lijkt ons wel. De eerste op school, de eerste op ons werk, de eerste in de kerk, de eerste, de beste. Blijkbaar zit dat Johannes en Jakobus ook in het bloed. Deze twee zonen van Zebedeüs solliciteren naar de functie van minister in het kabinet van Christus. Zij zullen wel graag Hem flankeren, zodra Hij aan de macht gekomen is. Jezus' linker- en rechterhand te zijn, dat lijkt hun wel. Hun neus in de regeringspapieren te kunnen steken, dat lokt hen aan.

Maar helaas, Jezus is van deze ambities niet gediend. Beter gezegd: het is niet aan Hem om dit soort verzoeken te honoreren. Hij zelf is slechts een dienaar, een minister in de eigenlijke zin van het woord. De ware Excellentie is een dienstknecht. Vandaar ook zijn reactie, wanneer de discipelen een heftige discussie vastknopen aan dit merkwaardige verzoek van twee uit hun midden. 'Wie onder u de eerste wil zijn, zal aller slaaf zijn'.

Ziedaar het promotie-program dat geldt in Gods Koninkrijk. Wie vooraan wil staan, moet achter aansluiten. Wie meester wil worden, moet dienaar zijn. Wie wat wil bereiken, moet elk ideaal opgeven. Wie vooruit wil komen, moet een stapje terug doen. Wie leven wil, moet als een graankorrel willen sterven. Wie met zijn hoofd in de hemel wil lopen, moet zijn knieën buigen om voeten te wassen. Op die weg is Jezus ons voorgegaan, als een Koning die Knecht wilde zijn.

Gij die alles hebt gedragen
al de haat en al de hoon,
die beschimpt wordt en geslagen,
Gij rechtvaardig, Gij Gods Zoon,
als de minste mens gebonden,
aangeklaagd om onze zonde.
Duizend, duizendmaal, o Heer,
zij U daarvoor dank en eer.

gezang 182:2

Voor deze Dienaar, o God, willen wij U danken, voor Jezus, die de minste onder de mensen wilde zijn. Help ons om op die weg Hem te volgen, bukkend en buigend, in liefde voor U en elkaar.

> 'Gij weet niets en gij beseft niet, dat het in uw belang is, dat één mens sterft voor het volk en niet het gehele volk verloren gaat'. –*Joh. 11:50*

Dat is een merkwaardige uitspraak van de hogepriester Kajafas. Het is alsof hij profeteert, het is alsof in hem een evangelist is opgestaan. Jezus' dood komt heel het volk ten goede!

De geestelijke leiders, in vergadering bijeen, zijn verontrust door de groeiende sympathie die Jezus ondervindt. Nu heeft Hij in Bethanië weer een wonder verricht: een dode, een zekere Lazarus, is opgewekt en velen geloven daarom in Jezus. Dit moet wel mis lopen! Straks gelooft iedereen in Hem en dan zullen de Romeinen ingrijpen. En reken maar dat ze dan hun mooie baantjes als priesters kwijt zijn! Maar, de hogepriester weet raad: 'Gij weet niets en gij beseft niet, dat het in uw belang is, dat één mens sterft voor het volk en niet het gehele volk verloren gaat'. Weg met Jezus! Hij moet geofferd worden!

Onbewust wijst zo de hogepriester Kajafas Jezus aan als het Lam dat het leven van heel het volk zal redden. Eén mens voor heel het volk – zo neemt Jezus de zonde der wereld op zich. Hij alleen zal de diepste verlatenheid van God en mensen ondergaan, opdat heel het volk van schuld zal zijn bevrijd. Hij zal dat ene offer zijn, waardoor de zonden van allen worden verzoend. Juist door Jezus af te wijzen heeft Israël aan de verzoening meegewerkt. Hoe wonderlijk zijn Gods wegen. Hoe onnavolgbaar is zijn barmhartigheid!

Die gewillig waart ten dode,
in het duister van de pijn
U ten offer hebt geboden,
hoe verlaten moest Gij zijn,
troosteloos aan 't kruis gehangen
opdat wij uw troost ontvangen.
Duizend, duizendmaal, o Heer,
zij U daarvoor dank en eer.

gezang 182:3

Trouwe God, zelfs onze weerstand, zelfs ons ongeloof doet U meewerken ten goede. Niet alles hangt af van onze instemming; uw wil alleen, uw bedoeling met deze wereld bepaalt de loop der dingen. Laat uw rijk dan komen, dwars door onze onwil heen.

'Zo heeft Hij, hoewel Hij de Zoon was, de gehoorzaamheid geleerd uit hetgeen Hij heeft geleden...' – *Hebr. 5:8*

Het gaat er de schrijver aan de Hebreeën om, dat we goed zullen begrijpen dat Jezus niet zichzelf tot hogepriester heeft uitgeroepen. God, de Vader, die heeft Hem alszodanig aangewezen. Jezus is als het ware hogepriester gewórden, op grond van zijn gehoorzaamheid. Het was niet vanzelfsprekend, zo wil de schrijver aan de Hebreeën zeggen, dat Jezus ook werkelijk tot het uiterste toe in zijn liefde voor ons zou volhouden. Hij had de strijd kunnen staken. Hij had de moed kunnen opgeven. En hoeveel situaties waren er niet, waarin Hij daartoe werd uitgedaagd! Wat een weerstand, wat een tegenwerking heeft Hij ondervonden! En wat een leed heeft Hij geleden, wat een angst heeft Hij gekend! Toch heeft Hij de gehoorzaamheid geleerd uit hetgeen Hij heeft geleden.

Dat is een opmerkelijke gedachte. Kun je dan uit het lijden nog iets leren? Blijkbaar wel. Gehoorzaamheid. Het is alleen de vraag aan wie je in het lijden leert gehoorzaam te zijn. Het lijden doet menigeen gehoorzaam worden aan de duivel. De pijn verleidt je tot ongeloof en opstandigheid, tot gehoorzaamheid aan wat de grote tegenstander je influistert. Maar het lijden kan ook leiden tot gehoorzaamheid aan God, die ons roept om, juist door alles heen, vast te houden aan Hem. En die gehoorzaamheid heeft Jezus geleerd. Hij heeft zijn oren niet van God afgekeerd, maar juist in het diepste lijden heeft Hij zijn oren naar God toegewend. Om die trouw is Hij onze hogepriester geworden. Om zijn vasthoudendheid, om zijn liefde tot het einde toe, is Hij een echte hogepriester: Hij is één van ons, die kan meevoelen met onze zwakheden. Zijn hart is vol van mede-lijden.

'k Zie U, God zelf, in eeuwigheid geprezen,
tot in de dood als mens gehoorzaam wezen,
in onze plaats gemarteld en geslagen,
de zonde dragen.

gezang 177:2

Trouwe God, voor deze hogepriester danken wij U. Hij weet wat wij te lijden hebben, Hij weet hoe zwak wij zijn, hoe wanhopig en moedeloos. Wij danken U voor zijn gehoorzaamheid. Help ons om Hem daarin te volgen, om gehoor te geven aan wat U van ons vraagt, ook in dagen van moeite en pijn. Schenk ons uw Geest, opdat ook wij gehoorzaamheid zullen leren.

'Laten wij derhalve tot Hem uitgaan buiten de legerplaats en zijn smaad dragen'. – *Hebr. 13:13*

Er werden in Israël offers gebracht, waarvan degenen die ze brachten, mochten mee-eten. Er werd dan een offermaaltijd gehouden, een feestelijk besluit van de offerplechtigheid. Maar er waren ook offers waarbij er niets van het offer overbleef, zondoffers. Het bloed werd geplengd, het lichaam buiten de legerplaats verbrand. Zo ging dat in de woestijn, bij het heiligdom, de tabernakel. En zo is dat nu eigenlijk ook met Jezus gegaan, zo betoogt de schrijver aan de Hebreeën. Jezus is ook zo'n zondoffer. Beter gezegd: Jezus is hét zondoffer, het Lam dat de zonde der wereld wegdraagt. En daarom is Hij buiten Jeruzalem terechtgesteld. Buiten de poort heeft Hij geleden. Uitgeworpen is Hij, buitengesloten. Maar juist zo is Hij het offer voor onze zonden geworden.

Nu is het opvallend dat de schrijver van het Hebreeënboek aan deze diepe gedachte nog een praktische opmerking toevoegt. 'Laten wij derhalve tot Hem uitgaan buiten de legerplaats en zijn smaad dragen'. Bedoelt hij daarmee te zeggen dat wij in gedachten Jezus hebben te volgen op zijn lijdensweg, de poort door, de stad uit, naar Golgotha? Zeker, dat ook; maar er is, dacht ik, nog iets anders. Dit: zoals Jezus buitengesloten werd, zo moeten ook wij er maar op rekenen dat we menigmaal buitengesloten zullen worden, uitgeworpen, aan de kant gezet, gepasseerd in een benoeming, over het hoofd gezien bij een promotie, overgeslagen bij de uitnodiging voor het een of ander. Dat alles kan een mens meemaken in de navolging van Christus. Maar laat dat alles je niet van de wijs brengen! Er is geen andere weg. Jezus volgen betekent: tot Hem uitgaan buiten de legerplaats en zijn smaad dragen, want – zo besluit de schrijver aan de Hebreeën – 'wij hebben hier geen blijvende stad, maar wij zoeken de toekomstige'.

O liefde, voor dit offer van uw leven,
wat kan ik, dan mijzelf ten offer geven,
opdat ik nooit, hetzij ik leev' of sterve,
uw liefde derve!

gezang 181:6

Hemelse Vader, wij danken U voor de stad die komt, de stad waarin voldoende plaats zal zijn voor allen die Jezus hebben liefgehad. Help ons om zijn smaad in de wereld te dragen, ook in ons kleine leven van elke dag.

TOT U IS MIJN GEBED

lezen: *Psalm 69:15-22*

'Maar mijn gebed is tot U, Here'. – *Ps. 69:14*

Vandaag is het Palmzondag, vanouds een zondag vol van vreugde vanwege de intocht van Jezus in Jeruzalem. Gezegend is Hij die komt in de naam des Heren!

Maar niet alleen van vreugde spreekt deze dag. Niet alleen 'Hosannah' wordt geroepen. Ook 'Kruisigt Hem' klinkt al in onze oren. Nu gaat het op het diepste lijden aan. Opnieuw lezen we aan het begin van de week een psalm. In de psalmen heeft Jezus zich herkend. Met de psalmen in het hart heeft Hij geleefd. Met de psalmen op de lippen is Hij gestorven.

De psalm die we lazen spreekt van verschrikkelijke ellende. Het water is gekomen tot aan de lippen. De dichter van de psalm is verzonken in bodemloos slijk. Een watervloed overstroomt hem. Hij is moe van het roepen, zijn keel is hees. Zonder enige oorzaak haten hem zijn vijanden. En nu, wat doet hij? Begint hij te vloeken, te schelden, te schreeuwen? Nee, daar is geen sprake van. Wat dan? 'Mijn gebed is tot U, Here'.

Zo heeft Jezus geleefd, die laatste dagen in Jeruzalem. Hij heeft niet gevloekt, Hij heeft veeleer gezegend. Hij heeft niet gescholden; Hij was verdrietig vanwege het ongeloof van Jeruzalem. Hij heeft wel geschreeuwd, in doodsnood op Golgotha – maar niet om zijn vijanden ook maar iets te verwijten; Hij bad voor hen, omdat ze niet wisten wat ze hadden gedaan. 'Mijn gebed is tot U, Here'. Heel zijn bestreden leven heeft Jezus in de handen van zijn Vader gelegd. Biddend is Hij gestorven. Biddend heeft Hij ons behouden.

Tot U, o Heer, tot U is mijn gebed,
hoor mij en kom mij met uw hulp te stade;
ik smeek U om een stonde van genade,
ik heb mijn hart, mijn hoop op U gezet.
Houd mij dan vast en wees mij toegedaan,
antwoord mij, Heer, Gij wilt mij immers helpen.
Wend U tot mij, zie mij barmhartig aan,
laat mij niet door het water overstelpen.

psalm 69:4

Tot U, o Heer, tot U is ook ons gebed. Ook bij ons komt soms het water tot aan de lippen. Wij danken U voor Hem die door het water is heengegaan. Zijn dood is voor ons de weg naar het eeuwige leven.

'Mijn rug heb ik gegeven aan wie sloegen en mijn wang aan wie mij de baard uittrokken; mijn gelaat heb ik niet verborgen voor smadelijk speeksel'. – *Jes.* 50:6

Niet alleen in de Psalmen, ook in de Profeten is Jezus zichzelf tegengekomen. Hij heeft zichzelf beschouwd als de Knecht des Heren, over wie met name de profeet Jesaja geschreven heeft. Wie er dan ook met die Knecht mag zijn bedoeld, Jezus heeft zichzelf erin gezien, Hij wist zichzelf uitgeschilderd in het portret van die lijdende Knecht, die Dienaar van God, trouw tot in de dood. In Jezus is het woord van de profeet in vervulling gegaan. Hij heeft zijn rug laten geselen. Hij heeft zijn wang niet afgewend toen zijn vijand erop sloeg. Hij heeft zijn gelaat niet verborgen toen de soldaten erop spuwden. Een dienaar wilde Hij zijn en geen heer, een leerling en geen meester, een lam en geen leeuw.

Wie de kerkgeschiedenis beziet in het licht van deze Dienaar, schrikt. Hoevaak waren de rollen niet omgedraaid in de eeuwen die voorbij zijn gegaan! Hoevaak heeft de kerk niet zelf geslagen, getrokken en gespuwd! Hoevaak is de kerk niet heer en meester geweest in plaats van leerling en knecht. Hoevaak heeft de kerk gebruld als een leeuw in plaats van te blaten als een lam? Nee, ik voer geen pleidooi voor een vrijwillig martelaarschap, voor een verheerlijking van het lijden. Ik denk alleen dat het geen wonder is dat Joden en Arabieren, Israël en Islam, niet veel moeten hebben van dat christelijk geloof van ons. Hoevaak hebben wij het kruis niet omgekeerd om er een zwaard van te maken? Als ons Hoofd zich heeft laten slaan, moet het lichaam dan te vuur en te zwaard ten strijde trekken?

O hoofd zo hoog verheven,
o goddelijk gelaat,
waar werelden voor beven,
hoe bitter is uw smaad!
Gij, eens in 't licht gedragen,
door engelen omstuwd,
wie heeft U zo geslagen,
gelasterd en gespuwd?

gezang 183:2

Grote God, vergeef ons onze strijdlust, vergeef ons dat wij wel praten over de navolging van Christus, maar zo weinig op zijn weg gaan. Geef ons liefde, zelfs voor hen die ons slaan en bespuwen.

'Ik heb u een voorbeeld gegeven, opdat ook gij doet, gelijk Ik u gedaan heb'. –*Joh. 13:15*

Als Protestanten hebben we het daar niet zo op: Jezus als voorbeeld. Wij horen toch liever dat Jezus onze Heiland is, de Verlosser, de Redder der wereld. Wij horen liever dat Jezus alles voor ons heeft volbracht en een verzoening is van al onze zonden. Dat Hij ook een voorbeeld zou zijn, dat klinkt ons toch altijd op z'n minst een tikkeltje vrijzinnig in de oren. Als Jezus nu niet meer is dan alleen een lichtend voorbeeld, als Hij uitsluitend een navolgenswaardige rabbi is, waar blijft dan de kern van het christelijk belijden?

Toch ontkomen we er niet aan. De ware orthodoxie kan niet om de voetwassing heen. 'Ik heb u een voorbeeld gegeven, opdat ook gij doet, gelijk Ik u gedaan heb'. Jezus doet het werk van een slaaf. Als niemand andermans voeten wil wassen, dan zal Hij het wel doen. De Meester buigt zich voorover. Het Hoofd komt op het niveau van de voet. Jezus wast onze vuile voeten, de voeten van de discipelen die straks, in de hof van Gethsemané, van Jezus zullen wegrennen, zo snel ze kunnen. Die voeten wast Jezus. En waarom? 'Ik heb u een voorbeeld gegeven, opdat ook gij doet, gelijk Ik u gedaan heb'. Kerkewerk is slavenwerk. Christen-zijn is dienaar-zijn. Geloven is buigen en voeten wassen, vuile voeten, voeten die misschien even later over je heen zullen lopen, voeten die je wellicht ooit nog eens een trap nageven. Geloven vraagt meer dan knielen alleen.

Een mens te zijn op aarde
in deze wereldtijd,
is leven van genade
buiten de eeuwigheid,
is leven van de woorden
die opgeschreven staan
en net als Jezus worden
die 't ons heeft voorgedaan.

gezang 172:1

Trouwe Vader, wij danken U voor uw beeld, uw voorbeeld, Jezus, die kwam om onze voeten te wassen. Help ons om zoals Hij te buigen, te knielen voor elkaar, de minste te zijn, in liefde en uit dankbaarheid.

'Laat die gezindheid bij u zijn, die ook in Christus Jezus was'. – *Fil. 2:5*

Wat was er dan voor een gezindheid in Jezus? Wel, zo schrijft de apostel, Hij heeft 'in de gestalte Gods zijnde, het Gode gelijk zijn niet als een roof geacht'. Wat bedoelt Paulus daarmee? Dit: Jezus heeft de goddelijke heerlijkheid niet als een privé-bezit beschouwd. Hij heeft als het ware niet gezegd: Ziezo, niemand kan Mij de hemelse gelukzaligheid afnemen, die buit heb Ik eens en voorgoed binnen'. Integendeel, Jezus heeft zich ontledigd. Hij heeft weggegeven wat Hij bezat, opgegeven wat Hem toekwam. Hij heeft niet krampachtig als privé-bezit vastgehouden wat Hij van de Vader had ontvangen aan eer en glorie. Jezus heeft zich vernederd en gaf zijn glorie prijs.

En nu schrijft de apostel zijn brief aan de gemeente in Filippi. Hij doet een beroep op iedereen om eensgezind te zijn, één in liefdebetoon en ootmoedigheid. En wanneer hij daarover schrijft, verwijst hij naar het Hoofd der kerk, Jezus Christus. Heeft Hijzelf niet alles prijsgegeven om zijn gemeente te dienen? En daarom: 'Laat die gezindheid bij u zijn, die ook in Christus Jezus was'. Christus volgen op zijn lijdensweg betekent steeds opnieuw prijsgeven, opgeven. Niet alleen geldt dat voor ons bezit, maar ook voor onze bezwaren, voor onze ideeën en idealen. En dat is zo gemakkelijk nog niet! Dat is soms werkelijk een lijdensweg. Je privéstandpunt op te moeten geven, je te schikken in wat een goede weg lijkt te zijn voor de hele gemeenschap, dat is zo eenvoudig nog niet. Maar het is wel de weg die Christus ons wijst. Je kunt in zijn Rijk alleen koning zijn, als je bereid bent van de troon af te komen.

Hij wilde zich verlagen
en daalde van zijn troon;
een ezel mag Hem dragen,
Hem sieren staf noch kroon.
Hij wil zijn koningsmacht
en majesteit verhullen,
om needrig te vervullen
wat God van Hem verwacht.

gezang 121:2

Barmhartige Vader, nu wij in deze dagen het lijden van onze Heiland gedenken, bidden wij U: help ons om niet alleen te denken aan wat Hij zei, maar om ook te doen wat Hij deed. Laat die gezindheid bij ons zijn, die ook in Christus Jezus was.

 lezen: *1 Corinthiërs 11:23-26*

'Zo dikwijls gij dit brood eet en de beker drinkt, verkondigt gij de dood des Heren, totdat Hij komt'. –
1 Cor. 11:26

Vanouds wordt deze donderdag de Witte Donderdag genoemd, wellicht vanwege de witte gewaden die de priesters droegen. Die witte gewaden droegen zij vanwege het bijzondere karakter van deze dag: de herdenking van de instelling van het avondmaal. Vreugde en verdriet gaan op deze dag samen. Vreugde vanwege brood en wijn. Verdriet vanwege onze zonden, waarvoor Jezus zijn lichaam en zijn bloed gegeven heeft.

Wat doen wij eigenlijk wanneer wij het avondmaal vieren? Naar oude traditie gebeurt dat in vele kerken op de avond van de Witte Donderdag en wel 'om de dood des Heren te verkondigen'. Paulus is daar in zijn brief aan de gemeente in Corinthe heel duidelijk over. Wij eten het brood en wij drinken de wijn om Christus' dood te verkondigen. Dus niet om aan de andere kerkgangers te laten zien hoe vroom wij wel zijn en ook niet omdat we de traditie in stand willen houden vanwege het plechtige karakter daarvan. Nee, niets van dat alles. We eten brood en drinken wijn om te verkondigen. Heel de viering van het avondmaal is goedbeschouwd één grote proclamatie: Jezus is gestorven als het Lam dat de zonde der wereld wegneemt! Zijn lichaam is ons leven, zijn bloed is ons behoud!

Zo houdt de kerk Christus' dood in ere. Hoelang? Totdat Hij komt! Er komt een tijd waarin het avondmaal over zal gaan in de grote bruiloftsviering. Als Jezus wedergekomen is, dan zal elke donderdag een Witte Donderdag zijn en elke vrijdag een Goede Vrijdag. Als Jezus wedergekomen is, dan begint het feest pas goed!

Nu ik mijn hand strek naar 't gebroken brood
en neem de beker, die Gij zelf mij boodt,
hoe komt Gij met uw goedheid mij nabij;
berg me in uw liefde, Heer, en zegen mij.

gezang 358:5

Eeuwig trouwe God, voor brood en wijn danken wij U. Uw liefde is rood als bloed, uw genade wit als de sneeuw. Geef overal waar vandaag tot Christus' gedachtenis gegeten en gedronken wordt, uw Geest als een diepe bron van vreugde.

'Jezus riep wederom met luider stem en gaf de geest'. – *Matth. 27:50*

Op deze Goede Vrijdag staan we in gedachten op Golgotha. Drie kruiselingen zijn daar opgehangen. De Middelaar tussen twee moordenaars. Het leven tussen de dood. De discipelen staan op enige afstand. Jezus' vrienden zwijgen. Zijn vijanden spotten. 'Red Uzelf, als U Gods Zoon bent!' Zelfs de schriftgeleerden en de overpriesters spuwen hun gal. 'Anderen heeft Hij gered. Zichzelf kan Hij niet redden'. En ook de twee bandieten aan Jezus' linker- en rechterhand spotten mee. Zo hangt Hij daar, de Middelaar, de Levende, tussen de doden.

En dan, na drie uur Egyptische duisternis, na drie uur volstrekte verlatenheid van God en mensen, is het moment van Jezus' sterven aangebroken. Hoe Hij sterft? Niet als een vermoeide soldaat die onopgemerkt, bijna onhoorbaar de laatste adem uitblaast in een veldhospitaal; Jezus is in zijn laatste uur een generaal! Met luider stem roept Hij en geeft Hij de geest. 'Vader, in uw handen beveel Ik mijn geest'. Zijn leven lang is Jezus knecht en dienaar geweest. Nu, in dit laatste moment, neemt Hij een psalmwoord op de lippen, luid roepend, een opdracht, een bevel: Ga, mijn geest, ga, in de handen van mijn Vader!

Zo is Jezus gestorven. Niet als een betreurenswaardig slachtoffer in een burgeroorlog, maar als de Grote Generaal in een alles beslissende strijd; als een Generaal wiens dood de overwinning betekent. 'Jezus riep wederom met luider stem en gaf de geest'. Is de Geest, die wij van de Vader ontvangen hebben, de Geest van Pinksteren, niet de Geest van Hem, die alles heeft volbracht?

Jezus, leven van ons leven,
Jezus, dood van onze dood,
Gij hebt U voor ons gegeven,
Gij neemt op U angst en nood,
Gij moet sterven aan uw lijden
om ons leven te bevrijden.
Duizend, duizendmaal, o Heer,
zij U daarvoor dank en eer.

gezang 182:1

Barmhartige God, op deze Goede Vrijdag knielen wij bij het kruis van Christus, onze Heiland. Wij zeggen U dank voor de Geest die Hij ons gegeven heeft, zijn Geest, die door uw handen heen tot ons gekomen is. Duizend, duizendmaal, o Heer, zij U daarvoor dank en eer!

'Geef daarom bevel het graf te verzekeren tot de derde dag'. – *Matth. 27:64*

Op deze Stille Zaterdag gedenken wij hoe Jezus in het graf verbleef, in de stilte van de spelonk, zoals eens Mozes en Elia op de berg Horeb in een rotsspelonk verbleven, voordat zij het licht van Gods heerlijkheid mochten zien. De Stille Zaterdag – zo noemen we deze dag, tussen Goede Vrijdag en Pasen. Vandaag heerst de stilte van de ontzetting, de stilte van de dood.

Nu is dat maar tot op zekere hoogte waar, want in Jeruzalem wordt koortsachtig vergaderd over het graf van Jezus. Men herinnert zich wat Hij gezegd heeft over zijn dood en over zijn opstanding. En daarom bedelen de Joden bij Pilatus om een verzekering, een beveiliging van het graf. Pilatus moet praatjes over een opstanding voorkomen. En terwille van de rust stuurt Pilatus een paar soldaten met hen mee. Het bevel is duidelijk: Wacht houden bij dat graf, tot de derde dag!

Pilatus. Hoe pover steekt deze bevelvoerder af bij de Grote Generaal in zijn graf, Jezus! Machtiger dan de stadhouder is de Kurios, de Heer, die zijn geest beval in de handen van zijn Vader. Soldaten moeten praatjes tegengaan. Maar engelen staan klaar om de bazuin van het evangelie op te steken! Het Romeinse leger waakt bij een dode Jood. Hoeveel soldaten, hoeveel legioenen zullen straks niet aantreden, uit alle windstreken, als Jezus voor aller oog, als de Levende, Koning op aarde zal zijn. Voor dat allerlaatst appèl is hier, in de graftuin, al een generale repetitie...

Als de bazuinen blazen
Gods allerlaatst appèl,
dan vaart een groot verbazen
door hemel, aarde en hel,
dan rijzen in het licht
de doden, die nu slapen
en voor Gods aangezicht
worden ook wij herschapen.

gezang 93:2

Trouwe God, op deze zaterdag zijn wij stil, stil van ontzetting, maar ook stil van verbazing en diepe verwondering. Ook in het uur van de dood blijven wij geloven: Jezus heeft alle macht, in hemel en op aarde.

'De steen die de bouwlieden versmaad hebben,
is tot een hoeksteen geworden'. – *Ps. 118:22*

Vandaag is het Pasen, het grote feest van de christelijke kerk! Vandaag luiden de klokken en klinken de trompetten. Christus is waarlijk opgestaan!

Psalm 118 hoort bij dit feest van vandaag. Psalm 118 is een Hallelujahpsalm. Looft de Here – daar zet de psalm mee in. 'Looft de Here, want Hij is goed, ja, zijn goedertierenheid is tot in eeuwigheid'. En waarom is God zo goed? Omdat Hij zijn kind redt uit de hand van hen die haten. Daarom zingt de psalm: 'De Here is mijn sterkte en mijn psalm, Hij is mij tot heil geweest'. De dood is dichtbij gekomen, maar zie: 'Ik zal niet sterven, maar leven en ik zal de daden des Heren vertellen'. Die woorden gelden Jezus in het bijzonder. De bouwlieden, de geestelijke leiders van het volk, hadden Hem aan de kant gegooid. Onbruikbaar was Hij in hun ogen, een lastpak, een steen des aanstoots. Weg met Hem, kruisigt Hem! Maar op de Paasdag heeft de Grote Architect zelf deze weggeworpen steen opgenomen en een ereplaats gegeven, een plaats van wezenlijk belang voor de opbouw van het hele huis. De grafsteen is een hoeksteen geworden! Jezus' dood is ons ten leven, zijn verwerping is onze aanvaarding. Dat alles vieren wij vandaag, met grote vreugde. Begrijpen doen we het niet. Wetenschappelijk blijft het allemaal onmogelijk. Het is een wonder in onze ogen. Maar zou voor de Schepper van de hemel en de aarde iets te wonderlijk zijn?

De steen, die door de tempelbouwers
verachtlijk was een plaats ontzegd,
werd tot verbazing der beschouwers
ten hoeksteen door God zelf gelegd.
Dit werk is door Gods alvermogen,
door 's Heren hand alleen geschied.
Het is een wonder in onz' ogen.
Wij zien het, maar doorgronden 't niet.

psalm 118:8

Trouwe Vader, op dit Paasfeest prijzen wij uw grote naam om de opstanding van Christus uit de doden! Hij is de hoeksteen die ons draagt, het fundament van ons leven. Met heel uw kerk, in hemel en op aarde, loven wij vandaag uw heilige naam!

'Jezus zei tot haar: Maria!' – *Joh. 20:16*

Waarom is Maria zo verdrietig? Ach, dat laat zich raden. Wie zou niet verdrietig zijn om de dood van Jezus? Toch is het verdriet voor Maria van Magdala wellicht bijzonder diep geweest. Was zij het niet uit wie Jezus boze geesten had uitgedreven? Wie weet hoevaak zij in haar leven de stemmen van de demonen had gehoord, de stemmen die haar riepen en aanspoorden tot de meest krankzinnige dingen? Hoevaak zouden de boze geesten haar naam hebben genoemd? Maria! Maria! Maria! Wie weet hoe deze vrouw dag en nacht geplaagd is door die haar overal achtervolgende stemmen. Maria! Maria! Geen wonder dat haar verdriet nog intenser is dan dat van vele anderen. Geen wonder dat ze als een wanhopige zich vastklampt aan ieder die haar misschien kan helpen om het lichaam van Jezus te vinden. Wie weet is de tuinman op de hoogte van de plaats waar men Jezus heeft gelegd...

Maar dan klinkt er door de tuin van Jozef van Arimathea, op die vroege Paasmorgen, een stem, een bekende stem. Nee, geen stem van een boze geest, geen stem van één der demonen. Het is een vertrouwde stem, de stem van haar Heer en Heiland. Maria!

Zo worden ook wij vandaag bij onze naam genoemd. Zoals we wellicht eens, in het uur van onze doop, genoemd werden, met naam en toenaam, zo worden wij op dit Paasfeest bij de naam genoemd. Maria. Pieter. Wilhelmina. Albertus. En die naam spreekt boekdelen. Die naam herinnert ons aan de boze geesten, aan de duivel en zijn hele rijk. Maar die naam herinnert ons ook aan Hem die de cirkel van onze bezetenheid doorbroken heeft, aan Jezus, die de duivel en de dood heeft overwonnen! Maria! Je hoeft voor niemand ooit nog bang te zijn!

Jezus leeft en ik met Hem!
Dood, waar is uw schrik gebleven?
Hem behoor ik en zijn stem
roept ook mij straks tot het leven,
opdat ik zijn licht aanschouw, –
dit is al waar ik op bouw.

gezang 217:1

Liefdevolle Vader, U noemt onze naam, U kent ons leven, door en door. Wij bidden U: blijf onze namen noemen, van dag tot dag; blijf ons roepen wanneer wij wanhopig wandelen door de tuin van de dood. Wie ons moge vergeten, U vergeet onze naam toch niet?

'En hun ogen werden geopend'. – *Luk. 24:31*

De Emmaüsgangers gaan terug naar huis. De toekomst is als een deur dichtgegooid. Jezus is gekruisigd. Hun hoop is vervlogen, hun geloof zo goed als dood en begraven. Enkele vrouwen hebben nog wel voor enige opschudding gezorgd met praatjes over een open graf, maar dat moeten bakerpraatjes zijn. De hemel is dichter dan ooit, de toekomst met hun Heiland eens en voor altijd afgesloten.

Maar hoe komt het dat de hemel voor deze twee broeders zo dicht is? Omdat hun ogen gesloten zijn! En hoe komt het dat hun ogen zijn gesloten? 'Hun ogen waren bevangen, zodat zij Hem niet herkenden'. Heeft God zelf hun ogen verblind, zoals Hij eens de ogen van Elisa's vijanden verblindde, om hun een les te leren? Of zou ook ons eigen ongeloof ervoor kunnen zorgen dat wij in de naaste op onze weg Christus niet herkennen? In elk geval: als blinden lopen ze langs de weg. Ze herkennen Jezus niet.

Vergaat het ons niet menigmaal net zo? Hoe dikwijls zou Jezus ons verschijnen, zonder dat wij Hem herkennen, omdat we Hem houden voor een vreemdeling in Jeruzalem, een buitenstaander die niet goed op de hoogte is van onze theologische en kerkelijke discussies? Is er misschien daarom zoveel zwaarmoedigheid in ons leven, omdat wij het blijde bericht van de vrouwen niet eenvoudig geloven en leven vanuit de opstanding? Waarom toch die neiging om alles zelf te willen zien, te willen voelen, te willen tasten? 'En hun ogen werden geopend'. Op welk moment dat was? Toen het avond werd en de dag reeds was gedaald. De hemel had voor deze broeders al een hele dag open kunnen zijn...

't Leven heeft de dood verslonden;
wat geboeid is, wordt ontbonden.
Dood, waar is uw overmacht,
waar uw prikkel, waar uw kracht?
's Heren vrijgekochten hopen,
want de hemel gaat hun open.
Halleluja! Halleluja!

gezang 222:3

Trouwe Vader, open onze ogen, open ons hart, open uw hemel, opdat wij niet verkommeren in zwaarmoedigheid en twijfelzucht. Help ons om te geloven dat uw toekomst is opengegaan, ook al hebben wij zelf daar nog niets van kunnen bespeuren.

'En Hij nam het en at het voor hun ogen'. – *Luk. 24:43*

Gebakken vis – de evangelist Lukas schaamt zich er niet voor dit detail te vertellen: de opgestane Heiland eet een stuk van een gebakken vis!

Het klinkt in onze oren haast banaal. Het past nauwelijks in de Halleluja-stemming van het Paasfeest. Dat Jezus verschijnt, zijn discipelen met name noemt, door gesloten deuren heen binnengaat, dat alles is ons vertrouwd geworden, dat past in de entourage van de Paasgeschiedenis – maar dat Jezus een stuk van een gebakken vis opeet, dat is bijna een onsmakelijk tafereel op het schilderij van Pasen.

Toch wordt goedbeschouwd de betekenis van Christus' opstanding nergens zo duidelijk tentoongesteld als juist hier! Op de avond van de eerste dag der week zijn de discipelen samen. Zo juist zijn de Emmaüsgangers teruggekomen met de opgetogen boodschap dat ze Jezus hebben gezien. En terwijl ze nog over deze dingen spreken, verschijnt de Opgestane zelf in hun midden. Van blijdschap kunnen ze niet geloven dat het Jezus is. Maar dan komt Hij zelf met een voorstel: 'Hebt gij hier iets te eten?' Jezus wil bewijzen dat Hij niet een geest is, een droombeeld. Waarachtig is Hij opgestaan: een mens van vlees en bloed, een mens met handen en voeten, een mens met een mond om te eten. En zo eet Hij voor hun ogen van de gebakken vis. Christus is waarlijk opgestaan! Precies zoals Hij zo vaak voor hun ogen, aan de oever van het Meer van Galilea, vis gegeten heeft, zo eet Hij nu opnieuw in hun midden vis. Alles is weer als vanouds, Jezus is werkelijk terug, Hij is met handen te tasten.

Zo vieren Jezus' leerlingen het Paasfeest. Onomstotelijk is vastgesteld: God legt zich niet neer bij de dood van ons lichaam. God doet geen half werk. Wij verwachten de opstanding der doden – een nieuw lichaam van vlees en bloed.

> 't Is feest, omdat Hij bij ons is,
> de Heer die eeuwig leeft
> en die in zijn verrijzenis
> alles herschapen heeft.

gezang 218:8

Trouwe God, in dit geloof gaan wij uw toekomst tegemoet. Niet alleen voor onze geest, maar ook voor ons lichaam is uw belofte vast en zeker.

CHRISTUS IS WAARLIJK OPGESTAAN lezen: *1 Corinthiërs 15:1-11*

'Hij is verschenen aan Céfas, daarna aan de twaalven'. –
1 Cor. 15:5

Over bescheidenheid gesproken: Paulus cijfert zichzelf geheel weg in zijn verslag over Christus' opstanding. Jezus is aan Céfas – Petrus, de rotsman – als eerste verschenen. En als laatste kwam Paulus aan de beurt. 'Het allerlaatst is Hij ook aan mij verschenen'. Petrus was de eerste die Jezus zag. Paulus was de laatste.

Tussen haakjes: een fraai stelletje medewerkers, die apostelen van Jezus! Petrus, de eerste, had Jezus verloochend, tot drie keer toe. Paulus, de laatste, had de gemeente zelfs vervolgd, als een briesende leeuw. Uitgerekend die twee worden kopstukken in Christus' kerk, apostelen van belang, voortrekkers in de verkondiging van het evangelie. Petrus en Paulus, ze zijn uitgegaan, naar de Joden en naar de heidenen. De Joden eerst, de heidenen als laatsten, allen mochten horen dat God zich door de dood niet laat opsluiten.

Al met al siert het de grote apostel Paulus dat hij niet in het minst zijn best doet om zichzelf een betere plaats te geven in de rij van hen aan wie Jezus verscheen. Hij verklaart zichzelf eigenlijk onwaardig om apostel te heten. Alleen door de genade van God is hij geworden wat hij geworden is: een getuige van Gods barmhartigheid. Zo is het Paasevangelie de wereld ingegaan; mensen die zelf ontdekten wat het betekent om uit genade te leven, hebben ons de goede boodschap gebracht. Al heb je als Petrus Jezus verloochend en als Paulus de gemeente vervolgd, de Opgestane kan je altijd in zijn dienst gebruiken.

Laat groot en klein nu vrolijk zijn,
jubelend God dank bewijzen.
Laat al wie 't woord des levens hoort
Vader en Zoon lofprijzen.
Want Hij, in wie ons heil is, zie,
die dood was leeft: de Vader heeft
zijn Zoon voor ons doen verrijzen.

gezang 216:1

Barmhartige God, U neemt ons in uw dienst, ons, onwaardigen. Wij danken U voor uw liefde, die rijk is aan vergeving. Wij danken U voor mensen als Petrus en Paulus, die ons het evangelie hebben gebracht. Zegen allen die in onze dagen in hun voetsporen gaan en met woord en werk de goede boodschap van Pasen verkondigen onder de mensen. Zegen ons, opdat wij allen Christus' getuigen zullen zijn.

CHRISTUS IS WAARLIJK OPGESTAAN lezen: *1 Corinthiërs 15:12-20*

> 'Indien wij alleen voor dit leven onze hoop op Christus gebouwd hebben, zijn wij de beklagenswaardigste van alle mensen'. – *1 Cor. 15:19*

Blijkbaar zijn er in de gemeente van Corinthe mensen die beweren dat je toch niet met goed fatsoen kunt geloven in de opstanding der doden. Het is volgens hen de moeite waard om Jezus te volgen, maar je moet daarbij niet verder kijken dan het aardse leven lang is. Het evangelie moet gepredikt worden, daarover is geen discussie; maar laat nu niemand zeggen dat eenmaal de doden zullen worden opgewekt, met lichaam en ziel, want dat is, zeker in Griekse oren, dwaasheid. Jezus is goed voor de inrichting van het leven hier en nu, zijn woorden zijn wijs en de moeite van navolging waard, maar nu alstublieft geen bespiegelingen over een opwekking der doden!

Tegen deze dwaalleer gaat Paulus te keer. Hij zoekt niet naar een compromis, hij probeert deze broeders niet te vriend te houden door allerlei uitingen van begrip, nee, radicaal wijst hij deze overtuiging af. 'Indien wij alleen voor dit leven onze hoop op Christus gebouwd hebben, zijn wij de beklagenswaardigste van alle mensen'. Niet voor niets wordt in het evangelie ons toch verteld dat Christus is opgewekt! Onze toekomst staat of valt met zijn opstanding!

Beklagenswaardig – ja, dat ben je, als je niet verder kijkt dan dit leven lang of kort is. Welgelukzalig ben je, als je gelooft dat achter de poort van de dood een land van melk en honing ligt, waarin Gods kinderen vrolijk zullen wandelen.

Juich dan en zing! Hij, de Eersteling
heeft onze vijand bedwongen,
is sterk en groot dwars door de dood
tot in Gods rijk doorgedrongen.
Wie bij Hem hoort mag door die poort
achter Hem aan ten leven gaan, –
Hij heeft de zege bedongen.

gezang 216:2

Machtige God, wij danken U voor Hem, die de poort van de dood is doorgegaan. Niet alleen voor dit leven is Hij gekomen; om ons tot nieuwe mensen te maken, wonend op een nieuwe aarde, daartoe is Hij opgestaan. Wij prijzen U om al uw beloften; levenden en doden zijn in uw hand.

'De laatste vijand, die onttroond wordt, is de dood'. –
1 Cor. 15:26

Daar heb je, in een paar woorden, het hele evangelie. Er staat niet: De laatste vijand is de dood. Er staat: 'De laatste vijand, die onttroond wordt, is de dood'. Het vonnis is al over de dood geveld! De dood wordt onttroond. Eens zal het voorgoed gebeuren. Jezus zal Koning zijn. Alle machten en krachten zal Hij eenmaal aan zich onderwerpen. En dan, uiteindelijk, dan zal ook de laatste vijand, de krachtigste tegenstander, de dood, worden onttroond. Voor Koning Jezus zal koning Dood het veld moeten ruimen.

Al met al is Paulus duidelijk wat de dood betreft. De dood is geen welkome vriend. De dood is een vijand. Zeker, wanneer iemand erg oud en erg ziek is geworden, dan hebben we er in zekere zin vrede mee, dat de dood komt. Het kan zelfs een bevrijding zijn, een opluchting ook: eindelijk uit het lijden verlost! Maar dat neemt niet weg dat de dood toch altijd een verlies betekent. En soms is dat verlies zo ingrijpend, zo plotseling, zo hartverscheurend, dat niemand het in z'n hoofd zal halen om de dood als 'vriend' te beschouwen. Integendeel: een víjand is de dood. Geen kruid is er tegen gewassen, geen tablet, geen poeder bestaat er tegen de dood. Steeds weer moeten de knapste artsen het tegen de dood afleggen. Een vijand is de dood, onoverwinlijk. Onoverwinlijk? Nee, dat niet. Eén kan hem aan: de Koning van Pasen. Eens zal Hij de strijd aanbinden. Pasen was al een voorhoedegevecht. De nekslag wacht nog. Christus zal Koning zijn en God uiteindelijk alles in allen.

Lof, dank en eer zij onze Heer,
zegent zijn naam te allen tijde!
Gij christnen, laat uw woord en daad
zijn overwinning belijden.
Dan zullen wij zijn zoals Hij
en na de nood van graf en dood
eeuwig in Hem ons verblijden.

gezang 216:3

Zo willen ook wij uw overwinning belijden, trouwe God. In Christus, die is opgestaan, is de dood al ten dode opgeschreven. Wij danken U dat wij in dat vertrouwen mogen leven: eenmaal voor eeuwig vrij te zullen zijn van de dreiging van de dood. Wij danken U, o God van ons leven!

'Gij hebt mijn leven van de dood gered'. – *Ps. 116:8*

'Als nieuwgeboren kinderen' – dat is vanouds het thema voor deze zondag en voor de dagen van deze week na Pasen. Volgens oud gebruik zijn in de Paasnacht diegenen gedoopt die tot geloof gekomen zijn. Zij hebben de goede belijdenis afgelegd voor God en voor de mensen, zij zijn neergedaald in het bad van de wedergeboorte, zij hebben een nieuwe naam ontvangen en zijn bekleed met een blinkend wit gewaad: de nieuwe lidmaten, de jongste leden van de kerk. Om die reden is, zo vlak na Pasen, voor hen een bijzondere aandacht in de lezingen uit de Schrift. Zij moeten worden bemoedigd op de weg die zij gekozen hebben. Zij moeten worden gevoed, als nieuwgeboren kinderen.

In de Psalm die we lazen is iemand aan het woord die als het ware ook opnieuw geboren is. Hij is ernstig ziek geweest, op de rand van de dood heeft hij tot God gebeden – en God heeft zijn leven gered. 'Gij hebt mijn leven van de dood gered, mijn ogen van tranen, mijn voet van aanstoot'. Zo kan de dichter verder leven, in dankbaarheid voor wat God aan hem gedaan heeft, herboren, als een mens die het leven opnieuw gekregen heeft.

Als nieuwgeboren kinderen – zo mogen ook wij verder leven, vanuit Pasen. Ten dode waren wij opgeschreven, aangeklaagd, veroordeeld, schuldig bevonden. Maar dank zij die vreemde vrijspraak, dank zij de dood en de opstanding van Christus alleen, is ons leven van de dood gered. Wij hebben een nieuwe naam gekregen, onze naam is gedoopt in die van de Vader, de Zoon en de Heilige Geest. Wie beseft wat dat betekent, gaat leven als een kind, dankbaar voor elke glimlach in Gods ogen.

O God, mijn God, die van de dood mij redt,
mijn tranen afwist! Voor het oog des Heren
mag ik weer vrij in 's levens land verkeren,
geen steen die stoot waar ik mijn voeten zet.

psalm 116:4

Barmhartige Vader, als uit de dood zijn wij herboren. Hoe zouden wij kunnen sterven, als Jezus niet voor ons gestorven was? Hoe zouden wij kunnen leven, als Christus niet voor ons was opgestaan? Vervul ons met uw Geest, opdat wij leven zullen, vandaag en morgen, als nieuwgeboren kinderen.

'Jongelingen worden moe en mat, zelfs jonge mannen struikelen, maar wie de Here verwachten, putten nieuwe kracht'. *–Jes. 40:30, 31*

Het volk Israël is in ballingschap. De harpen hangen aan de wilgen. Zou God zijn volk vergeten zijn? Ziet God de ellende van Israël nog wel? Geen wonder dat deze vragen opkomen. Israëls weg lijkt voor God verborgen te zijn. Babel is ook zo ver van Jeruzalem...

Maar wacht, daar klinkt een stem. De ballingen van Babel, moe en mat geworden, veren op! Het is de stem van Israëls God die klinkt. 'Waarom zegt gij, o Jakob, en spreekt, o Israël: mijn weg is voor de Here verborgen en mijn recht gaat aan mijn God voorbij?' Woorden van bemoediging spreekt God tot zijn volk. Hij zal een keer brengen in het lot van zijn kinderen. De zonden zijn vergeven, het onrecht is geboet, de lijdenstijd ten einde. En daarom, al worden jongelingen moe en mat, al struikelen zelfs jonge mannen, wie de Heer verwachten putten nieuwe kracht. Zij lopen, maar worden niet moe, zij wandelen, maar worden niet mat. Een nieuw vertrouwen op God verdrijft de doffe ellende, doorbreekt de cirkel van de wanhoop! God haalt zijn volk naar huis!

Jongelingen worden moe. Dat geldt ook voor hen die belijdenis deden. Veelbelovend en fier zeg je 'ja', vooraan in de kerk. In de naam van de Vader, de Zoon en de Geest word je gedoopt of op z'n minst daaraan herinnerd. Je voelt je sterk, vol goede moed. Maar pas op, jongelingen worden moe en jonge vrouwen kunnen struikelen na verloop van tijd. Al snel blijkt de kerk geen Kanaän. Soms ben je, ondanks de bijbel, in Babel. Maar – 'wie de Here verwachten, putten nieuwe kracht'. Blijf niet liggen als je valt. Wij geloven toch in de opstanding?

De gang wordt vast, het lied krijgt nieuw geluid.
De bloem der jonglingschap versaagt,
maar al wie naar de Here vraagt
slaat als een adelaar zijn vleugels uit.
Zij wandlen onvermoeibaar,
zij trekken onuitroeibaar
door deze wereldnacht.
Hebt gij het niet gehoord?
Weet gij het niet? Het woord
geeft moeden nieuwe kracht.

gezang 30:7

Richt ons op, o God, als wij vallen. Draag ons, als nieuwgeboren kinderen. Alleen in uw kracht kunnen wij verder, trekkend uit Babel, Kanaän tegemoet.

maandag

'En Hij verweet hun hun ongeloof'. – *Mark. 16:14*

Jezus' jongeren krijgen er na Pasen goed van langs. Streng klinkt de stem van de Meester. Hoe ongehoord is hun ongeloof, hoe verhard is hun hart! Steeds weer stuit de boodschap van Pasen op ongeloof. Heeft Jezus daar dan geen begrip voor? Ach, Hij zal het ongetwijfeld hebben begrepen: de verwondering, de aarzeling, de verwarring. Maar ondanks dat klinkt toch in zijn stem een verwijt. 'En Hij verweet hun hun ongeloof en hardheid van hart, omdat zij hen niet geloofden, die Hem aanschouwd hadden, nadat Hij opgewekt was'.

Waarom is Jezus zo fel tegen dat ongeloof? Waarom haalt Hij er niet de schouders over op? Mensen moeten toch zelf uitmaken of ze het evangelie willen geloven of niet? Bovendien: maakt het nu werkelijk zo verschrikkelijk veel uit of je gelooft dat Jezus weer tot leven is gekomen of dat alleen zijn wóórd doorgang gevonden heeft in de geschiedenis? Waarom zou ik me daar nu zo druk over maken?

Wie deze vragen stelt, begrijpt ten diepste niet waar het Jezus om is te doen. Het gaat om de eer van God! Het gaat er om dat God niet kan hebben dat zijn werk wordt afgebroken. Het gaat er om dat God niet toelaat dat zijn schepping maar een tijdje stand houdt. Zijn werk gaat door! Hij laat niet varen wat zijn hand begon. De dood mag geen afscheid zijn voorgoed. De dood is hooguit een ijzeren gordijn, een kille muur, waardoor wij voor een tijd aan elkaars oog zijn onttrokken. Maar meer eer krijgt de dood niet. En dat mag en moet in Jezus' opstanding aan het licht worden gebracht. God maakt af wat Hij begint. Wij zullen elkaar weer zien! Wij zullen aan den lijve ervaren dat het verdriet niet het laatste woord heeft. Onze rouw is nooit groter dan Gods trouw. En dat wordt in Christus' verschijning tentoongesteld. Vandaar zijn verzet tegen ons ongeloof. Wie niet in de opstanding gelooft, gelooft niet in het Leven!

Wees nu, wie rouw draagt, eens voor al
getroost en wanhoop niet:
een weerzien zonder einde zal
verzoeten uw verdriet.

gezang 218:6

Wij houden niet op, o God, U te danken voor de opstanding van Jezus Christus uit de doden! Uw werk gaat door, U laat niet los wat uw hand begon. Bevrijd ons uit de macht van het ongeloof, help ons om uw woord onvoorwaardelijk te vertrouwen.

'Zalig zij, die niet gezien hebben en toch geloven'. – *Joh. 20:29*

Een kind, dat pasgeboren is, kan niet veel méér doen dan zich overgeven. Zeker, het laat zich horen, het huilt, het schreeuwt, het spartelt tegen – maar als het er op aan komt, is het in alles afhankelijk van vader of moeder. Eigenlijk kan het niets anders doen dan blindelings vertrouwen dat er wordt gezorgd, dat er op tijd voeding zal zijn, veiligheid, liefde.

Zo kan ook een nieuwgeboren kind van God niets anders doen dan zich in geloof overgeven aan de opgestane Heiland. Thomas heeft daar moeite mee. Thomas twijfelt. Thomas wil met eigen ogen zien, met eigen handen tasten. Thomas wil bewijzen hebben. Thomas wil een briefje uit de hemel. En hij heeft het bewijs nog gekregen ook!

Wij, levend zo lang na Pasen, wij moeten het doen met de woorden van Jezus: 'Zalig zij, die niet gezien hebben en toch geloven'. Wie door de Geest wederomgeboren is kan eigenlijk niet veel méér doen dan zich overgeven. Soms zie ik niets van God, soms hoor ik zijn stem niet, soms tast ik als een blinde in een donkere wereld. En toch – toch gelóóf ik dat God mij wel ziet, al zie ik Hem niet. Toch gelóóf ik dat God mij hoort, al hoor ik Hem niet. Wie altijd maar twijfelt, gaat aan twijfel een keer te gronde. Twijfel, constante twijfel, maakt zwaarmoedig, trekt alle vreugde uit je leven weg. Het evangelie vraagt onze overgave, ons vertrouwen. Waarom zou je je leven lang tobben over de vraag hoe het nu precies zit met dit en hoe het nu precies gesteld is met dat? Misschien krijg je antwoorden waardoor je wetenschappelijke nieuwsgierigheid enigszins wordt bevredigd; maar altijd zullen er dan weer andere vragen opduiken, die niet zo eenvoudig te beantwoorden zijn. Het evangelie nodigt ons uit de twijfel op te geven, te leven als een nieuwgeboren kind: afhankelijk, vertrouwend, in stille overgave. Een baby maakt geen analyse van het begrip 'liefde'. Een baby geniet ervan.

Zalig wie niet getwijfeld heeft,
niet ziet en toch zich overgeeft,
zijn deel is dat hij eeuwig leeft.
Halleluja.

gezang 207:10

Trouwe Vader, aan uw zorg willen wij ons overgeven, als nieuwgeboren kinderen. Neem de twijfelzucht uit ons leven weg, laat de zwaarmoedigheid ons niet te pakken krijgen. Help ons om te leven als kinderen van de opstanding!

> 'Simon Petrus dan, toen hij hoorde, dat het de Here was, sloeg zijn opperkleed om, want hij was ongekleed, en wierp zich in zee'. – *Joh. 21:7*

Dat verhaal kennen we: Petrus wil weer eens naar Jezus toe! Al eerder zagen we hem zo geestdriftig, op datzelfde Meer van Galilea. Toen waren de omstandigheden wel anders, dat is waar. Er was een storm, ze dachten: We vergaan! Maar Jezus kwam in de nacht tot hen, als een verschijning, als een spook over het water. Toen Petrus zag dat het Jezus was, wilde hij wel naar Hem toe. Met Jezus' toestemming wandelde hij over het water, net zoals Jezus deed.

Nu is alles anders. Geen storm. Alles is stil in de vroege morgen. De discipelen hebben een nacht lang gevist. Niets hebben ze gevangen. Dan klinkt een stem over het water. Jezus. En weer wil Petrus naar Hem toe. Hoe is het mogelijk! Heeft Petrus Jezus niet verloochend? Is hij niet bang voor zijn Meester? Blijkbaar is zijn liefde sterker dan zijn angst. Hij zal en hij moet naar Jezus, hij, Simon, de wankelende rots, dit nieuwgeboren, maar o zo driftige kind van God. Vraagt hij opnieuw aan Jezus toestemming om over het water heen te mogen lopen? Nee. Die les heeft Petrus geleerd. Zo langzamerhand heeft hij ontdekt hoe driftig zijn geestdrift is, hoe hoogmoedig zijn schijnbaar moedig karakter. Nee, Petrus hoeft niet meer zo hoognodig over het water te lopen; deze keer waadt hij door het water naar Jezus heen. En wat ontdekt hij daar? Dat Jezus al lang heeft waar Hij zijn nieuwgeboren kinderen om vroeg: brood en vis. Jezus kan ons goed gebruiken – maar Hij heeft niets van ons nodig.

> Dat ons geen drift en pijn verblindt,
> geen hartstocht ons verwart.
> Maak Gij ons rein en welgezind,
> en spreek tot ons in vuur en wind,
> o stille stem in 't hart.

gezang 463:5

Hemelse Vader, hier zijn wij, geestdriftig en soms hoogmoedig; wij willen wel naar U toe. Geef ons geduld om op uw tijd te wachten. Geef ons ogen om uw weg te zien. Geef ons liefde, om alleen dat te doen waartoe U ons hebt geroepen.

'Ook u heeft Hij, hoewel gij dood waart door uw overtredingen en onbesnedenheid naar het vlees, levend gemaakt met Hem, toen Hij ons al onze overtredingen kwijtschold, door het bewijsstuk uit te wissen, dat door zijn inzettingen tegen ons getuigde en ons bedreigde'. – *Col. 2:13, 14*

Een rechter die de doodstraf eist, moet een bewijsstuk hebben waarmee de schuld van de beklaagde onomstotelijk wordt vastgesteld. Ontbreekt dat bewijsstuk, dan gaat zelfs de grootste moordenaar vrijuit. Zo wil het de wet; het recht moet z'n loop hebben.

Zulke beklaagden zijn wij. Wij hebben de doodstraf verdiend door onze liefdeloosheid, door onze haat en wraakzucht. Verfijnde moordenaars zijn wij. Onze blikken doden de naaste, onze scheldwoorden bezorgen de ander een hartaanval, onze chemische produkten vergiftigen de schepping, onze wapenwedloop betekent de dood van miljoenen hongerlijdende kinderen. Wie durft te zeggen dat hij geen moordenaar is? Eigenlijk zijn we al dood; dood door onze overtredingen. Het bewijsstuk? Jezus. Jezus is het grote bewijsstuk. In Hem is Gods wet vlees en bloed geworden. Jezus klaagt ons aan. Overduidelijk heeft Hij het bewezen: wij zijn moordenaars. Wij hebben de doodstraf verdiend. Lees de bergrede – één grote aanklacht tegen ons, één overtuigend bewijs van onze schuld voor God.

En wat doet God, de hemelse rechter, nu met dat bewijsstuk? Hij vernietigt het! Hij spijkert het vast op het hout van het kruis! Hij wist het bewijsstuk uit, Hij scheurt het door midden. Hoe is het mogelijk! Jezus, die het bewijsstuk is van onze schuld, wordt nu het bewijsstuk van onze vrijspraak! In Hem zijn wij levend geworden, opnieuw geboren, om eeuwig dankbaar te zijn!

Kondigt het jubelend aan,
laat het de windstreken horen,
doe het de aarde verstaan:
God heeft ons wedergeboren!

gezang 224:1

Voor deze wedergeboorte danken wij U, o God, met alles wat in ons is. Niet ons geloof, niet onze gehoorzaamheid, niet onze onschuld, maar uw genade alleen maakt ons tot nieuwe mensen. Bewaar ons ervoor dat wij door ondankbaarheid verloren gaan; houd ons vast in uw vaderlijke handen.

'Geloofd zij de God en Vader van onze Here Jezus Christus, die ons naar zijn grote barmhartigheid door de opstanding van Jezus Christus uit de doden heeft doen wedergeboren worden tot een levende hoop...' – *1 Petr. 1:3*

Waardoor zijn wij wederomgeboren? Anders gesteld: Hoe word je wederomgeboren? Dat woord 'wedergeboorte' kom je in de kerktaal nog al eens tegen. Geen wonder, dat woord 'wedergeboorte' behoort tot de bijbeltaal! In bepaalde kringen schijnt het alsof de bijbel bijna geen andere woorden kent dan dit ene; maar in andere kerkelijke kringen lijkt het er op dat dit woord niet of nauwelijks in de bijbel te vinden is. De waarheid ligt, dunkt me, in het midden. Na Pasen komt het in elk geval volop voor de dag. En vandaar de vraag: Hoe word je wedergeboren? Wat moet je daarvoor doen? Moet je daarvoor misschien extra naar de kerk of bijzonder veel bidden of elke dag een hoofdstuk in de bijbel lezen? Of moet je daarvoor wachten op een ingeving, een stem van God, een tekst waardoor je wordt aangesproken, heel persoonlijk en overduidelijk voor jou bestemd? Nee, als ik de eerste Petrusbrief mag geloven, gaat het zo niet in z'n werk. En dat is maar goed ook, want ik ben bang dat er anders heel weinig mensen wederomgeboren zouden zijn. Wat zegt de apostel? 'Die ons heeft doen wedergeboren worden door de opstanding van Jezus Christus uit de doden'. Ik zelf bewerk mijn wedergeboorte niet. Geen sprake van! Wie kan zichzelf nu laten geboren worden? Gód heeft ons wederomgeboren laten worden, door de wedergeboorte van Jezus uit de dood.

En wat moet ik dan doen? Niets. Helemaal niets. Ja, één ding: als een kind geloven, dankbaar, ootmoedig, in verwondering, dat Pasen het eeuwige leven betekent. Je bent een nieuwgeboren kind van God als je niet meer zonder de melk van het evangelie kunt...

Op uw woord, o Leven van ons leven,
werpen wij het doodskleed af!
Door de kracht uws Geestes uitgedreven,
treden w'uit ons zondengraf.
Leer ons daaglijks, leer ons duizendwerven,
in uw kruisdood meegekruisigd sterven,
en herboren – opgestaan,
achter U ten hemel gaan!

gezang 221:2

Barmhartige Vader, wij loven U om de wedergeboorte van uw Zoon uit de doden. Door Hem worden wij opnieuw geboren tot een levende hoop.

'Uw stok en uw staf, die vertroosten mij'. – *Ps. 23:4*

De Goede Herder heeft een stok en een staf. Die stok heeft elke herder die met zijn kudde de wildernis in trekt. Die stok heb je nodig om je te verweren tegen wilde dieren. Zodra de herder ziet dat één van zijn schapen aangevallen wordt, gaat hij zo snel hij kan naar de plaats van het onheil en slaat er met zijn stok danig op los. Die stok is zijn wapen. Die stok is voor de schapen het symbool van redding, van waakzaamheid en veiligheid.

Maar niet alleen een stok heeft de herder; ook een staf heeft hij. Die staf heeft hij om op te leunen, jazeker; maar die staf heeft nog een ander, veel belangrijker doel. Die staf doet dienst wanneer een schaap in een kuil gevallen is en op eigen kracht daar niet uit kan komen. Dan komt de herder met zijn staf. Hij keert de staf om, zodat het kromme uiteinde kan dienst doen als een haak. Zo trekt hij het verloren schaap omhoog, met inspanning van al zijn krachten. Die staf is voor de schapen het symbool van bevrijding, van hulp in de meest hopeloze momenten.

'Uw stok en uw staf, die vertroosten mij'. De Goede Herder heeft een stok en een staf. Wie Jezus volgt, mag rekenen op Gods ingrijpende aanwezigheid. Nee, we ontvangen geen enkele garantie nooit eens aangevallen te worden door grimmige wolven. We leven alleen met een belofte: in tijd van nood zal de Herder ons helpen. Met zijn stok zal Hij wolven verjagen en slangen verpletteren. Met zijn staf zal Hij ons optrekken, als wij gestruikeld en gevallen zijn. Zo gaat Hij met ons mee, zelfs door dalen, diep en donker. 'Uw stok en uw staf, die vertroosten mij'.

Zelfs door een dal van diepe duisternissen
waar ik het licht der levenden moet missen,
vrees ik geen kwaad, want Gij zijt aan mijn zijde
met stok en staf, tot troost en tot geleide.
Onder het oog van hen die mij verraden
richt Gij mij toe het nachtmaal der genade.

psalm 23:2

Trouwe Herder, wij danken U voor uw stok en voor uw staf. Ze vertroosten ons in de donkere dagen van ons leven. Ga ook in deze week met ons mee, ga voor ons uit en bewaar ons voor alle kwaad – in Jezus, onze Heiland, die de Goede Herder is.

'De gewonde zal Ik verbinden en de zieke versterken, maar de vette en krachtige zal Ik verdelgen. Ik zal ze weiden zoals het behoort'. – *Ezech. 34:16*

Nu, dat is niet bepaald het bekende romantische tafereel dat we kennen van Veluwse ansichtkaarten. Geen dromerige herder, leunend op zijn staf, maar een herder die knielt bij gewonde schapen, ze verbindt en versterkt – en even later met krachtige hand te keer gaat tegen vette en brutale schapen, die met flank en schouder verstoten al wat zwak en ziekelijk is.

Zo'n herder is God! Fel is zijn aanklacht tegen Israël. De herders die zijn volk moeten weiden, weiden zichzelf. De geestelijke en politieke leiders slaan munt uit hun leidinggevende positie. Zij verrijken zich ten koste van boeren, burgers en buitenlui. Het volk wordt uitgebuit, de kudde des Heren wordt vertrapt. Men eet en drinkt zich vet en vol, terwijl de armen steeds armer worden, een prooi voor de wilde dieren. Maar dat moet nu maar eens afgelopen zijn! De Goede Herder zelf zal ingrijpen. Niet langer zal zijn kudde door slechte herders, door huurlingen worden geleid. De zoon van David zal herder wezen!

Ook in onze dagen klinkt de stem van de Goede Herder door de wereld. Ook wij worden aangesproken, aangeklaagd. Dat pastoraat van ons, die herderlijke zorg, wat stelt dat eigenlijk voor? Leven ook wij niet ten koste van degenen die aan onze zorg zijn toevertrouwd? Verbinden wij de gewonden? Versterken wij de zieken? Of drammen en dringen wij, verstoten en vertrappen wij, in een niets ontziende vaart om vooruit te komen, meer te verdienen, groter te zijn? De Goede Herder zal ze verdelgen, dat soort schapen! Wie straks de kooi wil vinden, doet er goed aan in de buurt te blijven van Hem die werkelijk een Goede Herder is.

Gij zijt tot herder ons gegeven,
wij zijn de schapen die Gij weidt;
waar Gij ons leidt is 't goed te leven,
Heer, die ons voorgaat door de tijd.
Wie bij U blijft en naar U ziet,
verdwaalt in deze wereld niet.

gezang 75:14

Barmhartige God, Goede Herder, vergeef ons onze dwarsheid, onze koppigheid, ons egoïsme. Help ons om gehoorzame schapen en goede herders voor elkaar te zijn.

> 'Nog andere schapen heb Ik, die niet van deze stal zijn; ook die moet Ik leiden en zij zullen naar mijn stem horen en het zal worden één kudde, één herder'. – *Joh. 10:16*

Niet alleen voor de schapen uit de stal die Israël heet, is Jezus gekomen. Ook uit de stal der heidenen, de stal van de vele volken, zal de Goede Herder zijn schapen halen. De oude scheiding tussen Joden en heidenen zal uiteindelijk te niet worden gedaan. Eén kudde zal er zijn, één herder zal ons weiden, Jood en heiden.

Nu is er nog weinig wat daarop lijkt. Zeker na de Tweede Wereldoorlog lijkt dit alles te blijven bij een visioen, een droombeeld van een idealistische rabbi uit Nazareth. Israël en de volken samen, één kudde, onder leiding van die ene Herder, Jezus Christus? Ja, hoe onbereikbaar ver dit alles moge lijken, Jezus' woorden zullen in vervulling gaan! En zijn ze al niet tot op zekere hoogte vervuld in de kudde die 'gemeente van Jezus Christus' heet? Bestaat de kerk niet vanouds uit Joden en heidenen? In de gemeenschap der heiligen wordt al iets zichtbaar van die ene, grote kudde, met schapen uit meer dan één stal!

Als dit alles het uiteindelijke doel van de Goede Herder is, zouden wij dan niet wat meer, wat vuriger moeten zoeken naar elkaar? Hoe verscheurd is Christus' kudde, hoe opgedeeld in kerken en kerkjes, in allerlei groepen en groeperingen. Wie werkelijk de stem van de Goede Herder verstaat, kan niet anders meer dan hartstochtelijk zoeken naar waarachtige eenheid met allen die diezelfde stem hebben gehoord. Samen met Israël, samen met al onze broeders en zusters willen we op weg gaan, de Goede Herder achterna. Zijn dag zal komen!

> Hoopt op de Heer, zijn dag komt nader!
> Eén kudde, één Herder is beloofd.
> De volken buigen zich te gader
> voor Jezus Christus, aller Hoofd!
> Dat toch de dag des heils verscheen,
> dan worden aard' en hemel één!
>
> *gezang 314:4*

Voor die dag danken wij U, Goede Herder, voor de dag waarop uw kudde eindelijk één zal zijn. Doe ons meer zoeken naar wat verbindt, dan naar wat scheiding maakt. Breng zelf uw verstrooide kudde samen: Israël en allen die door het geloof Abrahams kinderen zijn.

'Weid mijn schapen'. – *Joh. 21:17*

Jezus vraagt verder. 'Simon, zoon van Johannes, hebt gij Mij waarlijk lief?' Jezus blijft maar vragen, tot drie keer toe. O, dat afschuwelijke vragen, dat indringende, dat onophoudelijke vragen van Jezus! Petrus ziet alles weer voor zich: hoe hij zijn Heiland verloochend heeft, toen hem driemaal werd gevraagd of hij Jezus kende. Driemaal heeft Petrus het ontkend, driemaal heeft hij gezegd dat hij niets met die Jezus te maken had. En nu, nu moet hij driemaal een antwoord geven op de vraag die Jezus hem stelt. Jezus vraagt verder, altijd verder. 'Simon, zoon van Johannes, hebt gij Mij waarlijk lief?'

Maar hoe barmhartig blijkt dan de Goede Herder te zijn! Al direct na het eerste ja-woord krijgt Petrus een opdracht. Hij, het domme schaap uit de discipelkring, hij mag de lammeren van Gods kudde weiden. En even later wordt de opdracht nog ruimer: 'Weid mijn schapen'. Zoveel vertrouwen heeft de Goede Herder in dit verdwaalde schaap, dat Hij hem de zorg voor zijn kudde toevertrouwt! Zie hier de diepte van Christus' barmhartigheid!

Jezus vraagt verder. Altijd weer opnieuw vraagt de Goede Herder ons of we werkelijk van Hem houden. Onze liefde is niet vanzelfsprekend. Elke zondag worden we opnieuw geroepen in het openbaar belijdenis te doen. Belijdenis van onze schuld, maar ook belijdenis van ons geloof, belijdenis van onze liefde. En elke zondag worden we er weer op uitgestuurd om goede herders te zijn voor elkaar. 'Weid mijn schapen'. Dat vragen van Jezus is pijnlijk, elke keer maar weer. Het herinnert ons aan onze ontrouw. Maar er zit tegelijkertijd iets verrukkelijks in, iets overweldigends: zo rijk is de Goede Herder aan barmhartigheid, altijd maar weer vraagt Hij; Hij wordt het niet moe van ons te horen, dat wij van Hem houden, ondanks alles. Alleen wie liefde belijdt, kan werkelijk schapen weiden.

O Heer, vraag altijd verder.
Uw liefde triomfeert.
Huurlingen worden herder.
Het offerlam regeert.
O Heer, vraag altijd verder.

gezang 83:7

Barmhartige Herder, vraag altijd verder, blijf toch vragen naar onze liefde voor U! Van U leren wij pas goed wat het betekent om goede herders voor elkaar te zijn. Uw liefde is groter dan onze schuld.

> 'Gehoorzaamt uw voorgangers, en onderwerpt u aan hen, want zij zijn het, die waken over uw zielen, daar zij rekenschap zullen moeten afleggen'. – *Hebr. 13:17*

Schapen moeten aan de herder gehoorzaam zijn. Dat geldt voor ons allen; de gemeente van Christus zal naar de stem van de Goede Herder moeten luisteren. Maar dat geldt, in het klein, ook van de gemeenteleden ten opzichte van de voorgangers. Als iedereen maar doet waar hij of zij zin in heeft, wordt het al gauw een warboel in de kerk, een zwijnestal in plaats van een schaapskooi. Met elkaar moeten gemeenteleden er voor zorgen dat voorgangers hun werk niet al zuchtend behoeven te doen, maar dat ze met vreugde in de gemeente kunnen voorgaan.

Betekent dat, dat je altijd maar voor zoete koek moet slikken wat een dominee zegt? Geen sprake van! Zodra pastores slechte herders blijken te zijn, dienen zij ontmaskerd te worden en terug geroepen naar de Goede Herder. Maar wanneer daar geen sprake van is, wanneer het alleen maar gaat om de gewone, alledaagse dingen die er in elke gemeente nu eenmaal zijn, dan moet de herder op een goed, een welwillend gehoor kunnen rekenen. Als dat niet mogelijk blijkt, dan wordt het toch wel heel erg moeilijk om te waken over de zielen, om je verantwoordelijk te weten voor het heil van de gemeente. Nota bene: voorgangers moeten eenmaal rekenschap afleggen van hun zorg voor de gemeente! De Goede Herder vraagt verslag! Wanneer we ons dat realiseren in de kerk, wanneer we daarvan doordrongen zijn, gaan we wellicht ook als voorgangers en gemeenteleden wat behoedzamer met elkaar om dan nu menigmaal het geval is. We zijn geroepen om elkaar in Christus' naam te bewaren!

> Ja, de Heer zal u bewaren,
> Hij, de Herder, Hij het Lam,
> die voor u ter aarde kwam,
> die voor u is opgevaren!
>
> *gezang 105:7*

Wij danken U, Goede Herder, voor uw zorg. Wij bevelen elkaar aan in uw bewarende handen. Zegen allen die geroepen zijn om voor te gaan. Zegen allen die geroepen zijn om te volgen. Zegen heel uw kerk en maak ons trouw aan elkaar.

'Hiertoe zijt gij geroepen, daar ook Christus voor u geleden heeft en u een voorbeeld heeft nagelaten, opdat gij in zijn voetstappen zoudt treden'. – *1 Petr. 2:21*

Waartoe is de gemeente geroepen? Tot het verduren van onverdiend lijden. En waarom? Omdat ook Christus, de Goede Herder, onverdiend geleden heeft. Als een lam is Hij ter slachting geleid – en hoe zouden dan zijn volgelingen er op los kunnen slaan, als hun ten onrechte iets wordt kwalijk genomen?

De apostel spreekt in dit verband over de verhouding tussen meesters en slaven. Hij doet niet zijn best om de slavernij af te schaffen. Hij legt wel dynamiet onder deze merkwaardige verhouding tussen mensen. Niet tot revolutie wordt de gemeente opgeroepen, niet naar de barricade worden we gedirigeerd. Tot dulden en dragen zijn we gehouden. 'Hiertoe zijt gij geroepen, daar ook Christus voor u geleden heeft en u een voorbeeld heeft nagelaten, opdat gij in zijn voetstappen zoudt treden'.

Is dat nu wel zo'n verstandig advies? Maak je van mensen zo geen weke, zwakke schepselen? Kweek je zo niet een kudde van lammeren, van slachtvee? Ik geloof het niet. Sterker, ik denk dat het juist andersom is: de zwakke kracht van de liefde en van het geduld zal uiteindelijk alles overwinnen. Niet door kracht, niet door geweld, maar door de Geest wordt alles nieuw. Jezus zou hooguit een nationale verzetsheld zijn geworden, wanneer Hij zich met hand en tand tegen de Romeinen had verweerd, toen ze Hem haalden in Gethsemané. De Goede Herder stelt zijn leven voor zijn schapen. De Goede Herder is alleen Hij die zelf een lam wilde zijn. Zijn stok heet 'liefde'. Zijn staf is die van de barmhartigheid.

Christus heeft voor ons geleden
als een beeld van ons bestaan,
dat wij zover zouden gaan
in zijn voetstappen te treden.

gezang 105:1

Help ons, o God, om in Jezus' voetstappen te gaan; om niet met alle geweld heer en meester te willen zijn. Herder en hoeder van onze zielen: alleen in uw zwakte ligt onze kracht!

'En wanneer de opperherder verschijnt, zult gij de onverwelkelijke krans der heerlijkheid verwerven'. –
1 Petr. 5:4

Een lange rij herders is aangetreden, sinds de dag waarop Simon Petrus de opdacht kreeg om de schapen te weiden. De zorg voor de kudde van Christus is van schouder tot schouder gegaan. In de brief van Petrus wordt de fakkel doorgegeven: 'Hoedt de kudde Gods, die bij u is, niet gedwongen, maar uit vrije beweging, naar de wil van God'.

Opmerkelijke dingen worden hier gezegd over het karakter van de zielszorg. De herders van de gemeente moeten ervoor waken dat zij geen heerschappij voeren over de kudde, maar dat zij voorbeelden zijn. Dat is een woord van betekenis, voor alle herders, ook in onze dagen. Voorgaan is voor-léven. Leiden is, soms, lĳden, aan den lijve de last van het leven ervaren, mede-lijden. Een dominee mag dan 'dominus' heten, 'heer', het is zaak om knecht te zijn, dienaar, minister van het goddelijke woord. Maar niet alleen voor dominees zal dat gelden, ook voor andere leiders en leidinggevenden, voor vaders en moeders, voor dokters en docenten. Wie geroepen is herder te zijn, heeft niet de ruimte gekregen om heerschappij te voeren. Een herder is geen heer. Een herder is geen baas. Een herder is maar een herdersjongen, een hulpkracht in dienst van Hem die de Heer, de opperherder is.

Eenmaal zal de Goede Herder komen. Gezegend ben je, als je trouw je dienst hebt verricht en een voorbeeld bent geweest voor de kudde. Wanneer de opperherder verschijnt, zul je de onverwelkelijke krans der heerlijkheid ontvangen! Eens worden goede herders koningen.

De Heer is mijn Herder!
Hem blijf ik gewijd!
'k Zal immer verkeren
in 't huis mijnes Heren:
zo kroont met haar zegen
zijn liefde me altijd.

gezang 14:5

Goede Herder, aan het einde van deze week danken wij U voor de weide van uw woord, voor uw stok en voor uw staf, voor uw liefde en barmhartigheid. Maak ook ons trouw tot in de dood, opdat wij mee zullen zingen: het lied van de Herder, het lied van het Lam.

'Hij veranderde de zee in het droge,
te voet trokken zij door de rivier.
Daar verheugden wij ons in Hem...' – *Ps. 66:5, 6*

Zondag Jubilate, zo heet deze dag vanouds. Breek, aarde, uit in jubelzangen! Vandaag worden wij opgeroepen om blij te zijn. Wij leven na Pasen, wij hebben reden tot vreugde. Zoals het volk Israël zingen kon aan de overkant van de Rode Zee en aan de overkant van de Jordaan, zo kunnen wij zingen aan deze zijde van Pasen. Christus is de weg dwars door de zee gegaan. Wind en water heeft Hij bedwongen. Voor de dood behoef ik niet meer bang te zijn. Het is Pasen geworden. Joden en heidenen, alle volken moeten het horen: hier is het rijk dat alle tijden overspant!

Wie in deze tijd van het jaar met open ogen door de wereld gaat, ziet overal dat de zomer in aantocht is. Zoals na de ijskoude winter de knoppen aan de bomen openspringen, zo ontluikt in het ontsloten graf het koninkrijk der hemelen, de grote zomer die het hart verblijdt. Wie dat gelooft, ziet een weg waar geen wegen zijn. Wie dat gelooft, heeft de overkant al bereikt. Wie dat gelooft, weet zich klein als een kind, met ogen groot van verwondering en vreugde. Zingt Jubilate, uw leven lang!

Komt, ziet nu de geduchte werken
die God aan mensen heeft gedaan:
Hij stelde aan de waatren perken,
droogvoets zijn zij erdoor gegaan.
Laat zich ons hart in Hem verblijden:
God houdt de volken in het oog.
Zijn rijk is over alle tijden.
Gij trotsen, draagt het hart niet hoog.

psalm 66:2

Machtige God, op deze eerste dag van een nieuwe week danken wij U voor de vreugde van Pasen. Soms reikt het water ons totaan de lippen, soms verliezen wij het zicht op de overkant – maar uw Zoon is de weg, de ware weg naar het leven. Droogvoets komen wij thuis, achter Hem aan. Geef ons de blijdschap, de vreugde van Pasen, alle dagen van deze week. Geef ons de kracht om met Hem op te staan tot een nieuw leven.

'En zie, het was zeer goed'. – *Gen. 1:31*

Zoals twee tuinen opvallend veel op elkaar kunnen lijken, zo horen de hof van Eden en de hof van Jozef van Arimathea bij elkaar. De Paastuin is een Paradijstuin. Jezus is de nieuwe Adam, de mens naar Gods beeld. En het is net alsof je op de Paasmorgen God hoort zeggen: Zie, eindelijk is alles hier zeer goed!
Jezus, de nieuwe Adam, Hij is de bruidegom. En de vrouwen, de Maria's en de andere discipelen, die horen bij Hem, die zijn de bruid: Eva; de ware kerk des Heren. In deze tuin begint de schepping opnieuw. Een eerste dag en zie: licht! Paaslicht! God maakt scheiding tussen het licht en de duisternis, tussen leven en dood, liefde en haat. En Jezus is van dat alles de stralende getuige, Gods eerstgeborene uit de doden.
Wat dat alles betekent voor ons, mensen van vandaag? Dat laat zich raden: wij worden opnieuw geroepen tot vruchtbaar leven; wij worden opnieuw geroepen te heersen over zee en land. Hoe? Op de wijze van deze nieuwe Adam: zachtmoedig en nederig van hart, dienend en dragend, medelijdend en genezend. Zo herwint de wereld de hoop! De opgestane Heer brengt ons terug in een verloren paradijs. Hij hergeeft ons de vreugde. Zonder Hem is het leven een hel. Mét Hem komt de hemel op aarde.

Al wat ten dode was gedoemd
mag nu de hoop herwinnen;
bloemen en vogels, – alles roemt
Hem als in den beginne.
Keerde de Heer der schepping weer,
dan is het tevergeefs niet meer
te bloeien en te minnen.

gezang 210:3

O God, Schepper van ons leven, wij danken U voor Jezus, de Mensenzoon, de man naar uw hart. Om zijn gehoorzaamheid mogen wij wonen in een huis van vergeving. Om zijn volharding opent zich uw paradijs. Wij bidden U: dat wij vruchtbaar mogen leven, heersend als goede dienaren in uw rijk, als mannen en vrouwen in geloof en hoop en liefde, als mensen die wandelen voor uw aangezicht.

'Niemand ontneemt u uw blijdschap'. –*Joh. 16:22*

Je moet er niet aan denken, maar het kan je overkomen: dat je alles ontnomen wordt. Voor de discipelen, die toch al niet veel meer hadden, was het ergste wel dit: dat zij Jezus niet meer zagen!
Jezus niet meer te zien. Door die tunnel zijn de discipelen heengekropen, in de dagen na zijn dood. Door diezelfde tunnel kruipen ook wij, levend in de eeuwen na zijn hemelvaart. Jezus niet meer te zien – dat betekent: eenzaamheid, twijfel, wanhoop.
Toch is onze tunnel niet te vergelijken met die van de discipelen na de Goede Vrijdag. Zij wisten niet wat wij nu weten: Christus is opgestaan! Dat is de blijdschap die wij met ons meedragen, de dagen, de jaren, de eeuwen door. De tunnel naar het rijk is lang en donker, soms ontbreekt het ons aan moed en zien we geen hand voor ogen, maar één ding kan niemand ons ontnemen: onze blijdschap! De vreugde van Pasen is het onontvreemdbaar bezit van Christus' kerk. Apostelen en martelaren hebben ervan getuigd. Broeders en zusters die in benauwdheid zuchten, in gevangeniscellen en concentratiekampen, zij vertellen ervan: dwars door alle aanvechting, dwars door verlies en verlorenheid heen, blijft de blijdschap branden, als een vlam in de nacht, als een licht voor vermoeide ogen.

Die nu verlies moet lijden
heb Ik mijn wederzien beloofd.
En gij zult te dien dage
mij niets meer vragen
in blijde
vervulling die geen sterveling u rooft.

gezang 79:2

Trouwe God, wij prijzen uw Naam. Wij verwachten uw komst met vreugde. De vlam van Pasen heeft ons aangestoken; wat de vrouwen vertelden gaat de wereld rond als een lopend vuur. Voor die blijde boodschap danken wij U. Alles kan van ons worden gestolen, huis en haard, geld en goed – deze blijdschap kan niemand ons ontnemen: de vreugde om Hem die uit de dood is opgestaan.
Voor de ontrechten bidden wij U, voor de armen terwille van het evangelie, voor de gevangenen terwille van de gerechtigheid. Laat hen de blijdschap behouden als een kostbaar geschenk dat niemand hen ontnemen kan.

'In Hem leven wij, bewegen wij ons en zijn wij'. – *Hand. 17:28*

Paulus staat voor de Areopagus in Athene. Vlak bij hem: godenbeelden, altaren, tempels, te kust en te keur. De Grieken weten van goden, ze leven ermee, ze staan er mee op en ze gaan er mee naar bed. Voor alles en voor ieder is er wel een god. In deze wereld vol van religie verkondigt nu de kleine Jood Paulus een onbekende God, de Schepper van hemel en aarde. Te groot voor een tempel is Hij. Niet in een huis met handen gemaakt, maar in mensen wil Hij wonen. Niet op een godenberg zetelt Hij, ongenaakbaar voor stervelingen. Hij is niet ver van ons. 'In Hem leven wij, bewegen wij en zijn wij'.

Dat is wat je noemt: schokkend! De God van Israël, de Vader van onze Here Jezus Christus, is een huis om ons heen, een dak boven ons hoofd, een muur, een sterke vesting, een schutse voor ons allen. In Hem leven wij. Geen mens kan om Hem heen. Achter ons, voor ons, overal is Hij. Hij is het leven zelf.

Dat te weten geeft ons een onuitsprekelijke blijdschap. Pasen brengt aan het licht: in God is heel ons leven.

Ja, Hij is elk van ons nabij,
hoe hemelhoog verheven;
in Hem bestaan, bewegen wij,
in Hem is heel ons leven.
Dat heeft Hij aan het licht gebracht:
de mensen zijn van zijn geslacht,
voorgoed met Hem verweven.

gezang 86:5

Grote God, in U leven wij, in U bewegen wij ons, in U zijn wij. Soms denken wij dat wij U kunnen ontvluchten, maar overal komen wij U tegen. Aan de einden der aarde, ja, in de dood zijt Gij. Nog voor wij U zoeken, hebt Gij ons gevonden. Nog voor wij tot U roepen, hebt Gij al tot ons gesproken. Wij danken U voor Jezus. In Hem zijt Gij ons zeer nabij. In Hem is ons leven geborgen, nu en tot in de eeuwen der eeuwen.

'Daarom verliezen wij de moed niet, maar al vervalt ook onze uiterlijke mens, nochtans wordt de innerlijke van dag tot dag vernieuwd'. *2 Cor. 4:16*

Ooit las ik een advertentie: Te koop – vrijstaand huis, onlangs geheel afgebroken, maar volledig herbouwd in oude stijl.
Een slopende ziekte kan een mens onherkenbaar veranderen. In korte tijd wordt een sterk lichaam een ruïne, een wrak. Ook door ouderdom kan ons lichaam aftakelen. Horen en zien vergaan, je wordt doof en blind of op z'n best hardhorend en bijziende.
Toch, zo schrijft de apostel, toch verliezen we de moed niet. Waarom niet? 'Wij weten, dat Hij, die de Here Jezus opgewekt heeft, ook ons met Jezus opwekken zal...' Onbewoonbaar verklaarde woningen worden fundamenteel gerestaureerd. Te koop: vrijstaand huis, onlangs geheel afgebroken, maar volledig herbouwd in oude stijl. Zo worden wij door de dood geheel afgebroken, maar dank zij de opstanding van Jezus Christus eenmaal hersteld in oude – of beter: in nieuwe stijl. Daarom verliezen wij de moed niet. De sloop is gaande, maar het vernieuwingsplan ligt al klaar. De uiterlijke mens vervalt. De innerlijke mens staat op, nu al, in het licht van Pasen.

O als ik niet met opgeheven hoofde
zijn heil van dag tot dag verwachten mocht!
O als ik van zijn goedheid niet geloofde,
dat Hij te vinden is voor die Hem zocht!
Wees dapper, hart, houd altijd goede moed!
Hij is getrouw, de bron van alle goed!
Wacht op de Heer, die u in zwakheid schraagt,
wacht op de Heer en houd u onversaagd.

psalm 27:7

Barmhartige Vader, wij worden er gaandeweg niet beter op. Soms zijn wij bang voor wat ieder kan overkomen, bang voor een mismaakt lichaam, bang voor wonden en pijn, voor ziekte en dood. Toch verliezen wij de moed niet, omdat we weten van Pasen. Wij danken U voor Hem wiens lichaam vervallen is tot in de dood, voor Hem wiens lichaam door U is opgewekt, voor Hem die onze innerlijke mens vernieuwt, van dag tot dag.

'Dit is de overwinning, die de wereld overwonnen heeft: ons geloof'. – *1 Joh. 5:4*

Dat klinkt nogal overmoedig, wat al te triomfantelijk, op het hoogmoedige af. De overwinning die de wereld overwonnen heeft: ons geloof. Stelt dat geloof van ons werkelijk zoveel voor? Is dat geloof van ons in staat om de wereld te overwinnen? Sterker: heeft dat geloof van ons de wereld al overwonnen? Daar is dan toch niet zo heel veel van te merken... Soms lijkt ons geloof op een armetierig plantje. Is het niet hooguit een restant uit een godsdienstig verleden? Soms vraag je je af: is dat geloof van ons nog wel een punt van gesprek, een factor van betekenis in onze maatschappij? Wie houdt er nu nog rekening met het evangelie? De politiek? De economie? Den Haag? Moskou? Washington? Houden we onszelf met die vreugde van Pasen niet voor de gek?

Nee, zegt de apostel Johannes. Dat geloof in de opstanding van Jezus, dat geloof overwint de wereld. En wie ogen heeft van geloof, die ziet zelfs dat de wereld door dit geloof al overwonnen ís! Als alle koningen, als alle prinsen en presidenten hun tijd hebben gehad, dan komt de Opgestane, de Levende. Niet het ongeloof, niet de duisternis, niet de dood, maar het geloof, het daglicht, het leven heeft getriomfeerd. Kijk maar naar Pasen!

Nooit kan 't geloof te veel verwachten,
des Heilands woorden zijn gewis.
't Faalt aardse vrienden vaak aan krachten,
maar nooit een vriend als Jezus is.
Wat zou ooit zijne macht beperken?
't Heelal staat onder zijn gebied!
En wat zijn liefde wil bewerken,
ontzegt Hem zijn vermogen niet.

gezang 291:1

Eeuwige God, soms twijfelen wij aan de kracht van het geloof. Wij aarzelen en klagen, wij weifelen en worden de strijd soms moe. Maar als wij ons de opstanding in herinnering roepen, als wij onszelf opnieuw toevertrouwen aan de belofte van Jezus, onze Heer – dan weten wij dat de wereld ís overwonnen, de duivel en de dood. In dat geloof willen wij leven en in dat geloof willen wij sterven, uw koninkrijk tegemoet.

> 'Elke rank aan Mij, die geen vrucht draagt, neemt Hij weg en elke die wel vrucht draagt, snoeit Hij, opdat zij meer vrucht drage'. –*Joh. 15:2*

De vreugde na Pasen krijgt geen kans om in het wilde weg te groeien. Onze blijdschap wordt getemperd en steeds weer gesnoeid. Jezus is de ware Wijnstok. Zijn Vader is de Landman. Snoeiend gaat Hij door de wijngaard. Niet onbeperkt laat Hij de vreugde groeien. Ranken zonder vrucht kapt Hij af; maar ook in ranken die wél vrucht dragen zet Hij het mes. Waarom? Opdat die ranken méér vrucht zullen dragen, daarom doet Hij dat.

Soms denk je: waar is nu toch die vreugde van Pasen? Ja, op het Paasfeest, in de kerk, dan zingen we het hoogste lied, dan zingen we halleluja! Maar daarna komt de Landman en Hij snoeit en Hij snoeit... Je denkt: er blijft niet veel van mijn Paasvreugde over. En een pijn dat het doet! Mismoedig kan het ons maken en wanhopig. Weinig behoeft er in ons leven te gebeuren of niets blijft er over van onze vreugde. En toch – wie geënt is op de ware Wijnstok, wie doorstroomd wordt met zijn hartebloed, die zal niet alleen bloeden, misschien uit duizend wonden, maar ook bloeien en rijpen in de zomerzon. 'Mijn Vader is de Landman'. Gesnoeide vreugde draagt dubbele vrucht.

> Gij zijt de wijnstok van het leven,
> in duizend ranken uitgebreid,
> het leven, ons in U gegeven,
> draagt goede vruchten op zijn tijd.
> Laat ons uw ranken zijn voorgoed,
> doorstroom ons met uw hartebloed.
>
> *gezang 75:11*

Hemelse Vader, liefdevolle Landman, soms blijft de zin van uw werk voor ons verborgen. Soms maakt het ons wanhopig en radeloos, als U snoeiend onze groei beperkt. Help ons om verbonden te blijven met Hem die de ware Wijnstok is. Help ons om te blijven geloven in de kracht van zijn hartebloed. Laat ons aardse leven, hoe gewond het moge zijn, vruchten dragen tot in eeuwigheid.

'Zingt de Here een nieuw lied,
want Hij heeft wonderen gedaan'. – *Ps. 98:1*

Alweer een dag van grote vreugde: zondag Cantate. Zingt de Here een nieuw lied! Eén en al opgetogenheid is de psalm die we lazen. Er komen citers aan te pas en trompetten, er klinkt bazuingeschal. De zee bruist en de rivieren klappen in de handen, de bergen staan jubelend in het landschap – heel de aarde is vol van Gods lof.

Waarom toch deze uitbundigheid? Waarom toch dit nieuwe lied? Het antwoord is aan het begin van de psalm gegeven: God heeft wonderen gedaan! Hij heeft zijn heil bekend gemaakt. En daarom gaan wij ook op deze vierde zondag na Pasen naar de kerk om met alles wat adem heeft de lof van God te zingen. Alles mag mee doen, laat het maar klinken, laat het maar zingen, jong en oud, mannen en vrouwen, kinderen en bejaarden, orgels en fluiten. Laat de vogels maar vliegen, laat de bloemen maar bloeien, laat heel de schepping maar vol zijn van Gods grote naam.

Zie je het wonder niet? Is het heil je dan niet bekend gemaakt? Het is toch Pasen geweest! Christus is waarlijk opgestaan. De dood is overwonnen, het Leven triomfeert! En vandaag worden we opnieuw geroepen om dat te vieren. Zondag Cantate. Zingt de Here een nieuw lied!

Zingt een nieuw lied voor God de Here,
want Hij bracht wonderen tot stand.
Wij zien Hem heerlijk triomferen
met opgeheven rechterhand.
Zingt voor de Heer, Hij openbaarde
bevrijdend heil en bindend recht
voor alle volkeren op aarde.
Hij doet zoals Hij heeft gezegd.

psalm 98:1

Trouwe God, vandaag zingen wij een loflied voor U. Vergeef ons dat wij verblind aan uw wonderen voorbijgaan. Vergeef ons dat wij soms nauwelijks oog hebben voor de kleine wonderen van elke dag. Vergeef ons dat wij het grote wonder van Christus' opstanding telkens weer vergeten. Leg een nieuw lied in onze mond, vandaag – en laat heel de aarde dat loflied horen.

> 'En gij zult te dien dage zeggen: Ik loof U, Here, omdat Gij toornig op mij zijt geweest; uw toorn heeft zich afgewend en Gij vertroost mij'. –*Jes. 12:1*

Je ziet het voor je: een kind is ondeugend, gruwelijk ongehoorzaam. Een flink pak op de broek, dat heeft het verdiend. En dan komt het verdriet, het berouw, de spijt. Ik zal het nooit weer doen... Ach, elke vader en moeder neemt die belofte met een korreltje zout. Maar voor het moment is het genoeg, het zand van de liefde gaat erover. Een kus is het signaal van de verzoening. Nee, ik ben niet boos meer. Echt niet! En dan moet je eens kijken hoe blij een kind kan zijn. Een kind... Is het met grote mensen anders? Als de schuld weg is, als de zonden vergeven zijn, hoe vol is dan ons hart van vreugde!

Zo is het met het volk Israël. Als God het bevrijdt uit de ballingschap, als het rijk van de vrede aan zal breken, als de koe en de berin samen zullen weiden en de leeuw stro zal eten als het rund, dan zal Gods volk zingen: 'Ik loof U, Here, omdat Gij toornig op mij geweest zijt; uw toorn heeft zich afgewend en Gij vertroost mij'.

Ik denk dat de nieuwe aarde daarom zo verrukkelijk zal zijn, omdat wij ervaren zullen dat God tot in eeuwigheid niet meer boos is. Voorgoed heeft Hij onze schuld vergeven en vergeten. Dan zijn de tranen afgewist. Ja, de tranen van ons verdriet om ziekte en dood. Maar ook de tranen om alles wat wij stuk hebben gemaakt. Je kunt pas echt zingen als je weet wat vergeving betekent!

> Zegen, mijn ziel, de grote naam des Heren,
> laat al wat binnen in mij is Hem eren,
> vergeet niet hoe zijn liefde u heeft geleid,
> gedenk zijn goedheid, die u wil vergeven,
> die u geneest, die uit het graf uw leven
> verlost en kroont met goedertierenheid.
>
> *psalm 103:1*

Gezegend zij uw grote Naam, Heer onze God! Sinds Pasen weten wij vast en zeker dat uw toorn zich heeft afgewend en dat vertroost ons, alle dagen van ons leven. Wij hebben gezondigd. Wij hebben gedaan wat kwaad is in uw oog. Maar Gij laat niet los het werk van uw handen, Gij vergeeft onze schuld en vergeet al wat wij hebben misdreven. Wij danken U voor uw grondeloze barmhartigheid.

> 'Komt tot Mij, allen, die vermoeid en belast zijt en Ik zal u rust geven'. – *Matth. 11:28*

Om te kunnen zingen heb je één ding beslist nodig: innerlijke rust. Als die er niet is, wordt ons lied hooguit een klaaglied. Maar waar vind je de rust om Gods lof te kunnen zingen? Het werk ligt op je te wachten. Wat moet er niet allemaal worden gedaan! De kleine zaken van elke dag vragen om aandacht. Mensen en dingen, kinderen, ouders, buren, vrienden. Post en telefoon, een afspraak, een vergadering. Je wordt er soms moe van, doodmoe.
En als je nu nog maar het gevoel had dat het allemaal goed was... Maar zovaak is daar dat knagende schuldgevoel, dat diepgaande besef: ik doe het niet goed, ik schiet te kort. En zovaak ís dat ook zo, hol je als een dwaas achter de dingen aan, opgejaagd, onrustig. Geen wonder dat je aan zingen niet meer toekomt!

Hoor, een stem, uitnodigend, roepend: 'Komt tot Mij, allen die vermoeid en belast zijt en Ik zal u rust geven'. De stem van Jezus! Nee, Hij zet je niet in je luie stoel. Wie Hem volgt draagt een juk en torst een last. Maar zijn juk is zacht en zijn last is licht. Zachtmoedig is Hij en nederig van hart. Wie van Hem leert om zo te leven, die vindt rust voor zijn ziel. En reken maar dat je dan zingen gaat, in de kamer, in de keuken of zo maar op straat: een loflied voor Hem.

Zijn rijk is volle zaligheid,
wie was gevangen wordt bevrijd,
wie moe was komt tot rust voorgoed,
wie arm was leeft in overvloed.

gezang 281:3

Liefdevolle Vader, dat U ons niet opjaagt, daar danken wij U voor. Wij maken onszelf soms zo onrustig, wij leggen onszelf ondragelijke lasten op, een juk waaronder we bezwijken. Vergeef ons dat we zoveel willen presteren zonder van U te leren wat zachtmoedigheid is en nederigheid van hart. Wij bidden U: dat wij als kinderen zullen zien wat U voor wijzen en verstandigen verborgen houdt. Hier zijn wij: vermoeid en belast. Geef ons wat uw Zoon ons heeft beloofd: rust voor onze ziel en een lied in ons hart.

'Uit de mond van kleine kinderen en zuigelingen hebt Gij lof bereid'. – *Matth. 21:16*

Om Gods lof te kunnen zingen, moet je zo onbevangen zijn als een kind. 'Hosanna, de Zoon van David!' Dat roepen de kinderen in de tempel van Jeruzalem. Zij hebben gezien hoe Jezus de stad is binnengereden. Een Koning op een ezeltje! Ze hebben meegezwaaid, palmtakken in de handen. Ze hebben het de grote mensen nageroepen: 'Hosanna, de Zoon van David, gezegend Hij die komt in de naam des Heren!' Ze hebben gezien hoe Jezus de tafels van de geldwisselaars in de tempel heeft omgegooid. Ze hebben gezien hoe Hij de stoelen van de duivenverkopers op de kop heeft gezet. Ze hebben gehoord hoe Hij zei: 'Er staat geschreven: Mijn huis zal een bedehuis heten, maar gij maakt het tot een rovershol'. En nu zijn de schriftgeleerden gekomen en zij nemen het Jezus kwalijk dat Hij de kinderen laat roepen: 'Hosanna, de Zoon van David!' Maar Jezus legt hun het zwijgen op met een woord uit één van de psalmen: 'Hebt gij nooit gelezen: Uit de mond van kleine kinderen en zuigelingen hebt Gij lof bereid?'

Daar kunnen de heren theologen het mee doen. Voor sjacheraars is er in de kerk geen plaats. Voor grote mensen die de god van het goud willen dienen is in Gods huis geen ruimte. De kinderen, die horen er bij. Laat ze maar vooraan staan, laat ze maar zingen! Wie werkelijk een schriftgeleerde wil zijn, moet klein worden als een kind. Wie werkelijk een godgeleerde wil zijn, moet vandaag maar eens een loflied zingen.

Wel doet de hemel hoog uw glorie blinken,
maar in de mond van kind'ren doet Gij klinken
uw machtig heil, zo maakt G'uw vijand stil
en doet uw haters buigen voor uw wil.

psalm 8:2

Heer, onze Heer, vergeef ons dat wij zo dikwijls grote mensen denken te zijn, schriftgeleerden en theologen. Vergeef ons dat wij zo dikwijls weigeren om kind met de kinderen te zijn, om onbekommerd een lied te zingen voor U. Vandaag willen wij ons laten gezeggen door uw Kind, Jezus. Help ons om van uw huis geen bende te maken, geen rovershol. Help ons om uw kerk hoog te houden, om het een ruimte te laten zijn waarin uw woord kan worden gehoord en uw lof kan worden gezongen. Dat de kinderen ons mogen voorgaan en wij hen mogen volgen op de weg naar U toe, dat bidden wij in Jezus' naam.

'Omstreeks middernacht baden Paulus en Silas en zongen Gods lof'. – *Hand. 16:25*

Wat doe je, midden in de nacht? Meestal slaap je. Maar soms lig je wakker. De slaap wil maar niet komen. Je kijkt naar het plafond. Je kijkt naar de smalle reep licht tussen de net niet helemaal gesloten gordijnen. Je piekert. Je peinst. Je telt schapen, maar het helpt allemaal niets. Je voelt je moe, bezorgd, bang. Je verlangt naar de slaap, maar de slaap laat je in de steek. Midden in de nacht lig je wakker.

Midden in de nacht... Er wordt wat gewaakt! In ziekenhuizen. In bejaardenhuizen. In gevangenissen. In concentratiekampen. Er liggen wat mensen wakker, elke nacht maar weer. Vanwege kleine en grote zorgen. Vanwege pijn in hun lichaam, vanwege pijn in hun hart.

Luister! In de gevangenis van Filippi hoor ik midden in de nacht een lied. Een klaagzang? Nee, een loflied! Een Paaslied, wie zal het zeggen... Twee mensen, als ratten in de val, hun voeten opgesloten in een blok, zij zingen het hoogste lied. Hoe is het mogelijk? Het is mogelijk dank zij Pasen. Het is mogelijk dank zij Pinksteren. Het is mogelijk dank zij Gods beloften die vertroostend in hun gedachten zijn. Ik denk wel eens dat er heel wat minder slaapmiddelen zouden worden verkocht als er wat meer gezongen zou worden, midden in de nacht.

Als God mij vertroost, is 't kruis niet te zwaar,
dan ken ik geen vrees in 't bangste gevaar,
dan win ik al strijdend vertrouwen en kracht
en zing ik mijn psalmen in duistere nacht.

gezang 470:3

Barmhartige Vader, als Gij ons vertroost, is het kruis niet te zwaar. U hebt nooit beloofd dat er geen kruisen zouden zijn. U hebt ons juist gezegd dat Jezus volgen kruisdragen betekent. Maar als U ons vertroost, dan is dat kruis niet zo zwaar dat wij het niet meer kunnen tillen. Wij danken U voor het licht van Pasen. Soms zien wij er door de donkere gordijnen van ons leven maar een smal streepje van. Maar wij weten dat het er is en daarom zingen wij, ook al hebben wij duizend-en-één blokken aan ons been. Help ons om wakend in de nacht, uw lof te verkondigen.

'Weest dankbaar'. – *Col. 3:15*

In de brief aan de Colossenzen wordt de gemeente opgeroepen om psalmen, lofzangen en geestelijke liederen te zingen. Dat is een echo van de aloude psalm: Zingt de Here een nieuw lied! Maar ach, laten we eerlijk zijn, dat zingen, dat schiet er zovaak bij in. Ja, in de kerk, dan moet je wel, dan word je meegenomen door de samenzang, de woorden worden je aangereikt, ze worden je op de lippen gelegd. En dat is maar goed ook, anders zou je soms wekenlang er niet aan toekomen om te zingen. Want voor jezelf, in de stilte van je hart en van je huis... het komt er soms niet van.

Wat is toch het geheim van het loflied? De apostel vertelt het er gelukkig bij. Het geheim van het loflied is de dankbaarheid. Vandaar zijn aansporing: Weest dankbaar!

Vandaag kunnen we het daar mee doen. Vast en zeker zijn er ook op deze dag allerlei zorgen. Vast en zeker zijn er dingen die tegenvallen en teleurstellen. Maar let nu toch alsjeblieft ook eens op de goede gaven uit Gods hand! Let eens op zoveel waarvoor je God kunt danken met alles wat in je is. Vergeet de kleine dingen niet! Tel ze eens, de zegeningen, tel ze één voor één. En als je niet ver met tellen komt, denk dan aan het grote wonder van Pasen, denk dan aan het Koninkrijk dat komen zal! 'En al wat gij doet met woord of werk, doet het alles in de naam van de Here Jezus, God, de Vader, dankende door Hem!'

Dankt, dankt nu allen God
met hart en mond en handen,
die grote dingen doet
hier en in alle landen,
die ons van kindsbeen aan
ja, van de moederschoot,
zijn vaderlijke hand
en trouwe liefde bood.

gezang 44:1

Trouwe Vader, voor uw liefde danken wij U! Voor het licht van vandaag, voor eten en drinken, voor de geluiden om ons heen, voor het werk dat wij mogen doen, voor de kleine dingen van elke dag danken wij U. Vergeef ons dat de ondankbaarheid zovaak het loflied belemmert. Vergeef ons dat onze kleine zorgjes oogkleppen zijn waardoor wij uw grote zorg niet meer zien. Geef dat wij dankbaar zullen leven, met open ogen voor alles wat Gij hebt gedaan!

'En zij zingen het lied van Mozes, de knecht Gods en het lied van het Lam'. – *Openb. 15:3*

Het gaat er in de hemel vrolijk aan toe! Johannes, de oude apostel, eenzaam op zijn eiland, verbannen naar Patmos, hij ziet een deur in de hemel. En door die deur ziet hij wat is en komen zal. Het is voor God geen vraag hoe het met de wereld zal aflopen. Hij houdt de wereld in zijn hand!
Johannes ziet een glazen zee. Is het de Rode Zee? Is het de zee die in de bijbel zovaak het symbool is van de volkerenwereld? Hoe het zij, deze zee is doorzichtig als glas. God doorziet de volken. God doorziet het Romeinse Rijk dat een gooi doet naar de macht over alle volken op aarde. Met vuur is het glas vermengd. Gods oordeel gaat dwars door de volken! En staande bij deze doorzichtige zee zingen Gods kinderen het lied van Mozes. Welk lied is dat? Dat is het lied dat Mozes zong toen hij de Rode Zee was doorgegaan, het lied van overwinning op de vijandelijke machten. 'Ik wil de Here zingen, want Hij is hoog verheven, het paard en zijn ruiter stortte Hij in de zee'. Maar ook het lied van het Lam zingen zij, het lied van Hem die zijn bloed gaf tot redding van de wereld.
Johannes is erdoor bemoedigd. En wij kijken met hem mee. Zie: er is vreugde in de hemel! Zij die de strijd gestreden hebben zingen naar hartelust. De chaos van de geschiedenis is voor God helder als glas. En daarom zingt de kerk: het lied van Mozes en het lied van het Lam.

Hoor een heilig koor van stemmen,
staande aan de glazen zee,
halleluja, halleluja,
God zij glorie, zingen zij.
Menigten die geen kan tellen,
als de sterren in hun glans,
psalmen zingend, palmen dragend,
in de hemel is een dans.

gezang 109:1

Here God, Koning van alle koningen, wij danken U voor het loflied in de hemel, voor alle heiligen, van vreugde dansend en zingend voor uw troon. Gij alleen zijt heilig. Alle volken zullen komen en zullen voor U nedervallen in aanbidding. Laat dat visioen ons bemoedigen, ook ons, vandaag. Laat het de volken weten, doe het de koningen verstaan. Help uw kerk om in de strijd te volharden, zingend, hier al op aarde, het lied van Mozes en het lied van het Lam.

'Treedt toe, laten wij ons nederwerpen en ons buigen, knielen voor de Here, onze Maker'. – *Ps. 95:6*

Het gaat in de lezingen van deze week, de vijfde week na Pasen, over het gebed. Daar valt veel over te zeggen, over dat bidden, want bidden is moeilijk. Nu ja, het is eenvoudig genoeg om je handen samen te doen, om je ogen te sluiten en om de woorden van het Onze Vader na te zeggen. Dat kan, naar ik hoop, elke volwassene. Maar om werkelijk te bidden, moet je worden als een kind. Bidden begint dicht bij de grond, laag bij de aarde. Bidden begint met aanbidding. Bidden begint met verwondering. En daarvoor zijn in de regel knieën van grote mensen te stram, te stijf. Wij hebben geleerd rechtop te staan, de neus in de wind. Maar wie bidden wil, moet klein worden, zich nederwerpen, zich buigen, knielen voor de Heer die onze Maker is.

In de psalm die we lazen worden we daartoe opgeroepen. Mens, kom uit je huisje, uit de beschutting van het alledaags bestaan, kom uit de duisternis, uit de schaduw van de sleur, kom uit de nacht van dreiging en dood, kom tevoorschijn, treed toe! Bidden, dat is telkens weer: uit je schulp kruipen, in het licht gaan staan voor Gods aangezicht. En waarom? Omdat Hij je Maker is, je Schepper, je Vader. Hij heeft er recht op dat zijn kinderen aantreden, dagelijks – maar zeker aan het begin van een nieuwe week, op de eerste dag, de dag van de zon, de dag van het Paaslicht. Bidden, dat is allereerst: je neerbuigen voor Hem, de Machtige God, knielen voor de Koning, je verbazen als een klein kind over een Heer die Herder is.

Komt, werpen wij ons voor de Heer
die ons gemaakt heeft biddend neer,
wij, die het volk zijn van zijn weide.
Want onze God, Hij gaat ons voor,
Hij trekt met ons de diepte door.
Zijn hand zal ons als schapen leiden.

psalm 95:3

Goede Herder, U hebt ons in het leven geroepen, wij bestaan dank zij de adem van uw mond. Hier zijn wij, aan het begin van een nieuwe week. Wij werpen ons voor U neer. Wij buigen onze rechte ruggen. Wij gaan voor U door de knieën. U bent de Schepper van hemel en aarde. U bent de Vader van onze Here Jezus Christus. U bent de God van ons leven, de Koning die eeuwig heersen zal. Goede Herder, wij aanbidden U!

'Ga in uw binnenkamer'. – *Matth. 6:6*

Wie wil bidden heeft niet veel woorden nodig. Wel een binnenkamer. Jezus leert zijn discipelen om te bidden. Dat moet je niet in het openbaar doen, zegt Hij. Dat wil zeggen: niet voor de show, niet om op te vallen, niet om de vrome jongen uit te hangen. Zo'n gebed heeft voor God geen waarde. Nee, als je echt wilt bidden, ga dan naar je binnenkamer, de kleine, donkere provisiekamer in een oosters huis, een cel, een kluis, een verborgen plaats waar je alleen kunt zijn met God.

Ga in uw binnenkamer. Nee, het gaat niet om grote woorden, als we bidden. Het gaat ook niet om véél woorden. God weet al lang wat je vragen wilt en wat je nodig hebt. Het is heidens om lang te bidden. Het gaat om iets anders. Het gaat om de stilte voor Gods aangezicht. Het gaat om de verborgen omgang met Hem. Die heb je zelf ook broodnodig. Poetsen en boenen, praten en preken, lopen en leren, het moet allemaal gebeuren en laat niemand er een kwaad woord over zeggen – maar vergeet de binnenkamer niet! Juist in de afzondering, in de eenzaamheid, in de stilte kan de Geest van Christus ons bezielen. Zo'n binnenkamer moet je zoeken. Een hoekje in de slaapkamer, een kruk in de keuken. In het bos kan zo'n binnenkamer zijn, in een park, in het open veld. Maar waar je die binnenkamer ook vindt, ga er binnen, elke dag; al zou je er alleen maar de woorden van het gebed dat Jezus ons leerde, nazeggen, aandachtig, één voor één – wat een zegen zou zo'n binnenkamer zijn voor heel je levenshuis!

Maak mij recht eenvoudig, stil in den gebede,
afgezonderd in uw vrede.
Maak mij rein van harte, dat ik uwe klaarheid
schouwen mag in geest en waarheid.
Heer laat mij
even vrij
als een adelaar stijgen,
zo word ik U eigen.

gezang 323:7

Heer onze God, wij danken U dat U ons kent. U weet wat in ons leeft, U kent onze angst en onze twijfel, onze onwil en opstandigheid. Niets is voor U verborgen. U weet wat wij nodig hebben, nog voor wij het U vragen. Wij bidden U: geef dat wij U ontmoeten mogen, elke dag. Geef ons de moed om stilte en ruimte te scheppen in de wirwar van ons bestaan, geef ons een klein plekje om alleen te zijn met U.

> 'Indien gij, hoewel gij slecht zijt, goede gaven weet te geven aan uw kinderen, hoeveel te meer zal uw Vader uit de hemel de heilige Geest geven aan hen, die Hem daarom bidden?' – *Luk. 11:13*

Jezus is in gebed. Als Hij klaar is met bidden, vraagt één van de discipelen: 'Heer, leer ons bidden'. En dan leert Jezus zijn leerlingen het Onze Vader. Hij leert hen echter niet alleen de woorden van dit gebed, Hij legt hen ook nog uit wat bidden eigenlijk betekent. Bidden, zo wil Jezus zeggen, bidden is kloppen, kloppen aan de deur van een goede vriend. Stel dat je midden in de nacht iets nodig hebt – voor een ander, wel te verstaan! –, dan aarzel je toch niet, dan ga je het toch lenen bij een goede vriend? Die zal het je zeker geven!

Bidden is kloppen, op het brutale af, kloppen aan de hemeldeur. En reken maar dat God open zal doen! Zelfs aardse vaders, die je toch niet vergelijken kunt met de hemelse, geven toch goede gaven aan hun kinderen? Goede gaven... Dat is een woord om bij stil te staan. Goede gaven. Bidden wij altijd om goede gaven? Weten wij, kleine kinderen die we zijn, wat goed is voor ons? Zeuren we soms niet om dingen die ons leven zouden vernielen? Goede gaven. Nee, Jezus heeft nooit beloofd dat we de hemel zouden mogen binnenkomen om daar, als in een soort kolossaal speelgoedpaleis, uit te zoeken wat we willen hebben. De heilige Geest – die heeft Hij beloofd. Wie Hem aanhoudend bidden, die ontvangen de Geest van God. Daar mag je op rekenen. En aan die Geest, die onze geest reinigt, zuivert, vernieuwt, aan die Geest hebben wij genoeg.

> Kom, Heil'ge Geest, Gij vogel Gods,
> daal neder waar Gij wordt verwacht.
> Verschijn, Lichtengel, in de nacht
> van onze geest, verward en trots.
>
> *gezang 250:1*

Ja, hemelse Vader, onze geest is verward en trots. Onze geest hunkert naar het speelgoed van deze wereld, naar mooie glinsterdingen, naar spiegeltjes en kraaltjes, naar alles wat ons mooi maken kan. Vergeef ons onze hebzucht, onze jaloezie, ons egoïsme. Wij bidden U om uw heilige Geest. Wij kloppen bij U aan: geef ons toch uw Geest, de Geest van Jezus onze Heiland, de Geest van zachtmoedigheid en nederigheid, de Geest van geduld. Geef ons die Geest, o God – wij houden niet op om U daarom te bidden.

'Bidt en gij zult ontvangen, opdat uw blijdschap vervuld zij'. – *Joh. 16:24*

Daar klopt natuurlijk niets van, van dit woord van Jezus. Bidt en gij zult ontvangen. Was het maar waar! In de praktijk gaat het wel anders. Je bidt om genezing. Je blijft ziek. Je bidt om regen. Het blijft droog. Je bidt om een kind. Je raakt niet in verwachting. Je bidt om een baan. Je blijft zonder werk. Bidt en gij zult ontvangen. Hoe kan Jezus dat nu zeggen?

Wie dit bijbelwoord goed wil verstaan, moet wel precies lezen in welk verband Jezus deze uitspraak doet. Hij vertelt zijn discipelen dat Hij terug zal gaan naar zijn Vader. Daarover moeten de leerlingen niet verdrietig zijn. Wanneer zij de Vader iets zullen vragen in Jezus' naam, zullen zij het ontvangen. 'Tot nog toe hebt gij niet om iets gebeden in mijn naam; bidt en gij zult ontvangen, opdat uw blijdschap vervuld zij'. Nee, Jezus denkt hierbij echt niet aan een nieuwe auto of een buitenlandse vakantie. Het gaat hier om het gebed-in-Jezus'-naam. Dat betekent: het gaat om de gaven die Christus geven wil aan alle mensen. Het gaat om geloof, om hoop, om liefde. Wie daar werkelijk om bidt, wie zich daar oprecht voor openstelt, die zál dat alles ontvangen! En waarom? Omdat op die manier de blijdschap in ons leven groeien kan. Zo wordt de vreugde vervuld! Waarachtige blijdschap krijg je niet kado bij een nieuwe auto of een vakantie in Spanje. Waarachtige blijdschap ontvang je alleen als je de naam van Jezus meedraagt in je hart.

Geef dat ons hart mag zijn gericht
op U die ons verstand verlicht,
opdat uw naam ons steeds nabij,
uw lof op onze lippen zij.

gezang 327:2

Barmhartige Vader, wij bidden U niet om van alles en nog wat. Wij bidden U niet om veel plezier, maar om waarachtige vreugde. Wij bidden U niet om voorspoed, maar om goede moed in leven en in sterven. Wij bidden U niet om veel geluk, maar om de vrede die het verstand te boven gaat. Help ons om niet altijd maar weer naar onszelf toe te bidden. Help ons om gericht te zijn op uw Naam en uw Rijk. Wij vragen U: Laat uw Koninkrijk komen. Laat uw wil geschieden, gelijk in de hemel alzo ook op de aarde. Uw naam worde geheiligd, o God – de uwe alleen.

> 'Ik wil, dat, waar Ik ben, ook zij bij Mij zijn, om mijn heerlijkheid te aanschouwen, die Gij mij gegeven hebt'. –*Joh. 17:24*

Zoals een kind zijn vader soebatten kan om zijn vriendjes mee te mogen nemen naar huis, om hun zijn eigen kamer te laten zien, zo doet Jezus een goed woord voor zijn vrienden. 'Ik wil, dat, waar Ik ben, ook zij bij Mij zijn...' Dat is een ontroerend gebed. Zoveel houdt Jezus van die ontrouwe, eigenwijze, hardnekkige discipelen, dat Hij erop staat dat zij bij Hem zullen zijn in zijn heerlijkheid. Jezus wil niet meer zonder zijn vrienden verder. Zijn trouw is sterker dan de dood, zijn trouw reikt dwars door de opstanding en de hemelvaart heen. Jezus wil wel terug naar zijn Vader in de hemel, maar zijn vrienden moeten Hem volgen. Zo beëindigt Jezus zijn hogepriesterlijk gebed.

Vandaag is het Hemelvaartsdag. In de kerken wordt gezongen: 'De dag van onze Vorst brak aan. Zie, Gods gezalfde Koning gaat tot zijn hemelwoning'. Jezus' werk is ten einde; op aarde heeft Hij zijn taak vervuld. Hij heeft de goede strijd gestreden, al hebben ze Hem uitgelachen en uitgefloten. Niets heeft Hij zich aangetrokken van het publiek. Helemaal alleen heeft Hij het einddoel bereikt. En nu wacht Hem de lauwerkrans, de kroon, de heerlijkheid. Hemelvaartsdag: Jezus bestijgt het erepodium. Maar hoor: 'Ik wil, dat, waar Ik ben, ook zij bij Mij zijn, om mijn heerlijkheid te aanschouwen'. Zou je niet stil worden van dit gebed? Heb je ooit gehoord van een renner in de renbaan die anderen laat delen in de prijs? Daarom alleen mag ik er bij zijn, in zijn heerlijkheid. Nee, niet omdat ik zo'n eerste de beste ben, integendeel, maar omdat Hij voor mij gebeden heeft.

O, Heer, die onze Koning zijt,
laat niets uw rijk verhind'ren,
en open voor uw kind'ren
de poorten van uw woning wijd.
Laat, met uw feestkleed aan
ons tot uw bruiloft gaan.

gezang 229:5

Hemelse Vader, wij danken U voor Jezus' intocht in uw heerlijkheid. Hij heeft de prijs verdiend. Hij is de Eerste en de Beste, de Enige, onze Koning. Wij danken U voor deze Hemelvaartsdag. Wij danken U voor het gebed van uw Zoon, die zonder ons niet bij U wil wezen. Heer, onze God, doe ons uw hemel open, terwille van Hem.

'Bidt tevens voor ons, dat God een deur voor ons woord opene'. – *Col. 4:3*

Menige deur zit dicht voor het evangelie. Potdicht. Mensen willen soms niets van het evangelie weten. Waarom niet? Omdat ze als kind door een zogenaamde vrome vader bont en blauw zijn geslagen. Of omdat ze door een collega die toevallig ook ouderling was, op een gemene manier zijn behandeld. Of omdat ze grote problemen hebben in hun huwelijk en daarom het niet kunnen uitstaan dat er mensen zijn die gelukkig en gelovig zijn.

Nu denk ik niet dat Paulus daaraan denkt in zijn brief aan de Colossenzen. In zijn tijd heeft hij vooral te maken met mensen die dat evangelie maar een raar verhaal vinden. Een zoön van een god die gekruisigd wordt en dan ook weer uit de dood opstaat, dat kan toch niet, dat is ongehoord! En dan te geloven dat er maar één God is en dat al die goden van de Grieken en de Romeinen maar schijngoden zijn, dat is nog al wat...

Menige deur zit dicht voor het evangelie. Potdicht. Er moet heel wat gebeuren voor wij, mensen, ons hart werkelijk openen voor de blijde boodschap. Het geheim van Christus' opstanding kun je elkaar niet aanpraten en aanpreken. Dat kun je elkaar alleen maar aan-bidden. En daarom vraagt Paulus om het gebed van de gemeente. Evangeliseren begint met een gebed om een open deur. Zou het kunnen zijn dat wij te veel preken en te weinig bidden? Zou het kunnen zijn dat wij door al ons gepraat juist deuren blokkeren in plaats van mensen bekeren?

Open overal de poort,
Heer, voor uw voortvarend woord,
win elk volk met stille kracht
voor uw rijk, – verdrijf de nacht!
Erbarm U, Heer.

gezang 313:4

Trouwe God, vergeef ons dat wij vergeten te bidden voor allen die het evangelie verkondigen. Vandaag willen wij dat doen, met alles wat in ons is. Wij bidden u voor evangelisten, voor voorgangers in de gemeente, voor leiders en leraren, voor allen die met zoveel woorden uw Woord verkondigen. Geef hun een open deur. Dat zij niet worden weggesnauwd, dat de deuren niet voor hen worden dichtgegooid, daar bidden wij U om. Dat harten van mensen opengaan om U te ontvangen, dat vragen wij U vandaag. Maar ook: dat wij zelf, in woorden en werken, goede getuigen zullen zijn van uw rijk dat komt.

'Ik vermaan u dan allereerst smekingen, gebeden, voorbeden en dankzeggingen te doen voor alle mensen, voor koningen en alle hooggeplaatsten, opdat wij een stil en rustig leven mogen leiden in alle godsvrucht en waardigheid'. – *1 Tim. 2:1, 2*

Er wordt wat afgepraat over de politiek! In de pauze op school, tijdens de lunch in de kantine, in menig praatprogramma op de televisie. En altijd zijn er wel mensen ergens voor en anderen juist tegen. Je bent links of rechts of je neemt een middenpositie in en over dat alles kun je urenlang discussiëren. Maar bidden voor de regering, dat komt veel minder voor – of vergis ik me?

Paulus stuurt zijn jonge medewerker Timotheüs de wereld in. Wat moet hij gaan doen? De maatschappij vernieuwen? Jazeker. Maar niet door middel van een politieke revolutie. Niet door kracht noch door geweld, maar door Gods Geest dient dat te geschieden. Timotheüs moet het evangelie verkondigen. En dat evangelie heeft kracht genoeg om zaken op de kop te zetten. Dat evangelie heeft oog voor de zwaksten in de samenleving, voor de minsten en de kleinsten. Dat evangelie doorbreekt grenzen tussen blank en zwart, arm en rijk, oost en west. Dat evangelie brengt mensen samen rondom het kruis van Jezus, de Koning van alle mensen, maar vooral voor leiders van regeringen, voor politici, voor de mensen die de touwtjes in handen hebben. Vandaag worden we opgeroepen tot gebed – niet omdat we graag een gezapig leventje willen, maar omdat we verlangen naar een samenleving waarin Christus Koning is!

Gij weet, o Heer, hier staat uw kerk
en bidt voor al haar kleinen!
De vijand is ons veel te sterk,
doe Gij hem dan verdwijnen!
Bewijs aan ons uw werk, uw wil,
opdat onder uw ogen
wij allen hier gerust en stil
godzalig leven mogen!

gezang 45:6

Machtige God, omdat U de Koning bent van alle koningen, bidden wij U voor allen die ons regeren. Wij danken U dat wij leven mogen, beschermd door wetten die de chaos bedwingen. Bewaar ons ervoor dat we door ondankbaarheid vervallen aan dictatuur en bandeloosheid. Zegen ons koninklijk huis, onze regering en volksvertegenwoordiging, zegen de wereldleiders, de machtigen der aarde. Dat zij allen Jezus mogen erkennen. Zijn woord is de waarheid en in Zijn rijk is onze vrede.

'Al hebben mijn vader en mijn moeder mij verlaten,
toch neemt de Here mij aan'. – *Ps. 27:10*

Er komt een moment in je leven waarin je misschien zelf vader of moeder bent maar geen vader of moeder meer hébt. Dan ben je zelf de oudste, de eerste, de voorste in de rij.
Dat is lang niet altijd een plezierige ontdekking. Integendeel. Het kan je schokken. Het kan zorgen voor een intens gevoel van eenzaamheid. En ach, als er dan kinderen zijn die veel aandacht vragen, dan heb je genoeg om handen om er niet al te zeer bij stil te staan. Maar als je zelf geen kinderen hebt, misschien ook geen man of vrouw, dan kan dat alles des te sterker op je af komen: geen vader, geen moeder meer om op terug te vallen. Je staat er alleen voor.

Zo'n gevoel moeten de discipelen hebben gehad, na Jezus' Hemelvaart. Als wezen staan ze beteuterd Jezus na te kijken. Ze hebben Hem gevolgd, jarenlang. Nu staan ze zelf vooraan. Volgelingen worden voorgangers. Maar hoe moet dat allemaal? Waar haal je de wijsheid vandaan, de goede gedachte, het goede woord? Hoe kan een gevoel van verlorenheid je overvallen als je je realiseert dat er geen voorgeslacht meer is waarop je terugvallen kunt.

De dichter van de psalm die we lazen kent dat gevoel. Luid roept Hij tot God. 'Hoor, Here, hoe ik luide roep, wees mij genadig en antwoord mij'. Nee, zeker van zijn zaak is deze dichter niet. Maar hij is wel zeker van zijn God. 'Al hebben mijn vader en mijn moeder mij verlaten, toch neemt de Here mij aan'. Ook na Jezus' Hemelvaart behoeft een mens, hoe eenzaam ook, niet alleen te zijn.

Laat mij toch nimmermeer uw toorn verwekken,
verstoot hem niet die U in zwakheid dient.
Zoudt Gij uw heerlijk aangezicht bedekken,
zo wordt mijn leven leeg en zonder vriend.
Gij zijt het enigst dat mijn hart bezit!
Van al mijn schatten bleef mij niets dan dit:
Gij zijt de helper die mij niet verlaat,
als vader en als moeder van mij gaat.

psalm 27:5

Hoor, Heer, hoe wij luid roepen, wees ons genadig en antwoord ons! Ook al verlaten ons vaders en moeders, ook al is Jezus, onze Koning, van ons heengegaan, Gij neemt ons aan. Wij zijn in uw ontferming opgenomen. Dat geloven wij, omdat Jezus zelf U zo aan ons heeft geopenbaard.

6de zondag na Pasen

'Ik zal mijn wet in hun binnenste leggen en die in hun hart schrijven'. – *Jer. 31:33*

Je moet met deze woorden uit het boek van de profeet Jeremia voorzichtig omgaan. Je kunt natuurlijk heel gemakkelijk aan de haal gaan met deze tekst en zeggen: Zie je wel, sinds de Heilige Geest is uitgestort hebben we de Bijbel niet meer nodig. Gods wet is in ons binnenste gelegd en in onze harten geschreven! Weg met al die geboden en verboden! Als je maar luistert naar de stem in je hart, dan vind je altijd de goede weg.

Ik denk dat wie zo spreekt, zich vergist. Deze woorden worden niet zomaar tot alle mensen gesproken, maar tot Israël, tot Juda. God zal een nieuw verbond maken met zijn volk. Hij zal zijn wet niet afschaffen, integendeel: Hij zal zijn wet in het hart schrijven. Met andere woorden: God zal ervoor zorgen dat de wet, zijn levenwekkend Woord, nu eindelijk door Israël ter harte zal worden genomen. Israël zál verstaan wat de wil des Heren is!

Is het zover al gekomen? God weet het. In elk geval doet de Geest van Jezus Christus Israël én de volken Gods Woord dieper verstaan. Juist door het kruis van de Messias zien wij wat God ten diepste beweegt. Zijn liefde heeft de gestalte van het offer. Zijn loon is genade. Dát wordt de wereld op het hart gedrukt, sterker: dat wordt ons in het hart geschréven. Vergeet het nooit: God heeft je lief!

Waar God de Heer zijn schreden zet
daar wordt de mens, van dwang gered,
weer in het licht geheven.
Als 's Heren woord weerklinkt met macht
wordt aan het volk dat Hem verwacht
de ware troost gegeven.
Zijn Geest weerstaat de valse schijn
en schrijft in harten het geheim
van 's Vaders grote daden.
Zo leven wij om Christus' wil
te allen tijd gerust en stil
alleen van zijn genade.

gezang 305:1

Trouwe Vader, Gij hebt uw woord in onze mond gelegd, uw naam is in ons hart geschreven. Wij danken U – hoezeer zijt Gij nabij! Help ons om te leven uit uw genade. Help ons om dankbaar uw geboden te doen.

'Indien iemand dorst heeft, hij kome tot Mij en drinke!' *–Joh. 7:37*

Het is de laatste dag van het Loofhuttenfeest. De hogepriester heeft water geplengd bij het altaar in de tempel. Jeruzalem is vol feestvierende pelgrims. Jezus is er ook. Dit is het feest van de woestijnreis, het feest van de tenten, het feest van het water uit de rots. De loofhutten, op de platte daken en in de wijngaarden, overal in het land, ze doen denken aan de reis van het volk door de woestijn. En het water in de tempel is ook al een herinnering aan die tijd, een herinnering aan Gods goede zorgen in een tijd van dorheid en droogte. En nu, op de laatste dag, nu verheft Jezus zijn stem. Hoor, Hij roept het uit, de pelgrims moeten het horen: 'Indien iemand dorst heeft, hij kome tot Mij en drinke!' Wat Jezus daarmee bedoelt? De Geest, die bedoelt Hij daarmee. De Heilige Geest zal stromen, vloeien uit het hart van ieder die gelooft.

Dor en droog – is het leven niet zo? Zeker, wij hebben water en brood, wijn en melk, je haalt het allemaal gewoon bij de supermarkt om de hoek. Wij hebben huizen en auto's. Tenten hebben we ook, maar die zijn er alleen voor de aardigheid, in de vakantie. Caravans hebben we en weekend-huisjes, we hebben alles wat we hebben willen. En toch: dor en droog is ons menselijk bestaan, leeg en laag als de Geest er niet is. Dat bedoelt Jezus. Wat kun je verlangen naar Leven met een hoofdletter. Wat een dorst kun je hebben naar werkelijk geluk. Hoor, Jezus roept, zijn stem klinkt boven de massa uit: 'Indien iemand dorst heeft, hij kome tot Mij en drinke!'

O alle gij dorstigen, komt tot de stromen
en gij die geen geld hebt, treedt nader en eet.
Ja, zonder uw geld en uw goed moogt gij komen.
Om niet staat de tafel des Heren gereed
met wijn en met melk uit Gods eigen domeinen
voor al zijn genodigden, groten en kleinen.

gezang 33:1

Barmhartige God, hier zijn wij, dorstige mensen. Altijd weer hunkeren wij naar meer en groter en beter. Maar nooit vinden wij wat verzadigen kan. Wij vieren onze feesten, wij roepen in herinnering wat jaren geleden is geschied, maar het brengt ons niet wat wij ervan verwachten. Uw Woord alleen, Heer Jezus, Uw Woord alleen brengt ons gejaagde hart tot rust. Uw Geest alleen schenkt ons de vrede, de innerlijke blijdschap die standhoudt in leven en sterven. Wij danken U – het water des levens, dat zijt Gij.

HIJ LAAT ONS NOOIT ALLEEN

lezen: *Johannes 14:15-20*

'Ik zal u niet als wezen achterlaten'. – *Joh. 14:18*

Dit is toch werkelijk een vreemd woord van Jezus. Zo iets zeg je toch alleen als je zelf vader bent. 'Ik zal u niet als wezen achterlaten'. Een broer kan zo iets niet zeggen. Een goede vriend evenmin. Hier klinkt toch de stem van een vader, nietwaar? 'Ik zal u niet als wezen achterlaten'. Maar Jezus is toch niet de Vader? Jezus is toch de Zoon?

Jazeker, zo is het. Jezus is mens geworden. Jezus heeft zich niet geschaamd om onze Broeder te zijn. Maar heeft Hij niet ook gezegd: 'Ik en de Vader zijn één?' Jezus is niet een soort onder-god, een assistent van de Schepper, een particulier secretaris van de Almachtige. Nee, Jezus is God zelf in vlees en bloed. Jezus is één met zijn Vader; die twee zijn aan elkaar gelijk! Wij hebben geen twee of drie goden. Onze God is één! En daarom kan Jezus als de Vader tot zijn kinderen zeggen: 'Ik zal u niet als wezen achterlaten'. Wees maar niet verdrietig. Ik kom terug. God zal jullie een andere Trooster geven. Nee, niet iemand die je troosten zal omdat Ik er niet meer ben. Een ándere Trooster. Iemand die je net zo goed of beter troosten kan dan Ik het deed. We zijn er sinds Pinksteren niet op achteruit gegaan!

Christus stoot de hemel open,
een vuur komt door de wereld lopen,
een nieuw getij breekt haastig aan.
Hoor, de Geest vaart door het heden,
vanwaar? waarheen? met sterke schreden,
geen tegenstand kan Hem weerstaan.
Geeft op uw trots verzet,
verliest u aan zijn wet.
Gij zijt veilig
in zijn domein,
nooit meer alleen,
want nimmer zult gij wezen zijn.

gezang 244:1

Barmhartige Vader, U laat ons nooit alleen. Voor Jezus danken wij U. Voor uw Geest prijzen wij uw heilige Naam. Zo was U bij de mensen en zo zult U voor altijd bij ons zijn. Niet als wezen wachten wij, maar als kinderen die door uw Geest worden gesterkt en getroost.

'Wanneer de Trooster komt, die Ik u zenden zal van de Vader, de Geest der waarheid, die van de Vader uitgaat, zal deze van Mij getuigen'. – *Joh. 15:26*

Het blijft moeilijk om uit te leggen wat de Heilige Geest nu eigenlijk is. Eén van de drie personen van de Drieëenheid, zo zegt de christelijke kerk al eeuwenlang. Dat is alles goed en wel, maar dat kan geen kind begrijpen. Jezus zelf zegt het duidelijker. De Geest, dat is de Trooster. Jezus zelf is weggegaan, teruggegaan naar zijn Vader in de hemel. Maar gelukkig, er is een Trooster, er is een stem die zegt: Stil maar, wees maar niet verdrietig, Ik ben er toch! Nee, die Heilige Geest, die kun je niet zien en lang niet altijd voelen. Maar soms is er toch zo iets als een hand om je heen, een klap op je schouder, een stem die zegt: Weet je het nog, weet je nog hoe Jezus was, hoe lief Hij God en de mensen had, weet je nog wat Hij gezegd heeft en gedaan, weet je het nog? En dan, opeens, dan zie je het weer, dan besef je weer: bij Hem is het heil te vinden! Hij is mijn Heer en mijn God! En dan gaat het weer zingen in je, je wordt opgetild uit de put waarin je zit, je krijgt weer adem, licht in je ogen, moed om te leven.

Zo is de Heilige Geest. Hij vertelt je van Jezus. Hij brengt ons zijn leven in herinnering. Hij houdt de lofzang gaande. Nee, verwacht van de Geest geen schokkende toestanden. Verwacht van de Geest geen stunts en vrome show. De Geest is als het licht, als het zonlicht, dat een bloem doet bloeien. De Geest is als een moeder, die haar arm slaat om haar kind.

Al heeft Hij ons verlaten,
Hij laat ons nooit alleen.
Wat wij in Hem bezaten
is altijd om ons heen
als zonlicht om de bloemen
een moeder om haar kind.
Teveel om op te noemen
zijn wij door Hem bemind.

gezang 234:1

Trouwe Vader, wij danken U voor uw Geest, de Trooster. Soms zijn wij verdrietig omdat Jezus niet meer bij ons is. Soms hebben wij geen moed meer om te leven. Soms is de hemel donker en de aarde vol dreiging en terreur. Maar uw Geest brengt ons Jezus in herinnering. Uw Geest waait over de wereld en fluistert uw Woord ons in het oor. En daarvoor danken wij U!

'Wij weten niet wat wij bidden zullen naar behoren, maar de Geest zelf pleit voor ons met onuitsprekelijke verzuchtingen'. – *Rom. 8:26*

Bidden is moeilijk. Bidden is zo moeilijk dat je soms niet meer weet hoe het moet. Je wilt wel bidden, maar je kunt niet meer. Je hebt er geen woorden meer voor. Je weet ook niet meer waar je wel en waar je niet om moet vragen. Je bent zo moe van alle dingen, je bent ook zo moe van jezelf, dat je geen kracht meer hebt om te denken en te spreken. Uitgeput en lamgeslagen kom je tot de afschuwelijke ontdekking dat je niet meer weet hoe je bidden moet.

Wat je dan doen kunt, in zo'n geval? Jazeker, je kunt grijpen naar dat oude psalmboek. Je kunt die eeuwenoude woorden nalezen, na-bidden. Bijbel-lezen kan bidden zijn. Denk maar aan Jezus, die aan het kruis op Golgotha bad met woorden uit de psalmen.
Toch wijst de apostel Paulus ons nog op iets anders. 'Wij weten niet wat wij bidden zullen naar behoren, maar de Geest zelf pleit voor ons met onuitsprekelijke verzuchtingen'. God dank, ik behoef niet altijd mijn gebeden kant en klaar te hebben! Als ik zo zwak ben dat ik niet meer naar behoren bidden kan, dan mag ik erop vertrouwen dat de Geest zelf voor mij bidt, voor mij pleit, met woorden die onuitsprekelijk zijn. Veel beter dan ik zelf dat doen kan, bidt de Geest voor mij. Is Hij niet de Trooster, de Advocaat? Hij neemt het voor mij op, zoals Jezus zelf het opnam voor degene die niet meer verder kon. Overmorgen is het Pinksteren. Wij hebben alle reden om blij te zijn!

En als het nacht gaat worden,
een nacht vol schrik en pijn,
dan zucht de Geest in woorden
die onuitzegbaar zijn.
En wat mijn hart wil spreken,
maar wat geen stem meer krijgt,
is taal voor Hem en teken,
als Hij zich overneigt.

gezang 90:7

Eeuwige God, wij weten soms niet meer wat wij naar behoren zullen bidden. Wij vragen ons soms af hoe het behoort en of U ons wel hoort. Er zijn momenten waarin de vragen zich zo huizenhoog opstapelen dat wij haast niet meer bidden kunnen. Maar uw Geest bidt voor ons! Daar danken wij U voor. Kom, Heilige Geest, vervul ons hart, opdat wij overstromen zullen van lofprijzing en vernieuwde vreugde.

'...opdat Christus door het geloof in uw harten woning make'. – *Ef. 3:17*

Paulus weet heel goed dat Jezus ten hemel is gevaren. Hij is er dan wel niet persoonlijk bij geweest, maar hij heeft het wel persoonlijk gehoord van betrouwbare getuigen. Paulus weet zeker: Jezus is heengegaan naar zijn Vader. En nu bidt hij voor de gemeenteleden in de stad Efeze dat Christus door het geloof in hun harten woning zal maken. Hoe dat kan? Dat kan door de Geest die is uitgestort. Niet voor niets is Jezus heengegaan. Het was niet zijn bedoeling dat er een soort commune rondom zijn persoon zou ontstaan. Het evangelie moest de grenzen over, de landen door, de wereld in. Nee, niemand behoeft intrek te nemen in zijn klooster. Hij zelf maakt woning in ons hart, waar wij ook op aarde wonen – door zijn Geest is Hij in ons, van dag tot dag.

Denk niet dat je het gemakkelijk krijgt met deze Inwoner. Hij stempelt je leven. Hij is niet zomaar een gast. Hij is de Gastheer. Hij neemt de leiding over. Hij brengt orde op zaken in mijn levenshuis. Vensters gaan open, deuren blijven niet langer op slot, de frisse wind van de Geest blaast door alle vertrekken. Een grote schoonmaak doet alles glanzen als nieuw. Het stof van de sleur wordt weggebezemd, het meest gewone, het alledaagse wordt door de liefde belicht. Of er iets verandert wanneer Christus woning maakt in je hart? Reken maar!

Nu bidden wij met ootmoed en ontzag
de Vader aan, wiens naam aan elk geslacht
in hemel en op aarde aanzijn gaf,
dat, naar zijn heerlijk wezen,
Hij ons de kracht des Heilgen Geestes geve
en de Messias bij ons intrek neme.
Zijn liefde is de grondslag van ons leven,
de oorsprong van ons hart.

gezang 95:1

Trouwe Vader, al heeft Jezus ons verlaten, Hij maakt woning in ons hart. Wij danken U voor zijn Geest. Zijn liefde maakt ons leven licht. Nieuw worden alle dingen waar Hij onze woorden en werken bepaalt. Wij danken U voor deze dag. Wij danken U, dat wij, samen met alle heiligen de lengte en breedte en hoogte en diepte van uw heil doormeten mogen. Wij bidden U, Here Jezus, kom in ons hart en laat uw liefde de grondslag zijn van ons leven.

'De Here is God, Hij heeft het voor ons doen lichten'. – *Ps. 118:27*

Pinksteren is de kroon op Pasen. Op het Pinksterfeest verspreidt zich het Paaslicht. Pasen is de waakvlam. Met Pinksteren slaat de vlam over, ontsteekt aan alle kanten het vuur. Op het Paasfeest is Christus opgestaan. Op het Pinksterfeest staan zijn discipelen op. Ze staan op tot de vreugde. Ze staan op tot goede moed. Ze staan op tot onbekommerde verkondiging van het evangelie. Pasen brengt licht in onze duisternis. Maar Pinksteren blaast het Paaslicht verder, de wijde wereld in. Als een lopend vuur, als een laaiend licht gaat het bericht van Pasen door de wereld. De Geest drijft mensen aan. Hoort het evangelie: Christus is opgestaan!

Pinksteren. Vandaag worden ook wij opnieuw aangestoken door het vreugdevuur uit de hemel. Psalm 118 reikt ons het loflied aan. 'De Here is God, Hij heeft het voor ons doen lichten'. Wat een duisternis kan er zijn, overal om je heen. Wat een intens gevoel van verlatenheid, van eenzaamheid. God, waar bent U nu? Jezus, ik hoor niet langer uw zachte stem! En waar zijn nu de mensen, waar is mijn vader, waar is mijn moeder, mijn broers, mijn zusters, mijn vrienden, waar zijn ze? Soms is er alleen nog het donker van de angst, het duister van de dood. Maar het Paaslicht straalt er dwars doorheen en het Pinkstervuur verjaagt de duisternis, overal en eenmaal ten volle. Je krijgt goede moed om te leven. Je krijgt durf om te spreken van wat je hebt gehoord en gezien. Je krijgt geduld om met woorden en werken Gods grote daden te verkondigen, wereldwijd. Het is Pinksteren vandaag. Warmte en licht hebben voorgoed gewonnen!

De HEER is God, zijn gunst verheugde
ons oog en hart met vrolijk licht.
Nu worde 't offer onzer vreugde
op zijn altaren aangericht.
Gij zijt mijn God, U zal ik prijzen,
o God, U roemen wijd en zijd.
Laat aller lof ten hemel rijzen:
Gods liefde duurt in eeuwigheid.

psalm 118:10

Liefdevolle Vader, wij danken U voor uw Geest, voor de warmte en het licht uit de hemel, voor de windkracht die uw belofte de wereld inblaast. Laat de volken het horen, o God. Laat zwart en blank, oost en west, noord en zuid uw grote naam loven, nu en tot in de eeuwen der eeuwen.

'Laten wij ons een naam maken'. – *Gen. 11:4*

Babel en Jeruzalem, wat hebben die twee steden met elkaar te maken? In de Bijbel zijn die twee water en vuur, kat en hond, ze bijten elkaar, ze zijn elkaars tegenbeeld. Babel is de hoer. Jeruzalem is de bruid. Babel is de stad van de verdeeldheid. Jeruzalem is de plaats van de eenheid.

Wie nu in Jeruzalem komt, ziet van die eenheid niet zo veel. Joden en Arabieren, ze lopen elkaar voor de voeten. Synagogen, moskeeën en kerken verdringen zich in menige straat. Jeruzalem, stad van de eenheid? Daar is geen sprake van! Integendeel: Jeruzalem is een twistappel, een steen des aanstoots in de wereld. Geen stad is politiek en religieus zo verdeeld als juist Jeruzalem.

Toch zal Babel vallen en Jeruzalem bestaan tot in eeuwigheid. Waarom? Omdat Babel de stad is waar mensen zeggen: Wij zullen ons een naam maken! En Jeruzalem is de stad waar op het Pinksterfeest in zoveel talen de naam van God wordt genoemd. Dat is het grote verschil. Babel is de stad van de mens. Jeruzalem is de stad van God. Overal waar mensen hun eigen naam op een voetstuk zetten, dreigt de spraakverwarring. Overal waar mensen macht willen verzamelen, speelt de verdeeldheid een rol. Maar waar de liefde woont, daar wordt de ware eenheid geboren. Babel, de stad van de hoer, waar liefde geen liefde is, Babel valt in duigen. Maar Jeruzalem is de bruid. Voor eeuwig.

Vul aan wat ons ontbreekt,
want stukwerk is ons pogen.
En wat ons afleidt van
de vrede uit den hoge,
laat dat, verheven licht,
in vuur en wind vergaan.
Houdt Gij ons staande door
het wonder van Gods naam.

gezang 242:6

Grote God, uw Naam is een wonder. Uw Naam verenigt alle volken. Vergeef ons, o God – daar is nog zo weinig van te zien. Wij bouwen nog zo graag in Babel, wij houden vast aan onze eigen naam. Help ons om de naam van Jezus, uw Zoon, hoog te houden in deze wereld. En laat het nieuwe Jeruzalem uit de hemel nederdalen, versierd als een bruid: uw Koninkrijk, uw stad van eenheid en waarachtige vrede.

'Opdat zij met u de last van het volk dragen'. –
Num. 11:17

Mozes kan het niet meer aan. Voor de zoveelste keer is het volk aan het mopperen geslagen. Er is geen vlees genoeg. Waren we maar in Egypte gebleven! Daar hadden we tenminste vis en komkommers en meloenen en uien en knoflook. Maar hier, in deze afschuwelijke woestijn, hier is alleen maar zand en nog eens zand...

Voor Mozes hoeft het niet meer. Hij wil er het liefst mee ophouden. 'Ik alleen kan de zorg voor dit gehele volk niet dragen: dat is mij te zwaar'. En wat doet God? Hij laat Mozes zeventig mannen aanstellen die samen met hem het volk zullen leiden. 'Ik zal een deel van de Geest die op u is, nemen en op hen leggen, opdat zij met u de last van het volk dragen en gij die niet alleen behoeft te dragen'.

Ook dat is het werk van de Geest. De Geest zorgt ervoor dat mensen niet gebukt gaan onder ondraaglijke lasten. De Geest verdeelt taken. De Geest doet mensen samen-werken. God wil niet dat je alles alleen doet, zuchtend, klagend vanwege zoveel tegenstand. Schaam je niet om om te zien naar mede-werkers. God schenkt ons aan elkaar. De Kerk is een lichaam met vele leden. Handen hebben voeten nodig en ogen oren. Je kunt niet zonder elkaar. Zeker, als je alles alleen doet, gaat het vaak vlugger. 'Als Mozes een commissie was geweest, dan was het volk Israël nooit in het beloofde land gekomen...' Maar ondertussen heeft Mozes het toch niet alleen gedaan. Veel dingen gaan vlugger wanneer je ze alleen doet, maar op de lange duur breekt het je op en krijg je er spijt van. Een mens moet niet meer willen dragen dan God hem te dragen geeft.

Wij zijn in Hem gedoopt,
Hij zalft ons met zijn vuur.
Hij is een bron van hoop
in alle dorst en duur.
Wie weet vanwaar Hij komt,
wie wordt zijn licht gewaar?
Hij opent ons de mond
en schenkt ons aan elkaar.

gezang 247:2

Hemelse Vader, wij danken U voor elkaar. Soms houd je het niet vol, soms zou je onder de last bezwijken. Maar U weet een weg, altijd. Wij danken U dat wij samen geroepen worden om uw werk in deze wereld te doen. Help ons om goede mede-werkers te zijn in uw Koninkrijk, vol van uw Geest, om elkaar te zijn tot een hand en een voet.

dinsdag

'Vrede laat Ik u, mijn vrede geef Ik u; niet gelijk de wereld die geeft, geef Ik hem u'. – *Joh. 14:27*

Geeft de wereld dan vrede? Al zou je het nauwelijks zeggen, toch is het zo. De ellende in de wereld mag dan de meeste aandacht krijgen in het journaal, toch zijn er zo af en toe ook berichten die ons doen glimlachen, die ons blij maken. Er zijn beelden van presidenten die zich, na jarenlange strijd, met elkaar verzoenen. Er zijn beelden van ministers die verdragen ondertekenen. Er zijn beelden van ontwikkelingswerkers in de Derde Wereld die goede resultaten boeken in de voedselproduktie. Ja zeker, dat is er allemaal en wee degene die er een kwaad woord over zegt. Maar dit alles is niet te vergelijken met de vrede die Christus geeft. Want – laten we maar heel eerlijk zijn – achter zoveel vormen van wereldse vrede zit toch uiteindelijk weer het verlangen naar geld en macht. Aardse vrede is maar al te vaak berekende vrede, vrede op basis van een wankel evenwicht.

'Vrede laat Ik u, mijn vrede geef Ik u'. Bij zijn hemelvaart liet Jezus zijn vrede achter. Op het Pinksterfeest wordt die vrede nog eens verdiept en verbreed. Daar is de Pax Romana, de vrede van het Romeinse Rijk niets bij! De vrede van Christus, die is niet uit op geld of macht. De vrede van Christus komt overal tot stand waar liefde woont. Daar gebiedt de Heer zijn zegen. Daar woont Hij zelf. Daar krijgt zijn wereldrijk gestalte. Pinksteren – de Geest van God is zijn invasie begonnen!

De Geest des Heren heeft
een nieuw begin gemaakt,
in al wat groeit en leeft
zijn adem uitgezaaid.
De Geest van God bezielt
wie koud zijn en versteend
herbouwt wat is vernield
maakt één wat is verdeeld.

gezang 247:1

Trouwe God, wij bidden U om vrede. Laat uw Koninkrijk komen! Laat heel de aarde vol zijn van uw lof. Laat uw Geest de landen doorwaaien. Laat uw Woord de machtigen der aarde tot wet zijn. Wij danken U dat uw vrede alle grenzen doorbreekt, alle muren slecht, alle deuren opent. Laat uw nieuw begin tot vervulling komen, in onze dagen.

HIJ ZALFT ONS MET ZIJN VUUR

lezen: *Johannes 16:5-15*

'Het is beter voor u, dat Ik heenga'. – *Joh. 16:7*

Hoe kan Jezus dat nu zeggen? Is de Heilige Geest dan beter? Is Jezus dan alleen maar een soort voorloper van de Geest, een heraut die zijn komst aankondigt? Nee, zo is het niet. De Geest is niet beter, maar de Geest is wel anders. Jezus ging de diepte in. De Geest zoekt meer de breedte, de windstreken, de einden der aarde. Jezus is het zaad. De Geest neemt de vruchten mee, de landen door; de volken mogen delen in Gods genade!

'Het is beter voor u, dat Ik heenga'. Wij zeggen nog wel eens: Was Jezus maar bij ons. En je bedoelt dan: Wat jammer dat Hij er niet meer is! Maar wat een onzin is dat eigenlijk. Heeft Hij zelf niet gezegd dat het juist beter was voor ons dat Hij ging? Juist door de komst van de Geest is het evangelie doorgedrongen tot in onze lage landen bij de zee. God dank: het evangelie is geen binnenbrandje gebleven, een vuurtje op het strand van de Middellandse Zee. De vlam is als een lopend vuur de wereld doorgegaan. Afgoden zijn afgezworen, toverboeken zijn verbrand. De Geest leert ons wat zonde is: niet te geloven in Gods liefde. De Geest leert ons wat gerechtigheid is: kijk maar naar Jezus, dan weet je het. De Geest leert ons dat het oordeel al lang is uitgesproken over het rijk van de boze. Het was goed, dat Jezus ging. Het is goed, dat de Geest is gekomen. Misschien zie je het niet, misschien twijfel je eraan, maar toch is het waar: steeds breder wordt de stroom van de Geest! Gods Koninkrijk is aanstaande.

O Geest der eeuwigheid,
gij Trooster aller tijden,
deel thans uw zegen uit
aan wie uw komst verbeiden.
O heldere fontein
die uit Gods tempel welt,
gij wordt een brede stroom
die met de eeuwen zwelt.

gezang 242:2

Barmhartige God, het is goed, dat de Geest is gekomen. Het is goed, dat het evangelie door de wereld stroomt. In alle tongen, in alle talen zal uw lof worden gezongen. Geef ons geduld om op uw rijk te wachten. Geef ons ook gedrevenheid, om uw Woord te vertalen voor alle mensen. Zegen hen die zijn uitgegaan, de wereld in, om goed te spreken van U. Zegen ook ons en maak ons tot verstaanbare getuigen van Jezus, onze Heiland.

'De wet van de Geest des levens heeft u in Christus Jezus vrijgemaakt van de wet der zonde en des doods'. – *Rom. 8:2*

Dat de zonde een wet is en dat de dood een wet is, dat kun je elke dag rondom je heen ervaren. Er zit iets wetmatigs in de zonde. Je ontkomt er niet aan. Elke keer weer denk je verkeerd, doe je het kwade in plaats van het goede. Er lijkt niet aan te ontkomen. Het is een vreemde, een afschuwelijke wet: de wet van de zonde. En met de dood is het niet anders. Er gaan rouwstoeten door de straten, langzaam lopend in de dorpen, snel rijdend in de stad. Maar ze zijn er, elke dag weer: de doden. Het is een vreemde, een afschuwelijke wet: de wet van de dood. Er lijkt niet aan te ontkomen.

Ja, tóch! Zo klinkt de stem van Paulus in zijn brief aan de Romeinen. Toch is er ontkoming. Er is een andere wet. Sterker. De wet van de Geest des levens. En die wet heeft ons vrijgemaakt uit de gevangenis van zonde en dood. Die wet van de Geest doet je ontkomen aan de macht die ons leven vernietigt.
Waarom noemt Paulus de Geest van het leven een wet? Geeft die Geest ons dan een nieuwe rij geboden en verboden? Nee, dat is hier niet aan de orde. Paulus spreekt hier over de wet van de Geest des levens om duidelijk te maken dat de Geest niet tegen te houden is. De Geest is de grondwet van het nieuwe rijk, de voorbode van een nieuwe orde. En deze wet breekt dwars door zonde en dood heen. De Geest schenkt ons het leven. Hoe? In Christus Jezus. Wie in Hem gelooft zit niet langer in de cel van zonde en dood. Wie in Hem gelooft wordt ontslagen – om te léven.

O afgrond, waarin alle zonden
verzinken en niet meer bestaan!
O diep geheim van Christus' wonden,
het oordeel is te niet gedaan!
O Heer, uw bloed roept voor altijd:
barmhartigheid, barmhartigheid!

gezang 440:3

Barmhartige God, als U ons niet kwam bevrijden, zaten wij nu nog in de cel van de zonde, opgesloten in de gevangenis van de dood. Maar U hebt ons niet overgelaten aan ons lot. U breekt door onze muren heen. Uw Geest gaat door, dwars door onze weerstand heen. Help ons, o God, om in het geloof te leven. Help ons om nu ook werkelijk in de ruimte van de Geest te staan.

> 'Wij nu hebben niet de geest der wereld ontvangen, maar de Geest uit God, opdat wij zouden weten, wat ons door God in genade geschonken is'. – *1 Cor. 2:12*

De geest der wereld – wat bedoelt Paulus daarmee? Is dat een onheilige, een onreine geest? Laten we ons niet vergissen: de geest van de wereld dient zich veelal aan als een keurige geest, een geest van wijsheid en inzicht. Paulus heeft het oog op de Grieks-Romeinse cultuur van zijn dagen. In de stad Corinthe kunnen ze erover meepraten! De Griekse geest bezielt de cultuur. Zie eens, wat een schoonheid, wat een geestelijke rijkdom! Wat een kennis, wat een inzicht, wat een wetenschap!

De geest der wereld. Nee, met alle respect voor de cultuur, die geest is op het Pinksterfeest niet uitgestort. Zeker, de Heilige Geest heeft te maken met wijsheid en inzicht en schoonheid – en zogezien ook met onze cultuur. Maar de geest der wereld kan je nooit op de hoogte brengen van de hemel. De geest der wereld blijft altijd oppervlakkig. De Geest van God, die tilt ons hoger, opent een wijder perspectief. De Geest van God, die laat ons zien wat de geest der wereld ons niet kan tonen: alles wat ons door God in genade geschonken is. Schoonheid, wijsheid, wetenschap – het valt in het niet, vergeleken bij de grote dingen die ons in Christus gegeven zijn.

> Geest van hierboven, leer ons geloven,
> hopen, liefhebben door uw kracht!
> Hemelse Vrede, deel U nu mede
> aan een wereld die U verwacht!
> Wij mogen zingen van grote dingen,
> als wij ontvangen al ons verlangen,
> met Christus opgestaan. Halleluja!
> Eeuwigheidsleven zal Hij ons geven,
> als wij herboren Hem toebehoren
> die ons is voorgegaan. Halleluja!
>
> *gezang 477:1*

Trouwe Vader, wij danken U voor het evangelie! Het kruis van Jezus Christus, het verhaal van zijn lijden en sterven, het is niet zo aantrekkelijk, het klinkt allemaal niet erg wetenschappelijk en erg logisch is het ook al niet – maar wij danken U, dat wij niet de geest der wereld ontvangen hebben, maar uw Geest, zodat wij weten wat ons door U in genade geschonken is: alles, het eeuwige leven. Wij bidden U: laat niet de geest der wereld, maar uw Geest ons vervullen, opdat wij werkelijk zingen zullen van de grote dingen die U hebt gedaan!

'Zij zullen van de heerlijkheid van uw koningschap spreken en van uw mogendheid gewagen'. – *Ps. 145:11*

Deze zondag heet vanouds Zondag Trinitatis, de Zondag van de Drieëenheid. Het is Kerstfeest geweest, Goede Vrijdag, Pasen en Pinksteren. We hebben gehoord hoe God de Vader zijn Zoon en zijn Geest gegeven heeft. En nu, op deze zondag na het Pinksterfeest, nu zien wij nog eens terug naar al Gods grote daden en loven wij de Vader, de Zoon en de Heilige Geest. Door Gods adem zijn wij geschapen. En door zijn Geest mogen wij, in Jezus Christus, delen in zijn her-schepping, leven in de richting van de nieuwe hemel en de nieuwe aarde.

De psalm die we lazen is vol van lofprijzing. Volmondig en overluid worden Gods grootheid en zijn goedheid geprezen. 'Genadig en barmhartig is de Here, lankmoedig en groot van goedertierenheid'. Heel de aarde wordt opgeroepen om mee te doen in een wereldwijde lofzegging. 'Al uw werken zullen U loven, Here, uw gunstgenoten zullen U prijzen'. Juist op deze zondag komt Gods koningschap aan het licht. Hij is de Schepper van hemel en aarde, Hij is die God die de dood ontmaskert en het leven opwekt uit het graf. Hij is die God die zijn adem blaast over de aarde. Nee, geen dodelijke straling die mens en dier vermoordt, maar een straling ten leven gaat heilzaam door de landen. Koningen vallen van hun tronen, presidenten komen en gaan, de knapste geleerden kunnen niet voorkomen dat duizenden slachtoffer worden van een onbeheersbare techniek – maar déze Koning zal ons brengen wat geen aardse koning geven kan: een rijk van eeuwige vrede.

Zij roemen in uw koningschap, o Heer,
zij stellen in uw heerlijkheid hun eer.
Al wie hen hoort zal weten wie Gij zijt:
een vorst, bekleed met macht en majesteit.
Uw heerschappij is over alle tijden,
ieder geslacht zal zich in U verblijden.
Die dreigen te bezwijken wilt Gij schragen
en Gij richt op, die zijn terneergeslagen.

psalm 145:4

Eeuwige Koning, machtige God, wij danken U, Vader, Zoon en Heilige Geest. U hebt ons geschapen. U hebt in Jezus Christus ons bevrijd. U maakt alle dingen nieuw. Wij zullen van de heerlijkheid van uw koningschap spreken en van uw mogendheid gewagen. Laat uw Rijk komen, o God, zodat Gij zult zijn: alles en in allen.

'Zo zullen zij mijn Naam op de Israëlieten leggen en Ik zal hen zegenen'. – *Num. 6:27*

Zegenen – wat is dat eigenlijk? We kennen dat gebaar uit de kerk. Aan het einde van de dienst is daar de zegen: uitgestoken armen en woorden die kort en bondig Gods heil bedoelen. Genade, liefde, vrede zij met u. De Here zegene en behoede u. De Here doe zijn aangezicht over u lichten en zij u genadig. De Here verheffe zijn aangezicht over u en geve u vrede. Zo neemt God ons onder handen. Hij neemt ons in zijn hoede. Zoals een vader, een moeder, nog één keer een kind de handen op het hoofd legt, vóór het vertrekt, naar school of op reis, zo neemt God zijn kinderen nog één keer onder handen. Vóór de wegen uiteen gaan, legt Hij beschermend zijn Naam op ons.

Zegenen. Wat dat ten diepste is? Zegenen is: Gods Naam op de mensen leggen. Wat dat voor een Naam is? De Here. Jahwe. Dat betekent: Ik ben die Ik ben. Ik ben erbij. Ik ga met je mee. Ik ben er. Zo heet God. Ik-ben-er-bij is zijn Naam. En die Naam krijgen we mee. Die Naam wordt op ons gelegd. Niet als een last, maar als een kostbaar geschenk. Die Naam mag je met je meedragen. We worden in de zegen benoemd, wij worden Gods kinderen ge-naamd. De Vader, de Zoon en de Heilige Geest benoemen ons in de orde van het komende Koninkrijk. En wie deze Naam met zich meedraagt, wie door deze Naam zich leiden laat, die wordt gezegend! Deze Naam staat garant, nee, niet voor een luilekkerlandleventje, maar wel voor blijdschap en vrede. Deze Naam staat garant voor Gods sjaloom. Deze Naam doet de zon opgaan over ons bestaan. Kijk maar: Gods aangezicht licht op over ons! Sterker nog: Gods aangezicht verheft zich over ons en geeft ons vrede.

Zegen ons Algoede,
neem ons in uw hoede
en verhef uw aangezicht
over ons en geef ons licht.

gezang 456:1

Barmhartige Vader, wij danken U voor uw Naam. U bent bij ons, U gaat met ons mee, dwars door de woestijn heen, het beloofde land tegemoet. Wij danken U dat uw Naam in Jezus Christus ten volle duidelijk is geworden. Wij danken U voor Hem die bij ons was, de Mensenzoon in ons midden. Wij bidden U, Vader, Zoon en Heilige Geest, laat uw Naam ons leven bepalen, laat uw Naam onze vreugde zijn.

'Heilig, heilig, heilig is de Here der heerscharen, de ganse aarde is van zijn heerlijkheid vol'. – *Jes. 6:3*

In een visioen heeft Jesaja God gezien. Boven Gods hoge troon: serafs, engelen. En die engelen roepen elkaar toe: 'Heilig, heilig, heilig is de Here der heerscharen, de ganse aarde is van zijn heerlijkheid vol'.
Als Jesaja dat alles ziet, verbleekt hij van schrik. Tegenover Gods heiligheid staat hij daar als een onheilige, een man, onrein van lippen, wonend te midden van een onrein volk. Hoe moet hij profeet zijn, dienaar van de heilige God?
Maar zie, daar komt een engel aan. Die engel neemt met een tang een gloeiende kool van het altaar en daarmee raakt hij Jesaja's mond aan. Nee, niet verschroeiend is dat, maar verzoenend. Wég is Jesaja's onreinheid. De profeet mag delen in Gods heiligheid.

Ziedaar de taak van Gods engelen. Ze zingen en ze verzoenen. Ze zingen van Gods heiligheid, ze raken er niet over uitgezongen, ze herhalen het altijd maar weer, in een eindeloos refrein. Heilig, heilig, heilig. Driemaal heilig is God: de Vader, de Zoon en de Heilige Geest. Wat dat betekent? Waarom God zo heilig is? God is de heilige, de verhevene, de machtige, daarom dat Hij de schuld vergeeft, de zonde verzoent! Dat is ten diepste zijn heiligheid. Eén en al vuur en liefde en majesteit. Zo is onze God. Wie Hem vreest behoeft voor Hem niet bang te zijn. Heilig is Hij, ja zeker. Maar het vuur van zijn heiligheid raakt mij aan en schenkt mij het léven.

Heilig, heilig, heilig! Heer, God almachtig
hemel, zee en aarde verhoogt uw heerlijkheid.
Heilig, heilig, heilig! Liefdevol en machtig,
Drievuldig God, die één in wezen zijt.

gezang 457:4

Eeuwige God, machtige Koning, wij aanbidden U, wij vereren U, wij vallen als smekelingen neer voor uw troon. Heilig zijt Gij, driemaal heilig, de ganse aarde is vol van uw heerlijkheid. Heer, wij zouden ten onder gaan, wanneer Gij ons niet aanraakte met het vuur van uw barmhartigheid. Wij zouden niet kunnen bestaan voor uw aangezicht, wanneer Gij ons niet zou vergeven al wat wij misdreven. Wij danken U voor al uw engelen, die ons het evangelie hebben verkondigd, Christus' geboorte en opstanding. En nu Hij van ons is heengegaan en Hij ons de Geest gegeven heeft, bidden wij U: mogen de woorden van onze mond en de overleggingen van ons hart U welgevallig zijn, o Here, onze rots en onze verlosser.

'Voorwaar, voorwaar, Ik zeg u, tenzij iemand geboren wordt uit water en Geest, kan hij het Koninkrijk Gods niet binnengaan'. –*Joh. 3:5*

Wie deel wil hebben aan Gods Koninkrijk, moet opnieuw worden geboren. Dat is de boodschap aan het adres van Nicodemus, de Schriftgeleerde. Het gaat er bij God niet om dat je de bijbelboeken kunt opzeggen in de goede volgorde en alle namen van de discipelen uit je hoofd kent, het gaat erom dat je wordt als een kind, dat je voor de tweede keer geboren wordt, een nieuw mens voor Gods aangezicht. Je moet worden geboren uit water, dat wil zeggen: je moet je laten dopen, de besmetting van een schuldig verleden moet worden afgewassen. Je moet daarmee de diepte in, kopje-onder in Gods oordeel, je moet je oude mens laten verdrinken, heel dat zondige bestaan moet worden begraven. En zo mag je dan weer boven komen uit het water van de doop, opnieuw geboren, opgestaan tot een ander leven.

Maar niet alleen uit de doop, niet alleen uit het water moet je geboren worden. Ook uit de Geest. Het moet niet alleen maar een vrome dooprite zijn, een plechtigheid op een mooie zondag in de kerk. Je moet ook uit de Geest opnieuw geboren worden. Het gaat om een innerlijke vernieuwing, een totaal nieuw bestaan. Het gaat om een nieuw hart.

Hoe dat in z'n werk gaat, die nieuwe geboorte? Luister naar wat Jezus tegen Nicodemus zegt: 'Zo lief heeft God de wereld gehad, dat Hij zijn eniggeboren Zoon gegeven heeft, opdat ieder die in Hem gelooft, niet verloren ga, maar eeuwig leven hebbe'.

Laat dit woord dan allermeest
helder klinken in onze oren:
wie door water en door Geest
niet als kind werd nieuwgeboren
wordt door U niet aangenomen,
kan in 't rijk van God niet komen.

gezang 334:2

Trouwe Vader, help ons om die weg te gaan, de weg van de vernieuwing, de weg van de verandering, de weg door de dood heen, de weg door de aflegging van onze hoogmoed heen, de weg van het geloof in uw Zoon, de Nieuwe Mens, geboren uit water en Geest. Wij danken U, o God – U bent onze Schepper. U bent onze Verlosser. U bent het ook die ons leven vernieuwt, door uw Heilige Geest.

> 'O diepte van rijkdom, van wijsheid en van kennis Gods, hoe ondoorgrondelijk zijn zijn beschikkingen en hoe onnaspeurlijk zijn wegen!' – *Rom. 11:33*

Paulus heeft in zijn brief aan de Romeinen uitgebreid gesproken over Israël. God heeft zijn volk niet verstoten. Israël is niet afgeschreven – geen sprake van! Wel is er een verharding gekomen over het volk van God, het heeft de Messias, Jezus, verworpen. Maar zodoende is het heil over de wereld uitgewaaierd en eens komt de dag waarop toch Israël weer midden in deze wereld zal staan als Gods stralende getuige van het heil. Uiteindelijk zal God zich over zijn volk ontfermen en heel de aarde zal aanschouwen dat God niet loslaat wat zijn hand begon.

En als Paulus zo over het geheim van Israëls toekomst heeft gesproken, dan barst hij uit in een lofprijzing, een lied, een uitroep van verbazing. 'O diepte van rijkdom, van wijsheid en van kennis Gods, hoe ondoorgrondelijk zijn zijn beschikkingen en hoe onnaspeurlijk zijn wegen!' Nee, je moet niet denken dat je Gods plannen kunt narekenen en dat je zijn programma in jouw portefeuille kunt stoppen. En je moet ook niet denken dat je precies kunt voorspellen hoe het allemaal met Israël en met de volkerenwereld zal gaan. De bijbel is geen spoorboekje. Gods treinen rijden anders dan je denkt. Maar dwars door alle chaos van de geschiedenis heen wordt toch één ding telkens duidelijk: God laat zijn volk niet vallen. God blijft trouw aan zijn schepping. Zijn liefde overwint! En wie dat weet, die breekt uit in vreugde en verwondering. Uit Hem en door Hem en tot Hem zijn alle dingen: Hem zij de heerlijkheid tot in eeuwigheid!

Halleluja, eeuwig dank en ere,
lof, aanbidding, wijsheid, kracht,
worde op aarde en in de hemel, Here,
voor uw liefde U toegebracht!
Vader, sla ons steeds in liefde gade,
Zoon des Vaders, schenk ons uw genade;
uw gemeenschap, Geest van God,
amen, zij ons eeuwig lot!

gezang 257

Trouwe God, uit U en door U en tot U zijn alle dingen. Wij zien soms alleen de chaos, de onontwarbare knopen van oorlog en terreur en discriminatie. Wij zien soms alleen maar verharding en verbittering. Maar Gij houdt vast aan het werk van uw hand. Vader, Zoon en Heilige Geest, uw Naam zij geprezen, nu en tot in de eeuwen der eeuwen.

'In Hem zijt gij, toen gij gelovig werdt, ook verzegeld met de Heilige Geest der belofte, die een onderpand is van onze erfenis...' – *Ef. 1:13, 14*

Gods kinderen hebben een geheim. Nee, ik bedoel niet dat christenen geheimzinnige mensen zijn. Geen sprake van! We hebben niets te verbergen. Maar we dragen met ons een geheim, een verborgenheid. Je kunt het vergelijken met iemand die de belofte heeft gekregen later een erfenis te zullen krijgen, een grote erfenis waardoor alle geldzorgen in ene keer zullen zijn verdwenen. Schatrijk zul je zijn als die erfenis wordt uitbetaald. En als voorproefje heb je al een prachtig geschenk gekregen, een sieraad, een kostbaar juweel. De rest komt later. Voorlopig kun je het doen met deze belofte.

Zo is het nu ook met Gods kinderen. Wie zijn leven toevertrouwt aan onze Here Jezus Christus draagt met zich mee een kostbaar geheim, een juweel van een belofte. Nee, veel is er nog niet te zien van de erfenis. Maar een klein tipje van de sluier is al opgelicht: de Heilige Geest, die is het voorproefje, het onderpand. De Geest geeft ons nu al een klein beetje van wat later in overvloed komen zal: vreugde, vrede, genezing. Dat geheim bestempelt ons doen en laten. Het is de enige verklaring voor de goede werken die christenmensen doen. Diep in hun hart dragen ze met zich mee een bron van barmhartigheid: de Heilige Geest, het zegel onder het testament van Gods genade.

Hoe glanst bij Gods kinderen het innerlijk leven,
al zijn zij door zonlicht en regen verweerd.
Wat hun door de Koning des lichts is gegeven,
dat houden zij teder naar binnen gekeerd.
Het hart van hun werken, dat niemand kan merken,
verlicht hen met liefde in leven en sterven
en doet hen de hemelse zaligheid erven.

gezang 439:1

Vader, wij danken U voor dit geheim. Wij dragen het met ons mee, voorzichtig, eerbiedig, vol verwondering. Wij hebben het niet verdiend, dat U ons zoveel hebt toegezegd. Het is uw genade, dat wij uw rijk mogen beërven. Wij bidden U dat wij behoedzaam met uw Geest zullen omgaan. Dat wij uw Geest niet verdrietig zullen maken door oppervlakkigheid en ongehoorzaamheid. Help ons om uw belofte zuinig te bewaren tot aan de komst van uw Koninkrijk.

'De genade van de Here Jezus Christus en de liefde van God en de gemeenschap van de Heilige Geest zij met u allen'. – *2 Cor. 13:13*

De zondag waarmee deze week begon, was de Zondag Trinitatis, de Zondag van de Drieëenheid. Nu we aan het einde van deze week gekomen zijn, horen we nog eens die drie namen klinken: die van de Vader, de Zoon en de Heilige Geest. Met deze woorden wordt de brief aan de gemeente van Corinthe besloten. Wij horen deze woorden aan het eind van de kerkdienst. Ze gaan met ons mee, de nieuwe werkweek in.

De genade van de Here Jezus Christus. Genade. Dat is: Goedheid. Barmhartigheid. Toegenegenheid. Je ziet Jezus staan, gebukt over een zieke, een verlamde, een blinde bedelaar. Je ziet Hem staan bij de baar van een dode. Je ziet Hem staan bij een vrouw, op overspel betrapt. Eén en al genade.

De liefde van God. Nee, er staat niet bij dat het om de Vader gaat, maar je mag het er wel bij denken. De liefde van de Vader. Je ziet Hem staan, als de vader van de verloren zoon, wachtend, hopend, uitkijkend naar zijn kind, zonder wrok, zonder bitterheid, boordevol liefde.

En de gemeenschap van de Heilige Geest. Dat betekent vast en zeker dat de Geest bij ons wil zijn, met ons gemeenschap wil hebben. De Heilige Geest wil onze onheilige geest zuiveren, vernieuwen. Maar ik denk dat er met deze woorden ook nog iets anders wordt bedoeld. Dit: de Heilige Geest schept gemeenschap, verbondenheid. De Geest bouwt bruggen. De Geest verbindt.

Wij gaan een nieuwe werkweek in. Gezegend om tot een zegen te zijn.

Aan God de Vader zij de eer,
aan God de Zoon voor immermeer,
aan God de Geest die troost en leidt
zij lof nu en te allen tijd.

gezang 253:3

Trouwe God, wij bidden U: laat de genade van de Here Jezus Christus en de liefde van U, o Vader, en de gemeenschap van de Heilige Geest met ons allen zijn, vandaag en morgen en alle dagen van ons leven, totdat uw rijk gekomen is en wij U mogen zien, Drieënige God, van aangezicht tot aangezicht.

'Smaakt en ziet, dat de Here goed is; welzalig de man die bij Hem schuilt'. – *Ps. 34:9*

Gods goedheid kun je proeven. Nu kan het zijn dat de smaak je aanvankelijk tegenvalt. Het is met Gods goedheid zoals met zoveel dingen in het leven: in het begin denk je dat je het niet lust, dat je er niets van moet hebben. Maar gaandeweg leer je het waarderen en proef je pas goed wat je aangeboden werd.

De psalm die we lazen gaat over een ellendige, een man die er ellendig aan toe is. Buiten zijn eigen land is hij midden tussen vijanden terecht gekomen. Hij heeft in die situatie God aangeroepen en God heeft hem verlost uit al zijn benauwdheden. Engelen zijn rondom hem, zij houden over Gods kind de wacht.

En als de dichter van de psalm dat zo vertelt, moedigt hij ons aan om daarin Gods goedheid te proeven. 'Smaakt en ziet, dat de Here goed is; welzalig de man die bij Hem schuilt'. Nee, je moet niet denken dat je altijd maar direct Gods goedheid zien en proeven kunt. Wat het leven je te verorberen geeft, is niet altijd even smakelijk. Bitterheid is vaak ons deel. Smakeloos is soms het leven. Al te zout kan het zijn of zuur. Soms ben je omsingeld door tegenslagen en kun je geen kant meer uit. Maar geef de moed niet op! Smaak, proef, zie toch eens goed wat God voor je doet. Na het zure proef je het zoete van zijn barmhartigheid. Er zijn engelen om je heen. Kijk niet alleen naar wat tegen is! God is vóór je. Bij Hem kun je schuilen. Als je maar lang genoeg proeft, proef je dwars door de bitterheid heen de zoete wijn van zijn Koninkrijk.

Komt nader, ziet en proeft,
opdat men smake naar waardij
des Heren goedheid. Zalig hij
die veilig bij Hem toeft.
Die thuis hoort in Gods kring,
dient met ontzag zijn hoog bewind.
Zelfs waar de leeuw geen voedsel vindt
wacht u verzadiging.

psalm 34:4

Trouwe God, nooit is onze ellende zo groot of U weet er weg mee. Nooit is de bitterheid zo sterk of U ziet kans om ons de zoetheid van uw heil te laten proeven. Geef ons geduld om aandachtig te kiezen en te keuren. Geef ons geduld om te ontdekken dat wat U ons geeft vaak het laatste maar wel het allerbeste is.

'Hoor, Israël: de Here is onze God; de Here is één!' – *Deut. 6:4*

Horen – daar komt het op aan. Het gedeelte dat we lazen, is de geloofsbelijdenis van Israël, het Sjema Israël. Hoor, Israël! Met deze woorden blaast een Jood de adem uit, het is het laatste wat hij nog zeggen wil, het is alsof Israël dit geheim wil doorgeven, van geslacht op geslacht: Hoor, Israël!

En wat valt er dan te horen? Wat is dan de kern van Israëls geloof? Dit: dat Jahwe, de God van Abraham, Izak en Jakob, één is. En 'één' betekent in dit verband: uniek, enig. Naast Hem bestaan er geen andere goden. Ja, ze zijn er wel, de afgoden. Maar dat zijn eigenlijk helemaal geen goden, het zijn schijn-goden. Ze hebben wel een mond, maar ze spreken niet, ze hebben ogen, maar ze kunnen niet zien. De goden van geld en geweld, van macht en pracht en praal, ze lijken heel wat, maar het zijn schijn-goden, af-goden. Hoor, Israël: de Here is onze God; de Here is één! Schrijf dat in je hart, prent het je kinderen in, laat dit woord bij je zijn, dag en nacht. De Here is één!

Horen – daar komt het op aan. De rijke man uit de gelijkenis van Jezus had geen oor. Hij hoorde de stem van de arme Lazarus niet. Hij hoorde ook de stem van Mozes en de profeten niet. Hij had het te druk met zijn feesten... Het kan zijn dat je zoveel aan je hoofd hebt, dat je zoveel vrolijkheid om je heen hebt, dat je geen oor meer hebt voor de bedelaar op je stoep. Het kan zijn dat je zoveel aandacht schenkt aan kleren, aan klanken en kleuren, dat je geen oog meer hebt voor het grauwe gelaat van een mens in nood. Hoor, Israël!

Wie oren om te horen heeft,
hore naar de wet die God hem geeft:
gij zult geen vreemde goden,
maar Mij alleen belijden voortaan.
Hoor, Israël, mijn geboden.

gezang 62:1

Trouwe God, U bent één, U duldt geen andere goden. Vergeef ons dat wij zovaak meer aandacht hebben voor de schijn-goden dan voor U. Vergeef ons dat we zovaak niet werkelijk horen naar uw geboden en daarom ook geen oor meer hebben voor de nood naast onze deur. Open ons oor, open ons hart, o God, dat wij uw geboden verstaan zullen, dat wij ze zullen meedragen, overal waar wij gaan – en dat wij doen zullen wat U van ons vraagt: U en de naaste lief te hebben, met alles wat in ons is.

> 'Is niet mijn woord zó: als een vuur, luidt het woord des Heren, of als een hamer die een steenrots vermorzelt?' – *Jer. 23:29*

Dat is nogal een krasse vergelijking: Gods Woord, een hamer, een vuur. Dat klinkt ons nu niet bepaald aangenaam in de oren. Is God zo hard, zo vernietigend? Waarom toch deze zwaargeladen woorden?

Het gaat in dit gedeelte van het boek van Jeremia over de profeten. God spreekt zijn oordeel over hen uit. De profeten spreken van vrede terwijl er helemaal geen vrede is. Ze praten het volk naar de mond. Ze spreken recht wat krom is. Ze misleiden het volk met mooie dromen, met schone beloften. En dat terwijl de zonde alom woekert als onkruid! Maar de profeten zijn bang voor hun hachje. Ze houden hun mond, ze zijn bang om hun populariteit te verliezen.

Dat is nog altijd het grote gevaar waaraan de kerk bloot staat. Ja, mooie preken, over vrede en over blijdschap, over Gods liefde en zijn genade, die horen we graag. Maar o wee als het oordeel ons wordt aangezegd vanwege zoveel misstanden, sociaal, ethisch, economisch, politiek. Dan lopen de mensen weg. Dan gillen we moord en brand. Geen maatschappijkritiek in de kerk! Geen zware hel- en verdoemenispreken! Spreek ons van liefde, alstublieft, van liefde en van vrede.

'Is niet mijn Woord zó: als een vuur, als een hamer die een steenrots vermorzelt?' Als een hamer, als een vuur, zo is het Woord van onze God. Het is geen wonder dat velen dit Woord niet horen willen. Ook door ons wordt Jezus nog steeds gekruisigd. Hamer en vuur; de meest grondige restauraties vereisen vooraf nog al eens een radicale afbraak...

> Zo helpt Gij, God, uw knecht,
> en houdt zijn paden recht
> in 't spoor door U gewild.
> Wie uw geboden acht, wie trouw uw wet betracht
> beloont Gij ruim en mild.
> Maar zonder U, o Heer, verdwaal ik altijd weer
> op zelfgekozen wegen.
> O, reinig metterdaad mij van 't verborgen kwaad,
> en leid mij met uw zegen!
>
> *psalm 19:5*

Eeuwige God, als een hamer, als een vuur is uw Woord. Vergeef ons dat wij maar al te vaak onszelf vrijspreken en uw oordeel verdonkeremanen. Bevrijd ons van het verlangen om dat te zeggen wat mensen mooi vinden. Help ons om waarlijk profeten te zijn in Christus' Naam.

dinsdag

> 'Toen Hij de schare zag, werd Hij met ontferming over hen bewogen, daar zij voortgejaagd en afgemat waren, als schapen die geen herder hebben'. – *Matth. 9:36*

Waarom zijn de mensen in Jezus' dagen voortgejaagd en afgemat? Waarom zijn ze als schapen zonder herder? Is dat vanwege allerhande ziekte? Is dat vanwege de boze geesten waardoor ze worden geplaagd? Zeker, door zorgen en ziekte, door duivel en dood kan een mens worden opgejaagd en afgemat. Maar ik denk dat Jezus bovendien nog iets anders op het oog heeft. Jezus denkt aan de valse herders. Wie dat zijn? Dat zijn zeker ook de Romeinen, de heersers in het land dat God aan zijn volk beloofde. Ze mergelen de mensen uit met allerlei vormen van belasting. Tollenaars gaan rond en verrijken zichzelf bovendien. Maar wellicht zijn de meest uitgesproken valse herders wel de geestelijke leidslieden van het volk. Ze beladen de mensen met duizend-en-één geboden en verboden, inzettingen van mensen. Niets is zo opjagend en afmattend als steeds maar weer te horen: dit is niet goed en dat is niet goed, zo moet het en zus moet het. Soms kun je er geen touw meer aan vastknopen en het maakt je zo moedeloos, zo apatisch ook. Waarom zou je nog luisteren naar al die Schriftgeleerden? De een zegt dit, de ander dat en het maakt je allemaal zo verschrikkelijk moe...

Maar zie daar, midden tussen al die valse herders: één Goede Herder. Met ontferming bewogen. Jezus, Hij ziet al die bedelaars aan de poort, de arme Lazarus met zijn grote familie. En Jezus staat op en wenkt ze binnen. De hemel gaat open waar een hart ontsloten wordt.

> Maar Jezus weende en bad, alleen, omdat de mensen
> als schapen dwalen waar geen herder 't oog op richt.
> Verlos ons in zijn naam van onze ijdele wensen.
> Voor een gesloten hart blijft ook de hemel dicht.
>
> *gezang 324:2*

Liefdevolle Vader, wij danken U voor Jezus, de Goede Herder, voor zijn ontferming, voor zijn barmhartigheid. U weet hoe opgejaagd en afgemat wij zijn. U weet ook hoezeer wij elkaar opjagen en afmatten en hoe eindeloos vermoeiend dat alles kan zijn. Vergeef ons, o God, dat wij zo weinig goede herders zijn voor elkaar en help ons om Jezus te volgen in zijn bevrijdende aandacht voor mensen.

'Het geschiedde, dat de arme stierf en door de engelen gedragen werd in Abrahams schoot'. – *Luk. 16:22*

Zeker, het is maar een verhaal dat Jezus ons hier vertelt. Je kunt er geen complete theologie aangaande hemel en hel aan vastknopen. Maar ondertussen is het niet zomaar een verhaaltje. Integendeel: deze gelijkenis is een indringende verkondiging, een omkering van alle menselijke waarden. Het is alsof Jezus zeggen wil: Pas op, straks zal alles op de kop worden gezet! Het gaat er in het Koninkrijk der hemelen anders aan toe dan in de koninkrijkjes van ons mensen op aarde. Neem nu die arme Lazarus, een bedelaar. Elke dag op de stoep bij een rijke seigneur. Elke dag afgelikt door de honden. Maar dan sterft de bedelaar. En wat gebeurt? Engelen dragen hem in de schoot van aartsvader Abraham! De bedelaar krijgt een ereplaats. En de rijke? Ook hij sterft. En waar komt hij terecht? Op de stoep van de hemel! In het donkere voorportaal, waar gehuil klinkt en tandengeknars, eeuwige spijt: Had ik maar, had ik maar... Nee, zijn wens wordt niet vervuld. Lazarus wordt niet teruggestuurd naar de aarde om de vijf broers van de rijke man te waarschuwen. Zij hebben de boeken van Mozes en de profeten. Daar kunnen ze in lezen hoe God wil dat mensen met elkaar omgaan: delend geld en goed.

Door engelen gedragen. Wie zou dat niet willen? Wees echter gewaarschuwd: mensen met een dikke portemonnee zijn voor engelen al gauw te zwaar. Engelen dragen het liefst bedelaars. Wie licht is, komt hoger.

Want allen die U verre staan,
zij zullen eens te gronde gaan.
Gij stort hen neer in de ellende,
die zich in ontrouw van U wenden.
Maar 't is mijn ziel en zaligheid
te zijn bij God, die zelf mij leidt.
'k Vertrouw op Hem geheel en al,
de Heer, wiens werk ik roemen zal.

psalm 73:11

Eeuwige Vader, bewaar ons ervoor dat we te zwaar worden om door engelen te worden gedragen. Bewaar ons voor oogkleppen, zodat we alleen nog maar oog hebben voor mooie kleren en plezierige feesten. Open ons hart voor de bedelaars aan onze deur, de armen in de wereld, dichtbij en verweg. Help ons om te delen wat wij van U hebben ontvangen: geld en goed, onze liefde en ons leven.

'Hoe kunt gij tot geloof komen, gij, die eer van elkander behoeft en de eer, die van de enige God komt, niet zoekt?' – *Joh. 5:44*

Jezus bekritiseert de Schriftgeleerden. Daarom was Hij natuurlijk ook zo gehaat: stel je voor, een rabbi die zijn collega's afvalt! Wat denkt zo'n man wel? Maar Jezus trekt zich er niets van aan. De waarheid haalt de leugen in. Het moet maar eens hardop worden gezegd: de Schriftgeleerden zitten wel dagelijks met hun neus in de heilige boeken, maar ze geloven nauwelijks wat er in staat. Daarom is ook niemand gediend met een engel uit de hemel; meer dan voldoende heeft God in zijn Woord geopenbaard. Het komt er op aan dat we dat Woord verstaan, geloven, belijden en dóen. En daar zit nu juist bij vele Schriftgeleerden de knoop. Ze zijn meer belust op eer van mensen dan op eer van God. Eerzuchtig concurreren ze met elkaar. Eigen woord en werk moet en zal worden bekroond! Als de mensen maar ja en amen zeggen, als het publiek maar enthousiast is, als de schare maar applaudisseert! Daar gaat het om. Geen wonder, zegt Jezus, geen wonder dat jullie niet tot geloof komen. Jullie worden liever door mensen dan door God bekroond.

Eerzucht. Zeker, iedereen heeft een beetje eergevoel. Wie vindt het nu niet leuk om een compliment te krijgen? Maar pas op, dat kleine beetje eergevoel kan uitgroeien tot een kwalijke eerzucht, een ongezonde hunkering naar al maar meer eerbewijzen van mensen. Eerzucht is een drempel op de weg naar God. Wat zou er veel veranderen wanneer we eens net zo zouden verlangen om door God te worden geëerd!

Wat Gij eenmaal zijt begonnen
o voltooi het: maak ons rein,
tot de wereld is gewonnen
en in U hersteld zal zijn,
tot wij eeuwig bij U wonen,
schrijdende van licht tot licht,
leggend onze gouden kronen
zingend voor uw aangezicht.

gezang 443:3

Barmhartige Vader, vergeef ons dat wij zo eerzuchtig zijn. Soms hunkeren wij naar de complimenten van mensen en bekommeren wij ons er niet om hoe U over ons denkt. Laat uw genade ons genoeg zijn. Help ons om de Schriften niet alleen te lezen en te spellen, maar om vooral te doen wat U ons geboden hebt: te leven tot eer van uw heilige Naam.

 lezen: *1 Johannes 4:16b-21*

'Wie zijn broeder, die hij gezien heeft, niet liefheeft, kan ook God, die hij niet gezien heeft, niet liefhebben'. – *1 Joh. 4:20*

Mooi praten over de liefde tot God, dat kan iedereen, dat is zo moeilijk niet. Maar de naaste liefhebben, dat is veel moeilijker. Nu ja, als die naaste een vriendelijke buurman of buurvrouw is, dan gaat dat nog wel. Als die naaste je lieve moeder of vader is, je altijd vrolijke dochter of je dankbare, gehoorzame zoon, ja, dan is het liefhebben van de naaste een koud kunstje. Maar meestal zijn onze naasten anders, heel anders. Meestal zijn zij nu niet bepaald de aardigste mensen. Meestal zijn zij degenen die je altijd maar weer voor de voeten lopen, lastig vallen, commentaar leveren. En dan is liefhebben niet zo eenvoudig. Als je je niet zou beheersen, zou je ze zo af en toe door elkaar rammelen...

'Wie zijn broeder, die hij gezien heeft, niet liefheeft, kan ook God, die hij niet gezien heeft, niet liefhebben'. Dat is een opmerkelijk woord van de apostel Johannes. Het is alsof hij zeggen wil: begin met de liefde voor God maar bij je naaste. In het leven van alledag vind je de generale repetitie voor de liefde tot God. Zeker, God stelt het bijzonder op prijs dat je zoveel van Hem houdt, maar Hij heeft graag dat we onze liefde voor Hem aan onze naasten illustreren. Is dat ook niet wat Jezus bedoelde toen Hij sprak over de minsten der broeders? In onze naaste komt Christus tot ons. In de bedelaar op onze stoep, in het kind in onze klas, in de buitenlander voor het loket, in al die heel gewone mensen van elke dag komt Jezus ons tegemoet. Wie God wil liefhebben, kan dicht bij huis beginnen.

Wij danken U, o liefde groot,
dat Christus is gekomen.
Wij hebben in zijn stervensnood
uw diepste woord vernomen.
Nog klinkt dat woord; het spreekt met macht
en het wordt overal volbracht
waar liefde wordt gegeven,
wij uit uw liefde leven.

gezang 481:4

Liefdevolle Vader, wij danken U, voor Jezus, uw Zoon, allereerst. Maar ook voor de mensen die U aan onze zorg hebt toevertrouwd, danken wij U. Vergeef ons dat wij zovaak aan hen voorbijlopen en weigeren hen te zien in het licht van uw Koninkrijk. Vergeef ons onze vrome praatjes en onze bikkelharde daden. Maak ons vol van uw liefde, zodat wij niet anders meer kunnen dan uitdelen van wat U ons gegeven hebt.

 lezen: *Psalm 36:6-10*

'Zij laven zich aan het vette van uw huis, Gij drenkt hen met de stroom van uw liefelijkheden'. – *Ps. 36:9*

Het gaat in deze week over de maaltijd voor de volken. Op vele plaatsen in de bijbel kom je dat beeld tegen: een maaltijd wordt aangericht, spijs en drank is in overvloed aanwezig, mensen worden uitgenodigd, het heil is voor ieder die wil komen. Komt, want alles is gereed!

Dat beeld komen we ook tegen in de psalm die we lazen. Zeker, de goddeloze is er ook, de man van het onheil en bedrog. Daar begint de psalm mee. De dichter is niet iemand die de kop in het zand steekt. Hij weet van vijandschap en tegenstand. Maar sterker is de liefde van God. Zijn goedertierenheid is als de hemel hoog. Mens en dier wordt door Hem verlost. Het is goed om in de schaduw van zijn vleugelen te schuilen. Wie dat doet, vindt een overvloed aan spijs en drank, het beste van het beste is er te eten en te drinken. Bij God kom je niets tekort.

Dat is de taal van het geloof. Nee, zo op het eerste gezicht is vaak Schraalhans keukenmeester. Je hongert naar gerechtigheid. Je dorst naar tederheid. Wat is het leven hard. Hoe woest is de weg naar het beloofde land. Dor en droog. Maar zie: een oase! Gods beloften, ze staan als palmbomen om je heen, ze wellen op, als bronnen in de woestijn. En kijk eens goed: daar komen ze, van alle kanten, de mensen die vertrouwen hebben in dit levengevende woord van God. Het wordt een maaltijd, een feestmaal voor de volken. Wie wil mag komen. Er is meer dan genoeg!

Uw heil is als de hemel hoog,
uw trouw verheft zich voor ons oog
tot in de hoogste wolken.
Uw recht is als de bergen vast,
uw oordeel als de vloed die wast,
tot schrik voor alle volken.
Uw gunst alleen maakt waarlijk vrij,
ja, over mens en dier wilt Gij
alom uw vleuglen spreiden.
Bij U te wonen, Heer, is goed,
met spijs en drank in overvloed
wilt Gij ons hart verblijden.

psalm 36:2

Trouwe Vader, voor deze maaltijd danken wij U! Uw Zoon is levend water. Uw Zoon is waarlijk brood. Aan Hem hebben wij genoeg, meer dan voldoende, in leven en sterven. Doe ons leven als mensen die tot de vreugde geroepen zijn, als feestgangers die leven van genade.

'O alle dorstigen, komt tot de wateren, en gij die geen geld hebt, komt, koopt en eet!' *– Jes. 55:1*

Kopen zonder geld – dat is nu weer echt wat je noemt: bijbeltaal. Kopen zonder geld, dat is: krijgen, gratis ontvangen. Kopen zonder geld, dat is: genade. Dat er een man verschijnt op het marktplein, een waterverkoper, dat is een vertrouwd beeld in de oosterse dorpen. En dat zo'n man roept, schreeuwt, water aanbiedt voor een redelijke prijs, dat is op zich niets om je over op te winden. Maar stel je voor: een verkoper die water aanbiedt voor niets, zomaar, gratis, te koop zonder geld... Dat is ondenkbaar, dat komt niet voor.

Maar bij God zijn alle dingen mogelijk. Hij biedt het leven aan en het kost je niets. Wat geven we een geld uit aan dingen die ons geen bevrediging kunnen geven. Wat zijn we druk met van alles en nog wat, zonder dat we er iets mee opschieten. We reserveren geld voor waardeloze zaken. We besteden tijd aan dingen die onze aandacht niet verdienen. Boeken, platen, films, shows, video-clips, en ga zo maar door. Zo doden we de tijd. Maar hoor, hier is Iemand die onze tijd niet doden wil. Hier is Iemand die onze tijd doet herleven! Wie daar innerlijk naar verlangt, is welkom bij Hem. Wie dorst naar gerechtigheid, naar een zinvol bestaan, die kan bij Hem terecht. Wat het je kost? Niets. Helemaal niets. Dan alleen je hart, je mond en twee open handen.

Waarom toch uw geld en uw moeite te geven
voor wat niet verzadigt, het hart niet verblijdt?
Komt allen tot Mij en uw ziel zal herleven
van spijs en van drank die voor eeuwig gedijt.
Hier weet gij met harten, met handen en monden
dat God met zijn volk zich voorgoed heeft verbonden.

gezang 33:2

Trouwe Vader, water en wijn, melk en brood, het kan niet op bij U. Blijdschap, geloof en hoop en liefde, het is er bij U allemaal, in overvloed. Vergeef ons dat wij zovaak druk zijn om waardeloze dingen te bemachtigen. Vergeef ons dat we geen tijd denken te hebben voor U en geen tijd voor elkaar. Vergeef ons dat we maar voorthollen om te bereiken wat niet te bereiken is: aards geluk, kortstondige vrede. Wij danken U voor Jezus, de Zoon van David. Help ons om Hem te volgen in zijn liefde voor U en de mensen, om zo te vinden waar het op aan komt. Voor uw genade danken wij U. Voor water en brood, voor wijn en melk, voor het land van uw belofte.

'Want velen zijn geroepen, maar weinigen uitverkoren'. – *Matth. 22:14*

Jazeker, het Koninkrijk van God is een feest, een bruiloftsmaal. De uitnodigingen worden royaal verzonden. Israël is genodigd in de eerste plaats. Maar helaas, Israël wilde niet komen. Nee, zeiden de Schriftgeleerden. Nee, zeiden de leden van het Sanhedrin. Nee, deze Jezus is niet de Zoon van de Koning, deze rabbi is de Messias niet. Wij leggen zijn nodiging naast ons neer. En toen zijn de heidenen geroepen, slechten en goeden, mensen van allerlei slag en stand. Grieken en Romeinen, Spanjaarden en Fransen, Duitsers en Hollanders. En zij zijn gekomen! Groter en groter werd de kerk, de gemeenschap van allen die kwamen omdat God riep. Een handjevol Joden – ja, ze waren er wel! – en een heleboel heidenen. Samen vormden en vormen ze nog altijd: de gemeente van Jezus Christus.

Maar wacht eens, hoe zit dat met die ene man, die weliswaar kwam, maar er toch werd uitgezet, die man zonder bruiloftskleed? Was hij niet geroepen? Zeker wel. Maar hij was niet uitverkoren. Wat dat betekent? Wil dat zeggen dat God hem nu eenmaal niet in zijn boek had opgeschreven en hij zodoende niet welkom was? Nee, geen sprake van! Deze man werd er niet uitgezet omdat hij nu eenmaal toevallig niet uitverkoren was. Deze man werd niet uitverkoren omdat hij geen bruiloftskleed aan had. Zo'n bruiloftskleed werd gewoonlijk bij de ingang van de feestzaal verstrekt, gratis, aan ieder. Maar blijkbaar vond deze man zijn eigen jas mooi genoeg. Gods genade, zijn vergeving had hij blijkbaar niet nodig. Maar zonder Gods genade kom je de feestzaal niet binnen. Alleen voor zondaren staat de tafel aangericht.

Dan zijn wij aangezeten
in Gods verheven zaal,
en zullen met Hem eten
het eeuwig avondmaal.
Dan schenkt de boom des levens
ons vrucht in overvloed,
en van de stroom des levens
drinken wij daar met God.

gezang 288:7

Trouwe Vader, U hebt ons geroepen, U kiest ons uit om aan te zitten aan het feestmaal van uw Koninkrijk: Joden en heidenen. Bewaar ons ervoor dat wij hoogmoedig binnen willen komen alsof wij het eeuwige leven zouden hebben verdiend. Wij danken U dat wij het witte kleed van uw genade ontvangen. Uw liefde alleen bedekt onze schuld.

> 'Ga aanstonds de straten en stegen der stad in en breng de bedelaars en misvormden en blinden en lammen hier'. – *Luk. 14:21*

Wat zijn wij mensen toch eigenwijs! We zijn uitgenodigd voor een feestmaal, maar als het zover is, hebben wij het te druk met van alles en nog wat. Geen tijd voor God en zijn Koninkrijk!

Jezus is op een sabbat de gast van een vooraanstaand Farizeeër. Aan tafel ontstaan gesprekken over de vraag wie je eigenlijk moet uitnodigen voor een feestmaal. Jezus heeft daar zo zijn eigen gedachten over. Bedelaars moet je uitnodigen. Misvormden. Lammen en blinden. Mensen die jou niet op hun beurt kunnen uitnodigen. En om dat alles nog wat duidelijker te maken vertelt Jezus het verhaal van het feestmaal. De mensen die genodigd waren komen niet. En daarom moeten de knechten de armen gaan halen, de mensen van de straat, de maatschappelijk ontspoorden, gehandicapten en sociaal zwakken. Dat wordt me een merkwaardig feest, een alternatieve maaltijd! Breng de bedelaars!

In dit alles hoor ik Jezus' kritiek op de Schriftgeleerden. Zij waren uitgenodigd. Zij waren op de hoogte van het heil. Maar zij wilden niet. Zij hadden het te druk met hun eigen religieuze besognes. Goed, zegt Jezus, dan doe Ik het anders. Laat dan Jan-met-de-pet maar komen, de man-uit-de-straat, de schare die de wet niet kent, het gepeupel, de grauwe massa. En ze zijn gekomen. Uit de steegjes van Jeruzalem. Uit de krottenwijken van Lima en Calcutta. Uit de binnenlanden van Afrika. Drugsverslaafden en hoeren uit Amsterdam. Ze gaan ons voor in het Koninkrijk van God. Kennen wij, nette, keurige christenen, het evangelie dan niet? O jawel – maar we lappen het gewoon aan onze laars. Echt, je moet opschieten als je het feest nog wilt meevieren...

> Aan de deur der wereldtijden
> klopt nog eens de Bruidegom:
> 'Op, ontwaakt, de nacht is om!
> Nu de zon, de langverbeide,
> rijzen gaat, schort op uw kleed,
> maakt u voor de dag gereed!'
>
> *gezang 295:5*

Trouwe God, vergeef ons dat we zo druk zijn met onze zaakjes, met onze gezinnen en met onze hobby's en met ons werk en met al die dingen die zo hoog nodig moeten gebeuren. We zijn er zo druk mee dat we aan uw zaak niet toekomen en de waarachtige vreugde van uw Rijk missen. Help ons om klaar te zijn voor het moment waarop Gij roept.

'Voor allen ben ik alles geweest, om in elk geval enigen te redden'. – *1 Cor. 9:22*

Dat is een merkwaardige uitdrukking van de apostel, nietwaar: Voor allen ben ik alles geweest. Wat bedoelt hij daarmee?

Deze week begonnen wij met de lezing van Psalm 36. Daarin gaat het over de mensenkinderen die zich te goed zullen doen aan de overvloed van Gods huis. En we zien in deze week hoe de bijbel vol staat met beelden die duidelijk maken dat het er in Gods Rijk feestelijk toegaat. Er zal een bruiloftsmaal zijn en alle volken worden genodigd! Wel, daaraan heeft ook de apostel Paulus meegedaan. Hij is de wereld ingetrokken om mensen te winnen voor Jezus, de Heiland, de Messias van Israël. En nu schrijft hij dat hij daarbij de Joden een Jood is geweest en de Grieken een Griek. Voor allen is hij alles geweest. Ik heb mij, zo wil Paulus daarmee zeggen, ik heb mij zoveel mogelijk aangepast, ik heb zo weinig mogelijk ergernis willen opwekken, mij gevoegd naar wat mensen heilig was, om zodoende zoveel mogelijk mensen te redden, te behouden voor het evangelie. Voor allen ben ik alles geweest.

Wat je aan zo'n woord hebt, vandaag-de-dag? Mij dunkt, dit: Probeer een beetje door de onbelangrijke dingen heen te zien. Pas je desnoods gerust aan, aan wat mensen in een bepaalde kerk of streek van het land erg belangrijk vinden. Probeer dicht bij mensen te komen, zonder ergernis op te wekken. Zo alleen zul je vertrouwen kunnen winnen en duidelijk kunnen maken waar het ten diepste om gaat: om de vreugdevolle toewijding aan Hem die ons doet delen in zijn heerlijkheid.

Gezanten gaan door alle landen,
een heilige opdracht drijft hen voort,
zij vrezen strijd noch smaad noch banden,
zij houden vast aan Jezus' woord.
Het martlaarsbloed is 't zaad der kerk,
de wasdom is des Heren werk.

gezang 314:2

Eeuwige God, wij staan soms zo fanatiek op onze strepen, wij houden soms krampachtig vast aan wat toch niet belangrijk is. Help ons om van onszelf iets prijs te geven om zodoende anderen te winnen voor de vreugde, anderen te redden uit de macht van duisternis en dood. Help ons om voor allen alles te zijn, in Jezus' Naam.

'Jaagt de liefde na en streeft naar de gaven van de Geest, maar vooral naar het profeteren'. – *1 Cor. 14:1*

Er werd in de gemeente van Corinthe in tongen gesproken. Ook in onze tijd komt dat voor, in gemeenten die wij meestal als charismatisch aanduiden. Vreemde klanken kun je dan horen, onverstaanbaar voor wie zo maar binnenwandelt. Soms is die taal door anderen wel te ontraadselen en kan iemand uitleggen wat er wordt gezegd. Soms ook is die tongentaal een extatische uiting van vreugde, een zeer persoonlijke beleving van blijdschap. Paulus zegt over dit alles geen kwaad woord, integendeel. Toch maakt hij één duidelijke kanttekening. Deze: je moet niet denken dat die tongentaal nu het hoogste is wat je bereiken kunt. Je mag best streven naar dat soort gaven van de Geest, maar veel belangrijker dan tongentaal is de verstaanbare profetie, de verkondiging van het evangelie in woorden die een ieder begrijpen kan. En als het erop aankomt is er eigenlijk maar één gave die torenhoog boven alle uitingen van Geestesgaven oprijst: die van de liefde. Jaagt de liefde na!

Ik denk dat deze woorden van de apostel nog altijd zeggingskracht hebben. Ook al spreken wij misschien niet in tongen, wat is er een wartaal in de kerk... We houden er allemaal eigen meningen op na, over het zingen van psalmen en gezangen, over het duizendjarig rijk en over de vrouw in het ambt, over moderne theologie en de Gereformeerde belijdenis – laten we toch één ding niet vergeten: dat het God ten diepste gaat om die ene gave van de Geest: die van de liefde!

Al kon ik alle talen spreken
van hemel en aarde,
wanneer de liefde zou ontbreken,
wat had het voor waarde?
Mijn woord was niets dan loos gerucht,
luid schallende metalen,
schel klinkende cymbalen,
beroering in de lucht.

gezang 92:1

Grote God, wij danken U voor uw Geest. Uw liefde zet ons in vuur en vlam en doet ons spreken in nieuwe talen. Wij bidden U vooral om de taal van de liefde. Dat wij die mogen spreken, jong en oud, blank en zwart, in oost en west, de taal van Jezus, de taal die Hij sprak tot op het harde kruis. Geef ons de liefde als een hemels geschenk, nu en alle dagen van ons leven.

'Zo zijt gij dan geen vreemdelingen en bijwoners meer,
maar medeburgers en huisgenoten Gods... – *Ef. 2:19*

Vanouds liep er een scherpe scheidslijn tussen Israël en de volkeren. Wie Jood was, was een burger van Gods vaderland, een huisgenoot van de Almachtige. En wie tot de gojiem behoorde, tot de heidenen, die stond daar buiten, die was een vreemdeling, een bijwoner. Maar, zo wil de apostel zeggen, dank zij Jezus, de Messias, is dat alles veranderd. Dank zij de Geest van Christus zijn vreemdelingen en bijwoners medeburgers en huisgenoten geworden. Door het geloof in Jezus horen de heidenen er volledig bij. Joden en heidenen vormen samen een tempel, een stad van God, een nieuwe mensheid, één in de Heer.

Ach, het is voor ons, christenmensen, zoveel eeuwen na deze brief aan de Efeziërs, nauwelijks schokkend te noemen. We verwonderen ons daarover niet meer. Joden komen we nauwelijks nog tegen. We vinden het heel voor de hand liggend dat wij medeburgers en huisgenoten van God mogen zijn. Toch zou het voor ons allen, voor Jood en voor heiden, nog altijd een bron van verbazing moeten zijn: dat je bij God geen vreemde bent, geen bijwoner. Niet een mens-in-de-marge, een randfiguur, maar een burger van de Godsstad, een huisgenoot, een disgenoot, kind bij God aan huis. Dat is toch, goedbeschouwd, verbazingwekkend! Zijn wij niet allen verloren zonen en verloren dochters? Hebben wij allen niet honderd maal in ons leven God vaarwel gezegd? Maar zie: de Vader wacht op ons, neemt ons in de armen en heet ons welkom in zijn huis. Is dat niet voldoende reden om je er eeuwig over te verbazen?

Zalig wie door U uitverkoren
mag wonen in uw hof,
hoezeer hij door zijn schuld verloren
terneerlag in het stof.
Wij worden door U begenadigd
die heilig zijt en goed.
Gij die ons in uw huis verzadigt
met alle overvloed.

psalm 65:2

Liefdevolle Vader, dat U ons hebben wilt, ons – vreemdelingen en bijwoners, weglopers die we zijn, dat U ons opneemt in uw verbond, in de ruimte van uw genade, ons, Joden en heidenen, ons mensen, daar danken wij U voor! Schenk ons de gave van de verbazing, de vreugde van de verwondering. Vervul ons met uw Geest, opdat wij waarlijk uw zonen en dochters mogen zijn.

'Hij doet ons niet naar onze zonden
en vergeldt ons niet naar onze ongerechtigheden'. –
Ps. 103:10

Het gaat in deze week over Gods lankmoedigheid. Dat is een prachtig woord: lankmoedigheid. Wie lankmoedig is, heeft een lange moed, een lange adem. Wie lankmoedig is, is niet snel uitgeput, die houdt vol. Zo is God. Hij is niet kortaf. Zijn geduld is onvoorstelbaar groot. Hij is lankmoedig en rijk aan goedertierenheid.

De Psalm die we lazen, is vol van deze gedachte. God gaat niet met ons om zoals wij met Hem omgaan. Als dat zo zou zijn, waren wij al lang vergaan. Maar God houdt vol, God maakt met ons steeds weer een nieuw begin.

In onze tijd kom je met woorden als 'zonde' en 'vergeving' niet zo ver meer. Wij zijn vergeten wat zonde is en daarom weten we ook nauwelijks meer wat vergeving betekent. Wat vroeger 'zonde' werd genoemd, heet nu: afwijking, karakterstoornis, slecht-gecoördineerd gedrag. Bij het minste of geringste verklaren we iemand niet-toerekeningsvatbaar. Alles is te verklaren op grond van aanleg en milieu. Van zonde kun je eigenlijk niet meer spreken. Van vergeving daarom ook niet meer, om van bekering maar helemaal te zwijgen. Hooguit kan een psycholoog je nieuwe ontplooiingsmogelijkheden doen ontdekken.

Van dit alles weet Psalm 103 niets. De dichter van de psalm weet alleen dat hij een zondaar is. Hij heeft het fout gedaan. Hij heeft niet geleefd in liefde voor God en de naaste. Onvergeeflijk? Nee, God dank: Hij doet ons niet naar onze zonden en vergeldt ons niet naar onze ongerechtigheden! Alleen met zo'n God kan een mens léven!

Hij is een God van liefde en genade,
barmhartigheid en goedheid zijn de daden
van Hem die niet voor altijd met ons twist,
die ons niet doet naar alles wat wij deden,
ons niet naar onze ongerechtigheden
vergeldt, maar onze schuld heeft uitgewist.

psalm 103:3

Lankmoedige Vader, wij danken U voor uw groot geduld. Wij hebben gezondigd, wij hebben niet gedaan wat wij moesten doen. Domme schapen zijn wij, verloren zonen, ongehoorzame kinderen. Maar U doet ons niet naar onze zonden en daarvoor danken wij U, in Jezus' Naam.

'Bekeert u, opdat gij leeft'. – *Ezech. 18:32*

Dat verkeersbord, rood met witte streep, en daaronder de woorden 'Ga terug', dat staat er natuurlijk niet voor niets, onderaan de afrit van een rijksweg. Ga terug! Dat bord staat er niet om automobilisten lastig te vallen. Dat bord is echt geen plagerijtje van de politie. Integendeel – het is in je eigen belang dat het er staat; je zou anders je dood tegemoet gaan. Ga terug! Dit is de verkeerde weg, dit is geen oprit, zoals je denkt, maar een afrit; het is hooguit een toegangsweg naar de dood.

Zo is het ook met de bijbelse waarschuwing: Bekeert u! Waarom zet God zijn verbodsborden overal in ons landschap? Is dat om ons te plagen? Is dat omdat Hij ons de vrijheid niet gunt, een beetje plezier in het leven, een aardigheidje op z'n tijd? Geen sprake van! God is geen chagrijnige vader die graag onze levenslust bederft. God is de Wachter op onze wegen. Ga terug, zegt Hij, wanneer wij wegen kiezen die levensgevaarlijk zijn. Gij zult niet stelen. Gij zult niet echtbreken. Gij zult geen vals getuigenis spreken tegen uw naaste. Ga terug! En waarom? 'Opdat gij leeft'. Wie werkelijk leven wil, doet er goed aan zich te houden aan Gods geboden. Wie niet wil dood lopen in dit aardse bestaan, doet er goed aan zich om te keren en terug te gaan. Niet morgen. Nu. Vandaag. De Goede Herder zoekt. De Vader staat op de uitkijk. 'Bekeert u, opdat gij leeft'.

Ontwaak, gij die slaapt en sta op uit de doôn,
en Christus zal over u lichten!
Zo wekt u, zo dringt u als broeder Gods Zoon,
eer Hij u als rechter komt richten.
Ontwaak en sta op, het gevaar is zo groot!
Wie kiest, o verdwaasde, voor 't leven de dood?

gezang 462:1

Goede God, wij danken U voor alle geboden die ons roepen tot het leven. Niet om te sterven wekt Gij ons op. Niet om ons dood te laten lopen is Jezus gekomen, die de Weg en de Waarheid en het Leven is. Wij danken U dat Hij ons teruggeroepen heeft en ook vandaag ons zoekt en vindt. Hij is de Goede Herder, Hij is het Lam dat onze zonde draagt. Wij bidden U dat wij ons dagelijks bekeren zullen tot Hem, in wie ons leven te vinden is – door uw Heilige Geest, die ons geeft wat wij niet hebben: het geloof om ons toe te vertrouwen aan U.

JEZUS NEEMT DE ZONDAARS AAN

lezen: *Lukas 15:1-7*

'Deze ontvangt zondaars en eet met hen'. – *Luk 15:2*

Dat is de kritiek van de geestelijke leiders van het volk Israël op Jezus: Hij ontvangt zondaars en eet met hen. En zo iets doe je niet in Israël! Tollenaars en hoeren en al dat gespuis, dat laat je links liggen, dat kijk je niet aan, zulke mensen moet je behandelen als de heidenen.

Maar Jezus is anders. Jezus is geen schriftgeleerde in de gewone zin van het woord. Jezus is niet alleen een schriftgeleerde maar ook een Godgeleerde. En dat kun je helaas niet van alle schriftgeleerden zeggen. Toen niet en nog niet. Wij weten wel een heleboel van de bijbel, we kunnen de boeken in de goede volgorde opzeggen en we weten het verschil tussen Rooms-Katholiek en Protestant en we kunnen heel goed uitleggen waarom we voor of tegen de kinderdoop zijn. Maar het is nog maar de vraag of we ook werkelijk Godgeleerden zijn. Jezus was het. Jezus was God zelf, in vlees en bloed onder de mensen. En Hij legt in woord en werk de Schrift uit. Hij stelt Gods liefde ten toon. Hoe? Door tollenaars en zondaars te ontvangen. Door samen met hen te eten. En dat was naar Joodse begrippen het toppunt van gemeenschap: samen aanliggen aan tafel. Jezus schaamt zich er niet voor. Hij staat niet boven de mensen, Hij verheft zich niet boven prostituées en corrupte ambtenaren, Hij gaat de junkies en de punkers niet uit de weg, Hij mijdt de criminelen niet – de grootste zondaar is bij Hem welkom. Hij is werkelijk de Goede Herder, die liever negenennegentig keurig oppassende schapen alleen laat dan één dom dier te verliezen in de wildernis. Op ons komt de vraag af: wat wil je zelf voor een herder zijn? Zo'n herder als de schriftgeleerden of een herder zoals Jezus was, een Goede Herder, een herder met een hart?

De mensen zijn gebonden
door herders zonder hart,
zo hebben zij gezondigd
en allen zijn zij zwart...
Maar God wil van de schapen
de goede herder zijn.
Hij heeft de kooi verlaten,
Hij zoekt in de woestijn.

gezang 58:4

Goede Herder, wij danken U dat U naar ons omziet en ons zoekt in de woestijn. Soms gaan wij verloren in de massa, soms verdwalen wij in eenzaamheid. Soms denken wij dat niemand ons nog helpen kan. Maar dan is daar plotseling uw stem, roepend door de stilte. Wij danken U; U zoekt ons en vindt. Help ons om zelf ook zo goede herders te zijn voor elkaar.

'En toen hij nog veraf was, zag zijn vader hem en werd met ontferming bewogen'. – *Luk. 15:20*

Dat had natuurlijk ook heel anders gekund. En, mij dunkt, daar was de verloren zoon ook bang voor. Het had kunnen zijn dat zijn vader helemaal niet op de uitkijk had gestaan. Het lag zelfs voor de hand dat zijn vader druk aan het werk was, op het land of in de schuur. Het lag voor de hand dat zijn vader verstoord zou opkijken en hem zou toeschreeuwen: Zo, ben je daar, hondsvot, kwajongen die je bent! Kijk eens hoe je er uit ziet: je lijkt wel een varken, een vagebond, een landloper. En waar is nou m'n geld? Wat heb je uitgespookt met die centen? Je hebt zeker alles opgedronken, niet? Je hebt je geld uitgegeven aan dure feesten en mooie vrouwen. Uit mijn ogen, dwaas die je bent! Je bent niet meer waard om mijn kind te heten. Weg van het erf en laat me je nooit meer zien!

Ja, zo had het kunnen gaan. Maar zo ging het niet. God is anders. 'En toen hij nog veraf was, zag zijn vader hem en werd met ontferming bewogen'. Zo gaat God om met mensen die Hem op het hart hebben getrapt. Zo gaat God om met mensen die hun eigen weg wensen uit te stippelen door het leven, met alle gevolgen vandien. Zo gaat God om met zondaren. Dat is wat je noemt: weergaloze ontferming. Heb je ooit zo'n vader gezien?

Dat heet weergaloze ontferming,
dat genade, rijk en vrij!
God schenkt redding en bescherming,
aan verloornen, ook aan mij.
Ja, wanneer mijn onvermogen
en mijn diep bederf mij smart,
toont mij 't godlijk Vaderhart
zijn verlossend mededogen:
God is liefde, o englenstem,
mensentong, verheerlijkt Hem!

gezang 451:3

Barmhartige Vader, dat U zo bent, dat is eigenlijk onbegrijpelijk. Wij misbruiken de vrijheid die we van U hebben gekregen. Wij gooien te grabbel wat wij aan mogelijkheden gekregen hebben. Wij verkwanselen onze erfenis, de grondstoffen die de aarde ons geeft, onze denkkracht en onze techniek. Wij gebruiken dat alles om elkaar te verzieken en te doden, zodat wij uiteindelijk zelf tot ellende vervallen. Maar Gij neemt ons ondanks alles aan als uw kinderen. Voor uw weergaloze ontferming danken wij U!

JEZUS NEEMT DE ZONDAARS AAN

lezen: *Lukas 19:1-10*

'Heden moet Ik in uw huis vertoeven'. – *Luk. 19:5*

Dat is natuurlijk geen wonder, dat niemand meer bij Zacheüs over de drempel komt. Nu ja, nog een paar handlangers misschien, ondergeschikte ambtenaren, ook van die vriendjes van de Romeinen, maar verder, nee, geen mens moet nog iets van die Zacheüs hebben. Ze keken hem altijd al over het hoofd omdat hij zo klein was, maar sinds hij tollenaar werd, belastingambtenaar in dienst van de vijand, sinds die tijd keken ze hem ook nog over het hoofd omdat ze hem niet meer wílden zien, al was hij zo groot als Goliath. De mensen van Jericho kijken op Zacheüs neer. Hij is niet langer een zoon van Abraham. Hij verdient het niet Jood te heten.

Maar dan komt Jezus voorbij. En Jezus kijkt niet op mensen neer. Jezus kijkt tegen de mensen op. Jezus roept Zacheüs uit zijn boom. 'Heden moet Ik in uw huis vertoeven'. Zo roept de Goede Herder verdwaalde schapen thuis. Hij kiest daarvoor de weg van de liefde. En liefde opent deuren in plaats van ze te sluiten. Liefde opent harten. Zacheüs zal royaal teruggeven wat hij zijn medeburgers heeft afgeperst. En zo zal Zacheüs zijn wat hij van huis uit is: een zoon van Abraham.

Vandaag komt Jezus aan onze boom voorbij. In mijn huis wil Hij wezen. En vol verbazing vraag je je af: Is er misschien iets dat ik een ander heb afgetroggeld? Is er misschien iets dat ik mijn naaste onthoud?

Jezus die langs de straten kwam
en tollenaars terzijde nam:
'k Wil in uw woning wezen
voor nu en voor na dezen', –
Hij komt misschien vandaag voorbij
en neemt ook u terzij of mij
en vraagt ons, Hem te geven
de rijkdom van ons leven.

gezang 47:2

Trouwe Vader, U plukt ons zomaar uit de boom: ons, mensen als Zacheüs. In het licht van Jezus' liefde draagt ons leven goede vrucht. Vergeef ons dat wij vaak zo sterk op onszelf zijn gericht. Vergeef ons dat wij de ander uitpersen en zelf oppotten wat wij met geweld hebben verkregen. Vergeef ons dat wij ons opsluiten in onze gierigheid. Uw liefde opent onze deuren. Kom dan, ook nu, en ontsluit ons hart voor uw Rijk waarin liefde kleine mensen groot doet zijn.

> 'Dit is een getrouw woord en alle aanneming waard, dat Christus Jezus in de wereld gekomen is om zondaren te behouden, onder welke ik een eerste plaats inneem'. – *1 Tim. 1:15*

Waarom is Jezus nu eigenlijk in de wereld gekomen? Dat is een vraag waar je vele antwoorden op geven kunt. Hij is in de wereld gekomen om aan armen het evangelie te verkondigen. Hij is gekomen om blinden licht te geven, om melaatsen te reinigen, om lammen te doen wandelen. Dat is allemaal waar en Paulus, de apostel, weet dat natuurlijk ook allemaal heel goed, maar toch kiest hij als het erop aankomt een ander antwoord. 'Dit is een getrouw woord en alle aanneming waard, dat Christus Jezus in de wereld gekomen is om zondaren te behouden'. Zondaren. Op hen had Jezus het oog. Op dwalende schapen, op verloren zonen. En Paulus heeft ontdekt dat hij zelf ook zo'n zondaar was. Hij nam zelfs een eerste plaats in onder hen. Een super-zondaar was hij. Paulus vervolgde de gemeente. Als een brullende leeuw ging hij rond om te zien wie hij kon verslinden. Hij kon die christenen wel verscheuren! Maar de leeuw werd een lam. De 'rechtvaardige' werd een zondaar. En alleen zondaren kunnen worden gerechtvaardigd.

Waarom is Jezus in de wereld gekomen? Zeker, dat heeft te maken met zijn liefde voor een lijdende schepping, met zijn liefde voor de armen en verminkten, de doven en de blinden. Maar als je het nu op scherp wilt stellen, dan kun je het beste Paulus nazeggen: Jezus is gekomen om zondaren te behouden. Dat is het grootste wonder: dat God onze schuld vergeeft.

Jezus neemt de zondaars aan,
roept dit troostwoord toe aan allen,
die verdwaald van Hem vandaan
in het donker struiklen, vallen.
Hij leert hun zijn wegen gaan,
Jezus neemt de zondaars aan.

gezang 436:1

Trouwe Vader, daarvoor zeggen wij U dank, dat U zondaren behoudt, ze zoekt, ze vindt, ze draagt als een Goede Herder. Bewaar ons, o God, voor de hoogmoed. Bewaar ons ervoor dat wij onszelf rechtvaardigen. Wij hebben gedaan wat kwaad is in uw oog. Maar Gij vergeeft de schuld, Gij neemt de zondaars aan! Geloofd zij uw heilige naam, nu en in eeuwigheid.

'En als iemand gezondigd heeft, wij hebben een voorspraak bij de Vader, Jezus Christus, de rechtvaardige'. – *1 Joh. 2:1*

De tegenspreker, die kennen we: de duivel, de satan, de aanklager. En reken erop dat hij heel wat tegen ons getuigen kan! Als wij eenmaal zullen staan op de dag van het oordeel, oog in oog met de Rechter van hemel en aarde, dan zal de grote Tegenspreker heel wat tegenspraak laten horen. Wat hebben we naar onszelf toegerekend, wat hebben we weinig aan God en de naaste gedacht, wat hebben we onze talenten begraven en ons geld over de balk gegooid! Reken er maar op dat het een lange tegenspraak worden zal, één grote aanklacht. En we zullen met gebogen hoofd dat alles moeten aanhoren, we zullen moeten toestemmen dat het waar is wat wordt gezegd; de vader der leugenen zal warempel op die dag nog de waarheid spreken...

Maar let op, niet alleen de Tegenspreker doet het woord – God dank, er is ook een Voorspraak, een Advocaat, er is iemand die het voor ons op zal nemen. Wie? Het is de Rechtvaardige in eigen persoon: Jezus. Nee, wie zich groot houdt en alle schuld afwijst, wie mooi weer speelt en de volmaakte onschuld uithangt, die moet op zijn voorspraak maar niet rekenen. Maar wie met gebogen hoofd voor de rechtbank staat, wie een beetje lijkt op de verloren zoon uit de gelijkenis, wie werkelijk doordrongen is van de ernst van de zonde, die mag horen hoe de Tegenspreker door de Voorspreker het zwijgen wordt opgelegd! Wij hebben een Voorspraak bij de Vader.

Sta daarom eenmaal in voor mij,
als Gij terug zult komen.
Lees in uw boek en spreek mij vrij
en stel mij bij de vromen.
Opdat ik met mijn broeders mag
de hemel ingaan op die dag.
Gij doet hem voor ons open.

gezang 279:6

Rechtvaardige Rechter, eeuwige God, wij danken U voor Jezus. Zonder Hem zou onze zaak verloren zijn. Zonder Hem was onze schuld niet te overzien. Maar zijn barmhartigheid doet onze zonden smelten als vuile sneeuw in de zon van uw gerechtigheid. Help ons om eerlijk te zijn in onze schuldbelijdenis, voor U en voor de mensen. Help ons om levend uit uw genade, ook zelf genadig te zijn voor hen die U aan onze zorg hebt toevertrouwd.

'Wat buigt gij u neder, o mijn ziel,
en wat zijt gij onrustig in mij?' – *Ps. 42:12*

Dat is het refrein van dit lied. Telkens komen deze woorden terug in de psalm. De dichter spreekt zichzelf aan en zegt: Waarom zit je toch zo in zak en as? Waarom loop je zo te tobben? Hoop toch op God! Hij is je Verlosser. Hij is de God die je helpen zal!

Wat is er aan de hand met de man van deze psalm? Helemaal duidelijk is dat niet. Eén ding staat vast: de dichter van dit lied gaat gebukt onder zijn verdriet en vooral onder de hatelijke opmerkingen van zijn tegenstanders. Waar is nu die God van jou? Dat is hún refrein. Elke keer maar weer slaan zij op ditzelfde aambeeld. Nou, vertel nu eens, waar is nu die God waarvan je zoveel verwachtte? Nu laat Hij je toch wel verschrikkelijk in de steek!

En wat doet nu de dichter van de psalm? Zeker, hij zingt een klaaglied. Al zijn verdriet stort hij uit voor Gods aangezicht. Maar hij doet nog meer. Hij neemt zichzelf onder handen. Hij spreekt zijn eigen ziel toe. Wat buigt gij u neder, o mijn ziel? Waarom ga je zo gebogen? Waarom sluit je je af van de wereld om je heen? Waarom verzink je zo in je eigen verdriet? Waarom ben je toch zo onrustig? God mag zich nu dan schuilhouden en je tegenstanders mogen nu dan wel gelijk schijnen te hebben met hun spottend sarcasme, maar één ding mag je nooit vergeten: God zal op het beslissende moment jouw leven verlossen! Nu zit je vleugellam geslagen aan de kant, maar reken erop dat God op zijn tijd je op zijn vleugels zal dragen, boven alles uit.

Hart, onrustig, vol van zorgen,
vleugellam geslagen ziel,
hoop op God en wees geborgen.
Hij verheft wie nederviel.
Eens verschijn ik voor de Heer,
vindt mijn ziel het danklied weer:
Hij, mijn God, Hij heeft mijn leven
altijd aan de dood ontheven.

psalm 42:7

Trouwe God, hoe vaak wij ook onze klaagliederen zingen, telkens weer brengt uw Geest ons op de hoogte van dit refrein. Hoevaak wij ook vleugellam geslagen zijn, uw belofte geeft ons goede moed. Wij bidden U om volharding; dat wij niet bij het minste of geringste uit het veld geslagen zullen zijn. Geef ons open oren om dwars door het sarcasme van mensen heen de stem van uw liefde te horen.

'Gij hebt wel kwaad tegen mij gedacht, maar God heeft dat ten goede gedacht'. – *Gen. 50:20*

Jozef, dit is je kans! Nu kun je je broeders veroordelen! Eindelijk kun je wraak nemen. Nu zit je niet meer in de put, nu ben je onderkoning van Egypte, een man van gezag, een rechter, op één na de hoogste autoriteit. Nu kun je eindelijk je broers op hun nummer zetten, ze betaald zetten wat zij je in de loop van de jaren hebben aangedaan! Het is hun schuld dat jij als een slaaf naar Egypte bent gebracht. Het is hun schuld dat jij zo'n tijd in de gevangenis hebt gezeten. Vooruit, Jozef, geef ze hun verdiende loon!

Jozef doet zijn mond open. Ha, nu zul je het hebben! Hoor: 'Gij hebt wel kwaad tegen mij gedacht...' Prima, dat gaat de goede kant op, de kant van het oordeel, de kant van de wraak! Maar wacht, wat zegt Jozef nu verder? 'Gij hebt wel kwaad tegen mij gedacht, maar God heeft dat ten goede gedacht'. Hoe is het mogelijk? Jozef ziet af van elke vorm van veroordeling. Jozef ziet in de haat van zijn broers de liefde van God. Nee, hij pleit zijn broers niet vrij. Hij weet heel goed dat ze verkeerd gehandeld hebben. Maar God ziet kans om het kwade om te buigen in het goede. Ondanks alle ellende die Jozef moest meemaken, heeft de hele familie van Jacob nu volop te eten en te drinken. Ondanks... of moet je zeggen: dank zij? Zo ziet Jozef het. Omdat het kwaad hem ten goede was, veroordeelt hij zijn broers niet meer. Soms, achteraf, blijkt het kwaad nog niet zo kwaad te zijn. Dat wil zeggen: soms, achteraf, ontdek je tussen het onkruid van het kwade de bloeiende roos van Gods barmhartigheid.

Wat God doet, dat is welgedaan,
zijn wil is wijs en heilig.
'k Zal aan zijn hand vertrouwend gaan,
die hand geleidt mij veilig.
In nood is mij
zijn trouw nabij.
Ja Hij, de Heer der heren,
blijft eeuwig wijs regeren.

gezang 432:1

Barmhartige God, dit lied zingen wij niet altijd zonder moeite. Soms kunnen we die woorden op geen enkele manier over onze lippen krijgen en geloven we helemaal niet dat alles wat U doet welgedaan is; maar zo af en toe zien we achterom op onze levensweg en hebben we redenen genoeg om U te danken. U maakt het kwade goed.

> 'Hoe kunt gij tot uw broeder zeggen: Broeder, laat mij de splinter die in uw oog is, wegdoen, terwijl gij de balk die in uw eigen oog is, niet ziet?' – *Luk.* 6:42

Wij hebben ons mondje meestal gauw klaar. Het geeft een prettig gevoel om anderen te kunnen veroordelen. Hoe slechter mijn buurman is, des te meer ik opval als een aardige kerel. Hoe zwarter de ander, des te witter ik ben. En daarom hebben we er een handje van anderen te veroordelen, anderen de grond in te trappen. Nee, we doen dat natuurlijk niet grof, maar zeer verfijnd; wij hebben daarvoor bijzonder onopvallende technieken. De pincetten puilen onze kasten uit. We doen niets liever dan splinters halen uit het oog van onze broeder.

Jezus is op dat gebied een deskundige. Jaren lang werkte hij, als kind, bij Jozef in de timmermanswerkplaats. Jezus weet waar splinters vandaan komen. Splinters komen uit balken. Het kan gebeuren dat jij je druk maakt met een splinter bij een ander, terwijl je zelf rondloopt met een balk waarin zich oneindig veel meer splinters bevinden.

'Oordeelt niet', zo zegt Jezus. 'Laat los en gij zult losgelaten worden'. Dat is de kunst! Anders gezegd: dat is het evangelie! Christus leert ons om los te laten. Om niet overal ons zegje over te doen. Om uit handen te geven. Juist omdat wij de dingen zo graag vasthouden, zelf besturen, juist daarom bemoeien we ons soms krampachtig met andermans doen en laten. Jezus roept ons op tot bekering. Kijk eerst maar eens naar jezelf! Is alles in jouw leven zoveel anders, zoveel beter? Er zou heel wat veranderen in de wereld, wanneer wij tegen elkaar zouden zeggen: Broeder, zuster, ik zie in jouw oog een splinter; maar help mij eerst eens met mijn eigen balk...

> Als Gij uw knecht behoedt, o Heer, zal overmoed
> niet heersen over mij.
> Legt Gij mijn drift in toom, dan leef ik recht en vroom,
> van grote zonden vrij.
> Breng voor uw aangezicht mijn wens en woord in 't licht
> door al mijn levensdagen.
> Verlosser, zie mij aan, mijn Steenrots, doe mij staan
> in uw groot welbehagen.

psalm 19:6

Vader, vergeef ons onze balken, onze bemoeizucht, ons sarcasme, onze vasthoudendheid, onze onbarmhartigheid. Vergeef ons dat we meten met twee maten: één voor de ander en één voor onszelf. Open ons de ogen – voor onszelf, maar ook voor Jezus, die de Rechtvaardige is.

dinsdag

'Ook Ik veroordeel u niet. Ga heen, zondig van nu af niet meer!' –*Joh. 8:11*

Met uitgestoken wijsvingers staan de schriftgeleerden om Jezus heen. Hun priemende vingers wijzen in de richting van een vrouw. Op overspel betrapt! Gezien! Ontdekt! Lokte ze het zelf uit? Of is ze overweldigd door een heetgebakerde wellusteling? Is het haar schuld of voornamelijk die van een ander? Wat doet het ertoe? Ze is betrapt. Ze is gezien. En nu zal het oordeel over haar voltrokken worden. Alle vingers wijzen in haar richting. Alleen Jezus moet er nog een woordje over zeggen. Dit is toch wel een interessant geval. Hoe zal die rabbi uit Nazareth nu hierop reageren? Misschien dat ze Hem nu kunnen pakken...

En wat doet Jezus? Steekt Hij ook zijn wijsvinger uit? Jazeker. Maar niet in de richting van de vrouw. Hij steekt zijn wijsvinger uit in de richting van de aarde. Hij bukt zich en Hij schrijft met zijn vinger op de grond. Niet de vrouw ziet Hij aan. De aarde ziet Hij aan. De aarde waaruit de mens genomen is. De aarde waaruit Adam is geboetseerd. Adam, de man. Zijn vinger wijst in de richting van de moedergrond waaruit de man geboren is. En al schrijvend zegt Hij: Wie van u zonder zonde is, werpe de eerste steen naar haar. En dan vertrekken de mannen, de geleerde heren, ze trekken hun wijsvingers terug. En dan richt Jezus zich op. Jezus. Adam de Tweede. Jezus, de Man Gods. Hij houdt deze vrouw niet onder zijn duim, Hij windt haar niet om zijn pink, Hij steekt zijn wijsvinger niet beschuldigend uit. Hij ziet haar ánders aan: in liefde.

De Heer heeft mij gezien en onverwacht
ben ik opnieuw geboren en getogen.
Hij heeft mijn licht ontstoken in de nacht,
gaf mij een levend hart en nieuwe ogen.
Zo komt Hij steeds met stille overmacht
en zo neemt Hij voor lief mijn onvermogen.

gezang 487:1

Lieve Vader, voor uw milde handen en uw vriendelijke ogen danken wij U! Wij verdienen het oordeel, de afwijzing, de steniging. Wij plegen overspel, in onze gedachten, in onze daden. Maar in Jezus Christus neemt U de zonde voor uw rekening. Alle vingers wijzen naar Hem. Vervul ons met uw Geest, opdat ook wij nu heengaan en niet meer zondigen.

'Laat u niet overwinnen door het kwade, maar overwin het kwade door het goede'. – *Rom. 12:21*

Nu, dat zijn wij natuurlijk niet van plan: om ons door het kwaad te laten overwinnen! Maar laten we eerlijk zijn: voor je het weet heeft het kwaad je wel te pakken. En hoe! Kwaad is als onkruid, het slingert zich om het goede heen, het steekt telkens weer de kop op als paardebloemen in het gazon. Je wilt het niet, maar het is er toch, het lijkt onuitroeibaar. En als je er niets tegen doet, overwoekert het alles in je leven. Bitterheid, wrok, agressie, jaloezie. En hoe ga je dat alles nu te lijf? Hoe brand je dat onkruid uit je akker? Hoe kun je het verdelgen met wortel en tak?

Ach, laten we onze verwachtingen niet al te hoog spannen. De maaiers zijn de engelen, zo zegt Jezus in zijn gelijkenis over het onkruid in de akker. Je moet niet denken dat jij het onkruid er compleet uit kunt wieden. Het blijft een strijd tot het laatste toe, een gevecht tegen de dorens en de distels. Maar helemaal zonder verdelgingsmiddelen zijn we niet. Het venijn zit in de staart van de schriftlezing, in het laatste woord van de apostolische opsomming: Overwin het kwade door het goede. Het goede doodt het kwade. Het goede is bodembedekkend. Het goede verstikt het kwaad. Hoe dat in z'n werk gaat? Kijk maar naar Jezus. Zijn goedheid bedekt de bodem van Zacheüs' bestaan. Zijn barmhartigheid brengt een overspelige vrouw weer binnen de grenzen van het Koninkrijk. Liefde leidt naar het leven. Nee, dat gaat je niet altijd gemakkelijk af. Het is een gevecht, zoals elke overwinning slechts door een gevecht heen tot stand kan komen. Het is een gevecht tegen jezelf vooral, een gevecht tegen het onkruid in je eigen ziel. Maar wie dit gevecht áángaat en dapper volhoudt in Jezus' Naam, die zal verhinderen dat het onkruid triomfeert.

Niet slechts met woord en tong maar metterdaad
en in-der-waarheid moeten wij beminnen.
Zó immers leven wij het leven binnen.
Wie niet bemint leeft in gestorven staat.

gezang 108:6

Trouwe God, soms laten wij ons gewoonweg door het kwaad overrompelen. Soms vechten wij geen moment terug, moedeloos, bij voorbaat verslagen. Vergeef ons dat en help ons om dapper door te vechten, om vol te houden, om achter Jezus aan nee te zeggen tegen het kwaad en volmondig ja tegen het goede, de liefde, de vreugde, het leven voorgoed.

'Laten wij dan niet langer elkander oordelen, maar komt liever tot dit oordeel: uw broeder geen aanstoot of ergernis te geven'. – *Rom. 14:13*

Dat blijft een moeilijke opgave: elkaar geen aanstoot of ergernis geven. Die gedachte past in elk geval nauwelijks in onze tijd. Wij leren elkaar dat je voor jezelf moet opkomen, dat je je eigen mening niet onder stoelen of banken moet steken. Wij houden niet van compromissen, wij gaan liever over de weg van het conflict. Heel de samenleving is vol van tegenstellingen die eerder aangescherpt worden dan verzacht en overbrugd. Kritisch is onze maatschappij. Oordelend en ook vaak ver-oordelend. Hard. Keihard.

Ook in de kerk ligt er conflictstof genoeg. In Paulus' dagen was dat niet anders. Neem nu alleen maar eens de tegenstelling tussen die gemeenteleden die zich nog lieten leiden door allerlei Joodse spijswetten enerzijds en die gemeenteleden die rustig alles aten wat hen voorgeschoteld werd, anderzijds. Die eersten zouden absoluut geen vlees eten dat aan de afgoden was gewijd; de laatsten maakten daar geen probleem van. En wat zegt Paulus nu? 'Laten wij niet langer elkander oordelen!' En als je dan zo graag toch een oordeel van mij hoort: naar mijn oordeel is het veel belangrijker elkaar geen ergernis te geven. Daar kunnen ook wij het mee doen. Vraag mij niet hoe dat in onze situatie precies moet. Vraag mij niet waar de grenzen liggen tussen liefde en een onaanvaardbare compromishouding. Ik weet alleen dat de weg van het evangelie altijd weer zoekt naar wat verbindt. De weg van het oordeel is breed en gemakkelijk te berijden. De weg van de liefde, die met stille kracht de ander overtuigen wil, is moeilijker begaanbaar. Maar niet altijd is de weg van de minste weerstand de beste.

Leer ons het goddelijk beleid
der liefde te beamen,
opdat wij niet door onze strijd
uw goede trouw beschamen.
Leg ons de woorden in de mond
die weer herstellen uw verbond.
Spreek zelf door onze daden
van vrede en genade.

gezang 481:3

Trouwe God, geef ons geduld voor elkaar, zoals uw Zoon geduld had met ons. Help ons elkaar geen aanstoot te geven, geen onnodige ergernis. Dat wij elkaar ruimte geven om te geloven, om lief te hebben en om te hopen op uw Rijk waarin wij samen uw lof mogen zingen.

'Weest barmhartig en ootmoedig...' – *1 Petr. 3:8*

De apostel heeft zijn uiterste best gedaan om allerlei mensen te behoeden voor revolutionaire bewegingen. De christenen heeft hij bezworen gehoorzaam te zijn aan de overheidsinstanties. De slaven heeft hij opgeroepen niet alleen de goede maar ook de slechte en harde heren te dienen. En tenslotte heeft hij ook de vrouwen vermaand om aan hun mannen onderdanig te zijn, om ze zo, door een stille levenswandel, te winnen voor het evangelie. Overigens heeft hij ook de mannen opgeroepen om hun vrouwen eer te bewijzen. En nu vat hij dat alles nog eens samen in deze woorden: Weest barmhartig en ootmoedig. Je moet geen kwaad met kwaad vergelden, zo zegt de apostel – en geen laster met laster. Je kunt beter onrecht lijden om Christus' wil dan kwaad spreken en bedrog plegen.

Weest barmhartig en ootmoedig. Dat is nog niet zo gemakkelijk. Ootmoed neemt de ander niet in het ootje. Ootmoed neemt zichzelf in het ootje. Ootmoed brengt mij terug tot niets. Ootmoed doet mijn idealen smelten. Ootmoed laat mij slechts één verlangen houden: de ander tot een zegen te zijn. Dat is de ware barmhartigheid, de zoete zachtmoedigheid. Zuur is de hoogmoed en bitter de geest van vergelding en veroordeling. God dank, Jezus ziet kans om dat alles in ons leven om te buigen. Hij verandert bitter water in sprankelende wijn, hardvochtigheid in zachtmoedigheid, hoogmoed in ootmoed. En reken erop dat het dan pas waarlijk feest wordt! Het bruiloftskleed? Ootmoed siert de mens.

Wie zich hovaardig heffen,
die zal God wederstaan,
maar wie zachtmoedig leven,
ziet Hij genadig aan.
Daarom, houdt u gereed,
voegt u gewillig samen,
elkander onderdanig,
ootmoedigheid uw kleed.

gezang 107:1

Barmhartige Vader, laat uw barmhartigheid ons leiden tot ootmoed en zachtmoedigheid. Vergeef ons onze trots, onze hardnekkigheid, onze weerstand. Vergeef ons onze zucht tot oordelen, onze neiging om ontrouw en ongehoorzaam te zijn. Geef ons uw Geest, de stille kracht, die meer veranderen kan dan de meest gewelddadige revolutie.

'Ik wil al uw werken vertellen'. – *Ps. 73:28*

Dat is het slot van de psalm, het zijn de laatste woorden van de dichter. 'Ik wil al uw werken vertellen'. Aan het begin van de psalm zou je niet denken dat het daarop uitloopt. Het begin van de psalm is vol van bitterheid en wrok. De dichter kan het eigenlijk niet uitstaan dat mensen die zonder God leven zo voorspoedig zijn. Het gaat hun altijd voor de wind! En dan moet je daartegenover eens zien hoeveel ellende soms het deel is van Gods kinderen. Dat klopt toch niet, daar kun je toch geen touw aan vastknopen?

Als de dichter van de psalm op dat spoor verder zou gaan, dan zou het eind van de psalm er anders uitzien. Dan zou er moeten staan: En daarom zal ik God vervloeken, mijn leven lang! Maar dat staat er niet. Integendeel. 'Ik wil al uw werken vertellen'. De dichter van de Psalm wil aan ieder die het maar horen wil vertellen hoe goed God voor hem is. Hij heeft namelijk ontdekt dat je verder moet kijken dan je neus lang is. Het mag dan misschien op het eerste gezicht erop lijken dat de goddelozen een plezierig leventje hebben, maar kijk nu eens goed hoe dat met hen afloopt... En let er dan ook eens op hoe uiteindelijk Gods kinderen zullen delen in de hemelse heerlijkheid. Dat inzicht brengt de dichter ertoe om op te houden met zijn bittere klaagzang. Zijn klaaglied wordt een loflied! 'Ik wil al uw werken vertellen'.

Een mens die verder kijkt dan de werkelijkheid van vandaag, een mens die in het geloof Gods toekomst ziet, die kan zijn mond toch niet houden? Die gaat aan ieder die het maar horen wil vertellen dat God goed is. Zijn belofte stilt onze twijfel. Zijn liefde heeft ons gevangen.

Nu blijf ik bij U voor altijd,
God die mij troost, die bij mij zijt,
mijn twijfel stilt en mijn verlangen,
die mij in liefde houdt omvangen.
Gij neemt mij bij de rechterhand,
Gij zijt getrouw, uw raad houdt stand,
uw wijsheid is het die mij leidt
en eenmaal kroont met heerlijkheid.

psalm 73:9

Trouwe God, telkens steekt de twijfel in ons leven de kop weer op. Maar uw belofte maakt ons stil. Uiteindelijk wordt ons verlangen naar recht en gerechtigheid door U vervuld. Laat ons daarom dicht bij u mogen zijn en open onze mond, opdat wij uw lof verkondigen.

'Ga uit uw land en uit uw maagschap en uit uws vaders huis naar het land dat Ik u wijzen zal'. – *Gen. 12:1*

Abram heeft geen idee waar hij terecht zal komen. Hij ziet geen hand voor ogen. Hij hoort alleen die vreemde stem die hem roept, hem oproept, hem wegroept uit Ur, dat Oer-land, zijn stamland, zijn vaderland. Abram moet op reis, Abram moet het maar wagen met God. Abram moet op weg gaan naar een ander, een beter vaderland. Waar dat ligt? God zal de weg hem wijzen, stap voor stap. Gaandeweg zal Abram wel ontdekken waar de melk en de honing te vinden zijn. Helder zal hij Gods wegen zien, wanneer hij vertrouwt op die vreemde stem die hem roept.

Zo is het allemaal begonnen. Zo is Israël geworden wat het nu is: een volk van dag en nacht, een volk van duisternis en donkerheid, maar ook een volk van licht en leven. Een volk dat als een blinde door de wereld gaat, maar tegelijkertijd een helder zicht heeft op Gods onafwendbare toekomst. En zo is ook de weg van allen die geloven. Zij zijn van Abrahams geslacht. Joden en heidenen, mensen, overal vandaan, zij gaan de weg van de aartsvader, de weg van de blinde die tegelijkertijd een helderziende is. Wanneer Jezus ons roept om Hem te volgen, wanneer Hij ons achter onze vissersboten vandaan roept om vissers van mensen te zijn, dan roept Hij ons op om in den blinde Hem te vertrouwen. Je weet nooit waar je precies aan toe bent, achter Hem aan. Je weet alleen: Hij zal de weg mij wijzen, de weg naar een land waar leven is in overvloed.

Uit Oer is hij getogen,
aartsvader Abraham,
om voortaan te geloven
in 't land van Kanaän,
om voortaan als een blinde
te zien een donker licht,
om voortaan helderziende
te zijn op God gericht.

gezang 3:1

Trouwe Vader, zo willen ook wij Jezus volgen op zijn weg. Soms is het donker op onze weg, soms zien wij geen hand voor ogen. Onze zekerheden moeten wij verlaten, de goden die wij van huis uit zo graag eerbiedigen; maar achter Jezus aan komen we thuis. Dat geloven we met alles wat in ons is. Hij is het licht op ons pad. Hij is de lamp voor onze voet. Met Hem kunnen wij niet verdwalen.

MENSEN VANGEN lezen: *Lukas 5:1-11*

'Van nu aan zult gij mensen vangen'. – *Luk. 5:10*

Dat vereist wel enige omscholing, wanneer vissers niet langer vissen maar mensen moeten vangen. Die omscholing hebben ze gekregen. Van de grote Visser zelf, van Jezus, de Zoon van God, de Redder der wereld. Eenvoudig was het niet. Drie jaar lang zijn ze omgeschoold, de vissers uit Galilea. Bij het eindexamen zijn ze allemaal gezakt. Petrus vooral; die zonk als een baksteen. Maar de Geest van Pinksteren heeft hen aangevuurd om vrijmoedig tot mensen te spreken over de grote daden van God. En zo zijn ze geworden: vissers van mensen.

En wij? Nee, apostelen zijn wij niet. Wellicht dat wij niet geroepen worden om onze netten te verlaten, ons kantoor, onze zetel in de gemeenteraad, ons huishouden, onze orgelbank. Wellicht dat wij niet geroepen worden om dominee of zendeling te zijn; maar om mensen te vangen, daartoe worden we in elk geval allemaal aangespoord. Daar behoef je geen 'geestelijke' voor te zijn, geen full-time vrijgestelde. Mensen vangen kun je altijd en overal. Op de markt. In het ziekenhuis. In de kantine. Bij de koffie met de buurvrouw. Mensen vangen. Is dat hetzelfde als zieltjes winnen? Nee, geen sprake van. Jezus zegt niet: Van nu aan zult gij zieltjes winnen. Het gaat niet om zielen. Het gaat om mensen. En mensen hebben niet alleen een ziel. Mensen hebben ook een lichaam. Het gaat om mensen met huid en haar, met ziel en lichaam. Het gaat erom dat we elkaar vertellen dat je pas werkelijk leven kunt met hart en mond en handen, wanneer je de weg van Jezus gaat, de weg van de liefde voor God en de naaste. En wie zich door zijn netten vangen laat, gaat niet de dood tegemoet, maar het eeuwige leven.

Jezus die langs het water liep
en Simon en Andreas riep,
om zomaar zonder praten
hun netten te verlaten, –
Hij komt misschien vandaag voorbij
en roept ook ons, roept u en mij
om alles op te geven
en trouw Hem na te leven.

gezang 47:1

Hemelse Vader, ook al blijven wij wat we zijn, toch moeten wij opgeven wat we aan idealen hebben om goede vissers van mensen te zijn. Help ons om, ook in ons gewone, alledaagse werk, te zoeken naar kansen om mensen te winnen voor het evangelie. Laat dat verlangen in ons branden, het vuur van de Geest, opdat wij door mogen geven wat we zelf ontvangen hebben: het leven van U.

dinsdag

'Wie niet zijn kruis draagt en achter mij komt, kan mijn discipel niet zijn'. – *Luk. 14:27*

Dat moet je wel goed weten, als je achter Jezus aan gaat: dat je een kruis hebt te dragen. Nee, niet in de zin waarin zo vaak over kruisdragen wordt gesproken. 'Ieder huisje heeft z'n kruisje', zo zeggen we dan. En dan bedoelen wij daarmee dat iedereen wel eens wat te verduren heeft. Ziekte, tegenslag, je komt het overal tegen en geen mens vaart altijd voor de wind. Maar dan hebben we het over een kruis dat je niet zelf opneemt. Integendeel: niemand kiest voor reumatiek of een hartinfarct. Maar dat bedoelt Jezus dan ook niet als Hij spreekt over kruisdragen. Dan denkt Hij niet aan allerhande kwalen. Dan denkt Hij aan de haat van medemensen, aan verdrukking en vervolging, aan martelingen, aan folteringen terwille van het evangelie. Dat is een kruis dat je zomaar van je af kunt gooien, anders dan een ziekte of een handicap. Achter Jezus aan het kruis dragen, dat doet geen mens omdat hij niet anders kan. Dat doe je alleen omdat je het wilt, omdat je je daartoe geroepen voelt. Jezus volgen gaat niet zonder pijn en moeite.

De vraag is: Hebben wij dat ervoor over? Uitgelachen te worden, voor ouderwets versleten, achteruitgezet te worden, gearresteerd eventueel, veroordeeld, gemarteld, gedood te worden terwille van Jezus en zijn Koninkrijk – is dat op te brengen? Je moet wel weten waar je aan begint, als je Jezus volgen wilt. Hij roept ons tot navolgers. Niet tot meelopers.

God opent hart en oren,
opdat wij in geloof
zijn roepstem zouden horen,
voor andre stemmen doof.
Gods woord gordt mensen aan
om zonder te versagen
het smalle pad te gaan
en stil het kruis te dragen
achter hun Heiland aan.

gezang 326:2

Barmhartige Vader, wij bidden U voor alle mensen die een kruis dragen achter Jezus aan. Geef hun volharding en goede moed. Geef dat zij omstraald worden door het licht van Pasen. En help ook ons om dapper de weg achter Jezus aan te gaan, hoe smal die weg ook moge zijn. Uw juk is toch zacht en uw last is toch licht?

'Wij hebben gevonden de Messias, wat betekent: Christus'. *-Joh. 1:42*

Hele boeken kun je volschrijven over evangelisatiewerk. Breedvoerig kun je uiteenzetten welke methoden je zoal kunt gebruiken, welke boeken of bladen daarvoor bijzonder geschikt zijn en ga zo maar door. Toch heb ik eigenlijk genoeg aan de woorden die we zojuist uit het evangelie lazen: 'Wij hebben gevonden de Messias, wat betekent: Christus'. Andreas heeft Jezus leren kennen en in hem is het geloof gewekt. En nu 'vindt' hij zijn broer Simon en hij zegt tegen hem: Simon, wij hebben de Messias gevonden! Dat is alles. Zo leidt Andreas zijn broer tot Jezus. Hij gaat niet direct de zending in, naar Azië of Afrika. Andreas begint dicht bij huis, hij begint bij zijn eigen familie, bij Simon, zijn broer. Simon, nu moet je eens horen, wij zijn op bezoek geweest bij die rabbi van Nazareth, over wie Johannes de Doper ons vertelde dat Hij het Lam van God zou zijn – en werkelijk, Simon, ik geloof het. Hij is de Messias, de Christus, de Gezalfde, de grote Priester, Koning en Profeet die komen zou! Wij hebben Hem gevonden, Simon!

Dat is evangeliseren. De ander maar heel gewoon gaan vertellen dat je het gevonden hebt. Hoewel, 'het' gevonden... Nee, wij hebben niet 'iets' gevonden, wij hebben 'Iemand', wij hebben 'Hem' gevonden, Jezus. Dat is een groot verschil. Wij laten ons niet leiden door de een of andere uitgebalanceerde dogmatiek, door een ingewikkeld systeem van religieuze bespiegelingen, nee, wij hebben Hém gevonden, van wie wij geloven dat in Hem Gods liefde ten volle is getoond. Evangeliseren is niets anders dan: Zijn liefde vermenigvuldigen, Zijn woord uitdragen naar alle landen, mensen vertellen dat je in Jezus gevonden hebt waar je misschien jaren lang onrustig naar zocht: verzoening en vrede, innerlijke blijdschap en geestelijke kracht, een belofte van leven, voor nu en voor eeuwig.

Gemeente, aan wier aardse handen
dit hemels woord is toevertrouwd,
o draag het voort naar alle landen,
vermenigvuldigd duizendvoud.
Een stem zegt: roep! Wat zoudt gij roemen
op mensengunst of heerlijkheid?
't Verwaait als gras en weidebloemen. –
Gods woord bestaat in eeuwigheid!

gezang 330:3

Eeuwige Vader, help ons mensen te leiden tot Jezus. Niet door veel woorden, maar door de vaste overtuiging dat in Jezus uw Zoon het eeuwige leven is.

'Wij prediken een gekruisigde Christus, voor Joden een aanstoot, voor heidenen een dwaasheid, maar voor hen, die geroepen zijn, Joden zowel als Grieken, prediken wij Christus, de kracht Gods en de wijsheid Gods'. – *1 Cor. 1:23, 24*

Als je de wereld in trekt om Jezus te verkondigen als de Redder der wereld, dan moet je er wel rekening mee houden dat er om je verhaal gelachen wordt. Stel je voor: een God die wordt gekruisigd! Dat is toch onvoorstelbaar. Joden stoten zich aan die gedachte en niet-Joden vinden het eigenlijk ook maar een dwaze redenering. Een god wordt niet gekruisigd, een god is een held, een overwinnaar, een bovenmenselijke hemelbewoner. Denk je nu echt dat zo'n rabbi uit Nazareth, zo'n timmermanszoon, God zelf is geweest, opgepakt als een bandiet, veroordeeld als een slaaf tot de dood aan een kruishout? Wat een dwaasheid!

Toch zijn de vissers van Galilea met dat verhaal de wereld in gegaan. Met de netten van dat evangelie hebben ze mensen gevangen. Zeker, duizenden vissen glippen tussen de mazen door. Er zitten ook zoveel vragen aan het evangelie vast! Je kunt altijd wel iets vinden om daarmee te ontsnappen aan de vangst van de Grote Visser. Als je maar lang genoeg redeneert, zie je overal zwakke plekken in het bijbelnet. Het is ook een dwaasheid, een ergerniswekkend verhaal, dat evangelie. Een God die wordt gekruisigd! Maar, wat voor wijzen dwaasheid betekent, dat is nu juist voor dwazen wijsheid. En zo dwaas wil ik dan wel zijn. Zo dwaas dat ik van het evangelie niets begrijp, zo dwaas dat ik er met mijn verstand geen touw aan kan vastknopen, zo dwaas dat ik het niet beredeneren kan; ik kan het alleen maar geloven, het eerbiedig aanvaarden. Hier is een mens die beweert één met God te zijn. En kijk eens wat een wonderlijke krachten Hij doet! En kijk eens hoe verstrekkend zijn liefde voor mensen is: tot op het kruis, tot in de dood. En kijk eens hoezeer het Leven in Hem woont: Zijn graf is leeg. Jezus is opgestaan! Mag ik dan misschien geloven dat deze Rabbi God zelf is in vlees en bloed, Mens met de mensen, het beloofde Lam dat de zonde der wereld draagt?

Laat mij, o Heer, uw wondere wijsheid prijzen,
dwaasheid en ergernis voor wereldwijzen,
laat mij uw kruis dat sterken zwakheid noemen
als sterkte roemen.

gezang 177:7

Grote God, wij prijzen uw wijsheid! Dat U zo dwaas wilde zijn Mens met de mensen te worden, dat U uw macht wilde tonen in zwakheid, daarvoor danken wij U uit de grond van ons hart. Het kruis is ons leven!

'Voorts, broeders, bidt voor ons, dat het woord des Heren snelle voortgang hebbe...' – *2 Thess. 3:1*

Daar maken wij ons niet meer zo druk om of vergis ik me? Dat het evangelie snelle voortgang zal hebben, ach, dat was vroeger misschien van belang, in de tijd van de apostelen, toen de hele wereld nog niets van Jezus wist. Toen moest het evangelie natuurlijk als een lopend vuurtje door de landen gaan, de grenzen over, de wereld in. Maar tegenwoordig, wat zou je je druk maken, iedereen weet toch wie Jezus is en iedereen heeft toch een bijbel of kan er één kopen... Misschien dat hier of daar nog wat zendelingen in primitieve gebieden zich inspannen om snel voortgang te maken, maar dat is onderhand meer uitzondering dan regel. Nee, bidden om een snelle voortgang van het evangelie, dat hoeft niet meer.

Zou het waar zijn? Zeker, er zijn bijbels te kust en te keur. En kerken zijn er ook. En kapelaans en kardinalen. En voorgangers en voorzangers. Maar hebben we ooit het woord van de Heer werkelijk verstaan? Zijn er in onze dagen dan geen wargeesten en slechte mensen meer? En hebben wij onszelf ooit werkelijk laten vangen in de netten van de Grote Visser? Is er liefde in ons leven? Voor God? En voor de naaste? En is er dankbaarheid voor de verzoening van onze zonden door Jezus Christus, die onze Redder is? Ik denk dat wij er nog altijd goed aan doen te bidden voor hen die het evangelie verkondigen. De zaak van God heeft haast. Bidt, dat de waarheid de leugen zal passeren!

De Heilge Geest, die haar de toekomst spelt,
doet aan Gods kerk zijn heilgeheimen weten;
Hij, die haar leidt en in de waarheid stelt,
heeft zijn bestek met wijsheid uitgemeten;
Hij trekt met heel zijn kerk van land tot land
als Gods gezant.

gezang 304:3

Trouwe God, nu bidden wij U voor allen die zijn uitgegaan, opdat de wereld door hun woord in U zou geloven. En ook voor onszelf bidden wij U, dat wij betrouwbare getuigen van de waarheid zullen zijn. Voor zendelingen en evangelisten bidden wij U, voor allen die voorgaan op de weg naar uw Rijk. Laat de verkondiging, in woorden en werken, een snelle voortgang mogen hebben. Laat uw Rijk spoedig komen in alle heerlijkheid. Laat heel de aarde vol zijn van uw lof – dat bidden wij U in de Naam van Hem die de weg, de waarheid en het leven is.

'Gij omgeeft mij van achteren en van voren
en Gij legt uw hand op mij'. – *Ps. 139:5*

Zoals je een klein kind uit de wieg haalt, het in de arm neemt en het streelt, zo neemt God ons in zijn handen. Zo groot is zijn liefde, je kunt er niet overheen, je kunt er niet onderdoor, je kunt er niet links en rechts omheen, aan alle kanten omringt je zijn barmhartigheid.

Nee, daar moet je niet bang van worden! Gods hand is geen gevangenis die je vasthoudt en opsluit. Gods hand is beschermend om je heen. Je kunt geen kant op of God gaat met je mee. Omhoog, omlaag, al zou je naar het verste plekje op aarde gaan, dan nog was God er bij. Hij laat je niet los, zijn handen omringen ons leven.

Het is deze gedachte die vandaag en in de komende dagen onze aandacht vraagt. Gods nabijheid is niet beperkt tot één volk en één land, Israël bij voorbeeld. Nee, Gods reikwijdte is oneindig veel groter. Vanuit Jeruzalem gaat zijn liefde de grenzen over, de wereld in. Je kunt Hem nergens ontvluchten. God is overal. Daarom moet je er ook niet al te gemakkelijk van uitgaan dat God ergens anders beter te vinden is dan daar waar je nu toevallig bent. Soms denken we dat: als ik nu maar eens niet die drukte had van mijn werk, als ik nu maar eens een andere baan had, een ander huis, andere vrienden, een andere kerk... Wat kun je je daarin enorm vergissen. God is ergens anders niet meer aanwezig dan daar waar ik nu mijn werk heb. Het komt er alleen op aan dat ik werkelijk geloof dat wat in de psalm staat, de waarheid is. 'Gij omgeeft mij van achteren en van voren en Gij legt uw hand op mij'. Wie daar vandaag ten volle op vertrouwt, hoeft niet ver weg te gaan om God te vinden.

Waar vlucht ik voor uw aangezicht?
Al steeg ik op in 't hemels licht,
al daalde ik tot de doden af,
Gij zult er zijn, zelfs in het graf.
Gij blijft mij, God, in alle dingen,
altijd en overal omringen.

psalm 139:4

Eeuwige God, wij danken U voor uw beschermende handen. Uw nabijheid geeft ons vrede. Aan geen grens bent U gebonden, heel de aarde is uw domein. Help ons om U vandaag opnieuw te vinden, in uw Woord en in de lofprijzing van uw heilige Naam. Zie of bij ons een heilloze weg is en leid ons op de eeuwige weg.

> 'Omdat de Here u liefhad en de eed hield, die Hij uw vaderen gezworen had, heeft de Here u met een sterke hand uitgeleid...' – *Deut. 7:8*

Nee, het volk Israël moet nu niet denken dat het in Kanaän rustig wat kan gaan flirten met de volken die daar wonen. Israël moet een heilig volk zijn, apart gezet in de wereld om Gods grote daden te verkondigen. Een volk dat een toonbeeld zal zijn van de ware vrijheid die luistert naar de wetten. En nu moet Israël ook niet denken dat God het op dit volk voorzien heeft omdat het zo'n machtig volk is, zo'n schat van een bruid... Geen sprake van. Israël was veeleer een onnozel klein volkje, het stelde helemaal niets voor op de wereldkaart. Maar God kreeg het lief en Hij beloofde de aartsvaders dat Hij het tot een groot volk zou maken. En als God iets belooft, dan doet Hij het ook.

Ook bij ons, kerkmensen, christenen, ligt de hoogmoed aan de deur. Voor je het weet glipt die binnen. Wij zijn toch wel een beetje beter dan de randkerkelijken en zeker beter dan de onkerkelijken en in elk geval veel beter dan de anti-kerkelijken. Bij God zijn er dan wel geen grenzen meer, maar wacht even, wij weten er nog wel een paar aan te wijzen. Wij zien zelfs binnen de kerk nog allerlei grenzen lopen. Wij kloppen ons op de borst en wij zeggen: Kijk toch eens hoe goed onze groep, onze partij, onze kerk het doet! Wie zo spreekt zou bijna één ding vergeten: Niet onze liefde voor God, maar Gods liefde voor óns is het fundament van ons leven.

Gods goedheid houdt ons staande
zolang de wereld staat!
Houdt dan de lofzang gaande
voor God die leven laat.
Al wie, door Hem bevrijd
uit ongastvrije streken,
naar huis werd heengeleid,
zal van Zijn liefde spreken.

psalm 107:1

Liefdevolle Vader, wij blazen vaak veel te hoog van de toren. Wij denken maar al te gauw dat U ons liefhebt omdat wij ons zo keurig gedragen. Vergeef ons die hoogmoed en bewaar ons ervoor dat wij grenzen trekken daar waar U ze juist hebt weggehaald. Help ons om werkelijk heilig te zijn, apart gesteld in deze wereld, niet om hoogmoedig, maar om zachtmoedig en nederig van hart te zijn.

'Wanneer gij door het water trekt, ben Ik met u; gaat gij door rivieren, zij zullen u niet wegspoelen; als gij door het vuur gaat, zult gij niet verteren en zal de vlam u niet verbranden'. – *Jes. 43:2*

Met die belofte kan Israël het doen. God maakt een weg waar geen weg is. Uit de ballingschap in Babel komt Gods volk weer thuis. Al moet het door het water heen, al gaat het dwars door het vuur, Israël komt thuis, in het land dat God het ooit beloofde. Ook al is het nog zo ongehoorzaam geweest, ook al heeft het een weg terug in geen enkel opzicht verdiend, God houdt zijn woord. Geen grens houdt zijn liefde tegen, geen rivier, geen vuur, niets wederstaat zijn barmhartigheid.

Nog altijd gaan Gods kinderen door diepe wateren. Nog altijd staat de kerk voor hete vuren. Menigmaal hebben we die ons zelf op de hals gehaald. Hoe liefdeloos zijn we in de loop der eeuwen niet omgegaan met elkaar en met Gods goede schepping! Hoe hebben we elkaar geplaagd, vertrapt, uitgebuit en opgejaagd. Is het een wonder dat het water van de wraak ons soms tot de lippen staat? Is het zo verbazingwekkend dat het vuur ons na aan de schenen wordt gelegd? Hebben we niet zelf al onze vluchtwegen afgesneden? Wij hebben het water en het vuur verdiend!

Maar hoor, ondanks onze ontrouw belooft God trouw te zullen zijn aan zijn schepping. Hij haalt zijn volk thuis. Geen water, geen vuur houdt Hem tegen. Geen zondvloed en geen vuurgloed. Geen ziekte, geen dood. 'Zie, Ik maak alle dingen nieuw'.

Gij bracht ons in des vijands netten.
Hij heeft het tuig ons aangelegd
om in het zadel zich te zetten,
en als een rijdier ons geknecht.
Hij heeft ons in het vuur gedreven
en door de wateren gejaagd.
Toen hebt Gij 't leven ons hergeven
en alles wat ons hart behaagt.

psalm 66:4

Vader, wij danken U! Geen water is U te hoog. Geen vuur is U te heet. Het volk Israël hebt U door de Rode Zee heen uitgeleid uit Egypte en de vrienden van Daniël hebt U gered uit de brandende oven in Babel – haal ook ons door rivieren van verdrukking en door het vuur van het oordeel naar het land dat U belooft aan wie U liefhebben.

UIT DE DUISTERNIS GEROEPEN

lezen: *Mattheüs 28:16-20*

'En zie, Ik ben met u al de dagen, tot aan de voleinding der wereld'. – *Matth. 28:20*

Tegen wie zegt de Here Jezus dit bemoedigende woord? Zegt Hij dit zonder uitzondering tegen alle mensen, in het algemeen, voor het grote publiek? Nee, dat is niet het geval. Jezus spreekt deze bemoedigende woorden aan het adres van hen die Hij erop uitgestuurd heeft, de wereld in. De apostelen moeten heengaan, de volken maken tot discipelen en hen dopen in de Naam van de Vader, de Zoon en de Heilige Geest. En dan moeten ze ook nog de volken leren om te onderhouden alles wat Jezus bevolen heeft.

Dat is geen kleinigheid. Hoe krijgt een mens dat voor elkaar? Daar zitten de volken toch warempel niet op te wachten, op dat evangelie! Nee, zeker niet. Muren van tegenstand en onbegrip proberen de discipelen af te schrikken. Maar lukken zal dat niet, want de kerk heeft een belofte en met die belofte besluit Mattheüs zijn evangelie. 'Ik ben met u, al de dagen, tot aan de voleinding der wereld'. Jezus zelf is met ieder die in woord en werk getuigt van zijn liefde. Je bent nooit alleen wanneer je een ander tot Jezus leidt. De kans is juist groot dat je Christus' aanwezigheid zult missen, wanneer je deze opdracht ongehoorzaam bent! Wie zijn naaste niet laat delen in de vreugde van het evangelie, die moet maar niet al te zeer op Christus' nabijheid rekenen. De apostelen, de getuigen, de mensen die een woord hebben voor de wereld, die zullen zijn kracht ervaren. En of je dan altijd even sterk in je schoenen moet staan? Ik ben maar blij dat van de discipelen die door Jezus worden uitgezonden, geschreven staat dat zij Hem aanbaden, maar dat sommigen twijfelden...

Looft God, Hij stuurt het schip der kerk,
dat naar de morgen vaart.
Hij is de hartslag van ons werk,
Hij houdt het welbewaard.

gezang 319:2

Trouwe God, soms twijfelen wij, precies zoals sommigen van de discipelen. Soms vragen wij ons af of wij wel de meest geschikte figuren zijn om het evangelie te verkondigen. Maar uw belofte geeft ons moed. Uw nabijheid is voldoende om dapper vol te houden en om met vreugde en enthousiasme mensen te vertellen van uw grote daden. U bent met ons, alle dagen, tot aan de voleinding van de wereld – en daarvoor danken wij U!

'En de kamerling zag hem niet meer, want hij reisde zijn weg met blijdschap'. – *Hand. 8:39*

Erg blij zal de opperschatbewaarder van Ethiopië in Jeruzalem niet zijn geweest. Dat wil zeggen: hij mocht dan duizend keer een pelgrim zijn in het heilige land, de tempel mocht hij niet binnengaan. Hij was een kamerling, een eunuch, een ontmande, een gehandicapte heiden. Reden genoeg om hem de toegang tot de tempel te verbieden! En zo gaat deze buitenstaander, deze randfiguur in Jeruzalem, niet zonder teleurstelling terug naar huis. Daar komt bij: hij heeft een boekrol gekocht, die van de profeet Jesaja. Maar wat daarin te lezen staat, is voor meer dan één uitleg vatbaar. En wie zal hem nu de juiste uitleg geven?

Om kort te gaan: dank zij Filippus, de evangelist, leert deze opperschatbewaarder Jezus kennen en in zijn Naam wordt hij gedoopt. En dan is Filippus verdwenen, plotseling. Is dat opnieuw een teleurstelling? Een klap in zijn gezicht? Nee, geen sprake van. De kamerling ziet hem niet eens meer, mist hem niet eens, want hij reist zijn weg met blijdschap! Eens en voorgoed heeft hij ontdekt dat de God van Israël in Jezus Christus grenzen overschrijdt. Niet langer is deze gehandicapte heiden een buitenstaander. Binnen het verbond vervolgt hij zijn weg! Joden en heidenen, blanken en bruinen, ze worden in het nieuwe Jeruzalem er allemaal bijgerekend. Wie dat ontdekt, wie de grensoverschrijdende liefde van Christus ervaart, die kan verder, desnoods alleen. De blijdschap gaat met je mee en wat behoedt ons meer tegen eenzaamheid dan juist de vreugde om Gods barmhartigheid?

O welk een vreugde zal het wezen,
als Hem elk volk is toegedaan;
uit aarde en hemel opgerezen
vangt dan het nieuwe loflied aan.
Als ieder voor de Heer zich buigt
en aller stem Gods lof getuigt.

gezang 297:2

Machtige God, alleen kunnen wij niet verder, het leven is vol gevaar en onze wegen zijn soms woest en eenzaam. Maar als de blijdschap meegaat, de vreugde om het Rijk dat is en komt, dan hebben we moed genoeg om dapper vol te houden. Wij danken U dat U ook onze grens hebt overschreden. Wij danken U dat ook wij tekst en uitleg hebben ontvangen: Jezus Christus, het Lam dat de zonde der wereld wegdraagt.

'Dit weten wij immers, dat onze oude mens medegekruisigd is'. – *Rom. 6:6*

Heel vertederend is dat altijd weer: de bediening van de doop. Ouders, een baby, water, de Naam van de Vader, de Zoon en de Heilige Geest en dan, ontroerend vaak, het lied dat de gemeente zingt. Prachtig is dat alles. Maar goedbeschouwd wordt één ding bij de doop nauwelijks zichtbaar: de dood. Het is allemaal zo aardig, zo romantisch, die witte doopjurk en de zwarte toga van de dominee; maar in werkelijkheid wordt er bij de doop iets afschuwelijks ten toon gesteld. Alleen als je nog zou dopen zoals er vroeger werd gedoopt, dan zou je het kunnen zien: een mens wordt ondergedompeld, gaat kopje-onder in het water. Dat betekent: afwassing van de zonden. Jazeker, maar meer nog: dood en begraven, samen met Jezus. De doop wil zeggen: Mens, jij bent nu met Christus gekruisigd. Jouw oude mens is dood. En daarom heeft de zonde geen vat meer op jou!

Is dat alles? Nee, wis en waarachtig niet. Wie wordt gedoopt, komt ook weer op, komt weer boven, staat op uit het water. En dat is de Opstanding, dat is Pasen! Met Christus ben je opgestaan tot een nieuw leven.

Wie gedoopt is werd in Christus een nieuw mens. Voor God vervallen grenzen. De grens van Israël. De grens van de zonde. De grens van de dood. God trekt zich van de oude grenslijnen niets meer aan. En daarom worden wij geroepen om in Christus dan ook werkelijk als nieuwe mensen te leven.

Nu heeft het oude leven afgedaan!
Wij mogen aan de toekomst toebehoren,
want grote dingen heeft de Heer gedaan:
wij zijn als kinderen van God herboren.

gezang 343:1

Trouwe Vader, wij danken U voor de doop. Wij danken U voor het geloof. In Christus mogen wij nieuwe mensen zijn. Bewaar ons ervoor dat we krampachtig onszelf proberen op te werken tot dat wat we alleen door het geloof in Hem werkelijk zijn: kinderen van U. Geef dat wij dagelijks verstaan mogen wat U ons in het water van de doop hebt toegezegd. Help ons om ook vandaag als nieuwe mensen te leven, niet langer als slaven van de zonde, maar als kinderen van U.

'Gij echter zijt een uitverkoren geslacht, een koninklijk priesterschap, een heilige natie, een volk Gode ten eigendom, om de grote daden te verkondigen van Hem die u uit de duisternis geroepen heeft tot zijn wonderbaar licht'. – *1 Petr. 2:9*

Zo heten wij dan: christenen. Overal kom je dat woord tegen. Je hebt christelijke scholen en christelijke partijen en ga zo maar door. Maar wat betekent eigenlijk het woord 'christelijk'? Is dat zo iets als 'fatsoenlijk' misschien?

In Israël werden bepaalde personen bij hun ambtsaanvaarding gezalfd met olie. Zo deed men met priesters, profeten en koningen. Een gezalfde was dus een priester of een profeet of een koning. Daarom wordt Jezus 'Christus' genoemd! Hij is immers de grote Priester, de grote Profeet, de grote Koning. En allen die Hem volgen heten 'christenen', naar Hem, de Gezalfde, de Christus. Het volk Israël heeft bij God niet afgedaan, geen sprake van; maar wel is door de uitstorting van de Heilige Geest het verbond verbreed. Ook heidenen zijn nu geroepen om priesterlijk, profetisch en koninklijk te leven. Heel de kerk heeft de opdracht te verkondigen. Zo doorbreekt God de grenzen. En waarom? Om wereldwijd het heil bekend te maken.

De vraag is: ben ik ook werkelijk een christen? Offer ik mijn leven, als een priester? Verkondig ik Gods daden, als een profeet? Strijd ik tegen de zonde, als een koning? God heeft ons uitverkoren. Waarom? Om, geroepen uit de duisternis, te getuigen van het Licht!

God heeft u uitverkoren
en uw geloof gebouwd,
Hij heeft een eed gezworen
aan elk die Hem vertrouwt:
dat Hij hen zal omgeven
met sterkte als een wal,
dat Hij wie met Hem leven
de zege schenken zal.

gezang 409:2

Machtige God, wij danken U dat U ons uit de tunnel van de duisternis tevoorschijn hebt geroepen in het licht. We knipperen nog met onze ogen! Hoe verblindend is uw barmhartigheid! Help ons om van dat licht goede getuigen te zijn, onder alle mensen, in oost en west, in noord en zuid, onder armen en rijken, onder blanken en zwarten – totdat uw Rijk gekomen is.

'Dat zij de Here loven om zijn goedertierenheid
en om zijn wonderen aan de mensenkinderen,
omdat Hij de dorstende ziel heeft gelaafd
en de hongerende ziel met het goede vervuld'. –
Ps. 107:8, 9

Daar zal het deze week over gaan: over mensen met honger, over mensen met dorst. In onze tijd kun je ze zien op de televisie: de kinderen van Afrika, ondervoed, broodmager of juist ongezond dik.

In de geschiedenis van Israël kom je die woorden 'honger en dorst' ook telkens tegen. Bij voorbeeld in de psalm die we lazen. Telkens weer zijn daar de woestijnsituaties, de tijden van droogte en hongersnood. Soms komt Israël daarin terecht door eigen schuld. Soms is het bij wijze van beproeving; dan is het de vraag of Israël ook in benarde omstandigheden trouw zal blijven aan de levende God. Maar hoe dan ook, elke keer weer is daar het wonder van de verzadiging. Elke keer weer laaft God de dorstigen en vervult Hij hongerigen met het goede. En vandaar de psalm die we lazen, een loflied. God laat zijn volk niet in de steek!

Is dat ook niet de ervaring van de kerk, de eeuwen door? Soms denk je: mijn leven loopt dood, ik haal het niet, ik sterf van de honger. Soms dorst je naar liefde, naar vrede, naar een klein beetje geluk. Maar heel vaak is er dan op het laatste moment een oase, een maaltijd, brood en wijn, verzadiging, water uit de rots, manna uit de hemel. Met God loopt ons leven niet dood. Ja, zonder Hem verkommer je, verkwijn je in de woestijn. Maar wie met volle teugen zijn Woord drinkt, die zal met eigen ogen aanschouwen: een land van overvloed.

Al wie verbijsterd zwierven
ver buiten heg en steg
en haast van honger stierven,
neervallend langs de weg, –
geen huis, geen toevluchtsoord
was hun nabijgekomen,
had Hij hen niet gehoord
en bij de hand genomen.

psalm 107:2

Trouwe Vader, wij danken U voor Jezus Christus, het levende water, het brood voor ons hart. Wij danken U dat er altijd hoop is voor mensen die hongeren en dorsten naar uw gerechtigheid. Help ons intussen om ons brood te delen en een beker water te geven aan wie hongerig en dorstig zijn.

'Toen sprak de Here tot Mozes en zei: Ik heb het gemor van de Israëlieten gehoord; zeg tot hen: in de avondschemering zult gij vlees eten en in de morgen zult gij met brood verzadigd worden; en gij zult weten dat Ik de Here, uw God ben'. – *Ex. 16:11, 12*

Hoe is het mogelijk: God heeft het gemopper van zijn volk gehoord en wat doet Hij? Straft Hij het volk om zoveel ontevredenheid? Nee, Hij geeft het waar het om vraagt: vlees en brood. 's Avonds komen er vogels die neerstrijken op de legerplaats en 's morgens ligt er manna rond de tenten. Niet te veel, maar zeker ook niet te weinig. Het lijkt wel afgepast: net genoeg voor elke dag.

Dat alles geeft mij te denken. Nee, ik wil niet graag beweren dat je rustig ontevreden mag zijn, omdat God je dan wel zal geven waar je om zeurt. Hoewel, Jezus sprak eens een gelijkenis over een vrouw die maar bleef aandringen bij een rechter en juist vanwege haar aanhoudend vragen kreeg waar ze om vroeg. Maar dat betekent niet, dat je er maar op los kunt mopperen. De vrouw uit de gelijkenis mopperde niet; zij smeekte. En dat is een groot verschil. De Israëlieten mopperen, ze klagen steen en been. Ze verlangen terug naar het verleden, ze geloven niet in Gods beloften en ze hebben geen oog voor de toekomst achter de horizon.

De vraag is: zijn wij anders? Trekken wij tevreden en vertrouwend door de woestijn? Zijn wij meer georiënteerd op de toekomst dan op het verleden? Hoe is het mogelijk dat God niet al lang ons gemopper moe is!

Aan wie hongert geeft Hij spijze,
aan verdrukten recht gericht.
Wie geboeid zijn, Hij bevrijdt ze,
blinden geeft Hij het gezicht.
Hij geeft de gebukten moed
en heeft lief wie zijn wil doet.

psalm 146:4

Barmhartige Vader, vergeef ons onze ontevredenheid, ons aanhoudend gemopper! Wij verdienen niet dat U ons brood geeft, vis en vlees, Jezus Christus, het eeuwige leven. Wij danken U voor Kanaän, voor de nieuwe aarde die aanstaande is. Wij danken U voor alle tekenen die heenwijzen naar de tijd die komt.

'Toen nam Hij de vijf broden en de twee vissen...' – *Luk. 9:16*

Het lijkt er toch veel op dat Jezus niet zomaar wat brood en wat vis uitdeelt – Hij vermenigvuldigt zichzelf! Hij is toch zelf het brood des levens en Hij is toch zelf de vis, Ichtus, Jezus Christus, de Zoon van God, de Redder? Hij breekt zichzelf en Hij verdeelt zichzelf. In de spijziging van de vijfduizend wordt duidelijk waartoe Jezus gekomen is: Hij kwam om zichzelf te geven. De wonderlijke spijziging is een aankondiging van zijn offerdood.

Zogezien is het nog altijd de taak van Jezus' discipelen om dat brood en die vis uit te delen onder de mensen. Zeker, de kerk heeft er ook op toe te zien dat mensen aan hun trekken komen, dat er recht zal worden gedaan aan de ontrechten, dat hongerigen zullen worden gevoed en dat hulpelozen zullen worden geholpen. Maar dat alles hoort natuurlijk net zo goed bij de taak van de overheid. Als de kerk niet meer had te doen dan dit ene, dan zou ze de overheid zelfs voor de voeten kunnen lopen of op z'n minst zou ze precies hetzelfde doen, al dan niet in goede samenwerking. Maar de kerk heeft méér te doen, nóg meer. De kerk heeft uit te delen wat geen enkele andere instantie uitdelen kán. De kerk heeft brood en vis, de kerk heeft Jezus Christus zelf, het Leven, onze Redding. De kerk heeft onder de mensen nog meer weg te geven dan humanitaire hulp, meer dan wittebrood en haring, de kerk heeft Brood en Vis – de kerk heeft de verzoening en de vrede, de kerk heeft de vreugde uit te delen, de genezing van het lichaam, maar ook de genezing van de ziel. De kerk mag in Jezus' Naam uitdelen: de vergeving van de zonden. Van dit Brood en van deze Vis kan een mens werkelijk léven!

Voed ons met uw leven,
vis en brood,
alle zeven dagen,
Gij verzadigt
allen met uw offerdood.

gezang 57:4

Trouwe Vader, wij danken U voor de uitdeling van Brood en Vis. Duizenden hebben er al van gegeten en zijn verzadigd. Wij danken U voor Jezus, uw Zoon, de Redder der wereld. In Hem is alles te vinden wat wij soms wanhopig zoeken: de vrede en de vreugde, een zinvol bestaan. Help ons om in zijn Naam ook zelf uit te delen wat wij ontvangen hebben: zijn eindeloze barmhartigheid.

'Wat betekent dit voor zovelen?' –*Joh. 6:9*

Vijf broden en twee vissen. Dat is niet veel, althans niet voor vijfduizend mensen. Dat is niets, goedbeschouwd. Geen wonder dat Andreas eraan twijfelt of Jezus daarmee wel is gediend. Zeker, er is een jongen met vijf gerstebroden en twee vissen, maar wat heb je daaraan, wat koop je daarvoor? 'Wat betekent dit voor zovelen?'

Deze klacht kennen we. Het is de stem van de mismoedigheid. Overal om je heen kun je die stem horen. En soms klinkt die stem ook in je eigen hart. Wat stelt het nu allemaal voor? Wat heeft de wereld hier nu aan: aan dat kleine beetje dat ik hier voor me zie, die vijf broden en die twee vissen. Wat stelt mijn inbreng nu eigenlijk voor, mijn werk, mijn bijdrage, wat zet dat nu voor zoden aan de dijk? Het is allemaal zo onbetekenend, zo miniem. Ik kan er net zo goed mee ophouden, ik bereik er toch niets mee.

Zie, dat is de stem van de mismoedigheid. Maar bij Jezus behoef je met dit soort filosofieën niet aan te komen. Hij ziet kans om wonderbaarlijk te vermenigvuldigen. 'Laat de mensen gaan zitten', zo zegt Hij. En dan breekt Hij het brood, Hij breekt en breekt en breekt... Zeker, wat wij Hem geven is niet veel zaaks. Maar Hij ziet kans om het weinige van ons om te toveren in iets groots, in iets waardoor duizenden verder kunnen. Nee, ik behoef zelf niet te vermenigvuldigen. Dat is veel te moeilijk voor mij. Ik moet alleen gelovig geven: het weinige dat ik in handen heb.

O Vader, trek het leed U aan
van allen die met ons bestaan.
Gij hebt gezegd: geef gíj hun brood, –
doe ons hun broeders zijn in nood,
opdat zij weten, wie Gij zijt:
de God van hun gerechtigheid.

gezang 349:2

Trouwe Vader, bevrijd ons toch van onze mismoedigheid. Soms geven wij U niet eens het weinige dat wij hebben. Soms eten wij moedeloos onze broden en vissen zelf maar op. Help ons om gelovig te woekeren met de kansen die U ons geeft. Help ons om erop te vertrouwen dat U met weinig onuitsprekelijk veel kunt doen.

BROOD DES LEVENS

lezen: *Johannes 6:30-35*

'Jezus zei tot hen: Ik ben het brood des levens'. – *Joh. 6:35*

Er zijn mensen die denken dat het evangelie een gebakje is, een slagroompunt. Er zijn mensen die denken dat Jezus ons wel even een luxe leventje zal bezorgen, een levenslange vakantie aan de kust van Luilekkerland. Geloof het evangelie en je hebt nooit meer zorgen, nooit meer pijn, nooit meer een teleurstelling. Blij, blij, mijn hart is altijd blij, want Jezus is een Vriend van mij...

Wie zo denkt, vergist zich. Jezus heeft ons nooit gebak beloofd. Jezus heeft gezegd: Ik ben het brood des levens. En als Hij dat zegt, denkt Hij aan de reis van het volk Israël door de woestijn. Voorbij was de tijd in Egypte, waar je verse groenten had, knoflook en komkommers. En nog heel verweg was Kanaän, het land van melk en honing. Israël moest door een niemandsland, dwars door de woestijn, dwars door de honger en de dorst. Geen wonder dat de Israëlieten van tijd tot tijd mopperden en in opstand kwamen: het leven met God viel hun zwaar tegen! Maar dan, midden in de woestijn, brood uit de hemel: manna. En daar kan Israël het mee doen. Het is niet te weinig, het is niet te veel. Het is elke dag weer hetzelfde, erg afwisselend wordt het menu er niet van – maar in elk geval: er is te eten, er is brood genoeg voor iedereen.

Aan dit alles denkt Jezus, als Hij zegt: 'Ik ben het brood des levens'. Denk niet dat je al in Kanaän bent. Het leven met God op deze aarde is een sober bestaan. Je hebt niet te veel, je komt niet tekort. Er is net genoeg geloof en hoop en liefde om van te leven. Er is net genoeg om elkaar te laten delen in de zegeningen van Gods Koninkrijk. En wie van dit Brood de smaak te pakken krijgt, die vindt altijd verzadiging!

Wij teren op het woord,
het brood van God gegeven,
dat mededeelzaam is
en kracht geeft en nieuw leven.
Dus zegt en zingt het voort,
geeft uit met gulle hand
dit manna voor elk hart,
dit voedsel voor elk land.

gezang 249:3

Vader, wij danken U voor Jezus, het Brood voor ons hart. Met Hem kunnen wij verder, de woestijn door, uw toekomst tegemoet. Wat Hij ons geeft is genoeg om vandaag mee te leven.

'Zij braken het brood aan huis en gebruikten hun maaltijden met blijdschap en eenvoud des harten'. – *Hand. 2:46*

Ziedaar de profielschets van de christelijke gemeente, direct na de uitstorting van de Heilige Geest: gelovig, blij en stil. Dat geloof betreft het woord van de apostelen. Duizenden kunnen er niet omheen: wat zij horen en zien is onweersprekelijk van God. Jezus moet wel de Messias zijn, de beloofde Verlosser! In dat geloof gaat de gemeente stil op weg. Stil – niet met veel bombarie, niet met veel uiterlijk vertoon. Er worden geen grote demonstraties gehouden, geen perfect georganiseerde evangelisatiecampagnes, niets van dat al. Eenvoud, dat is het kenmerk van het ware. En door die eenvoud valt de gemeente van Christus op. Eenvoudig van hart, zo zijn ze, die eerste christenen. Hoe eenvoudig zijn ze dan? Ze delen het bezit, de overvloed. Ze geven aan de armen wat nodig is voor het alledaags bestaan. Ze geloven niet alleen met woorden maar ook metterdaad. En het meest duidelijk wordt dat alles wel bij de liefdemaaltijden. Ze breken het brood aan huis. Wie honger heeft, mag komen. Wie verlangt naar brood, wie hunkert naar gemeenschap, die is welkom. Zo gaat de gemeente haar gang. Gelovig en stil. En dan ook nog: met blijdschap.

Zou die blijdschap misschien daarom in onze gemeenten zo worden gemist, juist omdat er niet zo heel veel geloof en eenvoud meer is? Als wij eens wat geloviger bleven volharden bij het onderwijs van de apostelen en als wij eens wat eenvoudiger van hart zouden zijn, zou dan de blijdschap niet groeien? Ik denk het.

Des Heren tafel brengt
ons tot elkaar in vrede.
Deel Gij ons Christus' bloed
en Christus' lichaam mede.
Weer Gij de vijand af
die sluw ons scheiden wil.
Maak ons in Christus één,
gelovig, blij en stil.

gezang 242:5

Barmhartige Vader, dat kunnen wij elkaar niet aanpraten: geloof, blijdschap en eenvoud. En daarom bidden wij U: Wilt U ons dat geven als een kostbaar geschenk! Help ons om zo samen kerk te zijn, dat mensen aan de kant jaloers worden op zoveel vreugde en zo gewonnen worden voor U en uw komend Koninkrijk.

'Ieder lette niet slechts op zijn eigen belang, maar ieder lette ook op dat van anderen'. – *Fil. 2:4*

Dat weten we nog wel van de gymnastieklessen op school: dat het moeilijk is om je evenwicht te bewaren. Voor je het weet tuimel je links of rechts van de evenwichtsbalk.

Christelijk leven is, in zekere zin, evenwichtig leven. Er zijn natuurlijk altijd mensen als Petrus, die leven bij de gedachte 'alles of niets', maar erg bijbels is dat niet. Zo worden we nooit opgeroepen om onszelf zonder enig bedenken weg te cijferen ten bate van de ander. Zelfs wanneer Jezus ons vraagt om de naaste lief te hebben, zegt Hij nog dat we de naaste zullen liefhebben als onszelf. Mensen die altijd maar alles opofferen, weggeven, afstand doen van alles wat hen lief is, die lopen kans één facet van het evangelie te vergeten: dat je ook van jezelf mag houden. Want als God nu werkelijk van mij houdt, zou ik dan ook niet mijzelf mogen liefhebben?

Paulus brengt dit alles in zijn brief aan de Filippenzen heel evenwichtig onder woorden. 'Ieder lette niet slechts op zijn eigen belang, maar ieder lette ook op dat van anderen'. Denk niet altijd aan je eigen voordeel. Houd ook de nood van de ander in het oog. Het manna uit de hemel valt niet alleen voor mij. Het valt ook voor mijn buren. Samen mogen we delen en laat ik er dan maar voor zorgen dat de ander niet het kleinste deel ontvangt. Zo is Jezus onder de mensen geweest. Hij heeft het brood vermenigvuldigd. Hij heeft zijn volgelingen geleerd om uit te delen. En tot die gezindheid worden ook wij vandaag geroepen. Let niet alleen op je eigen belang. Delen is moeilijker maar ook mooier dan optellen.

O grote God die liefde zijt,
o Vader van ons leven,
vervul ons hart, dat wij altijd
ons aan uw liefde geven.
Laat ons het zout der aarde zijn,
het licht der wereld, klaar en rein.
Laat ons uw woord bewaren,
uw waarheid openbaren.

gezang 481:1

Trouwe God, vergeef ons dat wij vaak zo onevenwichtig alles naar onszelf toerekenen en optellen wat wij te pakken kunnen krijgen. Help ons om ook het belang van de ander te zien, help ons om te delen wat wij ontvingen uit uw hand.

'Schoon door zijn verhevenheid,
een vreugde voor de ganse aarde
is de berg Sion'. – *Ps. 48:3*

In deze psalm klinkt de toon van de trots. Moet je nu eens kijken, wat een berg, wat een stad. Sion! Jeruzalem! De tempel! Het paleis van de koning! Is het niet indrukwekkend? Is hier niet het middelpunt van de aarde? Vallen niet alle volken in aanbidding voor deze berg neer? Is niet de God van Israël de Allerhoogste?

Dat is de toon van de trots. Hier zingt een volk dat vreugde heeft vanwege Gods grote daden. Als je wilt weten hoe groot God is, kijk dan maar naar zijn heilige berg!

Zou je dat ook, in onze dagen, van de kerke-berg kunnen zeggen? Is de gemeente van Christus een juweel in de wereld, een parel midden tussen de volken? Zijn wij, mensen van de kerk, met elkaar opvallend, uitmuntend aanwezig op deze aarde? Staat de kerk als een berg, is zij een stad van God, een licht en een vuur voor wie gaan in het duister? Dat zijn de vragen die elke zondag weer op ons afkomen. Zijn wij, met elkaar, net als Sion, een vreugde voor wie op aarde leven? Vandaag worden we in elk geval daar wel toe geroepen. En in de lezingen van deze week zal het daar ook over gaan: dat wij opvallend anders zullen leven, op de toppen van Gods barmhartigheid.

De Heer is groot, zijn lof weerklinkt
waar op de berg de Godsstad blinkt.
Hoe schoon is Sion, hoe verheven,
een vreugd voor wie op aarde leven.
Hier wordt paal en perk gesteld
aan der wereld bruut geweld,
want hier staat de hoge woning
waar God zelf regeert als Koning.
En Hij toont zich t'allen tijde
de beschermer van wie lijden.

psalm 48:1

Machtige God, wij danken U voor Israël, uw volk en voor uw Kerk, geroepen uit alle volken. Vervul ons met uw Geest, opdat wij samen tot vreugde zullen zijn voor allen die op aarde leven. Geef ons de moed om paal en perk te stellen aan het geweld van de goddelozen. Help ons om te wandelen in het vrolijk levenslicht.

'Want uit Sion zal de wet uitgaan en des Heren woord uit Jeruzalem'. –*Jes. 2:3*

Dat is een machtig perspectief, dat ons door Jesaja, de profeet, wordt aangereikt. In het laatste der dagen zullen de volkeren der aarde optrekken naar Jeruzalem, naar de berg Sion. Nee, niet om de stad te belegeren, maar om daar te leren hoe je op aarde in vrede kunt leven. En reken erop dat dan de dingen veranderen zullen! Zwaarden zullen worden omgesmeed in ploegen, speren in snoeimessen. De hele oorlogsindustrie zal worden omgebouwd in een produktieapparaat voor landbouwwerktuigen. Eindelijk zullen er dan geen lessen in de kazernes meer worden gegeven en de schietbanen worden gesloten wegens totaal tekort aan belangstelling. Geen volk zal tegen een ander volk het zwaard opheffen en zij zullen de oorlog niet meer leren.

En dat alles dank zij Sion, dank zij Jeruzalem. Beter gezegd: dank zij het uiteindelijk alles overwinnende Woord van Israëls God! Is dat alleen maar toekomstmuziek? Nee, je kunt van dit alles nu al een klein beetje zien, overal waar mensen gehoorzaam zijn aan het woord van de Messias, Jezus. Ook al in onze dagen zijn ze er, de volken, de mensen die zich naar Jeruzalem richten, degenen die hun oor te luisteren leggen bij Hem die als Koning Jeruzalem binnenreed. Ze zijn er, de zachtmoedigen, die de aarde zullen beërven, degenen die hongeren en dorsten naar de gerechtigheid – zij zullen verzadigd worden. Ze zijn er, nu al, in onze dagen, de mensen die niet de goden dienen van geld en geweld, maar als kinderen wandelen willen, als kinderen van het licht dat liefde heet.

Het zal zijn in het laatste der tijden
dat de berg van de tempel verheerlijkt zal staan,
dat de wegen er heen zullen leiden
en de volken der aarde op weg zullen gaan
om de rechten des Heren te leren,
zich tot God en elkaar te bekeren.

gezang 23:1

Trouwe God, laat het spoedig zo ver komen, dat de volken uw geboden en beloften ter harte zullen nemen. Wij danken U dat wij weten mogen van uw Rijk dat eens ten volle komen zal. Wij bidden U: laat het spoedig aanbreken. Kom, Here Jezus, ja, kom haastig! En help ons om intussen te wandelen in uw licht.

'Laat zo uw licht schijnen voor de mensen, opdat zij uw goede werken zien en uw Vader, die in de hemelen is, verheerlijken'. – *Matth. 5:16*

Dat klinkt Protestanten nog altijd een beetje 'Rooms' in de oren: goede werken. In de tijd van de Reformatie ontdekte de kerk immers: wij worden niet zalig door onze goede werken, maar door het geloof alleen. En sinds die tijd kijken Protestanten altijd met Argusogen naar die zogenaamde goede werken. Die vertrouwen we niet. Daar moeten we eigenlijk niets van hebben. Een mens wordt zalig, niet omdat hij zulke goede dingen heeft gedaan, maar omdat God hem in genade aanneemt, sola gratia, door genade alleen.

Toch kunnen we er niet omheen: we worden wel degelijk opgeroepen om goede werken te doen! Nee, niet om daarmee de zaligheid te verdienen. Stel je voor! Maar opdat mensen door die goede werken van ons God, de Vader, zullen verheerlijken. Het is met de kerk al net zo gesteld als met de berg Sion. Hoe schoner en indrukwekkender de berg, de tempel en de tempeldienst, des te meer ontzag was er bij de volkeren voor de God van Israël. Zie, daarom doen wij goede werken. Niet om daarmee de hemel te verdienen en ook niet om daarmee de goeie jongen of de aardige meid uit te hangen, nee, we doen die goede daden in de hoop dat de mensen zullen zeggen: moet je eens kijken, wat die overheeft voor een ander vanwege zijn geloof in die God, die zoveel overhad voor ons! Daartoe worden Jezus' discipelen opgeroepen: zout te zijn, licht voor de wereld. En het licht wil niets anders doen dan mensen bewaren voor ongelukken. Dat is ons werk in de wereld: mensen in Jezus' Naam te behoeden voor ongelukken! De kerk staat aan de rand van het ravijn. Als een licht.

God onze Heer,
wil tot uw eer
ons klein geloof versterken.
Dan zullen wij
Hem, waarlijk vrij,
volgen in goede werken.

gezang 449:5

Trouwe Vader, daar komt niet veel van terecht, van die goede werken van ons. Wij laten het licht wel schijnen, maar wij houden dat liever voor ons zelf. Vergeef ons dat en help ons om uw licht uit te stralen onder de volken. Help ons om zo te leven dat mensen uw liefde ontdekken in wat wij zeggen en doen.

'Zolang Ik in de wereld ben, ben Ik het licht der wereld'. – *Joh. 9:5*

Dat is nogal wat! Je moet het maar durven zeggen: 'Zolang Ik in de wereld ben, ben Ik het licht der wereld!' Het is eigenlijk geen wonder dat de geestelijke leiders van het volk Israël Jezus hebben laten arresteren. Wat een waanzinnige pretentie! Wat een overmoed, om te beweren dat je het licht der wereld bent...

Jezus zegt dit van zichzelf bij de ontmoeting met een blindgeborene. Hij gaat niet in op de vraag wiens schuld het is dat deze man blind is. Jezus is niet gekomen om antwoorden te geven op onze vragen. Jezus is gekomen om licht te brengen in onze duisternis. Hij opent ons de ogen. Nee, niet voor de oplossingen van al onze raadsels, maar voor het lichtscheppende Woord dat vlees en bloed is geworden. Het is óf een leugen óf de waarheid: Jezus is een krankzinnige of Hij is werkelijk het licht der wereld. Ik houd het op dat laatste. Ik houd het erop dat Jezus de wereld pas werkelijk heeft doen ontdekken wat duisternis betekent. Hij legt nog altijd slijk op onze ogen. Hij verklaart ons voor stekeblind. Al ons zogenaamde inzicht is in wezen duisternis en donkerheid.

Daar gaat de blindgeborene. Wie het nog niet wist, weet het nu: blind is hij, de aarde bedekt zijn ogen. Maar dan is daar de bron, de beek, het water uit de tempelberg. En zo worden blinden zienden! Jezus is het licht der wereld. Je wordt pas echt helderziende wanneer je je aan je blindheid laat ontdekken door Hem. Je krijgt pas echt zicht op de werkelijkheid, als je je er niet voor schaamt om als een blinde over straat te gaan. Wie hoogmoedig denkt alles te doorzien, God te kennen en inzicht te hebben in alle raadsels van het leven, die is ziende blind. Zalig de reinen van hart – zij zullen God zien.

Nu zijt Gij nog verheven
en ver van mij vandaan,
nu bid ik U met beven:
herken mij, zie mij aan.
Dan echter, o getrouwe
zal ik van aangezicht
tot aangezicht aanschouwen
uw ongeschapen licht.

gezang 167:6

O God, zo verblind zijn wij, dat wij menen te kunnen zien. Open ons de ogen, opdat wij Hem zullen zien die het licht der wereld is.

> 'Maar thans, vrijgemaakt van de zonde en in de dienst van God gekomen, hebt gij tot vrucht uw heiliging en als einde het eeuwige leven'. – *Rom. 6:22*

Triomfantelijk spreekt Paulus over Gods kinderen in de grote stad Rome. Jullie zijn geen slaven meer! Jullie zijn vrijgemaakt. Jullie waren in dienst van de zonde. Jullie waren verslaafd aan de ongerechtigheid. Maar dat is verleden tijd. Nu zijn jullie in de dienst van God gekomen, dienaren van de gerechtigheid. Vroeger koersten jullie op de dood af. Nu gaan jullie in de richting van het leven. Nu jullie vrijgemaakt zijn van de zonde is dat het grote einddoel: het eeuwige leven.

Dat alles is natuurlijk overweldigend veel. Maar let op, er is nog meer. Er is niet alleen maar toekomstmuziek voor Gods kind. Je hebt er wel degelijk nu al iets aan dat je bent vrijgemaakt van de zonde. Het heeft nu al als vrucht: de heiliging. Wat dat betekent? Dat je anders gaat leven, toegewijd aan God, geheiligd. Nee, niet als een heilig boontje, maar wel als een vertegenwoordiger van Gods Koninkrijk, bestemd om in woorden en werken van dat Rijk te getuigen. En dat is, welbeschouwd, de vrucht ervan. Dat behoef je dus niet met veel bombarie zelf te organiseren, dat nieuwe leven voor God. Nee, dat gaat groeien, als een vrucht, in de levensgemeenschap met Jezus Christus. En zo staat de gemeente in de wereld: als een vruchtbare boom, als een volk van koningen en priesters.

O Christus, wees geprezen!
Gij hebt ons vrijgemaakt
om nooit meer slaaf te wezen,
weerloos en zwak en naakt.
Gij hebt ons uitverkoren
om, aan Uzelf gelijk,
als koningen herboren
te heersen in uw rijk.

gezang 485:1

Grote God, wij danken U voor de Heer die ons heeft losgekocht, Jezus Christus. Wij danken U dat in de omgang met Hem een nieuw leven zich aandient, vrij van de ongerechtigheid, een leven vol van licht, een leven dat opvallend anders is in onze chaotische wereld. Help ons om daarom dicht bij Hem te leven, opdat wij zout der aarde en licht in deze wereld zijn.

'Of weet gij niet, dat uw lichaam een tempel is van de Heilige Geest, die in u woont, die gij van God ontvangen hebt en dat gij niet van uzelf zijt?' – *1 Cor. 6:19*

In de adventstijd zingen wij dat prachtige lied 'Op U, mijn Heiland, blijf ik hopen. Verlos mij van mijn bange pijn. Zie, heel mijn hart staat voor U open en wil, o Heer, uw tempel zijn'. Maar in zijn brief aan de Corinthiërs gaat Paulus nog een stap verder. Niet alleen mijn hart, maar heel mijn lichaam wil, o Heer, uw tempel zijn. Of weet gij niet, dat uw lichaam een tempel is van de Heilige Geest, die in u woont?

Daar kunnen ze het in de havenstad Corinthe mee doen. Hoererij, prostitutie, het is daar aan de orde van de dag. Dat er grenzen zijn rondom het land dat huwelijk heet, daar bekommert menigeen zich totaal niet om. Overspel heet 'een vluchtig avontuurtje'. In deze wereld bevindt zich een groep mensen die geheel anders zijn. Christenen, zo worden ze genoemd. Ze zijn 'gewassen, geheiligd, gerechtvaardigd'. Hun lichaam is geen koopwaar, maar een tempel. Geen kerker, geen gevangenis waarin ze geketend zijn als slaven, maar een kerk, een plaats van lofprijzing en aanbidding, een heilige ruimte is hun lichaam, een terrein waar geofferd wordt, niet aan Amor of Eros, maar aan de Vader van Jezus Christus. Zo leeft de gemeente als een licht in een duistere wereld. De Geest, die in ons woont, die bewaart ons voor een vrijheid die wel vrijheid heet maar in werkelijkheid alleen maar slavernij betekent. De Geest herinnert ons eraan dat wij niet van onszelf zijn, maar eigendom van een ander, die Heer is – ook van ons lichaam.

Vernieuw Gij mij, o eeuwig Licht!
God, laat mij voor uw aangezicht,
geheel van U vervuld en rein,
naar lijf en ziel herboren zijn.

gezang 437:1

Barmhartige Vader, daar staan wij weinig bij stil, dat niet alleen ons hart, maar heel ons lichaam aan U toebehoort. Vergeef ons dat wij soms met ons lichaam omgaan alsof het een vuilnisbelt is in plaats van een tempel voor U. Vervul ons zo door uw Heilige Geest, dat wij niets anders meer willen dan ons lichaam te doen zijn een plaats van die liefde die aandachtig luistert naar uw wetten.

'Wandelt als kinderen van het licht'. – *Ef. 5:8*

Dat licht, waarin wij hebben te wandelen, dat licht is de liefde. Hoor maar hoe de apostel aan het begin van het hoofdstuk waaruit we lazen, de gemeente vermaant. Hij zegt: 'Weest dan navolgers Gods, als geliefde kinderen en wandelt in de liefde, zoals ook Christus u heeft liefgehad...' Geliefde kinderen. Ja, dat moet je goed in je oren knopen, daar staat of valt alles mee. We worden niet zomaar opgeroepen om nu eens even flink lief te hebben, nee, aan het begin van alles staat Gods liefde voor ons. Geliefde kinderen! Niet: lieve kinderen, maar geliefde kinderen. Wij zijn niet van die lieverdjes. Maar God houdt van mensen en vanuit die liefde alleen kunnen ook wij beminnen. Wandelt in de liefde, zegt de apostel. En even later: Wandelt als kinderen van het licht. Daarin dient de gemeente van Christus opvallend anders te zijn. Seksueel en financieel egoïsme is er genoeg in de wereld. Duizenden leven in de nacht, in de duisternis. Hun daden kunnen het licht niet verdragen. Maar Gods kinderen zullen dag-mensen zijn, licht-dragers, wandelaars in de liefde. Wandelt als kinderen van het licht!

Dat is hooggestemde taal, nietwaar? Net als het mannetje en het vrouwtje van het weerhuisje hebben we telkens weer de neiging om in onze schulp te kruipen, in het donker ons terug te trekken. Maar even zo vaak is daar de stralende zon van Gods liefdevolle toewending en Hij lokt ons naar buiten, Hij roept ons tevoorschijn om wakker te worden, om op te staan uit de slaap van de dood. Het is onze hoge roeping om in een droevig donkere wereld te wandelen als kinderen van het licht dat liefde heet.

Ontwaak, gij die slaapt in de zonde, met spoed,
de nacht is zo lang reeds verdwenen!
Het licht der genade, met blijdschap begroet,
heeft de aarde reeds eeuwen beschenen.
En groots is uw roeping en heilig uw taak,
en de uren zijn weinig, ontwaak dan, ontwaak!

gezang 462:2

Liefdevolle Vader, het is donker in de wereld waarin wij leven. Maar tegelijkertijd zingen wij dat de nacht al zo lang is verdwenen. In die spanning leven wij. Wij bespeuren de zonde om ons heen en in ons eigen hart, maar tegelijkertijd koesteren we ons in het licht van uw liefde. Help ons om daarin te blijven wandelen, als door U geliefde kinderen.

'Ik verkondig de blijde mare van uw gerechtigheid
in een grote gemeente;
zie, mijn lippen weerhoud ik niet,
Here, Gij weet het'. – *Ps. 40:10*

Er zijn natuurlijk duizenden redenen om over het evangelie je mond te houden. Je kunt bij voorbeeld nooit bewijzen dat het waar is wat je zegt. En daar komt bij: hoeveel onrecht is er in de loop van de geschiedenis niet gedaan juist in naam van dat evangelie! En dan: je moet iedereen toch vrijlaten in z'n eigen religie. Je hebt toch geen recht om te beweren dat jouw godsdienst nu toevallig de beste, wie weet zelfs de enige goede godsdienst is. Zeker, je hebt snel een argument gevonden om 'je lippen te weerhouden'. Iedereen moet het maar weten voor zichzelf.

De dichter van Psalm 40 denkt er anders over. Hij is eenvoudigweg overweldigd door de grote daden van God. Hij kan zich niet bedwingen, hij moet erover spreken. In één man is deze psalm volledig in vervulling gegaan: in Jezus. Hij heeft zijn lippen niet weerhouden om goed te spreken van God. Hij kon het niet laten om hoog op te geven van Gods vergevende barmhartigheid voor zondige mensen. En in dat spoor moesten wij maar verder gaan. Nee, bewijzen kan ik niets en dat er in naam van het evangelie veel onrecht is gedaan, dat kan ik niet ontkennen. Maar ik kan toch niet mijn mond houden over een Man die overliep van liefde en zelfs door de dood niet klein te krijgen was?

Ik breng de blijde boodschap van uw recht
aan al wie U zijn toegedaan,
dat zij uw wonderen verstaan
in 't woord dat Gij mij op de lippen legt.
Ik spreek dat woord met klaarheid,
opdat uw trouw en waarheid
door elk begrepen wordt.
Heer, ik weerhoud mij niet,
maar loof U in mijn lied
met een blijmoedig hart.

psalm 40:4

Trouwe God, geef dat wij ons niet zullen schamen voor het evangelie. U hebt ons zoveel toevertrouwd, een rijke schat van wijsheid. Help ons om uit te delen, om blijmoedig uw liefde door te geven in een liefdeloze wereld. Open onze lippen, dan zal onze mond uw lof verkondigen!

'Zeg niet: ik ben jong'. – *Jer. 1:7*

Daar hebben wij een handje van: uitvluchten te verzinnen. Zeker, wij bedoelen het niet als een uitvlucht, wij zien werkelijk huizenhoog op tegen het werk waartoe God ons roept. We voelen ons er te jong voor of juist te oud, wij vinden dat we niet goed uit onze woorden kunnen komen of dat we juist veel te weinig intens kunnen luisteren. Wij hebben het te druk met allerlei besognes of we hebben juist weinig om handen omdat we van de rust nu eens echt willen genieten. En zo verzinnen we duizend-en-één uitvlucht om maar te ontkomen aan de taak waartoe God ons roept.

Jeremia voelt zich te jong. En het is ook een bezwaar dat hij niet goed kan spreken. Wel, hoe moet iemand die jong en onervaren is en bovendien bepaald geen spreker is, nu een profeet zijn? Dat kan toch niet! Jawel, zegt God, dat kan wel, want 'tot een ieder, tot wie Ik u zend, zult gij gaan en alles wat Ik u gebied, zult gij spreken'. Daar helpt geen lieve moedertje aan, Jeremia moet maar geloven dat God hem de woorden in de mond leggen zal.

'Zeg niet, ik ben jong'. Waren het niet jongeren die Jezus uitzond als apostelen? Je bent nooit te jong om zijn lof te verkondigen. Je bent nooit te oud om in woorden en werken het evangelie te vertalen. In Gods profielschets staat niet de voorwaarde dat men ouder dan 30 en jonger dan 50 moet zijn om in aanmerking te komen. 'Zeg niet: ik ben jong'. Voor Gods aangezicht blijken goede argumenten soms flauwe uitvluchten.

Zij zullen saam, de groten met de kleinen,
dansend de harpen en cymbalen slaan,
en onder fluitspel in het ronde gaan,
zingend: 'In U zijn al onze fonteinen'.

psalm 87:4

Grote God, U kent ons, U kent onze argumenten, U kent onze uitvluchten, U weet hoezeer wij tegen de dingen opzien, hoe snel wij geneigd zijn aan anderen over te laten wat U ons op de handen legt – help ons om het verschil te zien tussen wijsheid en gemakzucht, tussen voorzichtigheid en ongehoorzaamheid. Help ons om, jong of oud, sprekende getuigen te zijn, profeten in Jezus' Naam.

'Een ieder nu, die deze mijn woorden hoort en ze doet, zal gelijken op een verstandig man, die zijn huis bouwde op de rots'. – *Matth. 7:24*

Jezus heeft zijn bergrede uitgesproken en nu besluit Hij zijn preek met een korte gelijkenis: het verhaal van de twee bouwers. De ene bouwt zijn huis op een rots. De tweede bouwt zijn huis op het zand. En wat er dan gebeurt wanneer de wind opsteekt en de storm begint te razen, dat laat zich gemakkelijk raden...

Bouwers, dat zijn wij, wij christenen. Wij zeggen gretig ja en amen op de woorden van Jezus. Prachtig, nietwaar, die bergrede! Wat een preek! Geweldig! Jezus hoort al het applaus van de schare. Maar wacht, bij voorbaat worden we gewaarschuwd. Wie zijn woorden hoort maar ze niet doet, lijkt op die man die zijn huis bouwde op het zand. Op den duur houdt je levenshuis geen stand. Dan kun je wel beweren dat je toch aandoenlijk naar die Jezus hebt geluisterd en dat je het evangelie altijd zo mooi vond, maar het zal je niet baten in de dag van het oordeel, het helpt je dan allemaal geen zier. Want het gaat er niet alleen om dat we de woorden van Jezus hóren. Het gaat er om dat we ze horen en dóen!

De bergrede doen. Wat dat inhoudt? Ach, dat is te veel om op te noemen. Het is: zout der aarde en licht der wereld zijn. Het is: je vijand liefhebben en je aalmoezen niet geven voor het oog van de mensen. Het is: bidden in het verborgene, zonder omhaal van woorden. Het is: niet bezorgd zijn, maar eerst het Koninkrijk van God en zijn gerechtigheid zoeken. Wee de mens die deze woorden wel hoort, maar ze niet doet!

Maar wie op 't woord vertrouwen
dat uitging uit Gods mond,
die kunnen veilig bouwen,
hun huis heeft vaste grond.
Des Heren woord maakt vrij
van dienst aan vreemde machten;
in 't woord herkennen wij
zijn plannen en gedachten.
Het rijk is ons nabij!

gezang 326:4

Trouwe God, een rots is uw Woord, vaste grond onder onze voeten. Help ons om uw woorden niet alleen te horen, maar om ze ook te doen.

'...en verkocht al wat hij had...' – *Matth. 13:46*

Alles verkopen, dat is de boodschap. Althans, dat is een gedachte die in twee gelijkenissen van Jezus sterk op de voorgrond staat: in de gelijkenis van de schat in de akker en in de gelijkenis van de schone parel. Tweemaal treffen we iemand aan die de vondst doet van zijn leven en vervolgens alles wat hij heeft verkoopt om dat ene in de wacht te kunnen slepen, die schitterende schat, die prachtige parel.

Zo is het met het Koninkrijk van God. Je kunt het ontdekken, je kunt erop stuiten, bij verrassing; je zoekt misschien al jarenlang, hier en daar en overal, je zoekt naar geluk, je zoekt naar vrede, je zoekt naar blijdschap, alles heb je al omgespit en doorgezocht en nog nooit heb je het kunnen vinden. Maar dan, op een dag, daar is het! Verblindend, wat een ontdekking! In het licht van het evangelie is alles wat je had opgespaard aan wijsheid en wetenschap waardeloos.

Maar dan. Ja, die allerschoonste kostbaarheid toevoegen aan je verzameling, dat zou je wel willen. Maar dat lukt je niet. Er zit maar één ding op: dat je alles verkoopt terwille van dat ene. Daar komt het op aan, dat we prijsgeven wat we bereikt hebben, opgeven wat we opgespaard hebben, verkopen zonder achterom te zien. En o, wat zitten we dan vast aan onze schatjes en pareltjes, aan onze vangsten en vondsten, aan onze zekerheden en wetenswaardigheden! Maar je hebt geen keus: wie Gods Koninkrijk wil binnengaan, moet alle schepen achter zich verbranden.

Gij die mijn liefste kleinood zijt,
Gij allerschoonste kostbaarheid
die voor mijn hart ooit telde, –
o dat Gij mijn
geluk wilt zijn,
hoe zal ik 't U vergelden?

gezang 385:1

Vader, wij kunnen ons geluk niet op! Nu wij Jezus hebben gevonden, beseffen wij pas werkelijk wat vrede is en blijdschap. Maar help ons nu om ook werkelijk alles te verkopen wat we aan vermeende gelukzaligheden hebben gevonden. Het is allemaal zo klein, zo onbetekenend in het licht van dit ene, dit grote geluk.

> 'Hij die het ene talent ontvangen had, ging heen en groef een gat in de grond en verborg het geld van zijn heer'. – *Matth. 25:18*

Angst kan verlammen. Deze ene man uit de gelijkenis is een bange broeder. Hij is bang dat zijn heer geen genoegen zal nemen met de resultaten van zijn werk. Hij is bang dat hij niet genoeg zal presteren. En van de weeromstuit presteert hij helemaal niets. Hij graaft een gat in de grond en begraaft het ene talent dat hij gekregen heeft. Uit angst.

Ik geloof dat de aarde vol is van dit soort gaten. Her en der worden gaten in de aarde gegraven door bange mensen. Dat ene talentje van mij, wat stelt dat nu voor? Als ik mijzelf vergelijk met deze en gene, dan val ik door de mand, dan schiet ik op alle fronten tekort. Dat ene talent van mij, dat stelt niets voor. En daarom ben ik bang om ermee aan de slag te gaan. Ik zal, hoezeer ik mijn best doe, toch nooit bereiken wat die ander, met zoveel meer talenten, bereiken kan. Ik graaf een gat in de grond. Ik begraaf mijn talent. Laat maar zitten, laat maar liggen, voor mij hoeft het allemaal niet...

Blijkens de gelijkenis denkt de Heer er anders over. Niet de vraag hoeveel talenten ik gekregen heb is van belang. Alleen de vraag wat ik met mijn talent doe, die vraag telt. Het interesseert de Heer straks werkelijk niet of ik minister-president ben geweest of stratenmaker, hoogleraar of bankwerker, directeur of assistente in de kantine. Het gaat Hem alleen maar om de vraag of ik gewoekerd heb met die mogelijkheden die Hij me gegeven heeft.

> Neem mijn leven, laat het, Heer,
> toegewijd zijn aan uw eer.
> Maak mijn uren en mijn tijd
> tot uw lof en dienst bereid.
>
> *gezang 473:1*

Barmhartige Vader, zo bent U toch niet: een strenge Heer die vraagt wat U niet gegeven hebt? Onze Vader, dat bent U – en U weet zelf wat uw kind nodig heeft. Wij bidden U: geef ons een beetje moed om aan de gang te gaan met het talent dat U ons gaf. Bewaar ons voor moedeloosheid, voor faalangst, voor een verlammend minderwaardigheidsgevoel. Help ons om te woekeren met onze mogelijkheden. Help ons om liefde te vermenigvuldigen, blijdschap en vrede.

'Alles wat mij winst was, heb ik om Christus' wil schade geacht'. – *Fil. 3:7*

Alleen mensen met een minderwaardigheidscomplex kunnen het evangelie verstaan. Paulus heeft in elk geval de blijde boodschap pas goed begrepen toen hij ontdekte hoe zijn zogenaamde geestelijke winst smolt als sneeuw voor de zon. Sterker: wat hij altijd als winst had beschouwd, bleek veeleer een schadepost te zijn. Hij dacht dat hij het goed voor elkaar had: hij was een vrome Jood, een schriftgeleerde, een Farizeeër, een fanatiekeling voor God. Maar gaandeweg ontdekte hij dat al zijn vrome prestaties eigenlijk blokkades waren om de waarachtige vrede te kennen. Paulus ontdekte: mijn zogenaamde winst is waardeloos. Ik denk nu wel dat ik heel wat waard ben voor God, maar goedbeschouwd lukt het mij niet om bij God in een goed blaadje te komen. Juist door al mijn goede werken werk ik God goed tegen.

Je hoeft geen Paulus te heten om die ontdekking te doen. Telkens weer zijn er, ook in onze tijd, mensen die tot dezelfde conclusie komen: alle winst blijkt schade. Je kunt je voor Gods zaak zo druk maken als je wilt, je kunt je het vrome vuur uit de sloffen lopen, je kunt organiseren wat je wilt, evangeliseren, demonstreren, je kunt met alle geweld proberen om het Koninkrijk van God deze wereld in te trekken – de diepste vreugde van het evangelie versta je alleen wanneer je aan het eind van je krachten komt en, misschien met een enorm minderwaardigheidsgevoel, leren gaat wat het betekent om van genade te leven.

Het heil des hemels werd ons deel
alleen door Gods genade.
Wij werken en wij wonnen veel,
maar alle winst bleek schade.
't Geloof ziet Jezus Christus aan:
wat Hij deed is genoeg gedaan
voor al wie leeft op aarde.

gezang 344:1

Trouwe God, er zijn nog altijd mensen die vinden dat dat te gemakkelijk is: leven van genade. Maar wij bidden U: bewaar ons toch voor de regelzucht, voor de doe-drift, voor alle prestaties die niets te maken hebben met de vruchten van de Geest. Help ons om van harte te geloven dat uw Zoon alles heeft volbracht. Wij danken U voor Hem. Hij alleen zet ons in de ruimte en verklaart onze schade uiteindelijk tot winst.

'Dient elkander, een ieder naar de genadegave die hij ontvangen heeft, als goede rentmeesters over de velerlei genade Gods'. – *1 Petr. 4:10*

Rentmeesters, dat zijn we. Penningmeesters. Wij hebben een schat in handen. Genadegaven. Liefde, blijdschap, vrede, zachtmoedigheid en ga zo maar door. Ja zeker, dat alles hebben wij in huis, het is ons toevertrouwd. Nee, je kunt dat niet zien, het ligt niet op een presenteerblaadje in de kamer, je moet het geloven, ernstig geloven, dat het je gegeven is. De Geest van Christus is toch niet voor niets op ons uitgestort? We zijn schatrijk. Niet om daar stilletjes zelf van te genieten, dat wil zeggen: dat niet alleen. Want je mag er natuurlijk ook zelf van profiteren, dat je het geluk gevonden hebt, de schone schat, de prachtige parel van Gods Koninkrijk. Maar het gaat niet aan om die voor jezelf te houden, we zijn benoemd tot penningmeesters, rentmeesters van de velerlei genade Gods. Uitdelers zijn we, diakenen, dienaren. Geroepen om elk-ander te dienen.

Nu is de ene diaken de andere niet. Niet iedereen heeft ontvangen wat een ander ontvangen heeft. Ik hoor in de woorden van de apostel de echo van de gelijkenis. Niet iedereen kreeg evenveel talenten. Dat doet er ook niet toe. Als je maar uitdeelt, als je elkaar maar bedient, behulpzaam bent met de gaven die jou gegeven zijn. We zijn geroepen om goede rentmeesters te zijn: royaal, zonder aanzien des persoons en niet kieskeurig, maar met een blij gemoed en een ruim hart.

Staat voor elkander open, dient elkaar,
ieder gelijk hij gaven heeft gekregen;
maakt om u heen het heil des Heren waar
en deelt met een ruim hart Gods grote zegen.

psalm 106:2

Trouwe God, wij willen niet voor onszelf bewaren wat wij kregen van U. Daar zijn wij wel toe geneigd. Bewaar ons ervoor dat we slechte rentmeesters zouden zijn, binnenvetters en oppotters. Geef ons een ruim hart, een milde hand en vriendelijke ogen. Help ons om elkaar te dienen zoals Jezus ons gediend heeft, met zijn liefde, met zijn koninklijke barmhartigheid.

'Toch is God mijn Koning van oudsher,
die in het midden der aarde verlossing bewerkt'. –
Ps. 74:12

In deze tijd van het jaar gedenkt het volk Israël de verwoesting van de tempel en wij, christenen, wij delen in dat verdriet. En hoe kunnen wij er beter in delen dan met Israël mee de psalmen te lezen, na te zeggen, na te klagen. 'Waarom, o God, verstoot Gij voor altoos, brandt uw toorn tegen de schapen die Gij weidt?'

Van dat 'waarom' is de psalm vol. God wordt aangeroepen, opgeroepen om recht te doen. Moet je nu eens kijken hoe het heiligdom in brand gestoken is, hoe alle godshuizen worden verbrand! Hoe kunt U dat nu toelaten, Here God? 'Waarom houdt Gij uw hand, ja uw rechterhand, terug?'

Is dat alles wat de psalm te vragen en te klagen heeft? Nee. Midden in de psalm is daar een keer, een omwending. Midden in de psalm wordt de klacht weggeduwd door een geloofsbelijdenis. Het kyrie gaat over, zomaar, zonder enige overgang, in een gloria. 'Toch is God mijn Koning van oudsher, die in het midden der aarde verlossing bewerkt'.

Dat is, goedbeschouwd, de kracht van het geloof. Het breekt dwars door de treurnis heen, zoals het zonlicht door de wolken. Nee, dat betekent niet dat alle ellende zomaar voorbij is en het betekent ook niet dat er over de oorzaak van die ellende niet nog wat meer te zeggen zou zijn. Maar het volk van God houdt het uit dank zij dit onwankelbaar vertrouwen: dat God Koning is, hoe vijandig de vijanden ook mogen zijn, ja, hoezeer zelfs Gods eigen volk niet waard is zijn volk te heten.

En toch, ik weet, mijn Koning is de Heer,
van oudsher deed Hij heil op aarde dagen,
deelde de zee en heeft de draak verslagen.
Hij sloeg de monsters van de oervloed neer.

psalm 74:7

Trouwe God, toch houden wij ons daar aan vast, dat U Koning bent. Wij tasten naar de zin van zoveel verwoesting, van zoveel bittere ellende. En juist de omzwerving van uw volk Israël stelt ons voor zoveel vragen, dat we er eigenlijk geen weg mee weten. Eén ding vragen wij U: bewaar ons als uw oogappel. Eén ding zeggen wij U: toch bent U onze Koning!

'Slechts enige van de armen van het land liet de bevelhebber van de lijfwacht achterblijven als wijngaardeniers en landbouwers'. – *2 Kon. 25:12*

Je ziet het haast voor je. Afschuwelijk. De tempel. In brand. Het paleis. In brand. De aanzienlijke huizen van Jeruzalem. In brand. Eén grote vuurzee is het. De stad van goud, ze brandt als een fakkel. Daar gaat nu de tempel! Niets blijft er van over. En daar gaat het volk des Heren, de uitverkorenen, daar gaan ze, ze worden afgevoerd naar Babel. In lange rijen trekken ze voorbij, de burgers, de boeren, de buitenlui. De notabelen, de rijke heren en de adellijke dames, daar gaan ze, het is afgelopen met hun luxe leventje. Bannelingen in Babel, dat zullen ze zijn. Ballingen.

Gaan ze allemaal? Nee, er blijven er een paar in Juda. Het zijn er niet veel. Het zijn maar een paar armoedzaaiers, povere boeren, armzalige akkerlieden. Aan dat soort gespuis hebben ze in Babel toch niets en bovendien kunnen die nu mooi het land om Jeruzalem heen nog wat bebouwen en bewaren. Zo luidt het bevel van de lijfwachtcommandant. En zo gebeurt. Nu is het land voor de armen! Nu hebben ze het land voor zich! Wat hun afgenomen is, in de loop der tijden, door allerhande duistere praktijken, dat wordt hun nu zo maar in de schoot geworpen: akkers en wijngaarden. Het kan niet op!

En zo wordt het land bebouwd en de wijngaard verzorgd. De armen, de ellendigen, de stillen in den lande, zij zullen er voor zorgen dat het land niet verloren gaat. Zijn het niet de zachtmoedigen, die uiteindelijk de aarde beërven?

Bij wie Hem vrezen is zijn heil geplant.
Zijn heerlijkheid zal wonen in dit land,
het heilig land waar goedheid trouw ontmoet,
het recht de vrede met een kus begroet;
de trouw die uit de aarde opwaarts schiet,
het recht dat uit de hemel nederziet.
De velden deelt Hij van zijn overvloed,
de Here die ons zegent met zijn goed.

psalm 85:3

Trouwe God, nu bidden wij U voor Israël: dat het mag wonen in het beloofde land, nu en voor altijd – en dat het mag gaan op de weg van Jezus, de Messias, die gezegd heeft: Zalig de armen, want hunner is het Koninkrijk der hemelen.

'Komt gij dan staan voor mijn aangezicht in dit huis, waarover mijn Naam is uitgeroepen en zegt: Wij zijn geborgen! ten einde al deze gruwelen te bedrijven?' – *Jer. 7:10*

Dat is nog al een boodschap, die Jeremia in Gods Naam moet brengen aan Israël. Hij moet in de tempelpoort gaan staan en dan moet hij profeteren. Hij moet Israëls zelfverzekerdheid aan de kaak stellen. Hij moet zeggen: Wat denken jullie nu wel? Ja, jullie kunnen nu wel zeggen: Dit is de tempel van onze God! – en dat kunnen jullie eindeloos herhalen, zodat iedereen het op den duur geloven gaat, maar dat zegt nog niets! Jullie kunnen nu wel heel vroom zeggen: Wij zijn geborgen!, maar dat staat nog te bezien. Zo lang jullie ondertussen stelen en doodslaan en echtbreken en vals zweren, zolang geef Ik niets om al dat vrome gepraat. Kom eerst maar eens tot bekering. Doe recht! Help de sociaal zwakken in de samenleving! Laat al die afgoden toch voor wat ze zijn!

Reken maar dat Jeremia's landgenoten hem deze boodschap niet in dank hebben afgenomen. Wat een zwartkijker! Wat een hel- en verdoemenisprediker! Maar Jeremia kan niet anders. Hij moet Israël ontdekken aan een valse zelfverzekerdheid. Gods volk zal alleen in vrede leven, als het werkelijk tot een zegen op aarde is. Gods volk zal alleen dan veilig wonen, wanneer het leeft in gehoorzaamheid aan Gods geboden. Dat geldt voor Israël. Dat geldt ook voor ons.

Wek de dode christenheid
uit haar zelfverzekerdheid;
zend uw stralen overal,
dat de aarde U loven zal.
Erbarm U, Heer.

gezang 313:2

Trouwe God, meer hebben wij U eigenlijk niet te vragen dan dit: Wek ons uit onze zelfverzekerdheid. Ook wij denken vanzelfsprekend uw volk te zijn. Ook wij hebben de mond vol van ons geloof en van onze belijdenis. Maar ondertussen hebben we nauwelijks oog voor wat er in de wereld gaande is. We bekommeren ons niet om de armen, we halen onze schouders op bij het onrecht dat in de wereld gebeurt. O God, vergeef het ons en maak ons opnieuw gevoelig voor dat waar het werkelijk op aankomt, in Jezus' naam.

'...omdat gij de tijd niet hebt opgemerkt, dat God naar u omzag'. – *Luk. 19:44*

Is dit niet een hard, een keihard woord van Jezus? Nota bene: Jeruzalem zal worden verwoest. Waarom? Omdat het de tijd niet heeft opgemerkt dat God naar haar omzag! Is dat niet hard? Nee, dat is niet hard, dit is geen woord van verbittering, van opgekropte agressie. Dit woord van Jezus is een woord van verbijstering, een woord van diep verdriet. 'En toen Hij nog dichterbij gekomen was en de stad zag, weende Hij over haar...'

Zie hier de tragiek van Israël. Gods uitverkoren volk is het. Dat was het. Dat is het. En dat zal het altijd blijven. Maar er zit een schaduwkant aan die uitverkiezing. En in de schaduw van die uitverkiezing treurt Israël om de verwoesting van de tempel, om de verstrooiing, de diaspora onder de volken. 'Omdat gij de tijd niet hebt opgemerkt, dat God naar u omzag'. Het is, wat Jezus betreft, het oude liedje. Het is het lied van de profeten dat Hij zingt. In alle toonaarden hebben zij het ook al gezongen, Jesaja en Jeremia, Hosea en Obadja. God zag wel degelijk naar zijn volk om, maar Israël heeft het niet opgemerkt. Meer dan ooit is dat in Jezus tot uiting gekomen. Israël heeft in Hem Gods barmhartigheid niet ontwaard. Israël heeft in Hem Gods genadige toewending afgewezen, gekruisigd, begraven. In eigenwaan heeft Israël de Messias uitgeworpen. Maar wacht, wees stil, is het met de kerk anders? Richt zich de stem van de Messias niet ook tot ons? Merken wij op hoe God in Jezus naar ons omziet?

Maar mijn eigen volk
was mij niet terwille.
Hoogmoed was hun tolk
en Ik liet hen gaan
in hun eigen waan
om hun trots te stillen.

psalm 81:10

Machtige God, dit zijn verschrikkelijke woorden. Heeft uw liefde dan grenzen, heeft uw barmhartigheid een eind? Gedenk toch Israël, uw volk, vergeef het haar onwil! En doe zo ook aan ons, uw kerk – want ook wij gaan hoogmoedig en trots een eigen weg. Open ons de ogen, opdat wij in Christus' nederigheid de weg van de Messias zullen bespeuren.

'Maak het huis van mijn Vader niet tot een verkoophuis'. –*Joh. 2:16*

Jezus vindt in de tempel niet wat Hij daar zoekt. Nu is dat wel vaker zo met Gods huis – wat je er zoekt, dat vind je niet en wat je niet zocht, dat word je zo maar, als bij verrassing, geschonken. Maar wat Jezus betreft: Hij verwacht in de tempel eerbied, ontzag, toewijding aan zijn hemelse Vader. Jezus verwacht dat de tempel een Huis van gebed zal zijn, een plaats om tot stilte te komen, een plek om dicht bij God te zijn.

Nu kun je daar natuurlijk overdreven verwachtingen van hebben. Je kunt romantisch denken en spreken over de gewijde sfeer van een eeuwenoud kerkgebouw en je kunt jezelf wijsmaken dat God per definitie in de stilte te vinden is. Maar dat alles is boerenbedrog, want God is net zo goed op de markt te vinden en in het geroezemoes van het huishouden. Maar als je dat alles goed weet en daarvan diep doordrongen bent, dan mag je toch ook vol verwachting een Godshuis binnengaan en verlangen daar rust te vinden, ruimte voor aanbidding en lofprijzing, een plek om stil te zijn, om in te keren tot God en tot jezelf. En dat alles is nu in de tempel ver te zoeken. Business, daar gaat het om. De kerk is kermis geworden, beurshal, supermarkt. Goud heeft God verdrongen. Zeker, het gaat natuurlijk officieel nog wel om God, maar officieus, in de praktijk van alledag, gaat het om het Goud! God of Goud. Heeft Israëls God zo onderhand ook niet redenen volop om de kerk ondersteboven te keren?

Wij zoeken in uw huis uw aangezicht, o Here.
Naar vrede smachten wij, naar stille innigheid.
Laat ons van Jezus zelf, die op een berg klom, leren
alleen te zijn met U die geest en waarheid zijt.

gezang 324:1

Barmhartige Vader, ook onze kerken ademen zo vaak meer de sfeer van geld en goud dan van aanbidding en lofprijzing. Vergeef ons dat wij, net zo goed als Israël, van uw dienst maar al te vaak een winstgevend bedrijf hebben gemaakt, een handeltje. Help ons toch om ruimte te scheppen voor de stilte, om plaatsen te maken in deze chaotische wereld, plaatsen voor mensen die alleen willen zijn met U. Help ons om, samen met Israël, uw volk, te zoeken naar waarachtige verheerlijking van uw grote naam.

'Christus is het einde der wet, tot gerechtigheid voor een ieder, die gelooft'. – *Rom. 10:4*

Niemand heeft scherper de tragiek van Israël gepeild dan de Jood Paulus. Hij schrijft: Heidenen, die helemaal niet uit waren op de gerechtigheid, die hebben de gerechtigheid verkregen door het geloof. En de Joden, die zich beijverden om de gerechtigheid te verkrijgen, die hebben nu juist de boot gemist, ze zijn aan de wet niet toegekomen. En waarom niet? Omdat ze dachten dat ze de gerechtigheid konden verdienen door hun goede werken. Wat een onverstand! Wat een hoogmoed! Hoe zou een mens ooit zichzelf tot Gods gerechtigheid kunnen opwerken? Hoe zou een mens ooit zo ver kunnen komen dat God zegt: Ja, nou heb jij voldoende gepresteerd in mijn ogen, het is wat jou betreft wel in orde? Onmogelijk is dat, ondenkbaar! Niemand is goed, zelfs niet één mens.

Niet één mens? Wacht! Ik ken er Eén. Jezus. Hij is 'het einde der wet'. Dat betekent niet dat Christus een punt gezet heeft achter de wet en dat sinds zijn komst Gods geboden kunnen worden opgeborgen. Nee, Hij is het einde, dat wil zeggen: het loopt allemaal op Hem uit, Hij is de vervulling, de vervolmaking van de Thora. Al Gods geboden zijn met het oog op Hem gegeven. Eindelijk is hier Eén mens die de Thora volkomen heeft vervuld: Gods liefde in vlees en bloed! En dank zij Hem houdt nu God voor rechtvaardig iedereen die in deze Messias gelooft. Het is volbracht! Eens en voorgoed en volkomen. Je zou willen dat Israël én de kerk, dat wij allen, de diepte daarvan zouden verstaan!

Geen mens kon ooit des Heren wet,
der mensen maat vervullen;
toen heeft de Zoon zich ingezet
om God en onzentwille
en kwam tot ons, een mens als wij,
maar zonder zonde, waarlijk vrij, –
de mens van den beginne.

gezang 344:2

Vader, wij danken U voor deze Mens, voor uw Zoon, Jezus, de Christus. Wij kunnen uw wet niet vervullen, wij kunnen uw gerechtigheid niet verdienen, wij kunnen voor uw aangezicht niet bestaan. Maar Hij doet ons delen in zijn verdiende heerlijkheid – en daarvoor prijzen wij uw grote Naam. Open de ogen van Joden en heidenen voor Hem, die de Heiland der wereld is!

'Want God heeft hen allen onder ongehoorzaamheid besloten, om Zich over hen allen te ontfermen'. – *Rom. 11:32*

Zoals een medaille twee kanten heeft, zo heeft ook de ellende van Israël twee kanten. De ene kant is die van de ongehoorzaamheid, de verharding. Israël wilde niet de door God gezonden Messias. Israël wilde niet horen naar de stem van de profeten en zelfs Gods eigen Zoon is door Israël monddood gemaakt. Maar toch is dat maar één kant van de zaak. De gemeenteleden in de stad Rome, aan wie Paulus zijn brief schrijft, die heidenen-van-huis-uit, zij moeten goed weten dat juist dank zij de ongehoorzaamheid van Israël het heil nu tot hen gekomen is! Daar heb je het raadsel van Israëls afwijzing. Omdat het evangelie in Jeruzalem is afgeketst, springt het nu met grote sprongen de wereld door. En Paulus is ervan overtuigd dat zodoende uiteindelijk ook Israël weer in Gods ontferming zal worden aangenomen. Hoe dan ook, op deze manier komt er toch nog iets terecht van Gods aanvankelijke bedoeling met Israël: zo wordt het heil de wereld ingeblazen, het zaad wordt verstrooid, Gods kinderen trekken de wereld in en alle volken zullen horen hoe in Jeruzalem het heil te vinden is!

Zie daar de twee kanten van Israëls ellende. Het blijft een raadsel. Verklaren kan ik het nooit helemaal. Is God zo machtig, zo almachtig, dat Hij zelfs onze ongehoorzaamheid een plaats geeft in zijn plan met deze wereld?

En wie Ik was voorbijgegaan,
omdat hij zelf Mij had vergeten,
zal van mijn milde ontferming weten.
Mijn eigen volk noem Ik voortaan
wie niet mijn volk had moeten heten.
Ik spreek u als mijn liefste aan.
Dan zegt gij stil en blij mijn naam:
mijn Bruidegom, mijn God van vrede.

gezang 38:5

Grote God, het blijft een raadsel, waarom U met Israël omgaat zoals U doet. Maar wij vertrouwen erop dat U uw volk bewaren zult als uw oogappel. Bewaar ons voor elke theologie die Israëls ellende vergroot. Help ons om uw volk lief te hebben, terwille van Jezus de Messias, terwille van de milde ontferming waarin Israël delen zal.

'Die de geringe opricht uit het stof,
de arme omhoog heft uit het slijk'. – *Ps. 113:7*

Zo is Israëls God. Hij neemt geen genoegen met de toevallige samenloop der omstandigheden. Hij legt zich niet neer bij het leed dat van de aarde tot de hemel schreeuwt. Nee, Hij zet niet aan tot opstand, maar Hij doet zijn volk opstaan, opstaan uit het stof, opstaan uit het slijk. Hij tilt zijn kinderen op uit de modder van de ellende, Hij houdt hen een hand boven het hoofd in tijden van uitbuiting en discriminatie, Hij neemt het voor hen op als ieder tegen hen is.

Hoe Hij dat doet? Dat doet Hij door mensen heen. Door onze handen reikt Hij hen zijn hand. Door onze ogen ziet hen zijn oog. Zoals Jezus het opnam voor de tollenaren en zondaren, de mensen in de marge van de maatschappij, zo zijn nu wij geroepen om het voor zulke mensen op te nemen, in Jezus' Naam.

Lukt dat dan altijd? Zitten zo onderhand de geringen en armen al aan de tafel van de gegoede burgers? Is alle onvruchtbaarheid al omgetoverd in een oogst van blijdschap? Nee, daar is nog geen sprake van. Nog altijd is er armoede en onvruchtbaarheid. Maar de Geest van God werkt door, door mensen heen, door de eeuwen heen, dwars door de geschiedenis – totdat God zelf komen zal, om te doen wat uiteindelijk geen mens kan bereiken. Dan worden de laatsten de eersten, dan lopen wie achter kwamen voorop, dan is er eindelijk: gerechtigheid!

Wie onderligt in stof en slijk,
maakt God aan edelen gelijk.
Hij geeft een vrouw haar diepst verlangen.
Hij zegent die onvruchtbaar scheen,
met bloei van kinderen om haar heen.
Prijs Hem, de Heer, met lofgezangen.

psalm 113:3

Trouwe God, wij danken U omdat U opstaat, tegen de onderdrukking, tegen de uitbuiting van mensen. Wij danken U omdat U het opneemt voor allen die geen helper hebben. Wij danken U voor Jezus, in wiens opstanding duidelijk en klaar geworden is dat uw Rijk zal doorbreken en het leven zal voltooien. Met groot verlangen zien wij uit naar die dag. Kom, Here Jezus, kom haastig! En help ons intussen om op te staan tegen alles wat mensen vernedert.

EEN DIEP GEWOND GEMOED

lezen: *2 Samuël 12:1-10*

'Nu dan, het zwaard zal van uw huis nimmermeer wijken, omdat gij Mij hebt veracht'. – *2 Sam. 12:10*

Dat God de arme en de geringe hoog houdt, dat heeft wel z'n consequenties. Wee de mens die met deze God geen rekening houdt! Wee de mens die zijn naaste veracht. Wie Gods volk aanraakt, raakt zijn oogappel aan! Wie zijn naaste, de minste van de broeders, vertrapt, veracht God zelf.

David heeft het geweten. Als het erop aan kwam had hij vrouwen bij de vleet. Maar nee, het was nog niet genoeg. Die mooie vrouw, Bathseba, die wilde hij er graag nog bij. Via een militaire manoeuvre werd Uria, de man van Bathseba, buiten spel gezet. Zeg maar: vermoord. David, er kleeft bloed aan je handen! Je hebt je naaste afgenomen het enige dat hij bezat, zijn liefde, zijn leven. En God? Laat Hij dat allemaal maar over z'n kant gaan? Wis en waarachtig niet! 'Nu dan, het zwaard zal van uw huis nimmermeer wijken, omdat gij Mij hebt veracht'. Mij veracht? Jazeker, wie zijn naaste onder de voet loopt, wie geen rekening houdt met de kleine man en het gewone volk, wie denkt dat eigen haan altijd maar koning moet kunnen kraaien, die veracht niet alleen mensen, maar die veracht ook God, die onze Schepper is! En dat zul je weten ook. God laat niet met zich spotten.

Zouden er ook in onze tijd nog mensen plotseling verdwijnen, verongelukken – zogenaamd? Zou er in onze tijd ook nog liefde gestolen worden, ontfutseld aan de ander? Ik denk het. En zou God daarover ook in onze tijd in woede ontbranden? Ik denk het.

Red mij van bloedschuld, God die mij bevrijdt,
leg op mijn tong de lof van uw genade.
Open mijn lippen, Heer, ik prijs uw daden
voor heel uw volk, met liedren wijd en zijd.
Niet aan het altaar wordt mijn schuld geboet,
geen offerdier, hoe gaaf ook, kan die dragen,
het offer van een diep gewond gemoed
en een gebroken hart zal U behagen.

psalm 51:6

O God, wees ons, zondaars, genadig! Dieven zijn wij en moordenaars. Wij verdringen de naaste en we vertrappen elkaar om zelf maar het beste van het beste te veroveren. Vergeef ons, o God, onze hebzucht en maak ons vrij om te zoeken naar het heil van onze minste broeder en zuster.

'Maar later kreeg hij berouw en ging toch'. – *Matth. 21: 30*

Het is maar een simpel verhaaltje, over twee jongens, twee zoons. De één zegt ja maar doet nee. De ander zegt nee maar doet ja. De overpriesters en de oudsten van Israël lijken op die eerste zoon. Ze zeggen ja. Maar ze doen nee. De tollenaren en de hoeren, de zondaars, die lijken op die tweede zoon. Ze zeggen nee. Nee, Heer, wij willen niet werken in uw dienst! Wij vinden de zonde te leuk, wij willen de duisternis niet loslaten. Maar na een tijd komen ze tot inkeer, tot berouw en dan gaan ze alsnog aan het werk. Ze zeggen nee. Maar ze doen ja. En zo zullen de zondaren, de tollenaren en de hoeren, voorgaan in het Koninkrijk der hemelen.

Nu is dit alles heel mooi en ontroerend en wij genieten ervan dat Jezus zodoende allerlei heilige huisjes ondersteboven gooit. Maar één ding moeten we toch niet over het hoofd zien: het gaat hier niet om zondaren, om fraudeurs en prostituées zonder meer. Jezus zegt niet: Mensen, het doet er allemaal niets toe hoe je leeft, sterker: bij Mij hebben zelfs de zondaars een zekere voorkeur. Dus vooruit maar, wat maakt het uit, je doet maar, je leeft er maar op los...! Nee, dat hoor ik Jezus niet zeggen. Jezus zegt iets anders. Jezus zegt dit: 'Maar later kreeg hij berouw en ging toch'. Wie kennis maakt met de vergevende liefde van Jezus, die komt tot inkeer, tot omkeer. Wie kennis maakt met Gods barmhartigheid, krijgt eèn diep berouw. En het zijn niet de slechtste werkers in de wijngaard, die weten wat berouw betekent.

Omdat Gij mijn hart doet branden,
omdat Gij mij zo bemint,
hef ik, Heer, tot U mijn handen:
Vader, zie ik ben uw kind.
Wil mij de genade geven
U te dienen, hier en nu;
God die liefde zijt, aan U
vast te houden, heel mijn leven,
tot ik U na deze tijd
liefheb in der eeuwigheid.

gezang 426:5

Barmhartige Vader, omdat Gij ons zo bemint, daarom alleen komen wij tot inkeer en omkeer. Hier zijn we, ja-zeggers en nee-doeners. Is er voor ons toch nog een plaats in uw wijngaard?

'En Hij zei tot de vrouw: Uw geloof heeft u behouden, ga heen in vrede!' – *Luk. 7:50*

Nu, dat is toch wel kras! Uw geloof heeft u behouden, zegt Jezus. Tegen wie? Tegen een vrouw, een dubieuze dame, die niet veel meer gedaan heeft dan huilen, kussen en zalven. Het is maar wat je geloof noemt! Moet je nu zo'n mens toch eens zien, zo'n lichtekooi, zo'n zedeloos schepsel! Dat doet maar. Eerst huilt ze tranen met tuiten, zodat Jezus' voeten nat van tranen worden, dan begint ze nota bene met haar haren die voeten af te drogen en alsof dat alles nog niet pikant genoeg is, moeten die voeten dan ook nog eens gekust worden en gezalfd met kostbare mirre. Wat een vertoning, wat een ongehoorde, publieke erotiek! En dat nog wel in het huis van een Farizeeër, tijdens een feestmaal! Het is toch God-geklaagd...

Ja, zo denken de mensen. Maar Jezus denkt anders. Hij beklaagt zich niet bij God. Hij dankt zijn hemelse Vader voor deze vrouw, voor haar liefde, voor haar toewijding, voor haar gelóóf. Maar – is dat dan geloof te noemen? Ik dacht dat 'geloof' betekende dat je een orthodoxe belijdenis aflegde en dat je dagelijks in de bijbel las en bad en dat je elke zondag naar de kerk ging en je trouw hield aan Gods geboden. Maar als Jezus dit optreden van deze vrouw nu ook al 'geloof' noemt, wat moet ik me dan nog bij 'geloven' voorstellen? Is 'geloven' dan zo iets als 'liefhebben'? Wie werkelijk gelooft, die weet het.

Verlosser, Vriend, o hoop, o lust
van die U kennen, neem dit lied,
dat U in 't stof een stervling biedt,
een zondaar, die uw voeten kust.
Een zondaar, een verloste, o Heer,
en nu geen zondaar meer.
O, neem het aan!
Gij laat geen bidder staan,
Gij hoort in hemelingen
verloste zondaars zingen.
O, neem het aan!

gezang 452:1

Liefdevolle Vader, als wij daarvan toch eens meer doordrongen zouden zijn, dat geloven vooral 'liefhebben' betekent, hoeveel te meer zouden wij U en elkaar dienen, met alles wat in ons is!

'Een ieder die zichzelf verhoogt, zal vernederd worden, maar wie zichzelf vernedert, zal verhoogd worden'. – *Luk. 18:14*

De gelijkenis van de Farizeeër en de tollenaar is een gevaarlijke gelijkenis. Gevaarlijk, omdat we de kans lopen met die gelijkenis aan de haal te gaan. Het is namelijk zo aanlokkelijk om Farizeeër te zijn en tollenaartje te spelen. Dan ga je vooraan in de tempel staan, net als die Farizeeër, maar dan ga je natuurlijk niet breedvoerig verhalen hoeveel goede daden je zoal hebt gedaan, integendeel, dan ga je, voor het oog van het grote publiek, omstandig vertellen wat een grote zondaar je toch wel bent. Dan klop je jezelf op de borst en dan roep je met een meewarig gezicht: O God, wees mij zondaar genadig! En dan zegt iedereen: Moet je eens kijken, wat een nederig mens is me dat, reken maar dat die gerechtvaardigd naar zijn huis terug zal gaan...

Wel, dit alles heeft goedbeschouwd niets en niemendal te maken met wat Jezus bedoelt. Wie zich werkelijk vernedert voor God, weet echt niet meer waar hij het zoeken moet. Wie zich echt vernedert voor God, staat niet meer vooraan in de tempel, maar kruipt stilletjes in een hoekje. Wie zich echt vernedert voor God, steekt ook niet automatisch en vanzelfsprekend de genade in zijn zak. Wie zich echt vernedert voor God blijft zich als een kind verbazen over Gods onverdiende barmhartigheid.

Hij telt het leger van de sterren,
Hij roept bij name hen van verre.
Groot is de Here, groot in krachten,
er is geen grens aan zijn gedachten.
Die zich ootmoedig aan Hem geven,
schenkt Hij een overvloed van leven.
Maar Hij vernedert goddelozen,
die trots hun eigen weg verkozen.

psalm 147:2

Barmhartige Vader, soms zijn we het allebei tegelijkertijd: Farizeeër en tollenaar. Soms zijn we het tegelijkertijd: hoogmoedig en ootmoedig, zelfverzekerd en nederig van hart. Vergeef ons onze grote woorden, onze vrome praatjes, onze valse nederigheid. Vervul ons met uw Geest, opdat wij ootmoedig met U en met elkaar zullen leven.

'Ik ben door de wet voor de wet gestorven om voor God te leven'. – *Gal. 2:19*

Dat is toch wel een zeer raadselachtig woord van de apostel. 'Ik ben door de wet voor de wet gestorven om voor God te leven'. Wat bedoelt hij daarmee? Is Paulus dood? Ja, in zekere zin is Paulus doodgegaan. De wet van God heeft hem tot de dood veroordeeld. Paulus ontdekte dat hij met geen mogelijkheid kon vervullen wat de wet van hem vroeg. Goedbeschouwd verdiende hij de doodstraf. Zo serieus nam Paulus de wet, zo bloedernstig, dat hij voor zichzelf geen leven meer zag. En hoe is Paulus dan ter dood gebracht? Door het geloof in Jezus Christus! Paulus heeft ontdekt dat de dood van Jezus op Golgotha niet zo maar een tragische dood is geweest van een mislukte rabbi uit Nazareth. Nee, de dood van Jezus is plaatsvervangend geweest voor allen die door de wet worden aangeklaagd. Jezus heeft de wet vervuld, voltooid. Daarmee is de wet niet afgeschaft en krachteloos geworden, maar de wet ziet geen kans meer om mensen aan te klagen – alles is immers volbracht door die ene Mens, Jezus Christus! En zo is Paulus door het geloof in Jezus Christus dóór de wet vóór de wet gestorven om voor God te leven. Zonder de werken der wet is Paulus gerechtvaardigd. Met andere woorden: niet omdat hij zo'n goeie, vrome jongen is – maar omdat hij zijn machtloos pogen heeft opgegeven, zijn hopeloze poging om zelf de hemel te verdienen. Ik word niet zalig door mijn prestatie, maar alleen door Gods gratie!

Gij zegt het zelf: wie op U hoopt
– dit moet de wereld horen –
wie U gelooft, in U gedoopt,
die is uit U geboren.
En zonder werken van de wet,
en zonder machtloos pogen,
wordt hij gereinigd en gered
en staat hij voor uw ogen,
voltooid en zonder zonden.

gezang 165:4

Trouwe Vader, wij danken U voor deze ruimte, voor uw bevrijdende barmhartigheid. U jaagt ons niet op om goed en vroom te leven. U jaagt ons niet op om, zonder zonden, kluizenaars in de woestijn te zijn. U zet ons in de ruimte van uw genade. Door de wet zijn wij voor de wet gestorven om zo voor U te leven. En daarvoor danken wij U!

'Door genade zijt gij behouden, door het geloof, en dat niet uit uzelf: het is een gave van God; niet uit werken, opdat niemand roeme'. – *Ef. 2:8, 9*

Heel het evangelie is één grote waarschuwing tegen de opschepperij, tegen de 'roem'. Jezus kan het eenvoudigweg niet verdragen dat er mensen zijn die zich beroemen op hun geloof en op hun goede werken. En ze zijn er, nog altijd: mensen die er een show van maken, een vrome tentoonstelling. Moet je toch eens kijken wat ik over heb voor God! Moet je toch eens kijken hoe goed ik de geboden onderhoud!

Paulus heeft wat dat betreft zijn les geleerd. Hij was van huis uit eigenlijk ook zo'n show-man, zo'n driftige drammer in Gods Koninkrijk. Hij, Paulus, hij zou wel eens orde op zaken stellen. Hij zou in de Naam van zijn God die vervloekte christenen wel eens een lesje leren! God kon op hem, Paulus, rekenen! Maar dat pakte allemaal toch een beetje anders uit. De leeuw werd een lam. Zijn hoogmoed werd omgebogen in ootmoed. Paulus ontdekte dat een mens niet uit zichzelf behouden wordt, niet op grond van zijn goede werken. Door genade alleen krijg je deel aan het heil. God geeft het je, het is een gave, een kostbaar geschenk. Het moet absoluut afgelopen zijn met die roemzucht, die geestelijke opschepperij! Wie uit genade leeft, kan alleen nog maar zingen.

Alle roem is uitgesloten
onverdiende zaligheên
heb ik van mijn God genoten,
'k roem in vrije gunst alleen!
Ja, eer ik nog was geboren,
eer Gods hand, die alles schiep,
iets uit niet tot aanzijn riep,
heeft zijn liefde mij verkoren:
God is liefde, o englenstem,
mensentong, verheerlijkt Hem!

gezang 451:1

Vader in de hemel, voor uw genade danken wij U! U neemt geen rechtvaardigen, maar zondaars aan. Wij prijzen uw Naam – niet wij behoeven met pijn en moeite op te klimmen tot U, maar U zelf daalt af tot ons, in Jezus Christus. Wij roemen zijn heilige Naam!

'Hij geneest de verbrokenen van hart
en verbindt hun wonden'. – *Ps. 147:3*

Daarmee is eigenlijk alles over God gezegd wat je maar over God zeggen kunt: Hij is de Heiland. Hij geneest de verbrokenen van hart en verbindt hun wonden. God kan het niet aanzien dat Jeruzalem kapot is en de kracht van Israël gebroken. God kan het niet aanzien dat zijn volk in Babel de harp aan de wilgen heeft gehangen. Hij zal Jeruzalem herbouwen en de verdrevenen verzamelen! Hij zal de verbrokenen van hart genezen en de wonden verbinden. Zo is God. Hij laat de zijnen niet over aan hun lot. Hij geneest, Hij verbindt, Hij verzamelt, Hij herbouwt, Hij maakt heel wat afgebroken was.

Maar wacht eens even, was het dan niet allemaal Israëls eigen schuld? Had het door eigen ongehoorzaamheid al die ellende niet verdiend? Jazeker. Maar desondanks, desniettegenstaande, neemt God de draad weer op, daar waar zijn volk zoveel steken heeft laten vallen. Hij geneest. Hij is de Heiland. En daarom moet alles wat adem heeft zijn lof zingen. Heel de aarde zingt van Gods goedheid. Nee, de machthebbers, de krachtpatsers, degenen die vertrouwen op wapengeweld, op de kracht van paarden en wagens, die moeten maar niet al te zeer op zijn nabijheid rekenen. Maar de ootmoedigen, de gebrokenen, de verslagenen van hart, de blinden, de lammen en de kreupelen, die mogen hoop hebben en moed vatten. Zie hier is uw Heiland!

Lof zij de Heer, goed is het leven
als 's Heren lof wordt aangeheven.
Lieflijk en recht te allen tijde
is 't onze God ons lied te wijden.
Hij bouwt de stad, door Hem verkoren,
het volk in ballingschap verloren
brengt Hij er samen, heelt hun wonden,
hoezeer hun harten zijn geschonden.

psalm 147:1

Machtige God, U bent onze Heiland! U weet hoe verbroken ons hart soms is, hoe zeer het leven wonden heeft geslagen waardoor wij kracht verliezen. Help ons, o God, sta ons bij en laat de vrede van Christus in ons wonen. Raak ons aan, spreek slechts één woord en wij zullen genezen! Wij verdienen niet dat U naar ons omziet. Wij hebben geen enkel recht op uw barmhartigheid. Maar doe het, terwille van Jezus, uw Zoon, die onze Heiland is.

'Te dien dage zullen de doven Schriftwoorden horen, en van donkerheid en duisternis verlost, zullen de ogen der blinden zien'. *–Jes. 29:18*

Waarom toch is het volk van God zo doof en zo blind? 'Omdat dit volk Mij slechts met woorden nadert en met zijn lippen eert, terwijl het zijn hart verre van Mij houdt en hun ontzag voor Mij een aangeleerd gebod van mensen is...' Daar heb je Gods kritiek op Israël en op allen die zijn Naam wel noemen, maar eigenlijk nauwelijks kennen. Wij hebben ons hart niet bij de Heer! Ja, onze woorden wel, zeker, dat is allemaal keurig voor elkaar. Wij kennen onze bijbelboeken, wij hebben de geboden netjes uit het hoofd geleerd. Maar – en dat is het trieste, het verdrietige – er klopt geen liefde in ons doen en laten, er huist geen vreugde in onze dienst aan God. Het is een kwestie van domweg doen en lijdelijk laten, zo zijn we opgevoed, zo hoort het nu eenmaal...

Dat alles is verbijsterend en eigenlijk onuitstaanbaar – maar toch, hoor, daar klinkt een belofte! God zelf zal ingrijpen, zijn Geest doet grote dingen. God brengt een keer, een ommekeer. Er komt een dag waarop de doven zullen horen! Wat? Schriftwoorden. Woorden van eeuwig leven! Er komt een dag waarop de blinden zullen zien. Wie? God zelf, van aangezicht tot aangezicht, verlost van donkerheid en duisternis. Naar die dag zien wij uit – met groot verlangen.

Zingt dan de Heer, stemt allen in
met ons die God lof geven:
Hij schiep ons voor een nieuw begin,
hoeveel wij ook misdreven.
Hij riep ons uit de nacht in 't licht
van zijn genadig aangezicht.
In Christus is ons leven!

gezang 169:6

Trouwe God, goedbeschouwd is die dag al gekomen, die dag, waarop U onze oren zou openen en onze ogen ontsluiten zou. In Christus hebben wij uw Woord gehoord. In Hem hebben wij het Licht der wereld aanschouwd. Door Hem zijn wij verlost van donkerheid en duisternis – en daarvoor prijzen wij uw Naam! Wij bidden U: schenk ons uw Geest, opdat onze liefde warm en vurig zal zijn, levend en oprecht.

'En Hij zag op naar de hemel'. – *Mark. 7:34*

Ja, zeker, Jezus is de Heiland. Hij opent de oren van de dove en Hij ontsluit de mond van de stomme. Dat alles is zeker waar en in het evangelie kun je het allemaal lezen. Maar let nu eens op dat ene moment, vlak voordat Jezus een doofstomme geneest. Wat doet Hij, voordat Hij zucht en als het ware zijn adem in deze stomme mens wil blazen? Wat doet Hij voordat Hij tot deze dove zeggen zal: Effatha! – dat is: wordt geopend! Wat doet Jezus, voordat Hij zijn genezend werk verricht? Hij ziet op naar de hemel.

Dat had Jezus ook níet kunnen doen. Hij had ook de man strak aan kunnen kijken. Hij had ook, als een mysterieuze tovenaar, zijn ogen kunnen sluiten. Maar dat alles doet Jezus niet. Hij weet zich in alles totaal afhankelijk van zijn hemelse Vader. Hij is ook niet gekomen om Wonderdokter te zijn. Nee, alles wat Hij doet, doet Hij in opdracht van zijn Vader. En zijn hemelse Vader wil dat de mensen geheeld zullen worden, genezen zullen zijn: de stommen en de kreupelen, de lammen en de blinden, de zondaars en de goddelozen. God wil dat mensen waarachtig zullen leven, vrij zullen zijn, naar lichaam en geest. En daarom kijkt Jezus op naar de hemel. Vandaar komt zijn hulp. Jezus is niet zo maar een genezer, een alternatieve dokter, laat staan een kwakzalver, een fantast. Nee, Jezus is God-op-aarde, Immanuël, God-met-ons. Gods liefde is in Hem vlees en bloed geworden, Gods liefde brandt in zijn hart, tintelt in zijn handen, glinstert in zijn ogen. En niets is zo genezend als de kracht die Liefde heet.

Open de doven het gehoor,
de stomme lippen, spreek ze voor,
dat zij belijden hun geloof,
niet langer stom, niet langer doof.

gezang 168:4

Trouwe Vader, die doven, die stommen, dat zijn wij. Hoe doof zijn wij voor uw Woord! Hoe stom zijn wij, onbekwaam om in uw Naam te spreken. Wij sluiten ons af, wij sluiten ons op in onze hoogmoed en verbittering. Maar als Jezus komt, als Hij opziet naar de hemel en zucht en Effatha roept, dan wordt alles anders, dan zullen wij uw stem verstaan en uw Woord met vreugde spreken. Open onze oren, ontsluit onze mond en wij zullen uw lof verkondigen.

'Vervolgens legde Hij weder de handen op zijn ogen en hij zag duidelijk en was hersteld'. – *Mark. 8:25*

Dat is toch heel opmerkelijk, goedbeschouwd: het lukt Jezus blijkbaar niet om deze blinde te Bethsaïda in één keer te genezen. Jezus legt hem de handen op en vraagt dan: Zie je al iets? Ja, zegt dan de blinde, ik zie de mensen, ik zie ze als bomen wandelen. Het is allemaal nog wat vaag, niet helder, er ligt nog een waas over de dingen en de mensen. En dan herhaalt Jezus zijn behandeling. Nog eens legt Hij zijn handen op de ogen van de blinde, die nu een slechtziende is geworden. En dan, dan breekt het licht in alle volheid door! Dan ziet hij scherp, duidelijk, glas-helder!

Wat wil dit alles ons toch zeggen? Betekent het dat Jezus maar een half-was dokter is, een therapeut die ook maar moet afwachten of zijn behandeling slaagt en niet precies zeggen kan hoe vaak het recept moet worden herhaald? Nee, zo mag je niet over Jezus spreken. Het is wat Hem betreft geen experiment. Recht gaat Hij op zijn doel af: de genezing van mensen. Maar ondertussen staat ook Jezus voor krachten en machten die zich niet altijd à la minute gewonnen geven. Er is een grote strijd gaande, een kosmisch gevecht tussen het licht en de duisternis. Wie wint, staat vast. Dat God de sterkste is, dat is zeker. Maar die strijd, die wordt nog steeds gestreden, die zal er zijn tot aan de laatste dag. En in die strijd zijn wij gewikkeld, naar lijf en ziel. Jezus heeft alle macht, jazeker. Maar soms, ja, nog al eens, moet zijn genezende behandeling worden vervolgd, herhaald. Wij blijven onder zijn handen.

Aan de eindpaal van de tijden
ziet ons oog de geest van 't kwaad,
moe geworsteld en ontwapend,
tot geen afval meer in staat.
Als de Here God in allen,
en in allen alles is,
zal het licht zijn, eeuwig licht zijn,
licht uit licht en duisternis.

gezang 292:2

Machtige God, dat hebt U toch: alle macht, in hemel en op aarde? Dat geloven wij, wij houden daar aan vast. Maar tegelijkertijd weten wij van de strijd, het grote gevecht dat U bent aangegaan met de macht van het kwaad. Wij danken U dat wij in uw overwinning zullen delen!

'En al het volk zag hem lopen en God loven'. –
Hand. 3:9

Lopen en loven – die twee gaan samen, als de verlamde genezen is. Nu is dat op zichzelf geen wonder. Dat hij weer lopen kan, dat is een bijzonder wonder, maar dat hij al lopend God looft, dat is zo vreemd nog niet, dat is te verwachten. De man kan zijn geluk niet op, hij springt en loopt en al lopende en springende looft hij God. En iedereen ziet het en hoort het en staat verbaasd: Hoe is het mogelijk!

Hoe het mogelijk is? De Geest, die heeft het mogelijk gemaakt. De Geest van Christus, die gekomen is om in Gods Naam doven te doen horen en blinden te doen zien, die heeft het mogelijk gemaakt dat deze man, verlamd van kindsbeen aan, nu eindelijk lopen kan. En al lopend looft hij God.

En wij? Wij doen dat nauwelijks meer. Wij staan er niet bij stil dat lopen een wonder is. Wij rijden liever dan dat wij lopen. Ja, als je een been breekt of als je een spierziekte krijgt, dan besef je pas goed wat het betekent dat een mens kan lopen. Misschien is er nog een groter wonder dan de genezing. Dit: dat mensen God loven. En wie weet, kan dat wonder vandaag in ons leven geschieden. De Geest is machtig genoeg. Wie weet, komt het vandaag zo ver dat wij God loven, omdat wij lopen kunnen, zien kunnen, horen kunnen, ruiken kunnen, grijpen kunnen, tasten, strelen. Misschien is dat wel het grootste wonder: dat een mens niet went aan de kleine dingen van elke dag, maar dagelijks God looft om het wonder dat leven heet.

Lof zij de Heer, Hij omringt met zijn liefde uw leven;
heeft u in 't licht als op adelaarsvleuglen geheven.
Hij die u leidt,
zodat uw hart zich verblijdt,
Hij heeft zijn woord u gegeven.

gezang 434:2

Liefdevolle Vader, voor uw woord danken wij U nog het meest. Als wij U ergens om moeten loven, dan wel daarom. Voor uw geboden, voor uw beloften prijzen wij uw heilige naam. In dat spoor kunnen wij wandelen, lopen en springen, zingen en loven, samen met alle heiligen, uw naam die te prijzen is tot in eeuwigheid.

'En hoewel hij zijn ogen open had, kon hij niets zien'. – *Hand. 9:8*

Daar gaat Saulus van Tarsen: ziende is hij blind. Hij dacht dat hij alles haarscherp zag. Hij zag vooral zijn eigen vroomheid glashelder. Hij zag ook zijn kansen, zijn geestelijke promotiekansen. Toen hij op de kleren van de stenenwerpers moest passen, bij de steniging van Stefanus, toen gingen hem de ogen open. Hier lag zijn kans! Zo kon hij God dienen, door die gehate christenen te vervolgen. En daarom: op naar Damascus, hij zou ze achterhalen, die vervloekte aanhangers van Jezus, die mislukte Messias...

Maar dan, een lichtflits, en Saulus is nergens meer. Nu ja, nergens meer... Hij is nog altijd op de weg naar Damascus, maar dat moet hem worden verteld, want hij kan zelf niets meer zien, ziende is hij blind. En dat is nu net wat Saulus moet in-zien: dat hij verblind is. Als een dwaas is hij tekeer gegaan. Alles wat anders was dan wat hem in zijn opvoeding was bijgebracht, was per definitie goddeloos. Weg ermee! Jarenlang had hij gestudeerd met oogkleppen. Altijd had hij de boeken van de profeten met een bepaalde bril gelezen. En zo was hij verblind geraakt, ziende blind geworden. Saulus zag alleen nog de letters van de Schrift, maar de liefde van God ontging hem, daar had hij geen oog meer voor. Daaraan moet God zelf ons keer op keer ontdekken: dat wij ziende blind zijn voor dat, waar het op aan komt – zijn liefde voor mensen. In Damascus is Saulus tot inzicht gekomen. Daar is zijn haat veranderd in liefde. Daar bleek zijn winst alleen maar schade en zijn schade alleen maar winst. Je kunt, theologisch gesproken, een knappe kop zijn en, kerkelijk gezien, een fanatiekeling, maar vergis je niet – wie meent te zien, heeft nog het ware inzicht niet. Gods liefde is oogverblindend.

Verlicht het oog dat U niet ziet.
Leid hem weerom die U verliet.
Verzamel, die verwijderd gaan.
Versterk ze die in twijfel staan.

gezang 168:5

Grote God, uw liefde is oogverblindend. Wanneer u zelf tot ons komt, lukt het ons niet meer om wat dan ook te doorzien. Dan aanschouwen wij alleen onze eigen duisternis, onze grote dwaasheid en verblinding. Maar ook uw barmhartigheid, genezend, bevrijdend. Wij bidden U niet om inzicht in alle dingen – wij bidden U alleen: laat ons in Jezus uw liefde zien!

'En Paulus keek hem scherp aan en zag, dat hij geloof had om genezing te vinden'. – *Hand. 14:9*

In de stad Lystra heeft Paulus een verlamde luisteraar. Paulus ziet hem, Paulus kijkt hem scherp aan en dan ziet de apostel dat deze man geloof heeft om genezing te vinden. 'Ga recht op uw voeten staan!', zo klinkt het machtswoord van de apostel, in Jezus' Naam. En ziedaar: de verlamde staat recht op zijn voeten!

Geloof om genezing te vinden. Lang niet altijd lees je daarover met zoveel woorden. In het evangelie is vaak helemaal geen sprake van geloof, wanneer Jezus mensen geneest. Jezus doet het gewoon, Hij stelt het geloof niet als een voorwaarde. Toch lees je af en toe wel degelijk over het geloof of over het ontbreken daarvan. Ik geloof, Heer, maar kom mijn ongelovigheid te hulp!, zo zegt de vader van een zieke jongen. Vier mannen komen met hun vriend bij Jezus en laten hem via het dak neer aan zijn voeten. En Jezus ziet hun geloof...

Geloof om genezing te vinden. Het lijkt erop dat het geloof toch wel van belang is om genezen te worden. In zijn vaderstad kan Jezus zelfs niet veel tekenen doen vanwege het ongeloof. Wie ziek is, lichamelijk of geestelijk, doet er goed aan zijn hoop te vestigen op de levende God. Soms staat ons klaagpatroon, onze zorgzucht, ons ongeloof, genezing in de weg!

De Heer moet gij vertrouwen,
begeert gij de uitkomst goed,
op Hem uw hope bouwen,
zal slagen wat gij doet.
Door geen bekommeringen,
geen klagen en geen pijn
laat God zich iets ontwringen:
Hij wil gebeden zijn.

gezang 427:2

Genadige God, wij belijden U dat wij soms nauwelijks wonderen van U verwachten. Wij horen zo vaak van mensen die, ondanks hun geloof, toch ziek werden en ziek bleven en stierven zelfs, dat wij bij voorbaat de moed opgeven om genezing te vinden. Bevrijd ons, o God, van de wanhoop en het kleingeloof. Help ons om restloos op U te vertrouwen. Spreek slechts één woord, o God, en wij zijn genezen!'

'Voorspoedig is de man die zich ontfermt en uitleent'. – *Ps. 112:5*

Nu, dat is naar mijn idee nog maar de vraag: is dat werkelijk zo? Gaat het de goede gevers, de gulle broeders en zusters altijd voor de wind? Zegt het spreekwoord niet: Stank voor dank? Hoe vaak gebeurt het niet: je bent goed geweest voor iemand, je hebt hem zelfs geholpen, financieel gesteund met een lening zonder rente. Ja, het zou allemaal dik in orde komen en op tijd weer worden geretourneerd. Maar je moet het nog altijd krijgen en je moet niet denken dat er nog een bedankje af kan; taal noch teken krijg je meer. Zie je wel: ondank is 's werelds loon.

Waarover spreekt dan toch die dichter van de psalm die we lazen? Wat is dat dan voor een voorspoed die het deel is van degene die gul en goed is voor zijn naaste? Dat is de voorspoed van de innerlijke vrede. 'Voor een kwaad gerucht zal hij niet vrezen, zijn hart is gerust, vol vertrouwen op de Here'. Ziedaar de voorspoed van de mens die zijn naaste bemint. Liefde geeft rust. Wie geen oog voor de ander heeft, is blind. Wie zich doof houdt voor het hulpgeroep van de naaste, hoort ook Gods stem niet in het suizen van de wind. Alleen liefde geeft innerlijke vrede, een diepgaand vertrouwen op God. Nee, het is waar, soms zie je niets terug van wat je aan liefde investeert. Maar toch houd je er gegarandeerd iets aan over: de stille vreugde die God schenkt aan allen die de weg van zijn geboden gaan.

Wel hem, die geeft te allen tijde,
die zich door liefde en recht laat leiden.
Hij is standvastig, wankelt nimmer,
zijn goede trouw bestaat voor immer.
Voor kwaad gerucht zal hij niet vrezen,
de Heer zal steeds zijn schuilplaats wezen.

psalm 112:3

Barmhartige God, op deze eerste dag van een nieuwe week danken wij U voor alles wat U ons geeft. Hoe weinig ziet U er van terug; soms vertrappen wij uw goede gaven en geven wij U niets dan alleen onze ondankbaarheid. Vergeef ons dat en help ons op deze zondag om in de liefde voor onze naasten U te tonen hoezeer wij dankbaar zijn voor elke zegening van U. Vervul ons met uw Geest, opdat wij U zullen liefhebben en onze naasten als onszelf.

'Ben ik mijns broeders hoeder?' – *Gen. 4:9*

Jazeker, Kaïn, jij bent de hoeder van je broeder! Jij kunt je voor God niet van de broeder afmaken door je schouders op te halen en door te zeggen: Ik weet niet waar hij zit, ik heb met hem niets te maken!

Wat Kaïn doet, wordt nog altijd gedaan. Nog steeds roept het bloed van Abel van de aardbodem, het roept tot ons geweten. Nog altijd worden er mensen vermoord, in drift, uit jaloezie, uit wraakzucht. Nog altijd verdwijnen er mensen, zomaar, zogenaamd. Nog altijd wordt het gezegd: 'Wir haben es nicht gewusst', wij weten van niets.

Ben ik mijns broeders hoeder? Ja, daar zijn we het natuurlijk wel over eens, dat we zorg hebben voor elkaar, dat we niet zomaar medemensen mogen vermoorden als het ons zo uit komt. Maar beseffen we voldoende dat we elkaar ook met blikken kunnen doden? En dat we elkaar kunnen dood-zwijgen? En dat we elkaar kunnen weg-promoveren? Er zijn heel wat slinkse wegen om van broeders en zusters af te komen. Soms zijn die broeders en zusters onze broers en zussen. Maar het kunnen ook ouders zijn. Kinderen. Buren. Collega's. Wij zijn geroepen om goede herders te zijn voor elkaar. Zeker, ik weet wel, je kunt onmogelijk altijd voor iedereen evenveel tijd hebben. En soms kan het ook heel heilzaam zijn om de ander eens een tijdje met rust te laten, om niet elke keer maar weer te schrijven, te bellen, te komen. Maar de opdracht blijft: goede herders te zijn van broeders en zusters. Christen-zijn, dat is ook: oog hebben voor elkaar. Oog én oor. Want wie de stem van Abel niet hoort, staat aan de kant van een moordenaar.

Heer, wij gedenken U; laat ons dan nooit vergeten
de mensheid zonder God, de mensheid zonder brood.
Het bloed van Abel roept nog steeds tot ons geweten.
Wie 't zingend overstemt is Kaïns deelgenoot.

gezang 324:3

Trouwe God, bewaar ons voor de dolle drift, de koele woede. Bewaar ons voor jaloezie, voor wraakzucht en bitterheid. Bewaar ons ervoor dat we zullen afstompen door zoveel beelden op het journaal, door zoveel foto's in de krant. Open ons de ogen, open ons de oren, opdat wij Abel mogen zien, onze broeder, de mens die U zelf aan onze zijde hebt gezet.

'En uw Vader, die in het verborgene ziet, zal het u vergelden'. – *Matth. 6:4*

Het is goed om weg te geven van wat je zelf ontvangen hebt. Wat Jezus heeft vermenigvuldigd, mag ik delen. Uit-delen. Royaal. Geef maar aan de armen wat je over hebt, zorg er maar voor dat de diakenen voldoende hebben om te helpen, dichtbij huis en wereldwijd. Alleen, als je geeft, doe het dan niet met veel bombarie, maar stilletjes, onopgemerkt. Laat de linkerhand niet weten hoeveel er in je rechterhand zit, 's zondags, bij de collecte bijvoorbeeld.

Je hebt mensen die daar anders over denken. In de dagen van Jezus was dat al zo. Er waren er bij die op de bazuin lieten blazen wanneer ze van plan waren om een openbare uitdeling van giften te houden. En de mensen maar buigen als knipmessen: Kijk, daar heb je die rijke mijnheer die zo veel doet voor de armen! Wees gegroet, edele heer, wees gegroet! Dat soort mensen is er nog. Ze weten het zo te regelen dat Jan en alleman weet dat die fraaie gift is geschonken door mijnheer of mevrouw zus of zo. Van de letters N.N. hebben ze nog nooit gehoord. Helpen incognito – dat is wat Jezus ons leert. Doe het niet voor de mensen. Wat heb je aan hun eer? Doe het voor God. Doe het voor je hemelse Vader. Hij ziet wel wat je in het verborgene doet. Voor Hem zijn er geen geheimen. En Hij ziet het niet alleen. Hij zal het u ook vergelden! Elke gift wordt bij God genoteerd. Onze gaven zijn investeringen, tegoeden op de meest betrouwbare bank die er bestaat. Als we dat eens wat meer geloofden, hoeveel kleiner zou de nood op aarde zijn...

Deelt met elkander
het brood van alledag,
opdat u in de ander
Gods heil aanschouwen mag.
Deelt met elkander
het brood van deze dag.

gezang 46:6

Barmhartige Vader, wij willen de ander wel helpen, maar niet graag ongezien. Vergeef ons onze eerzucht, onze hoogmoed. Maak ons tot trouwe volgelingen van Jezus, die kwam om te dienen zonder gediend te worden en niet nodig had dat mensen Hem eerden. Help ons om onze naasten lief te hebben louter en alleen uit dankbaarheid om al wat U aan ons deed.

'Al wie de wil van God doet, die is mijn broeder en zuster en moeder'. – *Mark. 3:35*

Nu ja, is dat niet wat al te hard en scherp gezegd door Jezus? Nota bene: nu staan Maria en Jezus' broers en zusters buiten, ze kunnen nauwelijks bij Jezus komen vanwege de mensen die rondom Hem zich verdringen en daarom laten ze vragen of Jezus komen wil of er voor zorgen kan dat zij bij Hem kunnen komen. En dan antwoordt Jezus op het spottende, op het sarcastische af: Al wie de wil van God doet, die is mijn broeder en zuster en moeder. Daar spreekt toch niet al te veel eerbied voor zijn familie uit...

Wacht, zeg dat niet te snel. We weten allemaal hoe bezorgd Jezus was voor zijn moeder Maria. Denk maar aan zijn opdracht op Golgotha, zijn laatste wens aan het adres van Johannes: Zie, uw moeder. Vanaf dat moment nam Johannes Maria bij zich in huis. Zou Jezus dan pas later veranderd zijn en hier nog brutaal en oneerbiedig met zijn familie omspringen? Ik geloof er niets van. Ik denk ook niet dat Jezus deze woorden sarcastisch heeft bedoeld. Ze hebben veeleer iets van een glimlach. Ik zie een schittering in Jezus' ogen. Terwijl Hij zich naar de deur begeeft om Maria en zijn broers en zusters te begroeten, valt zijn oog op de mensen, de mannen en de vrouwen daar vóór Hem en ineens wordt het Hem meer dan ooit duidelijk: in Gods Koninkrijk klinkt geen stem van bloed en bodem. In Gods Koninkrijk vallen alle banden van vaders en moeders en kinderen weg en zijn we in één greep Kinderen van de Vader, zusters en broeders van Jezus! Ja, dat wil zeggen: Al wie de wil van God doet... Je moet niet denken dat je automatisch een broer of zus van Jezus bent...

God roept, en wat de mensen scheidt
dat zij geen scheiding meer;
zijn liefde houde ons allen saam
en samen met de Heer.
Want wat er in de wereld woed',
toch is het God die wint
en in een elk die Hem behoort
het nieuwe rijk begint.

gezang 474:3

Vader, dat wij uw kinderen mogen zijn, en elkaars broeders en zusters, daar danken wij U voor. Maar tegelijkertijd bidden wij U: Help ons om die naam waardig te zijn. Help ons om uw wil te doen. Help ons om ook werkelijk als kinderen, als broeders en zusters te leven.

'Ga heen, doe gij evenzo'. – *Luk. 10:37*

Jezus vertelt de gelijkenis van de barmhartige Samaritaan op het moment waarop hij wordt benaderd door een schriftgeleerde. Deze kenner van de Heilige Schrift komt tot Jezus met een discussievraag, een twistpunt. Hij hoopt dat hij Jezus met zijn antwoord klem kan zetten. De vraag is: Wat moet ik doen om het eeuwige leven te beërven? Op die vraag geeft Jezus nauwelijks antwoord, dat wil zeggen: Hij herinnert de schriftgeleerde aan de geboden van God. Heb God lief en ook je naaste! Maar de man laat zich zo snel niet uit het veld slaan en hij vraagt door: Wie is dan mijn naaste?

Wat is dat toch eigenlijk bar en boos, dat er schriftgeleerden zijn, kerkmensen, bijbelgetrouwe broeders en zusters, die daar tijd voor hebben: voor discussies over de vraag wie je naaste nu eigenlijk is, voor diepzinnige gesprekken over de vraag hoe je het eeuwige leven kunt verwerven. Hoe verdrietig is het, dat er christenmensen zijn die zo verdiept zijn in hun godsdienstige denkpatronen, dat ze, net als de priester en de leviet, in een grote boog om hun naaste-in-nood heengaan. Dominees, ouderlingen, diakenen, mensen die elke zondag in de kerk zijn te vinden, u, jij, ik misschien, wat steken wij een tijd in onvruchtbare discussies, wat tobben we niet met vragen over de eeuwigheid en de zekerheid van ons persoonlijk heil – terwijl we nauwelijks oog hebben voor onze zieke buurman, dat moedeloze meisje in de klas, die alcoholist op de stoep-schuin-tegenover. We preken, we praten op de bijbelkring, we lezen christelijke boeken bij de vleet, maar worden er ook mensen beter dank zij onze aanwezigheid?

Biedt uw naaste de helpende hand,
spijzigt de armen in uw land,
een woning wilt hen geven.
Het tweede gebod is het eerste gelijk;
doet dit en gij zult leven.

gezang 62:3

O God, die priester, die leviet, die kennen we. Wij, wij lopen zo vaak elkaar voorbij, wij gaan liever een straatje om. Vergeef ons dat wij vaak wel tijd hebben om te discussiëren, om hele gesprekken te houden over het geloof en de bijbel en de kerk, maar dat we nauwelijks tijd hebben om te helpen, om onze handen uit de mouwen te steken, om elkaar op te beuren. Wij bidden: help ons om te doen waartoe Jezus zelf ons heeft geroepen.

> 'En toen in die dagen de discipelen talrijker werden, ontstond er gemor bij de Grieks sprekenden tegen de Hebreeën, omdat hun weduwen bij de dagelijkse verzorging verwaarloosd werden'. – *Hand. 6:1*

Wat is dat nu: nog maar nauwelijks is de Heilige Geest uitgestort, nog maar nauwelijks is er een gemeente ontstaan, vol van onderlinge liefde en tintelend van vreugde, of er klinkt gemopper. De oerziekte van Godsvolk-onderweg steekt weer de kop op. Toch is er wel enige reden voor. Blijkbaar is er sprake van discriminatie in de gemeente. De mensen met een vreemde tongval worden niet zo goed behandeld als de anderen. Een bekend verschijnsel, tot op de dag van vandaag toe...

En wat doet nu de leiding van de gemeente in Jeruzalem? Bezuinigen? Schreeuwen: weg met die buitenlanders? Nee, geen sprake van. Er is bezinning, er is overleg. Er moeten mensen worden aangesteld die zich speciaal bezig houden met de dagelijkse verzorging van de sociaal zwakken. De apostelen kunnen tenslotte niet alles doen. Zij moeten voldoende tijd hebben om het Woord te bedienen.

Ziedaar hoe Gods Geest werken wil. Liefde voor de naaste vraagt om bezinning, om overleg, om verdeling van taken, om een open oog voor die groepen die ten achter worden gesteld. Liefde voor de naaste geeft niet in het wilde weg. Liefde is niet blind. Liefde ziet scherp. Zo scherp, dat er soms een vergadering bijeengeroepen moet worden met één agendapunt: Hoe moeten we als gemeente de dingen anders doen om werkelijk een gemeente te zijn waarin liefde woont?

Door God bijeen vergaderd,
één volk dat Hem behoort,
als kindren van één Vader;
één doop, één Geest, één woord.
Zo offert allerwege
de kerk U lof en prijs.
Eén naam is aller zegen,
één brood is aller spijs.

gezang 303:2

Barmhartige God, geef ons meer van dit soort vergaderingen, waarin we niet onze tijd verdoen, maar werkelijk orde op zaken stellen om mensen te helpen in hun nood. Geef dat wij zo gemeente zijn, dat mensen-vanbuiten jaloers worden op de liefde die onder ons woont – en zo uw grote Naam verheerlijken.

'Geliefden, indien God ons zo heeft liefgehad, behoren ook wij elkander lief te hebben'. – *1 Joh. 4:11*

Wat is, zo wordt nog al eens gevraagd, nu eigenlijk het verschil tussen het christelijk geloof en het humanisme? Een christen probeert om zijn naaste lief te hebben, maar dat doet een humanist toch ook? In de praktijk zie je eigenlijk helemaal geen verschil.

De apostel Johannes vertelt ons in zijn brief wat het geheim is van de christelijke naastenliefde. Wij hebben elkaar niet zomaar lief, omdat dat nu eenmaal fatsoenlijk is of bevorderlijk voor de samenleving of gestimuleerd wordt door het bestuur van de plaatselijke afdeling van het Humanistisch Verbond. Nee, wij hebben elkaar lief omdat God ons zo heeft liefgehad! Dat is het geheim, de verborgen spankracht, de diepe bron van onze liefde voor de naaste. Al onze liefde is eigenlijk alleen maar reactie, ant-woord op wat God heeft gedaan. En wat heeft Hij dan gedaan? Hij heeft ons zijn Zoon gegeven, zijn eniggeborene.

Liefde doet pijn. Om dat goed te beseffen moet je naar Golgotha. God heeft zich niet goedkoop van ons afgemaakt. Voor ons had Hij alles over: zijn leven. Dat is pas werkelijk liefde. Wie de naaste wil liefhebben, maar de pijn wil ontlopen, die zal nooit de diepte van de liefde verstaan. Waarachtige liefde weet van lijden, van afscheid nemen en afstand doen, van dulden en dragen. Waarachtige liefde leer je alleen knielend – aan de voet van het kruis.

Alzo lief had God de wereld,
dat hij Zijn geliefde Zoon
voor de afgevallen wereld
overgaf aan smaad en hoon.
Ja, toen wij nog zondaars waren,
schonk de Vader ons gena,
leed de Zoon op Golgotha,
stierf voor ons, die zondaars waren:
God is liefde, o engelenstem,
mensentong, verheerlijkt Hem!

gezang 451:2

Liefdevolle Vader, wij danken U voor uw Zoon. In Hem is uw liefde duidelijk geworden, zichtbaar, tastbaar. Alleen omdat U ons zo hebt liefgehad, kunnen ook wij houden van hen die onze naasten zijn.

'Ik zal de Here loven, mijn leven lang,
mijn God psalmzingen, zolang ik nog ben'. – *Ps. 146:2*

Eigenlijk begint de psalm met een kreet, een uitroep van vreugde. Hallelujah! Loof de Heer! En met die oproep, eindigt ook de psalm. 'Uw God, o Sion, is van geslacht tot geslacht. Hallelujah'. Heel de psalm staat ingeklemd tussen dat tweemaal 'Hallelujah'. De dichter begint ermee en hij eindigt ermee. Het is alsof hij zeggen wil: Ziel, gij zijt geboren tot zingen voor de Heer uw God! Dat is het doel van je leven; daartoe begint het en daarmee mag het ook ten slotte eindigen. Hallelujah!

Over dat 'Hallelujah' zal het deze week gaan in de Schriftlezingen. Meer nog: over de dankbaarheid, over een leven vol lofprijzing. Het kan geen kwaad dat we daar van tijd tot tijd aan herinnerd worden, aan die oer-opdracht van het menselijk leven. De zin van het leven? Dat is dat we zingen zullen voor het aangezicht van God. En zingen betekent dan niet altijd dat je een liedbundel met een notenbalk voor je hebt en vrolijk en vroom zingt wat in het boekje staat, in de kerk of in het koor – nee, zingen voor God, dat doe je ook met je handen en met je voeten, met alles wat aan en in je is. Zingen voor God, dat is leven in dankbaarheid, blij zijn met het dagelijks brood, dankbaar zijn voor de vrijheid waarin je leven mag, ja-zeggen tegen het leven. Laat deze dag, deze eerste dag van een nieuwe week, niet voorbijgaan zonder dankbaarheid!

Zing, mijn ziel, voor God uw Here,
zing die u het leven geeft.
Zing, mijn ziel, uw God ter ere,
zing voor Hem zolang gij leeft.
Ziel, gij zijt geboren tot
zingen voor de Heer uw God.

psalm 146:1

Trouwe Vader, wij danken U voor het leven, voor het licht van de zon, voor de bladeren aan de bomen, voor ons dagelijks brood. Wij danken U voor de gemeenschap der heiligen, voor de kerk, waarin uw lofzang weerklinkt. Wij danken U voor alle goede dingen. Wij weten van onrecht, van honger en dorst, van weduwen en wezen. Maar U houdt ons staande en opent onze ogen voor elkaar. Vervul ons met uw Geest, opdat wij als dankbare mensen elkaar mogen geven wat U ons geschonken hebt.

> 'De volgende morgen vroeg nam Jakob de steen die hij onder zijn hoofd gelegd had, stelde die tot een opgerichte steen en goot er olie bovenop'. – *Gen. 28:18*

Voor Jacob is er nog maar één kans om te overleven: vluchten! Thuis dreigt de dood. Als zijn vader Izak gestorven is, zal zijn broer Ezau wraak nemen, daar is Jacob zeker van. Ezau zal hem niet vergeven dat hij de eerstgeboortezegen op een slinkse manier gekregen heeft. En zo gaat Jacob op pad. Als het donker wordt, slaapt hij in het open veld. Geen deur gaat voor hem open. Geen deur? Ja toch: de hemelpoort. Engelen lopen af en aan. En God staat bovenaan de ladder. Hij laat zijn kind, ondanks alles, niet alleen. In dit huis mag Jacob wonen. Beth-El, zo noemt hij de volgende morgen deze plek. Huis Gods. En om de plaats te markeren, zet hij de steen die zijn kussen was, overeind en wijdt die met olie aan God. Deze steen zal een gedenksteen zijn, een monument van genade, een keihard signaal van Jacobs dankbaarheid.

Het is goed om van tijd tot tijd in je eigen leven eens achterom te zien naar dit soort stenen. Staan ze ook in ons leven niet opgericht? Hebben ook wij niet onze ontmoetingen gehad met de levende God? De doop is zo'n gedenksteen. Ondanks onze schuld, ondanks onze opdringerigheid en slinksheid, ons ongeduld en ons ongeloof, doet God zijn hemel open. Wij mogen verdergaan op onze tocht door het leven, in de Naam van de Vader, de Zoon en de Heilige Geest. Staan zo langs onze levensweg niet de mijlpalen van Gods barmhartigheid?

Heil wien Jakobs God wil bijstaan,
heil die God ter hulpe riep.
Want zijn heil zal niet voorbijgaan,
God is trouw aan wat Hij schiep.
Wat in hemel, zee of aard
woont, is in zijn hand bewaard.

psalm 146:3

God van Abraham, Izak en Jacob, wij danken U. Soms kunnen wij alleen nog maar vluchten, soms zien wij nergens een uitweg meer. Maar uw hemel gaat open, U hebt een ladder, altijd. Geef ons open ogen voor de tekenen van uw trouw in ons leven, opdat wij niet vergeten zullen wat U ons hebt gedaan; dat wij telkens weer stenen zullen oprichten die ons herinneren aan uw barmhartigheid.

'Toen hij was weggegaan, begon hij het telkens weer te verkondigen'. – *Mark. 1:45*

Deze gewezen melaatse kan gewoonweg zijn mond niet houden. Hij zal en moet het vertellen. Iedereen moet horen wat Jezus hem heeft gedaan!

Eigenlijk is dat niet in de haak. Jezus had hem nadrukkelijk verboden om deze genezing aan de grote klok te hangen. Jezus wilde niet dat de mensen zich om Hem zouden verdringen. Het moest voorlopig maar geheim blijven dat in Hem Gods genezende liefde op aarde was uitgestort.

Maar van al deze overwegingen trekt de man zich niets aan. Hij is het gebod van Jezus prompt vergeten. Hij kan er zijn mond niet over houden. Aan iedereen die het horen wil vertelt hij zijn verhaal in geuren en kleuren.

Is het in onze dagen en in ons leven anders? Ik vrees het wel. Als ik het goed zie gaat het bij ons juist andersom. Wij hebben geen gebod om te zwijgen. Integendeel. Wij hebben de opdracht om Jezus' Naam in het openbaar te prijzen. Wij mogen het – maar wij doen het niet. Wij zijn bang dat de mensen ons maar vroom vinden. Wij praten over de medische behandeling en over de controles die allemaal zo positief uitvallen, maar over onze Heiland spreken wij met geen woord en in de kerk laten wij ons nauwelijks zien. Ondank is niet alleen het loon van de wereld. Ook de hemel krijgt soms niet meer. Het wordt tijd dat we ons door de oude psalmen laten gezeggen. Die hebben er weet van hoe je God danken kunt, met hart en mond en handen, heel persoonlijk, maar ook heel publiekelijk, in het openbaar.

Hoe zal ik naar beloften, toen gedaan,
nu danken voor de redding van mijn leven?
Ik heb de kelk van 's Heren heil geheven
en noem voor heel het volk zijn grote naam.

psalm 116:6

Grote God, vergeef ons dat wij zo snel onze beloften vergeten. Wij zeggen zo gemakkelijk 'ja', als wij belijdenis doen of trouwen of onze kinderen laten dopen. Wij beloven U trouw en een warm hart voor uw kerk. Help ons om te doen wat de melaatse deed: uw grote naam te verkondigen, overal, met woord en werk.

lezen: *Lukas 17:11-19*

'En hij wierp zich op zijn aangezicht voor zijn voeten om Hem te danken'. – *Luk. 17:16*

Dat is nu niet wat je noemt een hoge score: één op de tien komt terug om Jezus te bedanken. En die ene ex-melaatse is nog wel een halve heiden, een Samaritaan. Tien procent dankbaarheid. Negentig procent ondankbaarheid? Nou, dat geloof ik niet. Reken maar dat die negen die niet terugkwamen om Jezus te bedanken evengoed dankbaar zijn geweest. Alleen, zij nemen niet de moeite om terug te gaan en om Jezus heel nadrukkelijk te laten weten dat ze Hem dankbaar zijn. Natuurlijk, het is allemaal best te begrijpen, je weet hoe dat gaat: ze vieren feest met de familie en vrienden, iedereen is diep onder de indruk en in opperste verbazing: onze melaatse vriend is genezen! En dan duurt het even voor je weer bent teruggekeerd in het gewone leven van elke dag en dán, ja dan opeens schiet het door je heen: wat heeft die ander, wat heeft God, mij gezegend! Maar ja, om dan nog terug te gaan en te bedanken... Elke dag wordt de drempel hoger... Ja, eigenlijk zou je God moeten danken, eigenlijk zou je naar de kerk moeten gaan, eigenlijk zou je... Maar het komt er niet van. Tenzij je, net als die ene 'rand-kerkelijke', die Samaritaan, de moed hebt om terug te gaan, je gezicht te verliezen (want dat doe je als je je op je aangezicht werpt!), om Hem te danken. Het zou wel eens kunnen zijn dat God lijdt, niet zozeer aan onze ondankbaarheid, alswel aan onze oppervlakkigheid.

Heer, als wij, melaats van harte,
tot U roepen uit de verte
en Gij zegt: 'gaat heen, wordt rein',
laat ons als die ene zijn.
Laat de dank in onze monden
woorden vinden voor het wonder.
Laat ons lovend tot U gaan
om wat Gij ons hebt gedaan.

gezang 71:3

Heer, vergeef ons onze oppervlakkigheid. Wij denken zo gauw en zo gemakkelijk dat U wel weet hoe dankbaar we zijn. We gaan er gemakshalve van uit dat U onze gedachten kent en onze diepste gevoelens peilt. Maar wij weten: U vraagt ons geheel, niet alleen onze gedachten, maar ook onze woorden en onze daden. Help ons, om met zoveel woorden en metterdaad U te danken voor alle goede dingen. U bent waard geprezen te worden, nu en tot in de eeuwen der eeuwen.

'Derhalve, broeders, zijn wij schuldenaars, maar niet van het vlees, om naar het vlees te leven'. – *Rom. 8:12*

Wij staan bij God in het krijt! Hij heeft het een en ander van ons tegoed! Wat dan wel? Onze dankbaarheid! Dat is toch wel het minste wat wij Hem kunnen aanbieden, in ruil voor zoveel dat Hij deed voor ons. Hij gaf zichzelf, zijn liefde, zijn Zoon. Hij betaalde, toen wij geen cent meer hadden. Hij maakte ons rijk, toen wij failliet waren verklaard. Nee, God behoeft niets terug. Wij behoeven niet ons leven lang krom te liggen om goede werken op te sparen, zodat God uiteindelijk zal zeggen: Prima, de schuld is afbetaald, wij staan weer quitte. Geen sprake van! Niets behoeft te worden afbetaald. Het is allemaal genade, gratis, voor niets. Het enige dat God ons vraagt, is: dankbaarheid.

Zogezien zijn wij schuldig. Nee, niet zoals slaven die aan hun heer gehoorzaamheid schuldig zijn. Het is afgelopen met de slavernij! We zitten niet meer vast aan het vlees, aan de werken van de duisternis. Wij zijn verlost, God heeft ons welgedaan! Wij zijn schuldenaars, niet van het vlees, om naar het vlees te leven. Nee, wij zijn schuldig zoals een kind aan zijn vader schuldig is: dankbaarheid. Meer vraagt God niet. Je behoeft jezelf niet op te werken tot een voorbeeldige zoon of dochter. Je behoeft niet je best te doen om bij God in een goed blaadje te komen. Het enige wat je Hem schuldig bent, is: dankbaarheid. Het is de dankbaarheid die ons herinnert aan de Opstanding!

De geest die ons bewoont
verzucht en smeekt naar God
dat Hij ons in de Zoon
doet opstaan uit de dood.
Opdat ons leven nooit
in weer en wind bezwijkt,
kom Schepper Geest, voltooi
wat Gij begonnen zijt.

gezang 247:3

Trouwe God, ontvang onze dank! Wij zouden in weer en wind bezwijken, als Gij ons niet vastgehouden had. Wij zouden voorgoed zijn verslaafd aan de machten van de duisternis, als uw Zoon ons niet had bevrijd, door een slaaf voor ons te worden. Wij danken U en vragen U: help ons om te leven als dankbare kinderen voor uw aangezicht.

DANKT ONDER ALLES lezen: *1 Thessalonicenzen 1:2-10*

'Wij danken God altijd om u allen...' – *1 Thess. 1:2*

Waarom is Paulus zo dankbaar voor de gemeente in Thessalonica? Omdat in deze gemeente het woord van God gevallen is als zaad in een vruchtbare akker. Het geloof is opgekomen, de hoop staat hoog op het veld, de liefde bloeit allerwegen. En zodoende is de gemeente van Thessalonica zelfs een voorbeeld geworden voor alle gelovigen in de Griekse wereld. Zie, dat vervult de apostel met een diepe dankbaarheid. Hij is blij dat er in Thessalonica een levende gemeenschap is van gelovigen die God liefhebben en de naaste als zichzelf. En daarom begint hij zijn brief met een dankwoord. Nee, niet een dankwoord aan het adres van deze voorbeeldige gemeente, maar een herinnering aan zijn dagelijks dankwoord aan God. 'Wij danken God altijd om u allen'.

Misschien doen wij dat veel te weinig: God danken voor wat goed gaat. Wij bidden, persoonlijk en als gemeente, soms zeer aandachtig voor mensen in nood, voor mensen die dreigen stuk te lopen, voor mensen die op het punt staan het geloof te verliezen. En het is goed dat we dat doen. Maar waarom danken we God zo weinig voor zoveel mensen die niet in het duister leven, maar kinderen zijn van het Licht? Waarom richten we niet wat meer en vaker onze aandacht op de goede vruchten die de Geest doet groeien, ook in onze tijd? Over ondankbaarheid gesproken...

Alle eer en macht en kracht
worde, Heer, U toegebracht;
heel de mensheid stemme saam
in de drieklank van uw naam.
Erbarm U, Heer.

gezang 313:7

Barmhartige Vader, wij moeten ons schamen. Wij bidden U zovaak voor wat niet al. Maar wij vergeten U te danken voor het werk van uw Geest. Voor het geloof van onze broeders en zusters danken wij U. Voor het geduld van hen die worden getreiterd om hun huidkleur danken wij U. Voor de hoop die zo krachtig leeft bij hen die strijden om gerechtigheid, danken wij U. Voor de liefde die bloeit, daar waar eigenlijk alleen maar haat en verbittering kan worden verwacht, danken wij U. Er zijn zoveel tekenen van het Rijk dat komt, er zijn zoveel signalen van de nieuwe aarde die vol zal zijn van gerechtigheid! Maar wij zien ze niet, o God, tenzij U zelf ons de ogen ervoor opent, zoals nu. U danken wij voor al wat leeft in Jezus' Naam.

'Bidt zonder ophouden, dankt onder alles'. –
1 Thess. 5:17

Nu ja, bidden zonder ophouden, vragen om dit en om dat, om regen of droogte, om genezing of genade, nu ja, dat lukt ons nog wel zo'n beetje. Maar danken zonder ophouden, danken onder alles, danken onder alle omstandigheden, dat kan toch niet? Dat is te veel gevraagd, dat is onmogelijk!

Hoe je het ook keert of wendt, de apostel geeft ons deze woorden als een gebod, als een dringend advies. Dankt onder alles. Zijn vermaning is niet van commentaar voorzien. Natuurlijk zou hij daar best een paar opmerkingen bij kunnen maken. Paulus weet wat het is om in het nauw gedreven te zijn, om vast te zitten in de donkerste kerker, om geslagen en gesard te worden. Paulus zou redenen genoeg hebben om ons minzaam erop attent te maken dat er natuurlijk momenten zijn waarop je God helemaal niet kunt danken en dat zo iets natuurlijk ook helemaal niet hoeft, kijk maar naar de psalmen, die staan ook zo af en toe vol met klachten en soms ontbreekt zelfs elk spoor van dankbaarheid en lofprijzing. Zeker, Paulus zou dat allemaal rustig kunnen schrijven en wij zouden instemmend knikken en zeggen: Paulus, zo is het, je hebt gelijk!

Maar Paulus doet het niet. Paulus zegt alleen: Dankt onder alles. Punt. Uit. Nu ja, hij schrijft er alleen nog bij dat dit de wil van God is in Christus Jezus ten opzichte van ons. Maar verder geen woord. Dankt onder alles, dat is de boodschap. Zou Paulus weten dat dankbaarheid ons geven kan wat wij (soms) niet hebben? Ik bedoel: blijdschap.

Lof, eer en prijs zij God
die troont in 't licht daarboven.
Hem, Vader, Zoon en Geest
moet heel de schepping loven.
Van Hem, de ene Heer,
gaf het verleden blijk,
het heden zingt zijn eer,
de toekomst is zijn rijk.

gezang 44:3

Wij danken U, o God, wij danken U, ondanks alles! Wij danken U voor Hem, uw Zoon, die is opgestaan uit de dood. Wij danken U voor de vergeving der zonden en voor het eeuwige leven dat is en komen zal.

> 'Het is voor u tevergeefs, dat gij vroeg opstaat, laat opblijft, brood der smarten eet – Hij geeft het immers zijn beminden in de slaap'. – *Ps. 127:2*

'Weest niet bezorgd'. Dat is het thema van deze week en de psalm die we lazen spreekt daarover al direct een woordje mee. Wat heb je eraan om 's morgens in alle vroegte op te staan en door te werken tot 's avonds laat? God geeft je de slaap en wee je gebeente wanneer je dat kostbare geschenk van de nachtrust niet dankbaar aanvaardt! God geeft je de slaap... Ja, zo kan de tekst van deze psalm ook worden vertaald. Maar wie kiest voor de bekende vertaling, heeft ook al reden tot overdenking voldoende. 'God geeft het immers zijn beminden in de slaap'. Met andere woorden: je moet nu niet denken dat alles afhangt van jouw zwoegen en ploeteren. Soms komen de dingen ook tot stand wanneer jij er nu juist eens niets aan doet, wanneer je het werk maar eens even laat liggen. Soms ben je zo overmand door vermoeidheid, dat je de goede oplossingen voor allerlei problemen niet meer vinden kunt. En dan kan het zijn dat je het 's morgens opeens zomaar ziet, alsof God je een antwoord gegeven heeft in de slaap.

Elke zondag is een herinnering aan de wijsheid van deze psalm. Het is goed voor een mens om een pas op de plaats te maken, om te pauzeren, om te rusten van het dagelijks bedrijf. Wij leven niet om te werken. Wij leven ook niet om te rusten. Wij leven om te léven. En leven doe je pas werkelijk wanneer je de grenzen van eigen kennen en kunnen niet eigenwijs te buiten gaat.

> Voor dag en dauw reeds op te staan
> en op te zijn tot 's avonds laat,
> hard werken voor slechts weinig baat
> en schamel brood, 't is niets dan waan.
> Hij geeft het immers wie Hij mint,
> als in de slaap, als aan een kind.
>
> *psalm 127:2*

Hemelse Vader, geef ons kinderen te zijn, onbezorgd, lachend in de slaap. Soms weten wij van geen ophouden, werken wij maar door van vroeg tot laat, denken wij dat alles van onze ijver afhangt. Vergeef ons dat wij zo weinig vertrouwen stellen in het werk van uw Geest. Vergeef ons dat wij niet wat meer geloven in uw aanwezigheid en zorgzaamheid. Geef ons vandaag de rust om ons werk in uw handen te leggen.

'En de Here God nam de mens en plaatste hem in de hof van Eden om die te bewerken en te bewaren'. – *Gen. 2:15*

Dat is onze opdracht, van oudsher: bewerken en bewaren. De bomen, de rivieren, de grondstoffen. Dat wat wij in onze tijd noemen: het milieu. Jazeker, ook onze ziel zullen wij bewaren, onze omgang met God en met elkaar, dat hoort er zeker allemaal net zo goed bij. Maar in de tekst die we lazen is daarvan eigenlijk geen sprake. Het gaat daar over de hof, het paradijs, die grote wereldtuin die God ons gegeven heeft als woonplaats, als leefruimte. De steile bergen, de koele meren, het vaste land, de onzekere zee. Dat alles moet worden bewerkt en bewaard.

Wat heeft dat te maken met het thema van deze week, zo kan men zich afvragen. Weest niet bezorgd – wijzen die woorden 'bewerken en bewaren' juist niet in een heel andere richting? Moeten we niet zeer bezorgd zijn voor de bomen, de bossen, het water van rivier en zee? Zure regen, chemisch afval, radio-activiteit, hand-over-hand neemt het toe, het krijgt de overhand; er is iets grondig mis met dat bewerken en bewaren van ons. En dan: niet bezorgd zijn? Dat lijkt het tegenovergestelde van de opdracht die ons gegeven is! Moeten we niet veeleer elkaar toeroepen: Weest bezorgd! Ja zeker, dat moet inderdaad. Maar dwars daartegenin klinkt de stem van onze Heiland: Weest niet bezorgd! Een mens zou van pure angst alle hoop opgeven. Maar daar steekt het evangelie een stokje voor. Juist wanneer we op grond van Gods belofte al onze overbezorgdheid loslaten, ontvangen we goede moed om de aarde te bewerken en te bewaren. Weest niet bezorgd! Kijk naar de bloemen, kijk naar de vogels! Alleen wie werkelijk van de schepping genieten kan, is er zuinig op...

Laat dan mijn hart U toebehoren
en laat mij door de wereld gaan
met open ogen, open oren
om al uw tekens te verstaan.
Dan is het aardse leven goed
omdat de hemel mij begroet.

gezang 479:4

Trouwe God, wij bidden U voor allen die zich inzetten om de aarde te bewerken en te bewaren; voor allen die vechten voor een gezonde lucht, voor schoon water, voor groene bomen. Heer, laat uw schepping niet alleen, laat niet los het werk van uw handen!

WEEST NIET BEZORGD lezen: *Mattheüs 6:25-34*

'Wie van u kan door bezorgd te zijn één el aan zijn lengte toevoegen?' – *Matth. 6:27*

Nee, dat kan natuurlijk niemand. Niemand groeit ook maar één centimeter door te tobben over het een of ander. Integendeel: door al dat getob kwijnt een mens weg, je verschrompelt, je zou het er benauwd van krijgen. Als je niet uitkijkt word je van al dat getob niet groter, maar maakt het je een kopje kleiner...

Voor dat getob wil Jezus ons bewaren. De aarde bewerken, zorg dragen voor al wat leeft en beweegt, dat is goed, dat is onze opdracht. Maar daarover te tobben, daarmee op te staan en naar bed te gaan, dat is niet gezond voor een mens, daar word je alleen maar ziek van. Ondertussen: je zult er maar last van hebben... Wat moet je daaraan doen? Hoe kom je daarvan af? Wel, zegt Jezus, dan moet je naar de vogels kijken en naar de bloemen op het veld. En zie: daarvoor hebben wij in deze jachtige tijden nu net geen rust meer. Stel je voor: elke dag een wandeling maken, de stad uittrekken, op z'n minst door een park gaan wandelen en dan aandachtig kijken naar de vogels, de mussen, de duiven, de merels en naar de viooltjes en de goudsbloemen, daar heb je toch geen tijd voor, dat komt er niet van, een mens heeft wel wat anders aan z'n hoofd!

Ja, wie zo praat zal altijd wel een tobber blijven. Wie het medicijn dat Jezus ons aanprijst niet slikken wil, die moet de kramp van de overbezorgdheid maar verdragen. Nodig is het niet. Een beetje heidens is het, goedbeschouwd. En van dat heidendom wil Jezus ons nu juist bevrijden...

Hij die met heerlijkheden
de leliën bekleedt,
zal ook zijn kinderen kleden,
Hij kent ons lief en leed.
Geen schepsel wordt vergeten,
Hij houdt het al in stand,
die vogels geeft te eten,
Hij voedt ons uit zijn hand.

gezang 448:3

Trouwe Vader, voor de vogels en de bloemen danken wij U, voor uw goede zorg prijzen wij uw Naam. Geef ons te groeien in het geloof en neem de overbezorgdheid van ons af, waardoor wij alleen maar kleiner worden.

'Geef ons meer geloof'. – *Luk 17:5*

Jezus is in gesprek met zijn discipelen. Ze hebben het over de vergeving der zonden. Zelfs, zo zegt Jezus, wanneer iemand zeven maal per dag tegen je zondigt en evenzovaak bij je komt met excuses, zelfs dan zul je de ander vergeven, zeven maal, elke dag.

Nu, dat lijkt de discipelen nog niet zo eenvoudig. Ze slaken een diepe zucht. Ze kennen elkaar. Ze kennen zichzelf. En in die verlegenheid smeken ze Jezus: 'Geef ons meer geloof'.

Meer geloof. Ja, dat zou je wel willen! Meer geloof, om bergen te kunnen verzetten. Meer geloof, om nooit meer bezorgd te zijn. Meer geloof, om opgewassen te zijn tegen de grootste problemen. Als Jezus ons dat nu eens gaf, wat meer geloof... Maar Jezus geeft het ons niet. Dat wil zeggen, Hij zegt tegen de discipelen: Al hadden jullie maar een geloof zo groot als een mosterdzaadje, dan zou je al bomen in de zee kunnen overplanten! Een geloof zo groot als een mosterdzaadje... Liever gezegd: zo klein als een mosterdzaadje! Onooglijk klein is dat zaad. Maar een kracht dat er in huist! En zie eens welk een hoogte zo'n mosterdstruik bereikt! Nee, het gaat er niet om dat je méér geloof krijgt. Dat kleine beetje geloof dat je hebt, dat is voldoende. Of hebben we al met al helemaal geen geloof? Vertrouwen we er niet op dat vergeving wonderen kan bewerken? Je hebt geen groot geloof nodig. Een klein beetje is genoeg. Maar laat dat kleine beetje dan eens werken, laat het z'n gang gaan, laat dat kleine beetje eens rustig in de aarde ontkiemen – let op, dan komen de wonderen de aarde uit!

Beveel gerust uw wegen
al wat u 't harte deert,
der trouwe hoede en zegen
van Hem die 't al regeert.
Die wolken, lucht en winden
wijst spoor en loop en baan,
zal ook wel wegen vinden
waarlangs uw voet kan gaan.

gezang 427:1

Heer, wij bidden U niet om meer geloof. Wij vragen U alleen om vertrouwen in de kracht van een klein geloof. Geef dat wij ons niet uitstrekken naar meer en groter, maar dat wij de kleine kracht die U ons geeft ruimte schenken en tijd. Geef ons geloof! Om Jezus' wil.

lezen: *Lukas 18:28-30*

'Zie, wij hebben het onze prijsgegeven en zijn U gevolgd'. – *Luk. 18:28*

Jezus heeft zojuist een gesprek gehad met een rijke jonge man. Hij heeft hem geadviseerd om alles te verkopen en Hem te volgen. Zo zou deze jonge broeder, met al zijn vragen naar het eeuwige leven, tot rust kunnen komen, tot innerlijke vrede. Maar dat gaat deze broeder nu net te ver. Daarvoor zit hij te vast aan zijn geld.

De discipelen staan er bij en horen dit alles aan. Jezus' woorden zetten aan het denken. Petrus zégt wat hij denkt: 'Zie, wij hebben het onze prijsgegeven en zijn U gevolgd'. Meer zegt hij niet. Wat bedoelt Petrus hiermee? Het lijkt er op dat hij zichzelf een pluim op de vissershoed wil zetten. Heer, wat die rijke seigneur niet wil, dat hebben wij dan toch maar gedaan! Wij hebben onze schepen achtergelaten, onze huizen en onze handel. Zullen wij dan deel hebben aan het Koninkrijk van God?

Ja, zegt Jezus, ja, daar mag je op rekenen. Dat wil zeggen: wie dat alles prijsgeeft terwille van Gods Koninkrijk, die zal veel meer terugkrijgen dan hij inlevert. Op aarde al, in dit leven. En straks, in de komende eeuw, nog veel meer: het eeuwige leven.

Zegt Jezus dat om ons het geld uit de zak te kloppen? Nee. Hij zegt het opdat wij niet bezorgd zouden zijn. Wie terwille van het Koninkrijk van God inlevert, achter moet laten, op moet geven wat hij met veel moeite verworven heeft, wie recht door zee wil gaan, eerlijk wil zijn voor God en de mensen en daardoor schade lijdt, die behoeft niet in zak en as te zitten: je krijgt het allemaal terug. Met rente!

Gods heilig woord alleen houdt stand,
Gods waarheid zal ons staven.
Hij leidt ons en met milde hand
schenkt Hij zijn geestesgaven.
Al rooft de tyran
ons wat hij maar kan,
ons goed en ons bloed, –
laat hem zijn overmoed!
Gods rijk blijft ons behouden.

gezang 401:4

Vader in de hemel, wij danken U dat wij zo onbezorgd mogen leven. U weet wat wij moeten missen om U en uw Rijk. Wij danken U voor wat komt: uw land, uw stad, uw Rijk van vrede.

'Verdraagt elkanders moeilijkheden'. – *Gal. 6:2*

Wij zijn zo vaak overbezorgd, omdat we ervan uitgaan dat we er alleen voor staan. Hoe komen we toch aan die gedachte? Heel de bijbel is vol van het tegenovergestelde: je staat er niet alleen voor. Er is een God die je helpt. En bovendien zijn er altijd broeders en zusters die je bij willen staan, er is een gemeenschap van mensen, in geloof en liefde met elkaar verbonden. Daar mag je een beroep op doen, die gemeenschap is er voor. Wees dan niet zo hoogmoedig om te denken dat je alles alleen moet oplossen, alles alleen moet kunnen regelen en verwerken. 'Verdraagt elkanders moeilijkheden'.

Dit woord wordt door de apostel geschreven omdat hij weet dat het in de praktijk nog wel eens anders gaat. We laten elkaar soms vallen. We laten elkaar soms stikken. We staan al gauw klaar met ons oordeel, met onze afwijzing. We hebben onze etiketjes al gereed liggen. 'Zondaar'. En 'Lastpak'. En: 'Zeurkous'. En: 'Eigen schuld'. Maar die etiketjes deugen niet. Weg ermee, zo is de boodschap. Verdraagt elkanders moeilijkheden. Zeker, niet alle broeders en zusters zijn zo prettig in de omgang, je hebt er heel vervelende vrienden bij. Maar hebben we ons wel eens afgevraagd hoe die ander zo geworden is? Weten we iets over de jeugd van zo iemand, over zijn of haar wonden, schrijnend door de jaren heen? Kennen we elkaar eigenlijk wel? Zijn we eigenlijk wel een gemeenschap van broeders en zusters?

Verdraagt elkanders moeilijkheden. Wie zijn eigen moeilijkheden een beetje kent en wie daarin zelf ooit gedragen werd, die is in staat om ook de moeilijkheden van de ander heel vér mee te dragen...

Wordt een die zwak is, moede,
een sterker grijp' zijn hand.
De broeder steun' de broeder,
zo blijft de liefd' in stand.
Sluit vaster u aaneen!
Weest voor een elk de minste,
maar ook weer graag de meeste
in liefdedienst alleen!

gezang 441:10

Help ons, o God, om zo elkaars moeilijkheden te verdragen, elkaars zorgen, elkaars zonden. Help ons ervoor te zorgen dat de ander niet nodeloos bezorgd zal zijn.

'Werpt al uw bekommernis op Hem, want Hij zorgt voor u'. – *1 Petr. 5:7*

Dat is wat je noemt een bemoedigend woord! Al je zorgen mag je naar God toegooien. Ja, dat staat er, goedbeschouwd. Je moet je bezorgdheid niet voor God neerleggen, nee, je moet het resoluut aanpakken: smijt alles wat je bezwaart maar naar Hem toe. Hij weet er weg mee. Er is een Lam dat de zonden der wereld draagt. En bij die zonden kunnen ook onze zorgen nog wel...

Nu zit er aan dit 'weg-werp-geloof' nog wel iets vast. Beter gezegd: er gaat iets aan vooraf. Wat? Dit: 'Vernedert u onder de machtige hand van God, opdat Hij u verhoge te zijner tijd'. Dat hoort er wel bij. Je kunt je bekommernis pas naar God toegooien wanneer je jezelf vernederen wilt. Het is ermee als met een kameel; alleen wanneer die knielt kan de last worden weggenomen. Veelal heeft onze bezorgdheid te maken met hoogmoed. Wie hoogmoedig is, staat op een voetstuk. En wie op een voetstuk staat, kan ver kijken. Te ver vaak. Elke dag heeft genoeg aan zijn eigen kwaad. Je moet niet alles willen regelen, overal voor willen zorgen. Kom maar eens van dat podium af en leef bij de dag. Werpt al uw bekommernis op Hem, want Hij zorgt voor u!

Zo buigt u dan terneder
en kust de hand van God
die krachtig is en teder
en klaagt Hem al uw nood,
opdat Hij u verhoogt
wanneer de dag zal dagen
dat alles is voldragen,
de ochtend van de oogst.

gezang 107:2

Barmhartige Vader, wij buigen ons neer voor U en belijden U onze hoogmoed. Wij zouden alles wel willen regelen, alles wel naar onze hand willen zetten. Wij zijn zo druk met duizend-en-één dingen, zo druk dat wij aan het vertrouwen op U niet meer toekomen. Vergeef ons dat, o God, en maak ons klein als een kind. Hier zijn wij, aan het eind van deze week, bezorgd als wij zijn, overbezorgd menigmaal. Wij danken U dat wij alles wat in deze week ons bezig hield naar U mogen toegooien. Draag het, o God, draag het mee in uw grote barmhartigheid, om Jezus' wil.

AAN DE DOOD ONTKOMEN

lezen: *Psalm 68:1-7, 20, 21*

'Bij de HERE Here zijn uitkomsten tegen de dood'. – *Ps. 68:21*

Psalm 68 is een psalm vol van vrolijkheid, een lied van pure vreugde. De vijand is verdreven, zij die Israëls God haten, vluchten voor zijn aangezicht! De dreiging van de dood is afgewend, er is weer ruimte om te leven! 'Geprezen zij de Here. Dag aan dag draagt Hij ons; die God is ons heil. Die God is ons een God van uitreddingen, bij de HERE Here zijn uitkomsten tegen de dood'.

Vaak verbaas ik mij er over dat mensen uitgerekend deze psalm willen zingen bij een begrafenis. Deze psalm is een loflied omdat de dood geen kans gekregen heeft: de vijand is op de loop. Maar bij een begrafenis is dat juist zo heel anders. Daar sta je machteloos, daar moet je de overwinning van de dood bekennen. Op een kerkhof ligt toch niemand die aan de dood ontkomen is?

Zeker, dat alles is helemaal waar. En toch zingen we die psalm in een rouwdienst of rondom een open graf. Waarom? Omdat er een macht is sterker dan de dood. Omdat de Opstanding van Jezus Christus een tunnel betekent, dwars door de dood heen. Daar kun je op een kerkhof niets van zien. Maar met de ogen van het geloof is het te aanschouwen: de dood is verslagen, een graf is geen laatste rustplaats. De weg die leven heet, houdt niet zomaar plotseling op, loopt niet dood, nee, er is een afrit, een uitweg voor ieder die gelooft. Tegen Pasen kan de dood niet op!

God zij geprezen met ontzag.
Hij draagt ons leven dag aan dag,
zijn naam is onze vrede.
Hij is het die ons heeft gered,
die ons in ruimte heeft gezet
en leidt met vaste schreden.
Hij die het licht roept in de nacht,
Hij heeft ons heil teweeggebracht,
dat wordt ons niet ontnomen.
Hij droeg ons door de diepte heen,
De HERE Here doet alleen
ons aan de dood ontkomen.

psalm 68:7

Trouwe God, op deze eerste dag van de week, op deze Paasdag, danken wij U voor de Opstanding van Jezus, onze Heiland. In Hem is er een uitweg, een doorgang door de dood. Zijn liefde is ons leven!

17de zondag na Pinksteren

> 'Het zijn de gunstbewijzen des Heren, dat wij niet omgekomen zijn,
> want Zijn barmhartigheden houden niet op,
> elke morgen zijn zij nieuw,
> groot is uw trouw!' – *Klaagl. 3:22, 23*

Nee, je moet nu niet denken dat deze woorden zo maar even worden gezegd, op een prachtige zomermorgen, door een dichter die een paar dagen vrijaf heeft genomen en geniet van zijn vakantie. Geen sprake van! Deze woorden staan in een klaaglied. En de man die dit lied geschreven heeft, heeft eerst regel na regel vol geschreven met allerhande kommer en kwel. Jeruzalem is verwoest, de tempel ligt in puin, de heerlijkheid van Gods volk is ver te zoeken. Het is een verschrikkelijk lied, een klaaglied, een lied vol opstandigheid ook. God is een loerende beer, een leeuw, Hij laat je geen uitweg, Hij verscheurt je, Hij slaat je met verbijstering. 'Hij heeft mij met bittere kruiden verzadigd'.

Wel, als je zo'n lied schrijft, dan ben je ver van huis. Zeker, maar toch, ondanks alles, breekt de zon door de pikzwarte wolken: 'Dit zal ik mij te binnen brengen, daarom zal ik hopen: Het zijn de gunstbewijzen des Heren, dat wij niet omgekomen zijn...' Het is alsof de dichter zeggen wil: Wacht even, ik leef nog, en dat had ik eigenlijk niet verdiend. Ook om míjn zonden is er zoveel ellende. God blijft barmhartig, het houdt maar niet op, elke morgen is weer vol van zijn trouw!

Hoe is het mogelijk dat je zo iets zeggen kunt, wanneer je zo diep in de put zit? Dat kan alleen wanneer je ervan overtuigd bent dat je Gods barmhartigheid niet verdient. Alleen wie dat verstaat, zingt een loflied in de diepte.

> De trouw en goedheid van de Heer
> verschijnt ons elke morgen weer
> en blinkt en blijft als dauw zo fris,
> zolang het dag op aarde is.
>
> *gezang 375:1*

Barmhartige God, wij danken U voor deze dag, voor het licht van de zon, voor uw onverdiende trouw. Soms is de hemel zwart boven ons en zien we geen hand voor ogen. Soms gooien we U al onze vragen en heel ons verdriet voor de voeten, soms klagen wij U aan. Maar vandaag willen wij U danken voor alles wat U ons overlaat en voor alles wat U belooft aan wie U liefhebben.

'Jongeling, Ik zeg u, sta op!' – *Luk. 7:14*

Twee stoeten stoten op elkaar: een stoet van de dood en een stoet van het leven. De rouwstoet wil de poort uit. De trouwstoet wil de poort in. Ja, zo noem ik die stoet waarin Jezus vooraan gaat: de stoet van Gods trouw. Ze komen elkaar tegen, daar bij de stadspoort van Naïn. Wie heeft er voorrang? Gaat het leven eerbiedig aan de kant om de dood te laten passeren? Geen denken aan! Jezus is niet van plan om te wijken. Wat denkt de dood wel? Dat hij zonder enig commentaar de enige zoon van een weduwe kan afpakken? Daar zal Jezus een stokje voor steken, een stok en een staf. De Goede Herder laat zijn lammeren niet zomaar roven...

Jezus treedt toe op de stoet en raakt de baar aan. Eén wenk van zijn vinger is voldoende. Eén woord, met macht gesproken, breekt de verstarring van de dood. 'Jongeling, Ik zeg u, sta op!' En zo wordt in Naïn al Pasen gevierd. De dood heeft geen keus. Het leven wil de stad in.

Niet altijd gaat het zoals het in Naïn ging. De meeste rouwstoeten bereiken het kerkhof ongestoord. Alleen het evangelie komt van de andere kant en doet boven het graf de hemel open. Het evangelie van Pasen houdt nog altijd rouwstoeten tegen, doorkruist de gang van de bittere dood. Ja, zogezien staat Jezus nog altijd midden op onze wegen; zogezien raakt Hij nog altijd de baar van ons verdriet aan met zijn levenwekkende rechterhand. Nog altijd gaat de dood rechtsomkeert, waar mensen zingen van Pasen. Gods trouwstoet heeft voorrang Altijd.

Hoe zwak Gij ook voor ons bestaat,
hoe krachteloos wij U verwachten,
Gods Zoon zijt Gij toch metterdaad,
omringd door de hemelse machten.
Wat klagen wij dan?
Gods reddende hand
redt ook met een wenk van zijn vinger!

gezang 458:4

Sterke God, eeuwige Vader, wij danken U voor uw rechterhand. In Jezus zien wij uw trouw, uw overwinning over onze dood. In zijn handen bevelen wij onze geest. Aan uw ontferming vertrouwen wij toe ons leven en ons sterven.

'Martha dan zei tot Jezus: Heer, indien Gij hier geweest waart, zou mijn broeder niet gestorven zijn'. – *Joh. 11:21*

Drie dagen lang ligt Lazarus al in zijn graf. En nu pas komt Jezus. Ze hadden Hem een boodschap gestuurd, toen Lazarus ziek was. Of Hij komen wilde, dat hadden ze Hem gevraagd. Maar Jezus kwam niet. Hij bleef rustig nog een paar dagen waar Hij was. Jezus had geen haast.

Is dat niet om uit je vel te springen? Is dat nu de dank voor zoveel nachten onderdak? Is dat nu de beloning voor zoveel liefde, door Martha en Maria en Lazarus in Bethanië aan Jezus bewezen? Nu is er eens iets aan de hand, nu héb je die wonderlijke rabbi van Nazareth broodnodig, en nu komt Hij niet, nu laat Hij alles maar gaan, de slopende ziekte, de vernietigende dood. Wat is dat voor een Heiland, die Jezus? 'Heer, indien Gij hier geweest waart, zou mijn broeder niet gestorven zijn'.

Ja, zo denken en zo spreken wij, wij mensen. Maar God denkt en spreekt blijkbaar anders. Zijn klok loopt niet gelijk aan onze horloges. Soms geeft Hij de dood even kans om koploper te zijn. Dan denk je: dat gaat mis, de dood gaat winnen, God verliest het bij de finish. Maar op het kerkhof van Bethanië wordt na drie dagen duidelijk wie werkelijk alle macht heeft in hemel en op aarde. God neemt soms drie dagen de tijd om mensen voor eeuwig te overtuigen van zijn barmhartigheid. Is het in de tuin van Jozef van Arimathea niet net zo gegaan?

Er was een man in 't graf gelegd,
drie dagen lang, heeft men gezegd,
drie dagen ver van zijn beminden;
hoe zoudt Ge, Heer, zijn spoor nog vinden?
Maar 't was, alsof Hij hem ontbood.
Die 't leven is, kent onze dood.

gezang 275:2

Eeuwige Vader, U bent ons leven en U kent onze dood. Soms roepen wij U en wilt U niet komen. Maar wij geloven dat U eenmaal komen zult en ons zult roepen, zoals U Lazarus ontboden hebt, weggeroepen uit het duister van de dood. Wees met allen die treuren om het verlies van een beminde. Wees met allen die langer wachten dan een dag of drie. Laat uw Rijk spoedig komen, opdat uw kinderen elkaar weer mogen zien.

AAN DE DOOD ONTKOMEN

lezen: *Handelingen 12:1-11*

'En hij liet Jacobus, de broeder van Johannes, ter dood brengen met het zwaard'. – *Hand. 12:1*

Dat is een prachtig verhaal, nietwaar, die geschiedenis van Petrus in de gevangenis! Spannend, bemoedigend. Moet je toch eens horen hoe wonderlijk God mensen bevrijden kan. Hoe Hij ze innerlijke rust geeft om slapend te wachten op de terechtstelling. Hoe Hij deuren opent en gevangenen bevrijdt! Moet je toch eens zien hoe God de gebeden van zijn kinderen verhoort, zelfs tot hun eigen verbazing!

Jazeker, dat is allemaal waar en je kunt er God voor danken – maar ondertussen is Jacobus vermoord. Eén zwaard en weg is hij, verdwenen van het toneel. Jacobus gedood. Petrus bevrijd. En dat alles lezen we in één en hetzelfde bijbelgedeelte, het wordt ons in één adem verteld. En is het dan een wonder dat de vragen naar boven komen? Waarom doet God zo? Waarom laat Hij de één aan de dood ontkomen en de ander neerdalen in het graf? Was Petrus beter dan Jacobus? Nee toch? Was God niet snel genoeg om Jacobus te redden en had Hij bij Petrus meer tijd? Nee toch? Vragen, vragen, vragen. En een antwoord krijg je niet.

Misschien moeten we ook niet naar een antwoord zoeken. God is geen leerling in onze klas. God is Meester en Heer. Heer en Meester over leven en dood. God is Generaal. Hoe Hij met zijn manschappen omgaat, dat is zijn zaak. Hij alleen kan de strijd overzien. Hij alleen weet wie Hij moet inzetten en wie en wanneer Hij deze of gene moet terugtrekken uit de strijd. Terugtrekken uit de strijd? Ja, dat is het goede woord voor Jacobus' dood. Dwars door de dood zet God ons in de ruimte, bevrijdt Hij ons van al onze vijanden. Jacobus en Petrus, ze gingen samen de vrijheid in...

Ik werd benauwd aan alle zijden
en riep de Heer ootmoedig aan.
De Heer verhoorde en bevrijdde,
Hij deed mij in de ruimte staan.
De Heer is met mij, 'k zal niet vrezen.
Geen sterveling verschrikt mij meer.
De Heer wil mij tot helper wezen:
ik zie op al mijn haters neer.

psalm 118:2

Heer, U bent Meester. Heer en Meester over leven en dood. Hoe onze weg ook gaan zal, hoe lang of kort ons leven wezen mag, doe ons diep beseffen dat sterven met U altijd betekent: leven, vreugde, vrijheid.

'Christus Jezus, die de dood van zijn kracht heeft beroofd en onvergankelijk leven aan het licht gebracht heeft door het evangelie'. – *2 Tim. 1:10*

Zie, daar heb je nu kort samengevat waar wij in deze week ons op bezinnen: Christus heeft de dood van zijn kracht beroofd. De apostel komt niet met één of ander goedkoop praatje over de goede dood, alsof er nu aan de dood niets verschrikkelijks meer zou zijn. En hij beweert al helemaal niet dat de dood er sinds Jezus' opstanding niet meer is. Nee, die dood is er nog altijd en woekert als het onkruid – maar Christus Jezus heeft wel die dood van zijn kracht beroofd! De angel is er uit! De dood is als een slang die nog wel bijt maar geen kans meer ziet zijn gif in ons te spuiten. De dood is verkracht! De dood is zwanger van het leven!

Daar komt nog iets bij. Christus Jezus heeft niet alleen de dood van zijn kracht beroofd maar Hij heeft ook onvergankelijk leven aan het licht gebracht. Hoe? Ja, vast en zeker: op Pasen. Maar dat zegt de apostel niet. Hij zegt: door het evangelie. En zo is het. Overal en in alle tijden zie je dat gebeuren: waar het evangelie wordt verkondigd en geloofd, daar zie je iets van wat werkelijk leven heet: onvergankelijke liefde, voor God en de mensen.

Goede Vrijdag en Pasen. Op de Hoofdschedelplaats is de dood onthoofd. En in de tuin van Jozef van Arimathea is het leven ontloken. Zie, dit evangelie doet ons aan de dood ontkomen. Nee, niet aan de hartaanval en niet aan de niervergiftiging en niet aan de kanker, maar wel aan de dood! Niet aan het graf, maar wel aan de eeuwige duisternis. Gods liefde geeft onvergankelijk leven!

Verheugt u, christenen tesaam!
Laat ons van vreugde springen
en zegenen Gods grote naam;
laat ons de Heer bezingen,
die ons zo machtig heeft bevrijd,
die voor der mensen zaligheid
de hoogste prijs betaalde.

gezang 402:1

Dat willen wij doen, o God: zingen en springen, van pure verwondering om uw goedheid, om het onvergankelijke leven, om de onthoofde dood, om het evangelie dat ons ontrukt aan de duisternis. Voor uw Zoon zeggen wij U dank, nu en alle dagen van ons leven!

'Gij hebt volharding nodig, om, de wil van God doende, te verkrijgen hetgeen beloofd is'. – *Hebr. 10:36*

Om aan de dood te ontkomen, heb je volharding nodig. Laat niemand denken: o, het is Pasen geweest, Jezus is opgestaan, halleluja, dat is allemaal dik voor elkaar en alles komt op z'n pootjes terecht. Zo glad geasfalteerd is niet de Weg die Jezus heet. Ja, Hij is de Weg, de Waarheid en het Leven. Maar de weg van onze Heer is een smalle weg, een slingerpad en het valt niet mee om een leven lang op die weg te wandelen. Als je daarop uit bent, op een gemakkelijk, gestroomlijnd leventje, kun je beter die andere weg kiezen, die brede weg, die je zonder veel problemen brengt... ja, waar eigenlijk? In de duisternis, in de strenge, bittere dood. En dat is nu juist het grote verschil met die andere weg, dat smalle, slingerende pad van het evangelie. Dat gaat ten hemel in! Dat leidt naar een nieuwe aarde, waarop gerechtigheid woont en vrede en vreugde en wat niet al – een land van melk en honing!

Wel, om over deze weg de dood te ontkomen, om een leven lang Gods wil te doen, daarvoor heb je volharding nodig. Maar hoe kom je daar aan? Die vraag laat zich niet zo gemakkelijk beantwoorden. Eén ding is duidelijk: wie teveel meesjouwt onderweg, raakt al snel uitgeput en zal het niet lang volhouden. Je moet er voor zorgen dat je zoveel mogelijk lastige bagage thuislaat. Alstublieft geen pakken jaloezie, geen dozen idealen, geen blauwdrukken van luchtkastelen, geen zakken vol beslommeringen om dingen die de moeite van het bewaren niet waard zijn, geen wrok s.v.p., geen bitterheid, geen bemoeizucht en geen verwaandheid. Laat dat alles maar van je afglijden in dat diepe dal naast de heuvel Golgotha. Alleen klein en lichtvoetig, als een kind, houd je het uit en wandel je de weg met veerkracht en vreugde.

Het zal niet lang meer duren,
houdt nog maar even vol!
Het zal niet lang meer duren,
dan zijn wij bij ons doel!
Daar wacht ons lafenis,
als wij met alle vromen
voor eeuwig mogen wonen
waar onze Vader is.

gezang 441:11

Onze Vader, wij willen wel komen, maar hoe zullen wij ontkomen aan de dood tenzij Gij ons niet geeft: volharding en innerlijke vreugde. Daar bidden wij U om, in Jezus' Naam.

'Ootmoedigen doet Hij wandelen in het recht,
en Hij leert ootmoedigen zijn weg'. – *Ps. 25:9*

Ootmoed – dat is het woord waar het ons in deze week om gaat. Aan hoogmoedigen heeft God een Zoon dood. Hoogmoed heeft Jezus aan het kruis geslagen. Hoogmoed kan met het evangelie niets beginnen, want als er iets door Jezus veroordeeld is, dan is dat wel de hoogmoed. Heel de Bijbel is daar trouwens vol van. Je vindt het in de Psalmen, je leest het bij de Profeten en ook de Apostelen spreken er een woordje over mee. Hoogmoed komt in Gods kraam niet te pas, hoogmoed is de oer-zonde. Hoogmoed doet ons grijpen naar wat God voor ons niet heeft weggelegd. Hoogmoed is als hoogspanning: levensgevaarlijk.

In de psalm die we lazen is er sprake van een geheel andere levenshouding: die van de ootmoed. De ootmoed zet zichzelf niet op een erepodium, de ootmoed maakt zich niet zo dik. Ootmoed cijfert weg, ootmoed kan er tegen om in het ootje genomen te worden, om desnoods een nul te zijn. Wil je een voor-beeld, een tekening van een mens die ootmoedig was in hart en nieren? Kijk dan maar eens naar het schilderij van het evangelie, kijk dan maar naar Jezus. Hij wandelde in het recht, Hij leerde Gods weg en was zelf de Weg, de Waarheid en het Leven. Geen spoortje hoogmoed was in Hem. Ootmoedig is Hij zijn weg gegaan, zachtmoedig en nederig van hart.

Tot deze ootmoed worden ook wij geroepen. Laatsten zullen de eersten zijn. Alleen navolgers zijn op Gods weg voortrekkers.

God is goed, Hij is waarachtig
en gaat zijn getrouwen voor,
brengt, aan zijn verbond gedachtig,
zondaars in het rechte spoor.
Hij zal leiden 't zacht gemoed
in het effen recht des Heren:
wie Hem needrig valt te voet,
zal van Hem zijn wegen leren.

psalm 25:4

Trouwe God, geef ons toch ootmoed en een nederig hart! Met al onze hoogmoedige woorden en werken lopen we toch immers dood, al menen we soms dat we anderen er mee kunnen passeren. Leer ons om onze knieën te buigen en om ootmoedig te vragen naar uw wil.

'Ik stel u tot een licht der volken, opdat mijn heil reike tot het einde der aarde'. – *Jes. 49:6*

Wonderlijke liederen zijn dat, die liederen die we lezen in het boek van de profeet Jesaja. Liederen over de Knecht des Heren. Wie wordt er met die Knecht bedoeld? Is het Israël? Is het een Verlosser, een Messias? De kerk heeft er de eeuwen door Jezus in gezien en er zijn redenen voldoende om aan te nemen dat Christus zelf zich in deze Knecht heeft herkend.

In het gedeelte dat we lazen, wordt gezegd dat God een plan heeft met zijn Knecht. Niet alleen om het volk Israël te redden, is Hij geroepen. Die taak is voor deze Knecht te gering. Iets groters heeft God met zijn Knecht voor. 'Ik stel u tot een licht der volken, opdat mijn heil reike tot het einde der aarde'. Wereldwijd zal de betekenis zijn van deze Knecht des Heren. In alle landen, onder alle volken zal zijn stem worden gehoord.

Wie dit alles goed tot zich laat doordringen, ziet Jezus voor zich staan. Wie weet, heeft Hij in Gethsemané wel de woorden gebeden die deze Knecht tot God heeft gezegd: 'Tevergeefs heb ik mij afgemat, voor niets en vruchteloos mijn kracht verbruikt'. Nee, groot heeft deze Knecht nooit van zichzelf gedacht. Meer dan een Knecht was Hij niet, een Dienaar, een Voetenwasser. Maar juist vanwege zijn ootmoed, juist vanwege zijn nederigheid, heeft God Hem geroepen om een licht voor de volken te zijn. De ootmoed zal regeren!

De volken zullen U belijden,
o God, U loven al te zaam!
De landen zullen zich verblijden
en juichen over Uwe Naam.
Volken zult Gij rechten,
hun geding beslechten
in gerechtigheid,
volken op deez' aarde,
die uw arm vergaarde,
die Gij veilig leidt

psalm 67:2

Eeuwige God, wij danken U voor het licht dat ook in ons kleine land aan de zee is opgegaan, voor Jezus, het licht der wereld. Wij danken U dat Hij uw Knecht wilde zijn, onze Dienaar. Vervul ons met uw Geest, opdat ook wij U dienen mogen en voor velen een licht zullen zijn, in zijn Naam.

'Maar zij zei: Zeker, Here, ook de honden eten immers van de kruimels, die van de tafel van hun meesters vallen'. – *Matth. 15:27*

Dat is nu wat je noemt: een ootmoedig geloof. Deze vrouw begint niet te schelden als Jezus haar niet op haar wenken bedient. Ze draait zich ook niet hoogmoedig om, verontwaardigd over Jezus' afstandelijkheid. Nee, ze houdt aan, ze laat Jezus niet zo maar los, ze blijft pleiten voor haar zaak, voor haar kind. Maar van hoogmoed geen spoor. Integendeel: ze valt voor Jezus neer en ze deinst er niet voor terug om zichzelf te vergelijken met een hond, die toch ook van de kruimeltjes eet. Zou zij dan niet een kleine zegen mogen meenemen van die Joodse Rabbi, die wonderlijke Profeet uit Israël?

Diep is Jezus onder de indruk van dit grote geloof. 'O vrouw, groot is uw geloof, u geschiede gelijk gij wenst!' Zo worden laatsten eersten. Zo mogen honden kinderen zijn aan de tafel van de Heer. Mensen die buiten staan, worden naar binnen geroepen. Kruimelchristenen mogen delen in Gods koninklijke overvloed.

Wat we van deze vrouw leren kunnen? Twee dingen. Dat waarachtig geloof ootmoedig, maar ook vasthoudend is. Hoogmoed valt meestal snel. Hoogmoed houdt zich niet zo lang op de been. Maar de ootmoed kan eigenlijk niet meer vallen, de ootmoed vliegt niet op, blijft geduldig aan de grond, op de knieën. En juist daarom kan de ootmoed het veel langer volhouden. Alleen ootmoed maakt geloof groot.

Christus wandelt langs de straten
van land en stad, alleen gelaten.
Wie volgt het roepen van zijn stem?
Nadert zondaars, moeden, blinden,
zijn kracht en liefde wil u vinden.
Waar zoudt gij rusten dan bij Hem?
Wij dwaalden ver, o Heer,
wij zagen 't pad niet meer,
maar uw liefde,
met tedere kracht,
heeft door de nacht
ons in uw armen thuis gebracht.

gezang 171:1

Vader, wij zijn de laatsten in het geloof, wij hebben geen recht op uw genezende genade. Maar als laatsten bij U eersten zijn, is er dan toch nog rust voor ons, bij U?

'Ik geloof, kom mijn ongeloof te hulp!' – *Mark. 9:24*

Geloof en ongeloof, hoe lopen die twee vaak door elkaar heen! Zo is het in elk geval bij de man die naar Jezus gaat met zijn zieke zoon. De discipelen hebben hem niet kunnen genezen. Hun geloof schoot tekort. Maar deze vader geeft niet op. De Heiland zelf is zijn laatste hoop. Zo lang de jongen leeft is hij al ziek en nu wendt zijn vader zich ten einde raad tot Jezus, roepend om ontferming. Zou die hem kunnen helpen? Jazeker. 'Alle dingen zijn mogelijk voor wie gelooft'.

Dat zijn woorden die een mens aan het denken zetten. Alle dingen zijn mogelijk voor wie gelooft. Maar dat is het 'm nu juist! Dat geloof van mij, dat is zo zwak, zo aangevochten. Nu eens sta ik stevig in de schoenen van mijn vertrouwen op God, maar dan begin ik toch weer te twijfelen, de angst benauwt me, dat het allemaal niet waar is, dat het maar inbeelding is en vroom bedrog. En op zulke momenten weet ik het nog zo net niet of ik wel geloof, dan ben ik veeleer een ongelovige, een buitenstaander, een heiden.

Is het zo niet gesteld in het leven van deze vader met zijn zieke zoon? Hoe dan ook, hij kan niet anders dan eerlijk roepen: Ik geloof, kom mijn ongeloof te hulp! En zie: zulk geloof is voor Jezus voldoende. Dit wankelende vertrouwen, dit aangevochten, aan alle kanten bestreden bestaan, is voor Hem genoeg. God weet wat in ons leeft. Hij kent ons hart, Hij doorgrondt ons leven. En zo wordt deze mens, een laatste, een gelovige-vanniets-in-eigen-oog, een eerste, een vooraanstaande. De weg naar het licht heet: ootmoed.

Heiland, Gij weet, hoe dikwijls zorg,
twijfel en angst ons benauwen.
Van uw belofte zelf de borg,
schraagt Gij ons wanklend vertrouwen.
Licht wordt ons levens doel en grond,
als G' ons vergunt de zaalge stond,
dat wij uw aanschijn aanschouwen.

gezang 170:3

Wij danken U, o God, voor het geloof, het vaste vertrouwen van onze Heiland. Ons geloof is zo zwak, ons vertrouwen kan de stormen niet weerstaan. Zijn geloof, zijn beroep op uw beloften draagt ons, dwars door de twijfel heen. Daarom zeggen wij U dank voor Hem. Wij geloven, o God, maar alstublieft, kom ons ongeloof te hulp!

'En zij zeiden tot Hem: Zijn wij soms ook blind?' – *Joh. 9:40*

Ja, dat hebben de Farizeeën goed gezien: dat Jezus ze blind verklaart. Er is een heel dispuut ontstaan na de genezing van een blindgeborene. Die genezing vond plaats op de sabbat en dat was me wat! Wie gaf Jezus het recht om zo iets op de rustdag te doen? Wat dacht die rabbi van Nazareth wel? Het was een schande, een ontheiliging van het gebod!

Zo zijn de heren Schriftgeleerden aan het discussiëren. Haarscherp zien ze de overtreding van het gebod. Hoe verblind is deze Jezus, het wordt tijd dat zij Hem de ogen openen!

Hoe verschrikkelijk is dit alles, goedbeschouwd. Mensen die denken te zien en intussen stekeblind zijn... Wat een hoogmoed! Denken te weten dat je inzicht hebt, dat je alle geheimen van Gods Woord doorgronden kunt, dat je precies weet waar de grenslijnen van Gods Rijk lopen... wat een waan, wat een verblinding! En dan nog vragen: Zijn wij soms ook blind? Geen oog te hebben voor het grootste gebod: de liefde voor God en de naaste, de liefde die geneest, heel maakt, verbindt. Geen oog te hebben voor waar het op aan komt: de lofprijzing van Gods grote naam, die in Christus gekomen is om mensen te roepen uit de duisternis tot zijn wonderbaar licht!

Zingt nu de Heer, stemt allen in
met ons die God lofzingen,
want Hij deed ons van het begin
verrukkelijke dingen.
Hij heeft het menselijk geslacht
in 't licht geroepen en bedacht
met louter zegeningen.

gezang 169:1

Goede God, open ons toch de ogen, als ook wij zó blind zijn dat wij uw liefde voor mensen niet meer zien. Open ons de ogen, als ook wij rondlopen met oogkleppen van wantrouwen en valse vroomheid. Wij bidden U om fijngevoeligheid, om te onderscheiden waar het op aan komt. Geef ons ootmoed, om duidelijk te zien waar mensen roepen om hulp, ootmoed, om klein genoeg te zijn voor de minste der mensen. Open ons de ogen, opdat wij niet door geestelijke hoogmoed verloren gaan.

'Al wie de naam des Heren aanroept, zal behouden worden'. – *Rom. 10:13*

Geloven – wat is dat nu eigenlijk? Is dat flink je handen uit de mouwen steken voor God? Is dat aantreden, omdat God ons, broeders en zusters, tot de daad geroepen heeft? Wat moet ik doen, om zalig te worden?

Het antwoord op die laatste vraag is: Niets. Helemaal niets. Je behoeft niets te doen om zalig te worden. Nu ja, alleen één ding: 'Alwie de naam des Heren aanroept, zal behouden worden'. Roepen, aanroepen, daar komt het op aan. Dat is alles. Maar dat is dan ook heel veel en goedbeschouwd meer dan het lijkt; het vraagt niet alleen mijn handen maar ook mijn hart.

Paulus is in de brief aan de Romeinen nog al bezig met de vraag hoe een mens rechtvaardig wordt voor God. En nu heeft hij zelf, heel persoonlijk, ontdekt dat je die zaligheid niet bereikt door ik-weet-niet-wat te doen voor God. Alleen door het geloof word je gered, alleen door de naam des Heren aan te roepen. Wat bedoelt de apostel hiermee? Daar bedoelt hij mee: je toewenden naar de God van Israël, met alles wat in je is. Roepen om ontferming, smeken om genade. Maar ook: schreeuwen van blijdschap, juichen van verwondering, vanwege de vergeving der zonden, vanwege het eeuwige leven. Dat is aanroepen. En wie dat doet, die presteert misschien niets, maar ontdekt al roepend een bron van leven in zichzelf, een geschenk uit de hemel. Laatsten worden eersten. Wij behoeven niet iets te presteren, om veel voor God te doen.

Ja tot U hef ik mijn leven,
Gij zijt mild om te vergeven,
rijk in goedertierenheid
voor een hart dat tot U schreit.
Heer, neem mijn gebed ter ore,
wil mijn luide smeken horen.
In het bitterste getij
roep ik en Gij antwoordt mij.

psalm 86:2

Trouwe God, wij roepen tot U, wij roepen U aan, uw Naam roepen wij uit over ons leven! Wees bij ons, wees die U bent, wees zoals U heet, de God die met ons gaat. Wij doen ootmoedig een beroep op uw beloften. Alleen van uw genade leven wij.

'Als gevangene in de Here, vermaan ik u dan te wandelen waardig der roeping, waarmede gij geroepen zijt, met alle nederigheid en zachtmoedigheid, met lankmoedigheid, en elkander in liefde te verdragen'. –
Ef. 4:1, 2

Nederigheid, zachtmoedigheid, lankmoedigheid en verdraagzaamheid. Daartoe roept de apostel de broeders en zusters in Efeze op. Blijkbaar was dat in Efeze niet vanzelfsprekend. Ach, in welke grote stad, in welke havenplaats (want dat was Efeze), is zo iets wel vanzelfsprekend? Sterker: in welk dorp, in welk gehucht spreekt het voor zich dat mensen nederig, zachtmoedig, lankmoedig en verdraagzaam zijn? Dat is toch nergens op de wereld zo? Er wordt gevloekt, gescholden, getreiterd, gemarteld. Mensen worden van de kade gegooid, het water in. Kinderen worden misbruikt, vrouwen onderdrukt en te kijk gezet. Mannen beconcurreren elkaar, vliegen elkaar naar de keel of doen elkaar stiekem de das om. Zo is toch het leven, in de stad en op het platteland, in Efeze en in Edam, in Macedonië en in Maastricht?

Het evangelie zet een streep door onze rekeningen. Jezus roept een halt toe aan allen die hun haan koning laten kraaien. In Gods Koninkrijk hebben de kleinsten voorrang. Wie hard loopt, wordt stil gezet; wie hoogvliegt, wordt omlaag gehaald. Wie zichzelf verhoogt, wordt vernederd. Alleen ootmoedigen, die krijgen groen licht. Nederigheid, lankmoedigheid, zachtmoedigheid en verdraagzaamheid – zo heten de wegen in de stad die Nieuw-Jeruzalem heet.

De God aller genade
die u geroepen heeft,
die zal u wel bewaren,
zo waar Hij eeuwig leeft.
Lijdt nog een kleine tijd,
God zal u niet begeven,
Hij staaft en sterkt uw leven,
en geeft u zekerheid.

gezang 107:4

Hemelse Vader, dat valt ons niet mee, te wandelen over uw wegen, te gaan op de paden van nederigheid en zachtmoedigheid, te lopen op de straten van lankmoedigheid en verdraagzaamheid. Daar zijn wij veel te driftig en te ongeduldig voor. Vergeef ons, o God, onze hoogmoed en help ons om ootmoedig onze weg te gaan, in liefde voor U en de naaste.

DE WEG VAN GODS GEBODEN

lezen: *Psalm 1*

> 'Welzalig de man die niet wandelt
> in de raad der goddelozen'. – *Ps. 1:1*

Het boek van de Psalmen begint met een loflied op Gods geboden. Dat klinkt ons misschien wat vreemd in de oren. Geboden doen denken aan verboden, aan grenzen en afsluitbomen, aan afrasteringen en prikkeldraad. Geboden zijn lastig. Geboden zijn struikelblokken, drempels, wegversperringen. Maar in de psalm is daar geen sprake van. Integendeel. Het eerste loflied in het psalmboek is een loflied op Gods goede geboden. Welzalig degene die niet gaat op de weg van de goddelozen, maar zijn vreugde heeft in Gods wet – die gaat op de goede weg, de weg die ten leven leidt.

Goedbeschouwd is die weg van de goddelozen helemaal geen weg, waarop je gaan kunt. Je kunt er hooguit op stáán. Maar je komt geen stap verder. Sterker, je draait in een kringetje rond. De goddelozen wandelen niet. Ze zítten. 'Welzalig de man die niet wandelt in de raad der goddelozen, die niet staat op de weg der zondaars noch zit in de kring der spotters'. Daar loopt het op uit, als je kiest voor een leven zonder God: eerst wandel je nog wat, dan sta je na verloop van tijd stil, je komt niet verder, je gaat er bij zitten en voor je het weet ben je terechtgekomen in de kring van de spotters. Ja, spotten, dat kunnen ze. Lachen, gieren, brullen! Om die ouderwetse godsdienstigheid! Maar al spottend draaien de goddelozen rond in hun eigen kringetje en al draaiend gaan zij verloren in een spiraal die eindigt in wanhoop en duisternis. Nee, laat mij dan maar liever wandelen in het licht van Gods geboden!

> Gezegend hij, die in der bozen raad
> niet wandelt, noch met goddelozen gaat,
> noch zich door spotters in de kring laat noden,
> waar ieder lacht met God en zijn geboden,
> maar die aan 's Heren wet zijn vreugde heeft
> en dag en nacht met zijn geboden leeft.
>
> *psalm 1:1*

Trouwe God, wij prijzen uw Naam om uw goede geboden. Bewaar ons voor de doodlopende weg van de goddelozen. Bewaar ons voor de kring van de spotters, voor al die verenigingen en samenscholingen van mensen die in het diepst van hun hart U en de naaste haten. Doe ons gaan, gedreven door uw Geest, op de weg die Jezus ging: de weg die uitloopt op Pasen!

> 'Ik ben de Here, uw God, die u uit het land Egypte, uit het diensthuis, geleid heb'. – *Ex. 20:2*

Zijn Gods geboden grensbomen en struikelblokken? Nee, wis en waarachtig niet! Wie zo de Tien Woorden leest die God zijn volk Israël gaf, heeft van al die geboden eigenlijk niets begrepen. Geen enkel gebod kun je trouwens goed verstaan, tenzij je steeds weer die eerste woorden daarbij betrekt, de woorden van de Bevrijder, van Hem die zijn volk uit de hand van de tiran heeft verlost. 'Ik ben de Here, uw God, die u uit het land Egypte, uit het diensthuis, geleid heb'. Hier is geen boeman aan het woord, geen dictator-god, maar een God die bevrijdt, die zijn slaven tot vrije kinderen maakt en ze meeneemt, de woestijn door, naar een land van melk en honing. Maar nu dreigt, zoals na elke bevrijding, de chaos, de losbandigheid, de onbeperkte vrijheid die nieuwe slavernij oproept. En daarvoor wil God zijn volk bewaren. Dwars door de woestijn van de chaos zet Hij een weg uit, een begaanbaar pad. De vuurkolom gaat voor, de wolk van zijn aanwezigheid. Zijn geboden staan als bakens in het zand, pijlen in de richting van Jeruzalem. Geen andere goden! Geen gesneden beelden! Niet doodslaan! Niet echtbreken! Niet stelen! Dat zijn allemaal doodlopende wegen; je verzandt in de woestijn als je ze gaat, ze lopen allemaal op niets uit. Niet doen, het is levensgevaarlijk!

Is het een wonder dat de langste psalm een loflied is op Gods goede geboden?

> Uw woord is als een lamp, een helder licht,
> een schijnsel op mijn pad, een eeuwig baken
> dat in de duisternis mijn schreden richt.
> Ik zwoer en ik begeer het waar te maken,
> dat ik zal wandlen voor uw aangezicht,
> dat ik uw recht zal roepen van de daken.
>
> *psalm 119:40*

Trouwe Vader, Bevrijder van uw volk, wij danken U voor al uw geboden. Bakens zijn ze, lampen in een donkere nacht. Zo vaak als wij verdwalen ontdekken we dat alle zijwegen verzanden, doodlopen in wanhoop en angst, in schuld en verdriet. Maar uw weg, hoe moeilijk soms begaanbaar, hoe smal en steil, uw weg loopt op het leven uit, uw weg leidt ons naar het nieuwe land, waarin melk en honing is, een overvloed van vreugde.

'En gij zult een schat in de hemel hebben'. –
Mark. 10:21

Er komt iemand bij Jezus die schatrijk en straatarm is. Hij is schatrijk omdat hij veel geld heeft. En hij is straatarm omdat hij geen vrede heeft met God en de mensen. En waarom heeft hij geen vrede met God en de mensen? Is dat omdat hij zo rijk is? Nee, dat geloof ik niet. Het is omdat hij met alle geweld het eeuwige leven wil beërven. Nog één erfenis wil hij in de wacht slepen. Dan zal hij pas goed zijn schaapjes op het droge hebben! Maar wat moet je er voor doen om die erfenis te krijgen? 'Meester, wat moet ik doen om het eeuwige leven te beërven?'

Het antwoord van Jezus valt hem tegen. Alles verkopen en weggeven aan de armen. Dat is Jezus' boodschap. Als hij dat zal doen, zal hij een schat in de hemel hebben! Maar hij doet het niet. Hij kan van zijn geld niet scheiden. Dit ene is te veel gevraagd. En zo gaat hij bedroefd naar huis terug, naar zijn mooie meubeltjes en kostbare tapijten, bedroefd, omdat hij nog steeds de vrede niet gevonden heeft.

En als hij nu wel zijn bezit had verkocht? Zou hij dan gelukkig zijn geweest? Hebben armen per definitie een schat in de hemel? Ik weet het niet. Ik vraag me af of Jezus dat bedoelde. Er zijn armen die net zo min vrede hebben met God en de mensen. Ik denk dat van ons ten diepste een andere armoede wordt gevraagd. Deze: dat wij met lege handen van Gods genade alleen zullen leven.

Rijk ben ik in uw liefde en trouw;
o Here Jezus, zie ik bouw
op niets dan uw genade,
en nooit in tijd
of eeuwigheid
wordt mij die schat tot schade.

gezang 385:2

Barmhartige Vader, voor deze schat danken wij U, voor de genade die in Christus Jezus is. Wij hebben U niets te bieden. Ons geld en onze goede werken maken ons niet gelukkig. In alles schieten wij tekort en altijd is er wel één ding dat ons ontbreekt. Maar uw rijkdom bedekt ons schande en vergoedt onze schade. Wij bidden U: help ons om de weg van uw geboden te gaan, niet om de volmaaktheid te bereiken, maar uit dankbaarheid voor wat U ons hebt gedaan.

> 'En Hem lief te hebben uit geheel het hart en uit geheel het verstand en uit geheel de kracht en de naaste lief te hebben als zichzelf, is meer dan alle brandoffers en slachtoffers'. – *Mark. 12:33*

Hier is een Schriftgeleerde aan het woord die iets begrijpt van Jezus' diepste bedoeling. Hij is warm, hij is dicht bij het vuur gekomen. 'Gij zijt niet ver van het Koninkrijk van God'.

Wat heeft deze Schriftgeleerde dan precies verstaan? Dit: dat God niet in de eerste plaats een stipte betrachting van het ritueel van ons vraagt, maar veeleer persoonlijke toewijding, innerlijke gehoorzaamheid, een hart waarin liefde woont. Laten we eerlijk zijn: voor velen is godsdienst zo iets als: je religieuze plichten vervullen. Je gaat naar de kerk, je doet wat in de collectezak, je leest uit de bijbel, je bidt aan tafel en eventueel voor het slapen gaan, dat hoort er zo bij, dat zijn de riten die je als kind al hebt geleerd. Het zijn de offers die je brengt: een beetje geld, een beetje tijd. Nu ja, offers... Offer-tjes kun je beter zeggen, want zo heel veel geld en zo heel veel tijd betekent het nu ook weer niet. Het is maar een uurtje, het zijn soms maar een paar minuutjes en een stuk of wat rijksdaalders. Zie, hier is nu een Schriftgeleerde die ontdekt dat godsdienst ten diepste iets heel anders is. God dienen, dat is: liefhebben. God liefhebben. De naaste liefhebben. Dat is het grote gebod. Twee geboden die samen het ene grote gebod betekenen: het gebod van de hartelijke toegenegenheid, het gebod van de liefde. Aan de twee scharnieren van deze geboden hangt de ene deur van Gods Koninkrijk.

Ik klem mij vast aan uw getuigenis.
O Heer, laat niet vergeefs mij op U hopen!
Gij zijt mijn licht, mijn dag bij duisternis,
Gij doet uw woorden voor mijn ogen open,
verruimt mijn hart en maakt mijn reis gewis.
Ik zal de weg van uw geboden lopen.

psalm 119:12

Eeuwige Vader, leer ons meer en meer om U en de naaste lief te hebben met heel ons hart, met heel ons verstand, met alle kracht die in ons is. Vergeef ons dat wij zo vaak in de godsdienstigheid blijven steken, in de vrome uitingen van ons geloof. Help ons om waarachtig te zijn en om met een intense vreugde de weg van uw geboden te gaan.

> 'Het Koninkrijk Gods bestaat niet in eten en drinken, maar in rechtvaardigheid, vrede en blijdschap, door de Heilige Geest'. – *Rom. 14:17*

Er waren in de stad Rome wel mensen die dat dachten: dat het van bijzonder groot belang was wat je at en wat je dronk. Dat waren dan met name die christenen uit de Joden die toch nog graag rekening hielden met de spijswetten zoals ze die van huis uit hadden meegekregen. En niet alleen zichzelf wilden ze die wetten opleggen, maar ook hun medechristenen. Nu, daar komt Paulus, de apostel die zelf ook een Jood is, tegenop. Daar gaat het niet om, in het christelijk geloof, zo betoogt hij. In die dingen moet je elkaar vrij laten. Of je nu wel bepaalde vleessoorten eet of niet, of je nu wel vlees eet dat aan de afgoden is gewijd of niet, dat alles raakt het christelijk geloof niet in de kern. 'Het Koninkrijk Gods bestaat niet in eten en drinken, maar in rechtvaardigheid, vrede en blijdschap, door de Heilige Geest'. Daar komt het op aan: op rechtvaardigheid, op vrede en blijdschap.

Wie wil gaan op de weg van Gods geboden, moet daar wel op bedacht zijn. Langs de weg van Gods geboden loopt de parallelweg van het wetticisme. Dat is een aantrekkelijke weg voor veel mensen, want langs die weg staat veel duidelijker aangegeven wat je allemaal wel mag en niet mag. En als je je daar nu maar aan houdt, dan zit je goed. Ja, dan zít je goed. Maar pas op: voor je het weet loop je niet meer, zit er geen vaart meer in je geloofsleven, omdat alles is vastgelegd door zoveel menselijke geboden en verboden. Wie feestelijk wil wandelen, moet gaan op de bruiloftsweg, de rijksweg van rechtvaardigheid, vrede en blijdschap.

De toekomst van de Heer is daar
en voor zijn voeten uit
gaan vrede en rechtvaardigheid
als bruidegom en bruid.

gezang 199:1

O God, bewaar ons ervoor dat we elkaar neerhalen in plaats van opbouwen, elkaar onderuithalen in plaats van naar boven dragen, naar U toe. Help ons om elkaar niet te veroordelen in die dingen die U in onze vrijheid gelaten hebt. Vervul ons met uw Geest, opdat wij onderscheiden waar het werkelijk op aan komt. Doe ons gaan, niet op de zijweg van menselijke gedachten, maar op de hoofdweg van uw gebod.

'En weest elkander onderdanig in de vreze des Heren'. – *Ef. 5:21*

Wie over Gods geboden spreekt, kan om dit gebod niet heen: Weest elkander onderdanig in de vreze des Heren. Daarmee vlakt de apostel niet alle onderscheidingen weg die er in het leven zijn. Direct na deze woorden schrijft hij over de relatie tussen man en vrouw en in dat kader komt ook de onderdanigheid van de vrouw ter sprake; maar als een soort motto, als een richtinggevend woord staat boven dat alles: Weest elkander onderdanig. Zo alleen kan het tussen mensen goed gaan, tussen man en vrouw, tussen medewerkers in welk verband dan ook, wanneer daar iets is van die onderlinge onderdanigheid.

Wat dat is, onderdanigheid? Heeft dat iets te maken met kruiperigheid, met een levenshouding waarbij het verstand op nul en de blik op oneindig wordt gezet? Nee, daar is geen sprake van. Dan zou de ander een dictator moeten zijn en dat is beslist de bedoeling niet. Zo is de man in het huwelijk geroepen om hoofd te zijn zoals Christus hoofd was en is. En dat betekent niet: de baas spelen en commanderen. Integendeel: het is dienen, vuile voeten wassen, bukken en buigen. Onderdanigheid betekent veeleer: een open oor hebben voor de ander, in liefde speuren naar wat de ander mist, je niet boven de ander plaatsen, vanuit de hoogte reageren. Onderdanigheid is: er geen probleem van maken wanneer je voor de ander onder-doet. En waarom niet? Omdat je de Heer vreest! Alleen wie God liefheeft, is niet bang om aan de ander onderdanig te zijn. Wie God liefheeft, is gewend om naar een Ander te luisteren...

Volmaakt is 's Heren wet, die ons verkwikt en redt,
waarbij de ziel herleeft.
Getrouw en gans gewis is Gods getuigenis,
dat dwazen wijsheid geeft.
Des Heren woord is goed, wie zijn bevelen doet,
zijn hart wordt opgetogen.
Recht is het woord van God en louter zijn gebod,
een licht voor onze ogen.

psalm 19:3

Grote God, wij danken U voor Jezus, die als ons Hoofd ons onderdanig wilde zijn. Hij kwam niet om gediend te worden, maar om te dienen. En daarom vragen wij U: doe ons achter Hem gaan op de weg van uw geboden, elkander onderdanig, in liefde voor U.

'Onbarmhartig zal het oordeel zijn over hem, die geen barmhartigheid bewezen heeft'. – *Jac. 2:13*

Jacobus is erg bang dat er in de gemeente gediscrimineerd zal worden. Hij vreest dat de rijke gemeenteleden bevoordeeld zullen worden boven de arme broeders en zusters. En daarom schrijft hij in zijn brief: 'Houdt uw geloof vrij van aanzien des persoons'. Met andere woorden: je moet boven de partijen blijven staan, je moet iemand niet naar de ogen kijken, van discriminatie mag, om welke reden dan ook, geen sprake zijn. En om aan die gedachte kracht bij te zetten, besluit hij dit gedeelte van zijn brief met de forse woorden die we lazen: Onbarmhartig zal het oordeel zijn over hem, die geen barmhartigheid bewezen heeft.

Dat is wat je noemt krasse taal. Maar zo kras is het evangelie. Ook Jezus zelf is onbarmhartig geweest jegens de onbarmhartigen. Wat heeft Hij niet de priesters en levieten, de Schriftgeleerden en de Farizeeërs onbarmhartig de les gelezen, juist vanwege hun onbarmhartigheid. Met al hun vroomheid lieten ze de mens in nood liggen aan de kant van de weg. In een grote boog gingen ze aan de werkelijke ellende van mensen voorbij! Wel, wie zo denkt en doet, moet maar niet al te zeer op Gods barmhartigheid rekenen. Wie alleen maar oog heeft voor al wat voornaam en van stand is, heeft van Gods grote gebod nog maar weinig begrepen. En hoe gemakkelijk doe je dat! Zeker, voor onze chef, voor de dokter, voor de burgemeester, voor de rector van de school, voor de hereboer hebben we alle tijd en aandacht. Maar voor die armoedzaaier? En voor die juffrouw van de schoonmaakdienst? En voor die Turk in de kantine? En voor de jongste bediende? Het gaat op de weg van Gods geboden om de barmhartigheid, om die liefde die zelfs vijanden vergeeft.

Geef mij dat ik van harte zeer
mijn vijand mag vergeven,
zoals Gij mij vergeeft, o Heer,
en geeft aan mij het leven.
Uw woord zij onderweg mijn spijs,
om zo mijn ziel te voeden,
mij te hoeden
op weg naar 't paradijs.
Geleidt Gij mij ten goede.

gezang 404:2

Barmhartige Vader, geef ons van uw barmhartigheid! Help ons om zo naar uw geboden te leven, dat uw barmhartigheid gestalte krijgt, tastbaar wordt voor mensen om ons heen.

> 'Zolang ik zweeg, kwijnde mijn gebeente weg onder mijn gejammer, de ganse dag'. – *Ps. 32:3*

Dat is nu niet zo'n opwekkend woord, aan het begin van een nieuwe week. Soms is het Woord van onze God als een mes, dat dwars door je ziel heen snijdt. Zachte heelmeesters maken stinkende wonden. De Heiland is soms hard, dat is waar; maar na zijn behandeling blijft er zelfs geen litteken meer over!

De dichter van Psalm 32 heeft gezondigd. Maar hij heeft over zijn misdaad met God niet gesproken. Misschien heeft hij er zelfs met geen mens over gepraat. In elk geval, hij is er ziek van geworden. Zijn gebeente kwijnde weg, zijn merg verdroogde, hij kreeg last van allerhande klachten en kwalen. Maar zwijgen bleef hij. Als het graf. Niemand had iets te maken met wat hij had misdaan. Zand moest er over.

Dat alles is natuurlijk zeer begrijpelijk en nog altijd zijn er massa's mensen die niet willen, niet durven op te biechten wat ze misdaan hebben – maar je moet wel heel goed weten wat je met die zwijgzaamheid bereikt: de dood, de innerlijke vertering. Zo iets 'vreet' aan je ziel. Zand erover? Zwijgen als het graf? Maar dan begraaf je toch jezelf? Wie geestelijk stuk wil gaan, moet vooral weigeren om zijn zonden te belijden...

Vandaag, op deze zondag, op deze dag van Christus' opstanding, worden we geroepen om uit onze graven van zwijgzaamheid op te staan, tot een nieuw leven, tot vergeving en verzoening.

> Heil hem, wien God zijn ontrouw heeft vergeven
> en toegedekt al wat hij had misdreven,
> God rekent hem zijn dwalingen niet aan –
> heil hem, die recht voor God is komen staan!
> Ik kwijnde weg, zolang ik zwijgen wilde,
> in zelfbeklag mijn levenskracht verspilde,
> want dag en nacht woog zwaar op mij uw hand,
> mijn leven werd zo dor als dorstig land.
>
> *psalm 32:1*

Trouwe God, doorbreek met uw Geest onze zwijgzaamheid, onze koppigheid en vasthoudendheid, onze schaamte ook. Wij danken U dat er bij U vergeving is – en ook genezing, herstel van al die kwalen die wij soms door onze zonden zelf hebben te weeg gebracht. Open dan onze mond, opdat wij onze schuld belijden en uw lof verkondigen.

> 'De Here ging aan hem voorbij en riep: Here, Here, God, barmhartig en genadig, lankmoedig, groot van goedertierenheid en trouw, die goedertierenheid bestendigt aan duizenden, die ongerechtigheid, overtreding en zonde vergeeft...' – *Ex. 34:6, 7*

Mozes gaat voor de tweede keer de berg op, de berg Horeb, de berg van het verbond. Zijn eerste tocht is op een drama uitgelopen. Toen hij weer beneden kwam, de stenen tafelen met Gods geboden in de hand, hoorde hij het gejoel van het volk Israël om het gouden kalf. Woedend verbrijzelde hij de stenen. Israël was het niet waard om Gods geboden te ontvangen!

Maar zie, ondanks alles wordt Mozes opnieuw geroepen om de berg te beklimmen, om te verschijnen voor Gods aangezicht. En als Mozes dan voor de tweede maal God ontmoet, dan gaat God aan Mozes voorbij terwijl Hij zijn eigen Naam uitroept. Het is alsof God tegen Mozes zeggen wil: Hoor, Mozes, hoor, Israël, zo heet Ik, zo ben Ik, ondanks alles kun je op Mij rekenen. Ik ben die Ik ben. Barmhartig ben Ik en genadig, lankmoedig, groot van goedertierenheid en trouw'.

Dat zijn woorden om stil van te worden. Hoe groot is Gods geduld! Hoe ver strekt zijn vergeving! Hij geeft zijn volk in de woestijn niet prijs aan de machten van ziekte en zonde. Met lijf en ziel wil Hij Israël bewaren voor alle kwaad. Dat alles is in zijn Naam besloten. Jahwe, zo heet God. Ik ben er bij, op Mij kun je rekenen. Hoezeer je ook gouden kalveren hebt gediend, vreemde goden, afgodsbeelden, zie, hier is vergeving en een nieuw begin.

> Zoudt Gij indachtig wezen al wat een mens misdeed,
> wie zou nog kunnen leven in al zijn angst en leed?
> Maar Gij wilt ons vergeven, Gij scheldt de schulden kwijt,
> opdat wij zouden vrezen uw goedertierenheid.
>
> *psalm 130:2*

Barmhartige God, genadig en lankmoedig bent U, groot van goedertierenheid. Zo is uw Naam en zo bent U geweest en zult U wezen, van geslacht tot geslacht. Wij prijzen uw Naam en wij roepen U aan: vergeef ook ons onze zonden, al wat wij misdeden! Vergeef ons, dat wij knielen voor goden van goud en goed. Vergeef ons dat wij buigen voor wat wij onszelf hebben ingebeeld. Bewaar ons er voor dat we ziek worden van hoogmoed en radeloos van angst. Laat ons leven in een huis van verzoening en vergeving – door Jezus Christus, onze Heiland.

> 'En Hij zei tot hen: Laten wij elders heengaan, naar de naburige plaatsen, opdat Ik ook daar predike; want daartoe ben Ik uitgegaan'. – *Mark. 1:38*

Ja, om te genezen is Jezus gekomen. Maar als je Hem zou vragen: Meester, waartoe bent U nu vooral onder de mensen uitgegaan?, dan zou Hij zeggen: om te prediken.

Is dat dan een tegenstelling? Nee, zeker niet. Al predikend verjaagt Christus boze geesten en verdrijft Hij menige kwaal. Al predikend spreekt Hij tot de doven en roept Hij doden uit hun graf. Zijn woorden zijn niet zomaar woorden, zoals er zoveel woorden gesproken worden op deze aarde, zijn woorden zijn daden tegelijkertijd, zijn woorden wekken het leven. En toch zegt Jezus niet: om te genezen ben Ik uitgegaan. Hij zegt: om te prediken.

Heeft dat wellicht iets te maken met het diepe verband tussen zonde en ziekte? Ik denk het wel. Nee, laat niemand beweren dat wie zondigt daarvoor direct met een bepaalde ziekte wordt gestraft. Zo simpelweg kun je niet redeneren. Maar toch, toch is er een verband tussen onze zonden en onze ziekten. Overal waar mensen Gods geboden in de wind slaan, verziekt de maatschappij. Waar liefde niet meer woont, is geen zegen meer te vinden. En juist daarom is Jezus uitgegaan om te prediken, om liefde te stichten, om mensen te roepen tot gehoorzaamheid aan Gods goede geboden, om mensen aan te zeggen de vergeving der zonden. Want liefde kan alleen bloeien op de akker die vergeving heet.

Wees in ons leven luister
en licht in onze pijn,
en in ons kruis en duister
de milde zonneschijn,
voor 't aarzlend hart een leider,
een vuur van heinde en ver,
voor zieken een bevrijder,
voor stervenden een ster.

gezang 167:3

O God, laat het genezende woord van uw Zoon ook klinken in onze oren! Help ons om het te bewaren in ons hart, opdat wij gezond zullen zijn, naar lichaam en geest. Geef dat wij niet alleen verlangen naar een gezond lichaam, maar allereerst naar een gezonde ziel. Raak ons aan, o God, en wij zullen genezen zijn.

'En daar Jezus hun geloof zag, zei Hij tot de verlamde: 'Kind, uw zonden worden vergeven'. – *Mark. 2:5*

Dat is wat je noemt een merkwaardig bijbelwoord. Merkwaardig, vanwege twee dingen. Het eerste is dit: Jezus ontfermt zich over een verlamde man, omdat Hij het geloof van zijn vrienden ziet. Er staat niet: En daar Jezus zíjn geloof zag... Nee, er staat: En daar Jezus hún geloof zag. De vier vrienden zijn niet alleen maar vier dragers, ze zijn ook vier vrágers. Namens hun verlamde broeder vragen ze, smeken ze om hulp. Het geloof staat in hun ogen te lezen: Jezus, die kan helpen!

Dat betekent al met al: wij zijn geroepen om gelovig elkaar bij Jezus te brengen. Het zou wel eens kunnen zijn dat God onze naaste geneest mede om óns geloof...

Maar het meest merkwaardige is misschien nog wel dat Jezus niet zegt: Kind, uw verlamming is voorbij! Nee, Hij zegt: Kind, uw zonden worden vergeven. Er zijn zonden die ons verlammen. Er zijn zonden die ons doen struikelen, zo zeer dat wij nooit meer op kunnen staan. Blijkbaar moet bij deze verlamde man die blokkade eerst worden opgeruimd. Kind, uw zonden worden vergeven! Als Jezus geneest, doet Hij het radicaal. Niet alleen over onze verlamde benen ontfermt Hij zich – Hij raakt ons hárt aan.

Hoe moet ik, hemelzon, U danken
voor 't licht dat Gij mij hebt gebracht?
Gij hebt mijn ziel, die arme, kranke,
voorgoed genezen van de nacht.
Gij kuste met uw gouden mond,
o zon, mijn ziel gezond.

gezang 430:5

Vader in de hemel, daar bidden wij U om: om een gezonde ziel. Wij vragen U ook, voor elkaar, voor onze zieke broeders en zusters en ook voor onszelf, om gezonde armen en benen, om recht te mogen zijn van lijf en leden; maar veelmeer nog bidden wij U om een gezonde ziel, om het licht van uw liefde te mogen voelen in ons hart. Wij danken U voor Jezus, onze Heiland. Aan zijn vergevend woord klampen wij ons vast. Zijn liefde houdt ons op de been, zijn licht doet ons lopen!

'Zie, gij zijt gezond geworden; zondig niet meer, opdat u niet iets ergers overkome'. – *Joh. 5:14*

Wat is dat nu? Ik dacht juist dat Jezus niets moest hebben van die gedachte, dat ziekte een direct gevolg is van een bepaalde zonde. Fel gaat Hij in tegen de Joden die Hem met deze theologie lastig vallen. Maar als ik nu goed lees wat Jezus hier zegt tegen de man die achtendertig jaar lang ziek lag in het ziekenhuis Bethesda, dan krijg ik toch weer twijfels wat betreft Jezus' visie op zonde en ziekte. Is er dan toch een verborgen verband? 'Zie, gij zijt gezond geworden; zondig niet meer, opdat u niet iets ergers overkome'.

Blijkbaar is er in het leven van déze zieke toch wel een direct verband tussen zijn ziekte en zijn zonde. Wat in het algemeen niet waar is, kan in een bijzonder geval toch van kracht zijn. Was deze man misschien door wrok steeds meer verstijfd en verlamd? Had hij daarom ook geen mens die hem helpen kon? Was hij daarom zo moederziel-alleen in dat ziekenhuis? Kwam er daarom nooit eens iemand bij hem op bezoek? Had hij zichzelf afgesloten van alles en iedereen? Koesterde hij zijn ziekte? Wie zal het zeggen... Hoe dan ook, Jezus doorbreekt de cirkel. Waar niemand komt, is Hij aanwezig. 'Sta op, neem uw matras op en wandel!' Maar dan, even later, ook: 'Zondig niet meer, opdat u niet iets ergers overkome'. Er zijn van die zonden die je uiteindelijk brengen in de duisternis van verlamming en eenzaamheid. Om ons daaruit te roepen is Jezus gekomen.

Wie alle troost ontberen moet
en wien geen mens kan helpen,
houdt moed, – God zal met overvloed
van heil u overstelpen.
Hij buigt zich over het bestaan
van hen die door de diepten gaan.
Geeft onze God de ere!

gezang 431:5

Barmhartige God, bewaar ons voor de zonde die tot ziekte leidt. Bewaar ons voor de hoogmoed, voor de wrok, voor de jaloezie. Bewaar ons voor de neiging om onszelf af te sluiten voor alles en iedereen, voor het ziekelijke verlangen om niemand nodig te hebben. Buig U ook over ons bestaan, o God, en doe ons wandelen in het vrolijk levenslicht.

'Geraakt gij in toorn, zondigt dan niet: de zon mag niet over een opwelling van uw toorn ondergaan'. – *Ef. 4:26*

Waarom zegt de apostel dit? Waarom verbiedt hij ons om langer dan een dag boos te zijn? Omdat, zo schrijft hij in het voorafgaande gedeelte, de gemeenteleden Christus hebben leren kennen. En daarom zullen wij anders zijn dan de heidenen. Opvallend anders. Hoe anders? Nu, bij voorbeeld in dit opzicht dat onze boosheid hooguit één dag duurt en niet een week of een maand of achtendertig jaar. Wie Jezus heeft leren kennen, leert af om zó lang boos te zijn.

Wil de apostel nu beweren dat een christenmens nooit meer kwaad mag worden? Nee, daar is geen sprake van. Wie altijd maar zijn woede verstopt, zou er ziek van kunnen worden. Het kan zonde zijn om altijd lief te blijven doen, zonde, in de diepste zin van het woord. Maar boos blíjven, dagen, maanden, jaren, dat is net zo goed zonde. Van Jezus hebben we dat niet geleerd. Van de duivel kun je dat leren. Die heeft er aardigheid in om de dingen uit elkaar te gooien. Jezus is anders. De Heiland heelt, de Heer brengt samen wat gescheiden is. Boos zijn, dat mag. Jezus was het zelf, zo af en toe. Maar boos blijven, dat is een zonde die tot ziekte leidt. En vandaar het vermaan van de apostel: laat de nacht je boosheid niet zien, ga met kwaadheid niet slapen. Laat met de zon ook je boosheid ondergaan. Vergeving is het beste middel om goed te kunnen slapen.

Vergeef, o Vader, onze schuld,
zodat weer blijdschap ons vervult;
gelijk wij van hun schuld ontslaan
al wie ons hebben kwaad gedaan.
Maak zo uw vrede openbaar.
U dienend dienen wij elkaar.

gezang 48:6

Hemelse Vader, laat ons daarvan diep doordrongen zijn, dat vergeving blijdschap betekent en dat blijdschap gezondheid betekent. Bewaar ons voor de zonde van de blijvende boosheid. Bewaar ons ervoor dat de zon wegzakt in de zee van onze wrok. En als het moeilijk is om te vergeven, als anderen ons verschrikkelijke dingen hebben aangedaan, help ons dan om aan Jezus te denken, uw Zoon. Stel ons zijn kruis voor ogen, zijn liefde tot in de dood – opdat wij uit zijn vergeving leven zullen en U dienend ook elkaar zullen dienen in barmhartigheid.

'Belijdt elkander uw zonden en bidt voor elkander, opdat gij genezing ontvangt'. – *Jac. 5:16*

Nog één keer komt het thema van deze week met zoveel woorden aan de orde. Zonde en ziekte, samen leven ze in een verborgen verband. In onze tijd spreken we over psychosomatische klachten en verwijzen we mensen naar een psychiater of een psychotherapeutisch hulpverlenend adviesbureau. Maar in de bijbeltijd wist men net zo goed van al deze verborgen verbanden en daarom adviseert de apostel Jacobus de biecht-therapie: 'Belijdt elkander uw zonden en bidt voor elkaar, opdat gij genezing ontvangt'.

Zeker, niet elke ziekte heeft zo'n direct verband met zonde. Hoewel... een leverziekte kan te maken hebben met drankmisbruik en zelfs een gebroken arm kan worden veroorzaakt door de zonde van de haast. Maar lang niet altijd is het verband zo duidelijk. Denk maar aan Job, die juist daarmee tobde, dat hij voor zijn ellende geen zonde vinden kon. Nee, ziekte is niet per se een direct gevolg van een bepaalde zonde. Maar soms staan ze wel degelijk in een lijnrecht verband met elkaar. En vandaar het vermaan van de apostel: 'Belijdt elkander uw zonden... opdat gij genezing ontvangt'. Hoeveel bedden in ziekenhuizen en psychiatrische inrichtingen zouden er onbezet zijn, wanneer wij elkaar de zonden zouden belijden...? Hoeveel criminaliteit, hoeveel straatterrorisme, hoeveel agressie zou er minder zijn, wanneer ouders eerlijk hun kinderen vertelden wat ze verkeerd deden in de opvoeding? Hoeveel moorden zouden er voorkomen kunnen worden, wanneer mensen elkaar hun jaloezie zouden opbiechten in plaats van die voor elkaar te verbergen? Hoeveel liefde zou er kunnen opbloeien, wanneer wij weer eens werkelijk zouden gaan bidden?

Nu heb ik, Heer, mijn zonde U beleden:
ik weet dat ik uw wet heb overtreden.
Ik was ontrouw, ik was van kwaad vervuld,
maar Gij vergaaft het, Gij verzoent mijn schuld.
Laat daarom tot U komen uw beminden,
stoot hen niet af, doch laat U door hen vinden.
Duistere vloeden stormen op hen aan,
Gij stelt een perk, Gij zult ons vast doen staan.

psalm 32:2

Lankmoedige God, alleen van uw vergeving kunnen wij leven. Voor Jezus danken wij U, voor Hem die onze Heiland is, die heel maakt wat door ons is gebroken. Zijn liefde heeft ons genezen!

'Ik weerhoud mijn voeten van alle boze paden'. –
Ps. 119:101

Dat klinkt nogal dapper, om niet te zeggen: overdreven vroom, op het hoogmoedige af. Wie zou dat van zichzelf durven zeggen: Ik weerhoud mijn voeten van alle boze paden... Is de dichter van deze psalm zo blind voor zijn zonden? Nee, daarover behoeven we ons niet bezorgd te maken. Aan het einde van de psalm wordt dat wel duidelijk. 'Ik heb gedwaald als een verloren schaap...' Misschien dat juist daarom de dichter zo zijn best doet om zijn vaste voornemen in de psalm onder woorden te brengen. Dat zal hem nu niet weer gebeuren. Zo dom wil hij niet meer zijn. Voortaan weerhoudt hij zijn voeten van alle boze paden. Deze psalm is een lied van iemand die heeft ontdekt waarom de geboden van God goed zijn voor een mens.

Al met al worden wij zodoende uitgenodigd om de dichter te volgen in zijn levenshouding. En die levenshouding is getekend met dat woord 'weerhouding'. Wandelen met God – dat is: je voeten weerhouden van alle boze paden. Levensheiliging, zo zou je dat kunnen noemen. Wie naar het Vaderland toeleeft, leeft niet voor het vaderland weg. Er zijn paden waarop je maar niet moet gaan lopen, paden die doodlopen, paden die levensgevaarlijk zijn. Zeker, het valt niet mee om je voeten te weerhouden. Soms lijkt het wel alsof je voeten met magneten juist getrokken worden naar die plaatsen waarvan je weet dat de verleiding er op de loer ligt. Zalig wie zijn voeten tegenhoudt – alleen op de weg die Christus heet, kom je God tegen.

Ik heb mijn voet van 't kwade pad geweerd
opdat ik gaan zou in uw goede wegen.
Ik wijk niet af van wat uw woord mij leert,
want zó alleen kom ik uw aanschijn tegen,
Gij hebt U in uw trouw tot mij gekeerd.
Gij zijt mijn ziel, mijn zaligheid, mijn zegen.

psalm 119:38

Trouwe God, het kost ons moeite om onze voeten tegen te houden. Onze handen en onze ogen dwalen zo gemakkelijk naar zoveel dat aantrekkelijker lijkt dan uw Woord. Wij bidden U: laat uw Geest ons terughouden als wij te ver zouden gaan. Geef dat wij ons leven heiligen zullen, toewijden aan uw dienst: deze dag en alle dagen die U ons wilt geven.

> 'En Noach bouwde een altaar voor de Here'. –
> *Gen. 8:20*

Dat is het eerste dat Noach doet, zodra hij de ark verlaten heeft: hij bouwt een altaar voor God. Ach, misschien zijn het maar een paar stenen geweest die hij bij elkaar legde, een kleine verhoging op het drooggevallen land – maar Noachs bedoeling is duidelijk: hij wil deze aarde, dit nieuwe begin na de zondvloed, zijn leven en dat van zijn vrouw en kinderen, toewijden aan zijn Schepper. Offeren, dat is: dankzeggen. En dat niet zo maar met een paar goedgekozen woorden, nee, offeren, dat is: dankzeggen metterdaad. Noach heeft er wat voor over. Hij beschouwt niet de hele veestapel uit de ark als zijn particulier eigendom. Noach neemt van de dieren en offert ze als een brandoffer aan God. En zo heiligt hij het bestaan, hij wijdt het nieuwe leven, gered uit de grote vloed, hij wijdt het toe aan God.

En wij? Als Noach zijn wij door het water heen gehaald. Uit de doop zijn wij opgestaan tot een nieuw leven. Hebben ook wij een altaar gebouwd? Zijn ook wij bereid om God terug te geven van wat wij van Hem ontvingen? Het eerste, het beste, de kracht van ons leven? Ons goud, ons zilver, onze uren, onze tijd? Heiligen, dat betekent zo iets als: apart stellen, reserveren, toewijden, een bijzondere bestemming geven. Zeker, goedbeschouwd geldt dat van heel ons leven, dat het toegewijd is aan Gods dienst. Maar zijn daar ook die bijzondere momenten, die speciale gaven, ontvangen talenten, die wij reserveren voor God? Staat er in ons leven een altaar voor Hem? Of worden er in ons leven alleen maar altaren gebouwd waarop anderen kunnen offeren aan ons?

> Gij hebt, o Vader van het leven,
> de aarde aan de mens gegeven,
> het land, de zee is zijn domein.
> Gij hebt hem aan het woord doen komen
> om tussen werklijkheid en dromen
> getuige van uw Geest te zijn.
>
> *gezang 480:1*

Barmhartige Vader, U hebt ons geroepen om getuigen van uw Geest te zijn. Vergeef ons dat wij dat vaak vergeten. Vergeef ons dat wij verwachten dat U een altaar bouwt voor ons. Maak ons bereid om U onze dank te offeren, in woorden en in werken – vanwege wat U gedaan hebt in Jezus onze Heiland. Zijn offer heeft ons doen opstaan uit het water van de dood!

'De sabbat is gemaakt om de mens, en niet de mens om de sabbat'. *Mark. 2:27*

Dat was toch wel zo'n beetje de filosofie van de Schriftgeleerden: dat de mens geschapen was voor de sabbat, de rustdag. Om de onderhouding van het sabbatsgebod, daarom ging het! Die dag zou en moest worden geheiligd. 'Gedenk de sabbat, dat gij die heiligt!', zo luidde het gebod en wee degene die het overtrad!

Nu lopen de discipelen van Jezus op een sabbat door het veld. Hoog staat het graan. Ze genieten van de wandeling, samen met hun Heer. Al gaande plukken ze aren en proeven ze de korrels in de mond. Maar dát komt de Farizeeën ter ore en zij doen hun beklag bij Jezus. Stel je voor: aren plukken op sabbat, dat is oogsten, dat is werken, arbeid, verstoring van de sabbatsrust! Streng moet Jezus daartegen optreden. Wat is me dat voor een rabbi, die zo iets over z'n kant laat gaan? Schande!

Maar Jezus ziet het anders. Zeker, de sabbat is een bijzondere dag, een geheiligde dag, apart gezet, gereserveerd. Maar waartoe gereserveerd? Om mensen te laten genieten van Gods goede schepping! Zie, daar heb je het grote doel van wat wij noemen: de heiliging. De mens is er niet om de sabbat, maar de sabbat is er om de mens. Met andere woorden: wij zijn niet geschapen om heilig te zijn, maar wij heiligen het bestaan om menselijk te kunnen léven. David overtrad zelfs het verbod om van de toonbroden te eten; hij moest toch in leven blijven? Zou de Zoon van David dan geen recht hebben om zijn vrienden op sabbat te laten proeven van Gods heerlijkheid?

Aan U behoort, o Heer der heren,
de aarde met haar wel en wee,
de steile bergen, koele meren,
het vaste land, de onzeekre zee.
Van U getuigen dag en nacht.
Gij hebt ze heerlijk voortgebracht.

gezang 479:1

Heilige God, wij danken U voor het graan, voor het koren op de akkers, voor alles wat groeit en bloeit op uw wijde aarde. Wij danken U dat wij ervan mogen genieten, dat wij het proeven mogen, het mogen eten en drinken, met volle teugen. Wij danken U voor de rustdag, voor die ene dag waarop wij, meer dan anders nog, uw goedheid mogen proeven. Maar laat ook vandaag iets van die rust in ons leven zijn.

'Hetgeen dan God samengevoegd heeft, scheide de mens niet'. – *Mark. 10:9*

Er is over dit bijbelwoord al heel wat te doen geweest in de loop van de geschiedenis. Zo op het eerste gezicht wil Jezus daarmee zeggen dat gehuwden beslist niet mogen scheiden. Bedoelt Hij dat er dan niet mee? Ja en nee. Het is zeker Gods bedoeling niet dat een man en een vrouw een echtpaar vormen om vervolgens na een jaar of wat weer uit elkaar te gaan. Mensen moeten niet scheiden wat ten diepste door God is samengevoegd.

Maar wie dit woord van Jezus goed verstaan wil, moet toch ook de lijst van zijn tijd daarbij betrekken. Wat was het geval? Een man had het recht om zijn vrouw weg te sturen, eventueel zelfs om het minste of geringste. Hij schreef dan een scheidbrief en liet zijn vrouw vertrekken. Met alle gevolgen voor zo'n vrouw, die soms zonder enige bescherming en sociale zekerheid het bos werd ingestuurd. Wel, aan deze onbarmhartige praktijk maakt Jezus radicaal een eind met zijn absoluut verbod om op die manier een huwelijk te ontbinden. Zo mogen mensen niet met elkaar omgaan!

De eerlijkheid gebiedt te zeggen dat het in onze tijd soms anders gaat. Soms ontdekken twee mensen dat niet God hen heeft samengevoegd, maar dat het hun verblindheid was, hun onervarenheid, hun onverstandige verliefdheid. Met alle gevolgen vandien! En dan rijst de vraag: Is de mens gemaakt voor het huwelijk of is het huwelijk er voor de mens? Ik denk dat God soms scheidt wat mensen hebben samengevoegd. Hoewel... er zijn ook situaties waarin God niet alleen ons ja, maar ook ons nee omsloten houdt.

Gij hebt elkander trouw beloofd;
een menslijk feilbaar woord
werd hier door ons gehoord.
Dit woord behoudt het in geloof.
Meer hebt gij niet van node:
God houdt uw ja omsloten.

gezang 367:2

Trouwe God, als U ons ja en ons nee niet omsloten zou houden, wat zou er terechtkomen van onze trouw? Help ons om voorzichtig en zorgvuldig met elkaar om te gaan. Help ons om onze idealen te heiligen, om onze luchtkastelen op te offeren terwille van liefde en barmhartigheid.

'Want het uiterlijk van deze wereld is bezig te verdwijnen'. – *1 Cor. 7:31*

Is Paulus een vrouwenhater? Is hij daarom zo afhoudend wat betreft het huwelijk? Geeft hij daarom het advies om maar niet te trouwen? Nee, wie dat denkt, begrijpt niets van wat de apostel ten diepste drijft. Het gaat hem om de aanstaande komst van het Rijk. Paulus is er heilig van overtuigd dat het Koninkrijk van God spoedig komen zal. En wat zal een mens zich dan nog druk maken om een huwelijk of een huis? 'Het uiterlijk van deze wereld is bezig te verdwijnen'.

Wij weten dat het anders is gegaan. Paulus' verwachting is niet uitgekomen. Het Koninkrijk laat op zich wachten, zoals Jezus trouwens al voorzegd had in zijn verhaal over de tien slapende meisjes. God is ons niet vergeten, maar Hij heeft geduld met zijn schepping. Komen zal Hij zeker.

Is daarom Paulus' gedachte achterhaald? Is het uiterlijk van deze wereld niet aan het verdwijnen? Ik denk dat er geen enkele reden is om dit woord uit de bijbel te schrappen. Het is nog altijd goed om van de wereld gebruik te maken met de gedachte dat we deze wereld toch weer een keer zullen moeten loslaten. 'Linquenda', zo staat er soms op een huis te lezen. 'Hetgeen verlaten moet worden'. Je mag volop genieten van Gods goede schepping, maar verkijk je niet op wat voor handen is. God heeft iets beters in petto! Een paradijs, een bruiloftsmaal, een bron van levend water en God het middelpunt; daar gaat het op aan, daar mogen we naar verlangen. Wie geheiligd leeft, behoeft de dag niet te plukken. Morgen komt er een betere!

Ja, Hij zal ons geleiden
in 't schone paradijs,
het bruiloftsmaal bereiden
zijn grote naam ten prijs.
De liefde die wij zingen,
zo schoon, zo ongekend,
zal uit de bron ontspringen
van God ons middelpunt.

gezang 288:5

Eeuwige Vader, wij danken U voor alles wat nog moet komen. Al verdwijnt langzaam maar zeker uit ons leven wat ons lief was, het mooiste komt nog, op uw tijd. Sterk ons in dat verlangen; reikhalzend zien wij naar uw toekomst uit.

'...daar gij toont een brief van Christus te zijn'. –
2 Cor. 3:3

Nee, de apostel heeft geen aanbevelingsbrieven nodig. De gemeente van Corinthe is zijn aanbevelingsbrief. Kijk eens wat de verkondiging van het evangelie in die havenstad Corinthe heeft teweeg gebracht! Dat moet toch wel te maken hebben met de Geest van God, die mensen vernieuwt.

Brieven van Christus. Zijn wij dat? Duizenden mensen lezen nooit de bijbel. Zij lezen ons. Zij zien wat wij doen. Zij horen wat wij zeggen. Wat zien ze? Wat horen ze? Lezen ze op onze gezichten de vreugde van het evangelie? Lezen ze in onze ogen de hoop op Gods komend Koninkrijk? Of lezen ze alleen maar klaagzangen en dreigementen en scheldpartijen? Zijn wij werkelijk brieven van Christus, brieven waarin je de Geest van Jezus tegenkomt?

Wie zo'n brief van Christus wil zijn, moet de Geest wel in zijn hart laten schrijven. En pas op, dat is een pijnlijk proces. De Geest schrijft niet met viltstift. De Geest krast zijn letters in ons vlees. Het karakter van de Geest komt er in te staan, het wordt erin gegraveerd. De Geest kerft zijn sporen in ons hart, buigt onze hoogmoed om, breekt onze verwaandheid af. De Geest spelt de letters van één Naam in ons binnenste: die van de Naam Jezus. Geheiligd leven – dat is eigenlijk niets anders dan: rekening houden met Hem, in alles wat je doet. Of moet ik het anders zeggen? Een brief van Christus zijn, dat is: niets anders willen zijn dan blanco papier voor God.

Van waar Hij woont, in 't licht verheven,
ziet God op deze aarde neer.
Al wat door mensen wordt bedreven,
een open boek is 't voor de Heer.
Woord voor woord te lezen
is voor Hem hun wezen,
want Hij vormt hun hart.
Wat zij ook verzinnen, heimelijk beginnen,
wordt door Hem ontward.

psalm 33:5

O God, als Christus niet in ons hart te lezen is, kom dan, vlak uit wat geschreven staat en schrijf uw Woord onuitwisbaar in ons hart. Laat uw Kerk een verzameling zijn van levende brieven, open boeken, die de wereld vertellen van U.

'Want dit wil God: uw heiliging'. – *1 Thess. 4:3*

Wie dit gedeelte uit de brief aan de Thessalonicenzen leest, ontdekt al gauw in welk verband hier over de heiliging wordt gesproken. Het gaat hier vooral over de hoererij. De gemeenteleden moeten niet leven zoals de heidenen doen, in hartstochtelijke begeerlijkheid. 'Want God heeft ons niet geroepen tot onreinheid, maar in heiliging'.

Wel, wat die hartstocht betreft, daarvoor kun je in onze tijd volop terecht bij allerhande films en weekend-bladen. T.v. en video bieden porno te kust en te keur. Contactadvertenties liegen er niet om. Het heidendom is terug, als het al ooit is weg geweest.

Betekent dit alles dat seksualiteit 'vies' is? Onrein? Geen sprake van. Seksualiteit is een gave van God en het genieten ervan behoort tot Gods goede schepping. Maar het dient wel geheiligd te worden, apart gesteld binnen de grenzen van het huwelijk. Juist omdat het iets moois, iets goeds, iets heiligs is, dient het te worden bewaard als een kostbaar geschenk. Wie het voor een habbekrats te koop aanbiedt, wie er handelswaar van maakt, die is bezig met een vuil zaakje. En dat is nu precies de onreinheid die de apostel bedoelt. Zo haal je iets gaafs door het slijk, zo begraaf je de liefde in de modder van de hartstocht. En dat wil God niet. Daarvoor heeft Hij dit moois ons niet gegeven. En vandaar: 'Dit wil God: uw heiliging'. Het gaat erom dat we de gave van de seksualiteit apart zetten, reserveren, bewaren; we houden het niet voor onszelf, maar we zijn er zuinig mee terwille van de allerliefste, die we het allermooiste willen geven. Geheiligd leven is ook: beveiligd leven. Nergens is een mens zo veilig als juist binnen de grenslijnen van Gods gebod.

Heer kom in mij wonen, zij mijn hart en leven,
U ten heiligdom gegeven.
Gij die zo nabij zijt, wend mij toe uw wezen,
dat G' in mij uw beeld moogt lezen.
Waar ik ga, zit of sta,
laat mij U aanschouwen
met een stil vertrouwen.

gezang 323:8

Vader, U wilt dat wij heilig zullen leven, toegewijd, met lijf en ziel, aan uw Koninkrijk. Vervul ons met uw Geest, opdat wij ons leven zullen bewaren als een kostbaar geschenk van U.

VECHTEN OM VREDE

lezen: *Psalm 19:10-15*

'Behoed ook uw knecht voor overmoed,
laat die over mij niet heersen'. – *Ps. 19:14*

Wie vrede wil, moet vechten. Dat is in elk geval een regel in het Koninkrijk van God. Nee, niet over vredesvraagstukken zal het gaan, deze week. Niet over de spanning tussen Oost en West, niet over de wapenwedloop zal het gaan. Hoewel, wie tussen de regels door kan luisteren, zal verstaan dat het toch óók over al die dingen gaat. Dat kan niet anders. Wij hebben een woord voor de wereld, voor de wereld in het klein, maar net zo goed voor de wereld in het groot.

De dichter van de psalm die we lazen, is bang voor overmoed. Dat zit ons mensen in het bloed. De overmoed is de oer-zonde vanaf het begin. Altijd weer willen we meer dan God voor ons heeft weggelegd. Meer macht, meer invloed, een dikkere vinger in de pap. Maar voor je het weet, word je zelf door die overmoed beheerst. Voor je het weet beheers jij de machten niet meer, maar beheersen de machten jóu. En daarvoor is de man van de psalm bang. En vanwege die angst, de angst voor zijn eigen overmoed, bidt hij: 'Behoed ook uw knecht voor overmoed, laat die over mij niet heersen'.

Dit gebed zou je eigenlijk elke dag moeten bidden. Het zou het gebed van alle koningen en presidenten moeten zijn, het gebed van alle generaals en legerleiders. Maar net zo goed het gebed van directeuren en wetenschappelijke onderzoekers. Wee de maatschappij die zich door overmoed laat leiden en niet meer door het woord van onze Koning!

Des Heren vrees is rein, zo zal ik zeker zijn
van d' allergrootste schat.
Al wat waarachtig is, bestendig en gewis,
is in zijn wet vervat.
Die wet is 't hoogste goed, meer kostelijk en zoet
dan 't edelst van de honing;
begeerlijker dan goud, blijft dit ons laatst behoud:
het woord van onze Koning.

psalm 19:4

Eeuwige Koning, wij buigen ons voor U. Bewaar ons voor overmoed, laat die over ons niet heersen. Bewaar ons ervoor dat wij hoogmoedig overschrijden de grenzen die U aan mensen stelt. Wij denken zo gauw dat we de machten in de vingers hebben en de wereld in onze hand; help ons om te vechten voor vrede, help ons om te vechten tegen onze eigen overmoed.

'In haar vrede zal uw vrede gelegen zijn'. – *Jer. 29:7*

De Joden zijn in ballingschap. In Babel zijn ze gekomen, ver van huis en haard. En nu krijgen ze een brief uit Jeruzalem, een brief van de profeet Jeremia, een brief met een woord van God. En wat schrijft Jeremia? Schrijft hij dat de Joden in Babel maar flink van zich af moeten bijten? Schrijft hij dat ze ondergronds verzet moeten plegen? Schrijft hij dat ze in hongerstaking moeten gaan of een grote protestmeeting moeten houden? Nee, geen woord daarover. De Joden in Babel moeten iets anders doen. Ze moeten de vrede zoeken voor de stad. Ze moeten voor Babel bidden, want in haar vrede zal ook de vrede van Israël gelegen zijn.

Bidden voor Babel. Een bizarre opdracht! Bidden voor je vijand. Bidden voor je politieke tegenstander. Bidden voor wie je heeft gedeporteerd, weggehaald uit je vaderland. Bidden voor je beulen. Maar dat kan toch niet, dat is toch te veel gevraagd?

Bidden voor Babel. Nog altijd krijgen Gods kinderen een brief. Jeremia's zijn er in elke tijd. En Jezus is de grote Jeremia. Hij heeft voor Babel gebeden. Hij bad voor zijn vijanden. En Hij vraagt ons om hetzelfde te doen. Niet in geweld, maar in liefde is Gods toekomst verborgen. Misschien is er juist daarom zoveel haat in de wereld, zoveel spanning en terreur, omdat wij niet voor onze vijanden bidden. Wij willen wel vechten om vrede, maar meestal niet met de wapenen die God ons daarvoor in handen geeft. Het heeft geen zin Babel te verwoesten!

Maar zoek de vrede voor dit Babel
waar gij verbannen zijt,
bidt voor de stad want in haar straten
daagt eens een andere tijd,
ja bidt voor haar want in haar vrede
schuilt ook voor u het heil.
Babel en alle wereldsteden
staan rondom Israël.

gezang 37:2

Machtige God, niet door kracht, noch door geweld, maar door uw Geest zal het geschieden! Help ons toch om te vechten, om biddend te strijden tegen alle machten die zich op aarde verheffen. Voor Moskou en Washington, voor Den Haag en Genève, voor Babel en Jeruzalem bidden wij U – om vrede!

'En indien gij alleen uw broeders groet, waarin doet gij meer dan het gewone?' – *Matth. 5:47*

Ja, dat spreekt voor zich: dat je je broeders en zusters groet. Stel je voor, als je dat niet eens meer doet... Je familie, je vrienden, je kennissen, natuurlijk, die groet je. Dat is vanzelfsprekend. Maar je vijanden – dat is iets anders. Daar spuug je op. Daar draai je je hoofd voor om. Die gun je geen blik, die kun je niet luchten of zien.

Zo is dat onder ons, mensen. Dat wil zeggen: zo is dat onder heidenen. Heidenen groeten alleen vrienden. Maar volgelingen van Jezus groeten ook vijanden. Sterker nog: volgelingen van Jezus bidden voor hun vijanden. En nóg sterker – en het is bijna niet te geloven, zo sterk is dat –: volgelingen van Jezus hebben hun vijanden líef. Nee, er wordt niet beweerd dat Jezus' volgelingen geen vijanden hebben. Dat zou je wel willen, maar soms heb je die gewoonweg, tegen wil en dank. Er zullen altijd wel mensen zijn die om de een of andere reden jou niet mogen, je haten en je het liefst zouden vermoorden – maar wie Jezus volgt, is zelf zo'n vijand niet. Een volgeling van Jezus kan alleen maar zijn: een vriend, zelfs van vijanden.

Of dat gemakkelijk is, om zo te leven? Geen sprake van! Dat is een gevecht, een groot gevecht, een gevecht met jezelf, een gevecht tegen je eigen haatgevoelens, een gevecht tegen je eigen woede en opgekropte drift. Maar gezegend ben je, als je die strijd wint! Of zijn we niet van plan om die oorlog te voeren? Zijn we dan toch maar liever als de heidenen, die niet meer dan het gewone doen en uitsluitend vrienden liefhebben? Het is nog zo gemakkelijk niet om christen te zijn...

Help dat hoogmoed ons niet scheidt.
Leid ons naar elkander heen,
maak ons waar en maak ons één:
dan stijgt
een lied dat nooit meer zwijgt.

gezang 306:3

Trouwe Vader, wij danken U voor uw groet. Wij zijn uw vrienden niet, wij leven in vijandschap tegen uw rijk, wij willen niet dat U Koning over ons bent. Maar toch laat U ons groeten. Toch hebt U ons lief. Wij danken U voor uw barmhartigheid en wij bidden U: help ons om ook zelf in die liefde te leven.

'Ik ben niet gekomen om vrede te brengen, maar het zwaard'. – *Matth. 10:34*

Wat is dat nu? Hoe kan Jezus nu zo iets zeggen? Ik dacht dat Hij juist wel gekomen was om vrede te brengen. Heeft Hij niet tegen Petrus gezegd dat hij zijn zwaard moest opbergen? Ieder die het zwaard opnam, zou toch door het zwaard vergaan? Hoe kan Hij nu juist beweren dat Hij niet gekomen is om vrede te brengen, maar het zwaard?

Wie dit merkwaardige woord van de Heiland begrijpen wil, moet goed verstaan in welk verband Jezus dit zegt. Hij heeft zijn discipelen zojuist uitgezonden om het evangelie te verkondigen. Niet bij ieder zullen zij een goed gehoor vinden. Jezus voorziet tegenstand, haat en vijandschap. Niet iedereen is van het evangelie gediend. Er zijn mensen die liever haatdragend dan liefdevol leven. En daarom voorziet Jezus dat juist de verkondiging van het evangelie scheiding zal maken tussen mensen. Zoals het licht van de zon juist vuil en smerigheid aan de dag brengt, zo zal ook het evangelie openbaar maken hoeveel weerstand er tegen Gods liefde bestaat. Nu wordt het rijk van de duivel ontmaskerd! En zogezien is de komst van Jezus niet zonder schaduw. Zoals de komst van het licht per definitie ook de komst van de schaduw betekent, zo betekent Jezus' komst op aarde geen vrede, maar het zwaard, de tegenstand.

Wie dat hoort, zou van schrik hard bij Jezus vandaan hollen. En heel veel mensen doen dat ook. Ze zijn niet tegen Jezus, maar ook niet vóór Hem. Ze zijn niet tegen de Waarheid, maar ze nemen het ook niet voor de Waarheid op. En dat is nu juist waar Jezus ons toe geroepen heeft.

De Heer regeert! Zijn Koninkrijk staat vast,
zijn heerschappij omvat de loop der tijden;
een sterke hand, die nooit heeft misgetast,
blijft met het heilig zwaard des Geestes strijden;
de adem zijner lippen overmant
de tegenstand.

gezang 304:2

Sterke God, uw rijk zal komen, dat geloven wij met alles wat in ons is. Eens overwint uw Geest alle tegenstand. Help ons om tot die tijd te kiezen voor de Waarheid, te kiezen voor Jezus, die ons leven is. Wees met allen die door hun keus de vrijheid moeten missen, getreiterd worden, mishandeld of gedood. Sterk ons in de strijd, help ons om te blijven vechten om vrede, om die vrede die het verstand te boven gaat.

'Dit is mijn gebod, dat gij elkander liefhebt, gelijk Ik u heb liefgehad'. – *Joh. 15:12*

Liefde als gebod – kan dat eigenlijk wel? Liefde laat zich toch niet dwingen? Liefde moet toch spontaan kunnen opkomen, kunnen groeien om goede vrucht te dragen? Liefde kan er toch nooit zijn op commando?

Nee, dat kan inderdaad niet. Maar daarvan is dan ook geen sprake. Jezus zegt niet: Dit is mijn gebod, dat gij elkander liefhebt, punt, uit, afgelopen. Nee, er komt nog iets achteraan. 'Gelijk Ik u heb liefgehad'. Zie, daarin schuilt het geheim van de vrede. Wij zijn in staat om zelfs onze vijanden lief te hebben, omdat Jezus ons heeft liefgehad. En zulke lieverdjes waren wij niet! Vijanden waren wij, vijanden van God, vijanden van zijn woord. Maar Christus heeft onze vijandschap in liefde omgetoverd. Tegen zijn vriendschap kan onze vijandschap niet op! Hij heeft zich voor ons ingezet. Hij heeft onze schuld betaald, onze zonde verzoend. In onze plaats heeft Hij Gods toorn gedragen. In onze plaats is Hij de hel doorgegaan. Nu, is dat liefde of niet soms? Heeft Jezus dan geen recht om op zijn beurt ons tot liefde te roepen? Heeft Jezus dan geen recht om ons op te dragen, ons te gebieden elkaar lief te hebben? In het leger van een dictator geldt maar één commando: dat van de haat. In het leger van Gods Koninkrijk klinkt een ander bevel: dat van de liefde. Nee, het is geen vrijblijvende wens. Je kunt niet kiezen: de ander liefhebben of niet. Wie niet liefheeft, groeit niet, draagt geen vrucht, sterft af. Wie Gods liefde voor zichzelf houdt, is geen rank aan de Wijnstok. Gods liefde vraagt om voortgang!

Laat m' in U blijven, groeien, bloeien
o Heiland die de wijnstok zijt!
Uw kracht moet in mij overvloeien,
of 'k ben een wis verderf gewijd.
Doorstroom, beziel en zegen mij,
opdat ik waarlijk vruchtbaar zij!

gezang 78:1

Barmhartige God, voor uw liefde danken wij U! Alleen omdat U ons hebt liefgehad, kunnen wij elkaar liefhebben. Vergeef ons dat wij menigmaal Christus' gebod naast ons neerleggen en elkaar liefhebben als het ons uitkomt. Help ons om Hem gehoorzaam te zijn, altijd en overal. Help ons om te vechten tegen onze eigen onwil, om al strijdend de vrede te vinden die U hebt weggelegd voor allen die u liefhebben.

'Gij nu zijt het lichaam van Christus en ieder voor zijn deel leden'. – *1 Cor. 12:27*

De gemeente van Christus in de havenstad Corinthe bestaat uit de meest uiteenlopende figuren. Er zijn Joden bij, maar ook Grieken, er zijn slaven, maar ook vrije mensen, er zijn ouderen én jongeren, kortom: het bruist in deze gemeente van de tegenstellingen. Dat betekent: conflictstof genoeg! Want overal waar mensen van allerlei soort en stand bij elkaar zijn, dreigt verschil van mening en onenigheid.

Wat doet nu de apostel Paulus? Wel, hij onderschat de spanning niet. Open en eerlijk schrijft hij daarover in zijn brief. En al schrijvend vecht hij om vrede. Dat is zijn grote ideaal: dat de gemeente van Corinthe een eenheid zal zijn, een gemeenschap van mensen. En hoe vecht de apostel? Zegt hij dat ze hun mond moeten dichthouden en allemaal braaf naar de leiding moeten luisteren? Zegt hij dat de verschillen toch eigenlijk niet zo heel groot zijn en dat er best mee te leven valt? Nee, Paulus spreekt op een heel andere golflengte. Paulus zegt: 'Gij nu zijt het lichaam van Christus en ieder voor zijn deel leden'. Dat is geloofstaal! Paulus ziet de gemeente niet als een vrijblijvende club van vrome mensen, nee, de gemeente is het lichaam van Christus. En ieder voor zich is van dat lichaam een hand of een voet, een oog of een oor. En net zoals in een menselijk lichaam is soms het kleinste lid het meest belangrijk.

Ik denk dat het er in de kerk heel anders aan toe zou gaan, wanneer we daar met elkaar diep van doordrongen waren: dat we geen vijanden zijn van elkaar, geen concurrenten, maar lidmaten, leden met één en dezelfde opdracht: elkaar tot een hand en een voet te zijn.

In 't lichaam van de Heer
tot leden uitverkoren,
zijn wij door uwe kracht
als kindren nieuw geboren.
Deel dan uw gaven uit,
wees met uw kracht nabij.
Dat ieder op zijn plaats
een levend lidmaat zij.

gezang 242:3

Trouwe God, help ons om daarvoor te vechten: dat wij één lichaam zijn, het lichaam van Christus, onze Heiland; dat wij elkaar niet bevechten zullen, maar elkaar zullen dienen, met een open oor en een open hart.

'Doet de wapenrusting Gods aan, om te kunnen standhouden tegen de verleidingen van de duivel'. – *Ef. 6:11*

Een christen is een soldaat. Niet voor niets werd de doop vroeger wel een 'merk- en veldteken' genoemd. Dat is een term uit het leger. Door de doop wordt een mens ingelijfd in het leger van Gods Koninkrijk, in het leger des heils. Nee, niet tegen vlees en bloed hebben we te vechten, niet tegen Russen of Amerikanen, niet tegen Belgen of Duitsers, maar tegen heel andere machten, tegen de boze geesten, tegen de verleidingen van de duivel. En aangezien die verleidingen meestal huizen in onszelf, richt deze strijd zich niet zozeer tegen machten buiten, alswel tegen machten binnenin ons.

Een gemakkelijke strijd zal het niet zijn, gelet op de kracht van de tegenstander. Zonder een goed harnas ben je binnen de kortste keren uitgeschakeld. Het schild van het geloof, het zwaard van Gods woord, je hebt het allemaal nodig om op de been te blijven. Maar hoezeer je ook geharnast in het veld staat, een hard gevecht zal het altijd zijn. En misschien is de meest gevaarlijke verleiding van de duivel nog wel deze: van tijd tot tijd maakt hij ons wijs dat er helemaal geen strijd bestaat, dat je net zo goed of zelfs nog veel beter dat zware harnas kunt uittrekken om vrij en vrolijk te gaan leven. Pas op, nooit ben je zozeer een prachtig doelwit voor de vijand als juist op dat moment! En vandaar het vermaan van de apostel: Doet de wapenrusting Gods aan! Wie de waarachtige vrede vinden wil, zal moeten vechten tegen de haat, tegen de onverschilligheid, tegen de leugen, tegen de ontrouw, tegen de duivel en zijn hele rijk. Moeilijk? Ja. Maar: wie het waagt, wie het waagt met God, die wint.

Wordt krachtig in de Heer
en in zijn sterke macht,
de duivel gaat te keer,
weest op zijn list bedacht.

Om deze reden doet
Gods wapenrusting aan,
zodat gij als het moet
de vijand kunt weerstaan.

gezang 96:1, 4

Sterke God, wij danken U voor helm en schild en zwaard, voor heel de wapenrusting die U ons geeft om te vechten voor de vrede. Geef ons moed als de moed ons ontvalt, richt ons op als wij vallen. De overwinning is aan U – dat geloven wij met alles wat in ons is.

Opmerking vóór de 23ste zondag na Pinksteren, de laatste zondag van het kerkelijk jaar.

- Indien er nu nog 2 zondagen zijn vóór de 1ste adventszondag, leze men vanaf morgen verder vanaf de 6de zondag na 6 januari.
- Indien er nu nog 3 zondagen zijn vóór de 1ste adventszondag, leze men vanaf morgen verder vanaf de 5de zondag na 6 januari.
- Indien er nu nog 4 zondagen zijn vóór de 1ste adventszondag, leze men vanaf morgen verder vanaf de 4de zondag na 6 januari.
- Indien er nu nog 5 zondagen zijn vóór de 1ste adventszondag, leze men vanaf morgen verder vanaf de 3de zondag na 6 januari.
- Indien er nu nog 6 zondagen zijn vóór de 1ste adventszondag, leze men vanaf morgen verder vanaf de 2de zondag na 6 januari.

Zodoende lezen we in deze dagen de pagina's die dit jaar ongelezen bleven in de tijd van Christus' Verschijning, de Epifaniëntijd. Zodra men toekomt aan de 9de zondag voor Pasen, lette men op de verwijzing naar de hier volgende pagina's voor de laatste week van het kerkelijk jaar.

'Wie met tranen zaaien, zullen met gejuich maaien'. – *Ps. 126:5*

Deze week is de laatste week van het kerkelijk jaar. Nog één week en de Adventstijd is gekomen. Vandaag zien we in de kerken om naar hen die zijn heengegaan. We noemen hun namen, we roepen hen in herinnering. Maar veelmeer nog keren we onze blik naar wat zal komen: het Rijk van vrede, de nieuwe hemel en de nieuwe aarde. Er heeft een stem geklonken: Zie, Ik maak alle dingen nieuw!

Psalm 126 is een goede psalm voor deze zondag. Het is een psalm waarin wordt omgezien naar het verdriet dat Israël ten deel viel. Het is een psalm van tranen, een psalm die spreekt over de bitterheid van de ballingschap. Maar – God heeft een omkeer teweeg gebracht! De gevangenen worden bevrijd! De tongen worden losgemaakt. Hoogverheven wordt Gods heilige Naam. Er is weer zicht op sjaloom. Met tranen is er gezaaid, maar met gejuich zal er gemaaid worden. Een nieuwe oogsttijd is aanstaande.

Zo is het ook gesteld met de kerk van Jezus Christus, vandaag. Wij zien om naar Babel, naar de bitterheid van zoveel dat anders ging dan wij hoopten. En waarom? Was het niet mede door onze eigen schuld, door onze ontrouw, door onze hoogmoed, door onze aanbidding van vreemde goden? Dienen de tranen waarmee wij zaaien niet tranen van berouw te zijn? Zeker wel. Maar zie, voor wie zo wenen, is er een blijde boodschap: Zie, Ik maak alle dingen nieuw! Er is een weg terug, een pad uit Egypte en uit Babel, richting Kanaän. En daarom heffen wij vandaag ons hoofd omhoog: van verre horen wij een oogstlied!

Wat men hier nu met tranen zaait,
wordt eenmaal met gejuich gemaaid.
Wie 't zaad draagt dat hij zaaien zal,
gaat wenend voort en zaait het al.
Maar bij het feest der eerstelingen
zal hij verheugd het oogstlied zingen.
Dan keert hij weer te goeder uur
en draagt zijn schoven in de schuur.

psalm 126:3

Trouwe God, naar die dag, naar de oogst, verlangen wij. Breng ons terug naar Kanaän, maak met ons een nieuw begin, onder een nieuwe hemel een aarde waarop gerechtigheid wonen kan.

'De wolf en het lam zullen tesamen weiden'. –
Jes. 65:25

De wolf, die kennen we. Die kennen we al van kindsaf aan, vanaf het moment waarop we het sprookje hoorden, van Roodkapje en de boze wolf. En later kwamen daar andere verhalen bij, verhalen over wolven en geitjes, verhalen over een grote boze wolf en kleine arme biggetjes en verhalen over grote, donkere bossen en over arresleden en over wilde achtervolgingen. De wolf. Ja, die kennen we. Maar het allermeest kennen we die vanwege dat eeuwenoude spreekwoord dat ons leert dat de ene mens voor de andere mens een wolf is. De mens – een wolf, een vraatzuchtige sluiperd, de mens: een moordenaar.

En het lam? Ja, dat kennen we ook. Uit de kinderboerderij en van de mooie, wollige plaatjes in menig kleuterboek. Maar het lam ken ik ook nog uit dat andere boek, uit het heilig evangelieboek. En in dát boek is Jezus het Lam, het Lam dat de zonde der wereld wegdraagt, het Lam dat zichzelf ten offer geeft. In dat evangelieboek kom ik ze trouwens allebei tegen: de wolf en het lam, de mens en de Mensenzoon, Adam en de Messias. En hoe gaan ze met elkaar om? Jazeker, het is het oude verhaal: de wolf heeft het lam verslonden. De mens heeft de Messias gekruisigd. Weg met Hem! Kruisig Hem! Water en vuur zijn die twee, de wolf en het lam, de mens en de Messias. Maar hoor, daar klinkt de stem van de profetie: 'De wolf en het lam zullen tesamen weiden'. Zo zal het zijn, op de nieuwe aarde. Daar zullen beulen als baby's zijn, grote monden zingen daar een toontje lager, daar verliest de wolf zijn vraatzucht, daar zal eindelijk de mens gelijken op het Lam. Adam zal op Jezus lijken en Israël zal veilig zijn!

Dan vindt gij weer uw eigen grond,
als toen Ik u in oude tijden
voor 't eerst aan uw bestemming wijdde.
Dan sluit Ik een vernieuwd verbond
met al wat leeft, dan geef Ik vrede.
Geen dier doet kwaad, geen schepsel wondt
en alle krijgsgedruis verstomt
rondom mijn volk en heilge stede.

gezang 38:2

Machtige God, laat die tijd spoedig komen! Laat het Lam zijn intrede doen in deze vraatzuchtige wereld, laat het uit zijn met de woede van de wolven, laat uw volk, uw ene kudde, weiden in vrede, voor altijd.

'Doch de wijze namen olie in haar kruiken, met haar lampen'. – *Matth. 25:4*

Vijf domme meisjes: ze zijn uitgenodigd voor het bruiloftsfeest, maar ze hebben zich onvoldoende voorbereid op een lange tijd van wachten. Ze hebben wel een lamp meegenomen, maar geen reserve-olie. Het zou zo'n vaart niet lopen, dachten ze. De bruidegom zou spoedig komen, ze zouden regelrecht de feestzaal binnengaan. Maar het liep allemaal anders dan ze gedacht hadden. De bruidegom kwam later dan verwacht. En de meisjes werden al wachtend zo slaperig, hun ogen vielen toe. En toen de bruidegom uiteindelijk dan toch kwam, toen ontdekten ze met schrik: we hebben geen olie voldoende!

Jezus, die de Bruidegom zelf is, vertelt ons dit verhaal om ons te waarschuwen. Maar ook om ons te bemoedigen: Doe zoals die wijze meisjes deden; neem niet alleen je lampen mee, maar extra olie bovendien. Zorg ervoor dat er olie is in je kruik!

Wat Jezus daarmee bedoelt? Dat laat zich moeilijk precies onder woorden brengen. Bedoelt Hij met die olie de Heilige Geest? Bedoelt Hij het geloof ermee of de liefde? Of heeft Jezus daar de vreugde mee bedoeld, de innerlijke blijdschap om het evangelie? Ik ben maar blij dat het niet zo duidelijk is en dat je al die dingen zodoende zelf bedenken mag. Al met al is, denk ik, dit het voornaamste: zal Jezus bij zijn komst onze levenslampen brandende vinden? Zullen wij op zijn dag in deze donkere wereld lichtdragers zijn, fakkels in een duistere nacht? Of zal Hij ons aantreffen als uitgebluste vuurtjes, christenmensen die met een hapje en een snapje zich slaperig vermaken voor de beeldbuis? Hoe zal Hij de kerk aantreffen, als Hij komt? Eindeloos vergaderend, verdrinkend in reglementen en rapporten, in duizend-en-één paperassen en papieren? Of zullen we, ondanks onze onoplettendheid (jazeker, ook de wijze meisjes sliepen!), toch voldoende licht verspreiden om Hem waardig te begroeten?

Zijn onze lampen wel gereed
en branden ze wel goed,
zodat, als Christus binnentreedt,
Hij waardig wordt begroet?

gezang 63:4

Barmhartige God, bewaar ons voor oppervlakkigheid en onzorgvuldigheid. Als Jezus komt om alles nieuw te maken, willen wij wakker zijn en licht verspreiden. Geef ons nu, vandaag, uw Geest en laat de Bruidegom spoedig komen!

'Maar van die dag of van die ure weet niemand, ook de engelen in de hemel niet, ook de Zoon niet, alleen de Vader'. – *Mark. 13:32*

Jezus weet wel veel, maar niet alles. Dat is toch een gedachte waar wij vreemd tegenaan kijken. Jezus weet niet alles? En ik dacht juist dat Jezus alles kon en alles wist. Hij heeft toch alle macht in hemel en op aarde? Hij is toch de Zoon van God? Jazeker, dat is allemaal helemaal waar – maar toch blijft daar die merkwaardige uitspraak van Jezus zelf. Niemand weet wanneer de grote dag van Gods Koninkrijk komt, de engelen weten het niet, zelfs de Zoon weet het niet. Alleen de Vader, die weet het. Zelfs voor Jezus blijft er een allerlaatst geheim. Niemand, maar dan ook helemaal niemand weet de dag waarop God alles nieuw zal maken. Kinderen moeten niet alles willen weten...

Wel, als dat al voor Jezus, dé Zoon van God, geldt, hoeveel te meer zal dat dan niet gelden voor Gods andere kinderen op aarde! Samen met Jezus zien we verlangend uit naar de dag van zijn komst, samen met Hem strekken we ons uit naar de nieuwe hemel en de nieuwe aarde. Berekenen wanneer die dag zijn zal? Dat heeft geen enkele zin. Eén ding is nodig. Ziet toe, blijft waakzaam. Dat is de opdracht van de Zoon zelf. Waken, dat is de boodschap. Wakker zijn. Niet in slaap vallen. Gewoon je werk doen, ook al is de Heer buitenslands gegaan. Misschien komt Hij pas om twaalf uur, midden in de nacht. Maar het zou ook best eens nog langer kunnen duren. Misschien komt Hij pas bij het hanegekraai, als de dag aanbreekt. Het doet er niet toe. Wanneer Hij komen wil, is zijn zaak. Het is onze zaak om wakker te zijn, om ons werk te doen, om te geloven, om te hopen en om lief te hebben. Wie daar zijn handen vol aan heeft, houdt geen tijd meer over voor ingewikkelde berekeningen...

Wie waakt er als een trouwe knecht,
zijn Meester toegedaan,
dat als de Heer komt om zijn recht
hij voor Hem kan bestaan?

gezang 63:3

Goede Meester, wanneer U komt, weten wij niet. Maar dat U komen zult zodra onze hemelse Vader U zendt, dat geloven wij. Wij verlangen ernaar dat alles nieuw zal zijn. Geef ons de moed om tot die tijd wakker te blijven en trouw ons werk op deze oude aarde te doen, in liefde voor al wat is geschapen.

'Zalig die slaaf, die zijn heer bij zijn komst, zó bezig zal vinden'. – *Luk. 12:43*

Dat zie je overal om je heen gebeuren: hoe slaven en slavinnen geslagen worden. En als je dat niet dichtbij gebeuren ziet, dan zie je het wel op je televisietoestel. Het onrecht komt zwart-wit of in alle kleuren je kamer binnen. En er wordt wat geslagen en afgeranseld! Het gaat precies zoals Jezus in zijn gelijkenis schetste. We vragen ons niet meer af of de Heer wel of niet terug zal komen. Hij is al zolang verdwenen uit ons bestaan. Vooruit, wat kan het je schelen. Je heet rentmeester, penningmeester, maar je gedraagt je als heer en meester, als eigenaar. We eten en we drinken en we worden dronken van plezier en van verveling en intussen slaan we op anderen in, met gummieknuppels, met fietskettingen en met economische strafmaatregelen.

Wee de mens die zo zal worden aangetroffen, wanneer de Heer komt! Reken er maar op dat Hij afrekening zal houden met zijn slaven. Reken er maar op dat de Heer het onrecht niet door de vingers zal zien. Alle dingen maakt Hij nieuw. Jazeker, maar dat betekent wel dat Hij verdelgen zal alles wat verrot en kromgetrokken is.

Zalig de mens die trouw en verstandig blijkt te zijn op de grote dag van Christus' komst! Zo'n slaaf zal royaal worden beloond. En degenen die de wil van de Heer niet hebben gedaan omdat ze zijn wil niet kenden? Zullen die ook zwaar worden gestraft? Nee, geen sprake van, zo zegt Jezus. Laat dat oordeel maar aan Gods barmhartigheid over. Wie de wil van de Heer wel heeft gekend heeft genoeg aan zichzelf...

De Heer verschijnt te middernacht!
Nu is nog alles stil...
Zalig, die toch geduldig wacht
en Hem begroeten wil.

gezang 63:5

Trouwe Vader, vergeef ons toch ons ongeduld. Juist omdat wij niet wachten willen, beginnen wij ongeduldig op elkaar in te slaan. Maak ons door uw Geest goede rentmeesters, die trouw en verstandig omgaan met de mensen en de dingen die aan ons zijn toevertrouwd.

'Doch dit ene mag u niet ontgaan, geliefden, dat één dag bij de Here is als duizend jaar en duizend jaar als één dag'. – *2 Petr. 3:8*

Dat is nu juist wat ons zovaak ontgaat: dat Gods horloge anders loopt dan het onze. Veel vragen die beginnen met dat bekende vraagwoord 'waarom', zouden als sneeuw voor de zon smelten, wanneer we eens wat meer zouden denken aan dit woord van de apostel. Telkens gaan wij er vanuit dat God in de hemel op onze klokken meekijkt. En wie dát denkt, wordt keer op keer teleurgesteld. Wie er van uitgaat dat Gods klokken gelijk lopen met de onze, vraagt zich steeds weer af waarom God te laat komt of te vroeg is; en waarom het zolang duurt voordat Jezus komt. Nu al twintig eeuwen wachten wij op die nieuwe hemel en die nieuwe aarde, al twintig eeuwen na Jezus' rondgang op aarde.

Ja, twintig eeuwen. Dat is een enorme tijd in onze aardse begrippen. Twintig maal honderd jaar. Tweeduízend jaar! Een enorme tijd? Nou, zegt de apostel, dat is maar hoe je het bekijkt. Ja, bij ons is dat een enorme tijd. Maar bij God is dat een kwestie van twee dagen. Duizend jaar is bij Hem één dag. God heeft de tijd. In de hemel wordt het niet donker. In de hemel staat de tijd niet stil, maar de tijd schiet daar ook niet als een dwaas van de ene dag naar de andere. In de hemel kun je eigenlijk niet van tijd spreken. Alle dingen hebben tijd, maar Gods liefde eeuwigheid. Zie, dat moeten wij mensen bedenken in dit aards bestaan. Wij lijden ook aan de tijd, aan die voortjagende afwisseling van licht en donker, aan die maalstroom van dagen en maanden en jaren. Ook daaraan komt een eind. Alle dingen maakt God nieuw!

Ook ons zal God verlossen
uit alle pijn en nood,
van 't woeden van de boze,
van 't vrezen voor de dood,
van aarzelen en klagen,
verdriet en bitterheid,
van alles wat wij dragen,
van 't lijden aan de tijd.

gezang 288:4

Trouwe God, geef ons van uw geduld, van uw lankmoedigheid! Bewaar ons ervoor dat wij wanhopen zouden en niet meer in uw komst geloven, omdat uw Rijk niet komt op onze tijd. Geef ons uw Geest, zodat wij verlangen naar uw toekomst, maar intussen doen wat U ons te doen geeft.

ALLE DINGEN NIEUW lezen: *Openbaring 21:1-5*

'En Hij, die op de troon gezeten is, zei: Zie, Ik maak alle dingen nieuw'. – *Openb. 21:5*

Vandaag is het de laatste dag van de laatste week van het kerkelijk jaar. Morgen begint een nieuwe tijd: de eerste zondag van Advent. Wat zullen we vandaag tegen elkaar zeggen? Zullen we zeggen: Zie je wel, het leven draait gewoon door, het is een altijd voortgaande beweging, een eeuwig verder wentelend wiel? Nee, dat zeggen we in de kerk niet tegen elkaar. In de kerk zeggen we iets heel anders. Zeker, voor de zoveelste keer eindigt een kerkelijk jaar en begint er een nieuw. Maar steeds spreken we ons verlangen uit, onze hoop, ons geloof, ons vaste vertrouwen: er komt een keer een eind aan die voortgang der tijden. Eens breekt een nieuwe, een volstrekt nieuwe dageraad aan.

Johannes, de oude ziener op zijn eiland Patmos, hij heeft er iets van aanschouwd. Sterker: hij heeft een stem gehoord, een luide stem uit de hemel, een stem bij de troon vandaan. Nee, de werkelijke macht is niet in handen van de Romeinse keizer. Niet de president van Amerika, niet de secretaris van de Partij in Rusland, niet de eerste minister van ons kleine landje bij de zee heeft het voor het zeggen op aarde. Er staat een troon in de hemel! En van die troon klinkt een stem, een luide stem: Zie, Ik maak alle dingen nieuw!

Alle dingen nieuw... Je kunt het je haast niet voorstellen. Alles nieuw. Niet 'als nieuw'. De boel wordt niet zo'n beetje gerenoveerd. Nee, deze vernieuwing is radicaal en totaal. Geen mankement blijft bestaan. Zalig zij die in dat nieuwe Jeruzalem voor eeuwig mogen wonen!

Daar is geen pijn en geen verdriet,
geen afgunst en geen nijd,
en angst en armoe zijn er niet
maar altijd vrolijkheid.

gezang 265:2

Eeuwige Vader, naar dat nieuwe Jeruzalem verlangen wij. Laat het neerdalen uit uw hoge hemel, laat uw Rijk komen, de nieuwe aarde waarop gerechtigheid woont. Zo langzamerhand is hier op aarde alles vergiftigd en verzuurd. Kom, o God; uw Rijk alleen maakt alle dingen nieuw!

De Psalmen en Gezangen zijn overgenomen
uit het Liedboek voor de Kerken.